"神话学文库"编委会

主 编
叶舒宪

编 委
（以姓氏笔画为序）

马昌仪	王孝廉	王明珂	王宪昭
户晓辉	邓 微	田兆元	冯晓立
吕 微	刘东风	齐 红	纪 盛
苏永前	李永平	李继凯	杨庆存
杨利慧	陈岗龙	陈建宪	顾 锋
徐新建	高有鹏	高莉芬	唐启翠
萧 兵	彭兆荣	朝戈金	谭 佳

"神话学文库"学术支持

上海交通大学文学人类学研究中心
上海交通大学神话学研究院
中国社会科学院比较文学研究中心
上海市社会科学创新研究基地——中华创世神话研究

国家出版基金项目
NATIONAL PUBLICATION FOUNDATION

"十四五"国家重点出版物出版规划项目

神话学文库
叶舒宪 主编

王倩 公维军 ◎ 著

希腊神话宇宙论研究

A STUDY ON COSMOLOGY IN GREEK MYTHOLOGY

陕西师范大学出版总社 西安

图书代号　SK25N0080

图书在版编目（CIP）数据

希腊神话宇宙论研究 / 王倩，公维军著. -- 西安：陕西师范大学出版总社有限公司，2024.12 --（神话学文库 / 叶舒宪主编）. -- ISBN 978-7-5695-4936-2

Ⅰ.B932.545

中国国家版本馆CIP数据核字第2024KG0223号

希腊神话宇宙论研究

XILA SHENHUA YUZHOULUN YANJIU

王　倩　公维军　著

出 版 人	刘东风
责任编辑	王文翠
责任校对	雷亚妮
出版发行	陕西师范大学出版总社
	（西安市长安南路199号　邮编710062）
网　　址	http：//www.snupg.com
印　　刷	中煤地西安地图制印有限公司
开　　本	720 mm×1020 mm　1/16
印　　张	20.5
插　　页	2
字　　数	367千
图　　幅	129
版　　次	2024年12月第1版
印　　次	2024年12月第1次印刷
书　　号	ISBN 978-7-5695-4936-2
定　　价	96.00元

读者购书、书店添货或发现印刷装订问题，请与本公司营销部联系、调换。
电话：（029）85307864　85303629　传真：（029）85303879

"神话学文库"总序

叶舒宪

神话是文学和文化的源头,也是人类群体的梦。

神话学是研究神话的新兴边缘学科,近一个世纪以来,获得了长足发展,并与哲学、文学、美学、民俗学、文化人类学、宗教学、心理学、精神分析、文化创意产业等领域形成了密切的互动关系。当代思想家中精研神话学知识的学者,如詹姆斯·乔治·弗雷泽、爱德华·泰勒、西格蒙德·弗洛伊德、卡尔·古斯塔夫·荣格、恩斯特·卡西尔、克劳德·列维-斯特劳斯、罗兰·巴特、约瑟夫·坎贝尔等,都对20世纪以来的世界人文学术产生了巨大影响,其研究著述给现代读者带来了深刻的启迪。

进入21世纪,自然资源逐渐枯竭,环境危机日益加剧,人类生活和思想正面临前所未有的大转型。在全球知识精英寻求转变发展方式的探索中,对文化资本的认识和开发正在形成一种国际新潮流。作为文化资本的神话思维和神话题材,成为当今的学术研究和文化产业共同关注的热点。经过《指环王》《哈利·波特》《达·芬奇密码》《纳尼亚传奇》《阿凡达》等一系列新神话作品的"洗礼",越来越多的当代作家、编剧和导演意识到神话原型的巨大文化号召力和影响力。我们从学术上给这一方兴未艾的创作潮流起名叫"新神话主义",将其思想背景概括为全球"文化寻根运动"。目前,"新神话主义"和"文化寻根运动"已经成为当代生活中不可缺少的内容,影响到文学艺术、影视、动漫、网络游戏、主题公园、品牌策划、物语营销等各个方面。现代人终于重新发现:在前现代乃至原始时代所产生的神话,原来就是人类生存不可或缺的文化之根和精神本源,是人之所以为人的独特遗产。

可以预期的是，神话在未来社会中还将发挥日益明显的积极作用。大体上讲，在学术价值之外，神话有两大方面的社会作用：

一是让精神紧张、心灵困顿的现代人重新体验灵性的召唤和幻想飞扬的奇妙乐趣；二是为符号经济时代的到来提供深层的文化资本矿藏。

前一方面的作用，可由约瑟夫·坎贝尔一部书的名字精辟概括——"我们赖以生存的神话"（Myths to live by）；后一方面的作用，可以套用布迪厄的一个书名，称为"文化炼金术"。

在21世纪迎接神话复兴大潮，首先需要了解世界范围神话学的发展及优秀成果，参悟神话资源在新的知识经济浪潮中所起到的重要符号催化剂作用。在这方面，现行的教育体制和教学内容并没有提供及时的系统知识。本着建设和发展中国神话学的初衷，以及引进神话学著述，拓展中国神话研究视野和领域，传承学术精品，积累丰富的文化成果之目标，上海交通大学文学人类学研究中心、中国社会科学院比较文学研究中心、中国民间文艺家协会神话学专业委员会（简称"中国神话学会"）、中国比较文学学会，与陕西师范大学出版总社达成合作意向，共同编辑出版"神话学文库"。

本文库内容包括：译介国际著名神话学研究成果（包括修订再版者）；推出中国神话学研究的新成果。尤其注重具有跨学科视角的前沿性神话学探索，希望给过去一个世纪中大体局限在民间文学范畴的中国神话研究带来变革和拓展，鼓励将神话作为思想资源和文化的原型编码，促进研究格局的转变，即从寻找和界定"中国神话"，到重新认识和解读"神话中国"的学术范式转变。同时让文献记载之外的材料，如考古文物的图像叙事和民间活态神话传承等，发挥重要作用。

本文库的编辑出版得到编委会同人的鼎力协助，也得到上述机构的大力支持，谨在此鸣谢。

是为序。

目 录

绪论　神话、仪式与图像

第一章　人类学的神话研究新范式 / 002

　　第一节　神话与仪式的宗教共生 / 003

　　第二节　神话与仪式的暴力共谋 / 006

　　第三节　神话、仪式与生物行为 / 009

　　第四节　神圣仪式与史前女神 / 012

　　结语 / 014

第二章　真实与虚构：古希腊人的秘索思与逻各斯 / 016

　　第一节　近期研究述评 / 016

　　第二节　神话与逻各斯的现代内涵 / 018

　　第三节　赫西俄德的秘索思与逻各斯 / 020

　　第四节　荷马的秘索思与逻各斯 / 025

　　结语 / 029

第三章　作为图像的神话：神话范畴的反思 / 031

　　第一节　神话范畴中图像要素的缺失 / 031

　　第二节　图像神话的双重性质 / 032

　　第三节　神话的存在样态 / 036

结语 / 040

第一编　希腊神话中的人类社会

第一章　希腊神话的"人"观 / 042

　　第一节　引论 / 042
　　第二节　时间陷阱中的人 / 044
　　第三节　神话空间世界的人 / 047
　　结语 / 052

第二章　荷马史诗中的"东方"世界 / 053

　　第一节　荷马的"东方"范畴 / 053
　　第二节　荷马"东方"世界的建构因素 / 055
　　第三节　荷马"东方"形象的生成语境 / 058
　　结语 / 060

第三章　《奥德赛》中的英雄——以奥德修斯为例 / 062

　　第一节　《奥德赛》中的奥德修斯形象 / 062
　　第二节　《奥德赛》的叙述方位 / 064
　　第三节　《奥德赛》叙述方位重构 / 066
　　结语 / 070

第四章　荷马史诗中的非洲世界 / 071

　　第一节　黄金、神药与羊羔：埃及与利比亚 / 072
　　第二节　遥远的宴饮：埃塞俄比亚 / 076
　　第三节　非洲世界的建构因素 / 079
　　结语 / 082

第五章　荷马史诗中的城邦 / 083

第一节　城邦概念的界定 / 083
第二节　作为圣地的城邦 / 084
第三节　作为世俗中心的城邦 / 088
结语 / 091

第六章　希腊游历神话中的帝国意识 / 093

第一节　希腊游历神话中叙述主角的身份 / 093
第二节　游历神话的叙述空间 / 095
第三节　游历神话的生成时间 / 097
结语 / 100

第二编　希腊神话中的异象与灾难理念

第一章　青铜时代晚期克里特印章中的神显异象 / 102

第一节　引论 / 102
第二节　神显图像的建构因素 / 103
第三节　直面神明：神显异象发生的路径之一 / 112
第四节　直面神明的化身：神显异象发生的路径之二 / 116
结语 / 119

第二章　神显之桥：青铜时代克里特地区的戒指中的石头与树 / 120

第一节　引论 / 120
第二节　石头与树图像的生成情境 / 121
第三节　石头与树的图像叙事 / 127
第四节　石头与树的神话认知 / 134
结语 / 138

第三章　荷马史诗中的异象 / 139

　　第一节　引论 / 139

　　第二节　异象的种类与形态 / 140

　　第三节　异象的叙事模式 / 143

　　第四节　异象的大传统源头 / 146

　　结语 / 151

第四章　希腊神话中的灾难伦理 / 153

　　第一节　灾难的种类与起源 / 153

　　第二节　禳灾与秩序重构路径 / 156

　　第三节　灾难的替罪羊叙事模式 / 159

　　结语 / 161

第三编　希腊神话中的空间理念

第一章　古希腊彩绘棺画中的彼世理念 / 164

　　第一节　古希腊彩绘棺画的生成情境 / 165

　　第二节　古希腊彩绘棺画的图像结构 / 168

　　第三节　古希腊彩绘棺画的彼世场景 / 174

　　结语 / 182

第二章　荷马史诗的方位理念 / 184

　　第一节　荷马史诗的宇宙结构 / 184

　　第二节　荷马史诗的方位模式 / 188

　　第三节　荷马史诗的左、右理念 / 190

　　结语 / 194

第三章　空间之桥：希腊神话中的石头与树 / 195

第一节　橡树与石头：希腊神话文本的未解之谜 / 195

第二节　米诺图像中的石头与树 / 197

第三节　地中海巨石文化大传统 / 202

第四节　后世文学叙事中的石头与树 / 205

结语 / 209

第四编　希腊神话中的妖怪理念

第一章　青铜时代晚期克里特印章中的米诺精怪形象 / 212

第一节　引论 / 212

第二节　米诺精怪的生成情境 / 214

第三节　米诺精怪图像的叙事要素 / 220

第四节　米诺精怪的身份与功能 / 233

结语 / 242

第二章　青铜时代晚期克里特印章上的格里芬形象 / 246

第一节　引论 / 246

第二节　格里芬印章的生成情境 / 247

第三节　格里芬形象的类型 / 252

第四节　格里芬形象的身份与作用 / 263

结语 / 275

第三章　米诺文明时期克里特印章中的复合型妖怪形象 / 276

第一节　斯芬克斯 / 276

第二节　米诺龙 / 280

第三节　扎克罗印章中的怪兽形象 / 284

结语 / 291

CMS 缩略语 / 292

附表 爱琴年表 / 295

参考资料 / 296

绪论

神话、仪式与图像

第一章 人类学的神话研究新范式

现有的神话大多保存在文学作品中，带有浓郁的文学色彩，以至于古典学者们认为神话是一种比较特殊的文学体例，将其划入文学范畴。此种对神话缩减论式的定位引发了学术界旷日持久的争论，而古典学者们对希腊神话文学式的解读，要么陷入语言的泥淖，要么淹没在文献的大海，从而陷入了无法摆脱的困境。19世纪以麦克斯·缪勒（Max Müller）为代表的德国语言学派，将神话的荒谬与不一致归结于语言的失常。对于缪勒来说，神话是生长在语言之树上的一颗病态的话语之果，而语言则又扎根在宇宙现象的基本经验上，比如太阳的有规律起落与那些无规律的风暴。在语言"患了病"后，研究者探讨神话意义的唯一途径就是语言学与词源学。因此比较神话学的任务乃是探索语源的混乱、隐喻的发展以及语义的连接，从而去发现语言的最初价值。在这样对神话的语言学分析中，就出现了自然主义占据主流地位的现象，神话与自然现象也就密切联系起来了。缪勒认为，希腊神话中的阿波罗（Apollo）爱上了达佛涅（Daphne），而达佛涅却逃脱了，并且被河神化作月桂树，这则神话故事其实蕴含了这样一种事实：太阳追逐黎明。①从某种程度上说，缪勒并没有建立一种比较神话学的研究模式，在他那里，神话学仅仅是语言学的一个分支，神话被视为语言的疾病。缪勒及其追随者们这种文学式的神话研究走得有些过了头，他们甚至将特洛伊战争阐释为黎明战胜黑暗的寓言故事。此种"太阳神话"说引来了众多学者的不满，有些学者不无讥讽地指出，缪勒本身也是一则太阳神话。

当遭遇到这种研究范式危机时，神话研究也就走到了绝境。神话学是否还有继续发展的空间？如何走出这种文学式神话研究的困境？神话研究者如何来重新审视神话？所有这些问题都被提上了神话研究议题之中。

---

① ［德］麦克斯·缪勒：《比较神话学》，金泽译，上海文艺出版社，1989年，第96页。

19世纪末，人类学开始介入神话研究领域，神话因此不再是古典学者的"自留地"，而是人类学者的"田野"。对于一名在田野工作的人类学者来说，神话是人类广阔社会生活的一个组成部分，与人类复杂的机制、价值、信念及行为模式密切相关。从这个层面上来说，神话不再是一种抽象的寓言，也不再是一种固定的书写文本，而是人类一种活态的口头叙述，它与作为外在行为表达模式的仪式密切相关。这样，人类学就将神话与仪式连接起来，神话学的研究因此走出了书写与文字的拘囿，走向了田野，成为活态的田野考察事项，神话研究新范式因此出现。

第一节　神话与仪式的宗教共生

爱德华·泰勒（Edward B. Tylor）和安德鲁·兰（Andrew Lang）及剑桥学派的一些学者，比如弗雷泽（James George Frazer）和赫丽生（Jane Ellen Harrison）等，这些学者都认为，神话不能被归结为语言的恶化，而是高级文明的遗留物，希腊神话的一些古怪性因素同样不能够被归结于语言的恶化，而是应该归结于人类社会特定阶段的发展与智性解放。在这样一种视角下，神话与文学没有任何关系，而是与仪式有着密切的关系。

早在一个世纪之前，研究维多利亚时代的《圣经》和阿拉伯文化的专家罗伯逊·史密斯（William Robertson Smith）就指出，宗教在实践层面上由神话和仪式组成："神话构成了对仪式的解释，因此神话的价值是第二位的，我们可以这样推论说，几乎所有的神话都源于仪式，但是并非所有的仪式源于神话。因为仪式是固定的，而神话是变动的，仪式具有强制性，神话中的信念是由教徒们来操纵的。"[1]从解释的角度上说，史密斯阐释的是神话，而不是仪式。在宣称神话是对仪式的阐释的同时，史密斯断然否定神话是对世界的解释，而这恰恰是人类学家泰勒在《原始文化》一书中所极力主张的。对于泰勒而言，神话是人类对自然事件的说明，神话构成了人们的信条，只不过披上了故事的外衣。在泰勒看来，神话的功能与科学的功能一样，而且神话是现代科学最古老的前身。尽管史密斯与泰勒之间存在分歧，但他们都认为，不论是仪式还是神话，二者与科学均没有任何关联。

史密斯的好友弗雷泽对这种看法持一种相反的态度。在《金枝》这部论著中，

---

[1] William Robertson Smith, "Lectures on the Religion of Semites", in Robert A. Segal ed., *Myth and Ritual: An Anthology*, Oxford: Black Well Publishers, 1998, p. 28.

弗雷泽将人类文化划分为三个时代，即巫术时代、宗教时代、科学时代。巫术时代只有仪式而没有神话，因为那个时代没有神明。宗教时代的神话与仪式之间几乎没有什么关系：神话描述众神的特征与行为；仪式则是为了讨好神明而进行的活动，它与作为对神明纯粹叙述的神话并无直接联系。只有在宗教与科学时代交叉阶段，才存在神话与仪式的交织。在弗雷泽的神话－仪式理论中，神话与仪式具有一定的有限性，这与史密斯的观点不一致。弗雷泽与泰勒的态度一样，认为神话依然服务于对世界的阐释，但是对于弗雷泽来说，这种解释仅仅意味着一种终结——控制世界。

剑桥人类学派另外一位学者赫丽生对神话与仪式的理解同弗雷泽有很大的出入。赫丽生认为："任何一个宗教都包括了两个方面的因素：仪式与神话。与宗教相关的第一要素乃是人类的所作所为，我们将其称为仪式；其次便是人类的思考与想象，我们姑且可以将其叫作神话，甚至可以称其为神学。不论是人类的所作所为还是所思所想，二者都通过人类自身的感觉与渴望来感知并激活。"[①]可以看出，赫丽生将仪式定位在人类宗教行为上，此种行为具有某种来自社会的深层情感因素。与此同时，她将神话理解为人类想象和思考的产物，神话带有臆想性与非科学性；仪式中存在一些相对永久的因素，而神话则具有不断变化的多元性。这就将仪式凌驾于神话之上，与弗雷泽的观点是矛盾的。

对于赫丽生而言："从宗教的角度来说，仪式不是一件人们通常所做的事，而是一件重复完成或事先完成的事；它具有纪念性质或者巫术性质，或者同时具有这两种性质。……仪式是在强烈情感冲动下集体完成的事。这些同样适用于仪式的另一种因素——神话。从宗教的角度来说，神话并非是人们通常讲述的内容，而是重复讲述或预先讲述的内容；它是人们情感的焦点，神话的讲述同样具有集体性质，至少需要获得集体的许可。正是这些特点（须经集体许可及其具有庄严目的）把神话跟历史事件的叙述与故事或童话区别开来：神话实际上变成了一种具有巫术目的和有效用的故事。"[②]赫丽生受到了柏格森（Henri Bergson）与涂尔干（Emile Durkheim）思想的启发，将弗雷泽所倡导的模仿仪式中的植物更新仪式转换到社会之中。她认为，实际上，最初的仪式尽管每年都在进行表演，却是最为原始的。最初并不存在神话，神明是仪式所创造的愉悦感的一种反射物，到了后期，神明成为植物神明，出现了神明死亡与再生的

---

① Jane Ellen Harrison, *Mythology,* New York: Harcourt, Brace & World, Inc., 1963, p. ix.
② ［英］简·艾伦·赫丽生：《古希腊宗教的社会起源》，谢世坚译，广西师范大学出版社，2004年，第319页。

神话，成年礼演变为一种农业仪式。至于神话与仪式的产生时间，赫丽生认为："这并不意味着仪式先于神话出现，很可能两者同时出现：仪式是某种情感的表达，表达一种在行动中被感觉到的东西；而神话是用词语或者思想来表达的。神话原先并不是为了说明什么原因而产生，它代表的是另一种表达形式。促成仪式的情感一旦消失，仪式也就显得没有意义——尽管传统已使其变得神圣，因此要在神话中找出一个原因，这个原因就被当作神话的起因。"[1]赫丽生将仪式的源头归结于社会情感，认为神话本身不具有独立性，自然，神话更不是泰勒所理解的那样——一种对世界存在的解释。在赫丽生眼中，世界与神话之间并没有直接的关系，相反，仪式与世界有着密不可分的联系。

在神话与仪式之间的关系上，赫丽生否认神话是对仪式的解释。她认为，"神话并不试图去解释事实或者仪式"[2]。在否认神话是对仪式的当然阐释上，赫丽生并不比弗雷泽高明到哪里：神话在仪式之外繁荣，是在仪式的意义被忘却之后才出现的。神话依然可以被视为对仪式的一种解释，但仅仅是对活着的仪式的阐释，神话与仪式之间是一种互动的关系。很明显，赫丽生将仪式凌驾于神话之上，不过她已经从弗雷泽的神话观中走了出来，将神话与仪式的源头上溯到集体情感与冲动这种心理机制上，但她并没有完全摆脱弗雷泽关于仪式具有巫术性质的论述。

从剑桥人类学者们的探讨中可以看出，神话与文学没有任何关系，神话与仪式一起构成宗教的两个方面，具有一定的神圣性，神话与仪式因此成为神圣性文本。只不过，在这些学者的眼中，仪式比神话要更为优越，神话是对宗教行为的阐释，在神话和仪式的起源上，二者源于人类的集体情感，神话不再是理性的思维模式，而是一种情感冲动的产物。当然，神话更不是一种固定的书写文本，而是原始人表达宗教情感的一种有力方式。我们可以很明显看到，初期的人类学研究已经将神话从文学的世界中脱离出来，将其置于具有神圣色彩的宗教之上，与表达宗教情感的行为模式——仪式并置起来，彼此成为宗教的共生物。此种范式对英语世界的希腊神话研究造成了持久而深远的影响。一直到1959年，美国学者约瑟夫·方廷罗斯（Jeseph Fontenrose）出版《巨蟒》一书时还宣称："假如一个故事与庆典或仪式无关，它就不能被称为神话，而应该

---

[1] ［英］简·艾伦·赫丽生：《古希腊宗教的社会起源》，谢世坚译，广西师范大学出版社，2004年，第14页。

[2] Jane Ellen Harrison, *Epilegomena to the Study of Greek Religion*, London: Cambridge University Press, 1921, p. 32.

被称为传奇或民间故事。"①

第二节 神话与仪式的暴力共谋

法语世界并没有受到剑桥学派的这种影响,一些人类学者试图在探索神话与仪式关系的同时,将其与文学联系起来,找到三者之间的相似点,法国学者勒内·基拉尔(René Girard)就持有这种意图。不过,他要寻找的是文学如何反映了神话,而不是神话如何反映了文学。

基拉尔认为,人是一种自我欲望的动物,人与人之间的相互模仿性竞争消除了差异,趋向了同一性。许多具有差异的人为了追求同一欲望而互相冲突,因希望得到同一物体而进行激烈的竞争与争斗。在一个社会中,模仿一旦被激起,所有的欲望都趋向于一种未分化状态,这个时候,如果团体的所有成员在最后关头一致要放弃他们的共同欲望,其所形成的秩序与等级就会崩溃,危机就会出现,从而导致社会混乱,威胁团体和社会的团结。这个时候,社会就必须借助于暴力来进行秩序的重构,其方式乃是选取一个替罪羊,担当破坏社会秩序与等级的罪名,通过替罪羊的牺牲而换取群体生存与秩序的再组合。此时,替罪羊机制就出现了,暴力也就同时出现。暴力的痕迹后来被保存在神话、仪式与文学作品中。

早在基拉尔之前,弗洛伊德就认为,神话主题中的一些故事源自人类心灵深处对母亲乱伦性渴望的恐慌,赤裸裸或纯粹的性欲望直接与暴力相连接,它是最后一块遮羞布,又是解开暴力面目的开端。性解放常常会引起一些暴力的突发,这一点在《图腾与禁忌》中得以诠释,弗洛伊德在此将早期的泛性论提升为单纯的力本说:真实的集体谋杀是所有神话与仪式的根源和模型。② 针对弗洛伊德的暴力与性之间联系的论述,基拉尔提出了自己的看法:"流传甚广的杀父娶母仅仅是献祭危机的最后阶段的表征。限于某一个具体的个体生命,杀父娶母将整个危机转嫁到替罪羊身上。隐藏在神话背后的不是性,……在乱伦主题神话中,性完全是一种外在的东西,它与纯粹的个体暴力联系在一起,而实际上遮蔽了集体暴力。这种暴力最后消灭了整个的集体,它实际上并不是出

---

① Joseph Fontenrose, *Python: A Study of Delphic Myth and Its Origins*, New York: Biblo & Tannen, 1974, p. 434.

② [奥]弗洛伊德:《图腾与禁忌》,文良文化译,中央编译出版社,2005年,第109—172页。

于宗教错觉，而是由替罪羊机制所造成的。"① 换句话说，基拉尔认为弗洛伊德的性欲望理论接近暴力理论，但是他却因为被一些错觉蒙蔽而没有看到欲望背后的暴力行为，暴力在某种程度上是建立在献祭基础之上的。

对于人类社会来说，暴力行为已经不是什么新鲜的东西了，它时时刻刻发生在我们身边，以不同的面目与方式出现。但是原始社会的暴力行为立足于宗教的献祭行为之上，披上了一层神圣的外衣。基拉尔指出："在许多仪式中，献祭的行为呈现为两个对立的方面：有时表现为一种神圣的义务而不顾冒着死亡的危险，有时却冒着严重的危险进行犯罪活动。"② 暴力是普遍存在的，而且有着极为容易识别的生理标志。当找不到能够使暴力转换为一个替代的牺牲物时，就以身边的某物或者某人作为对象。"献祭是对替罪羊机制的一种客观再现，其功能是保存或者更新这种机制效应，也就是说，使族群远离这种暴力。"③ 在基拉尔眼中，献祭仪式是社会寻找一个相对不同的牺牲者的暴力行动，如果寻找不到，暴力就会将自己的集体成员作为宣泄对象。献祭的替代物在某种程度上消除了混乱。从这个层面上说，献祭是共同体给予自身的一个替代者——保护它免受自己暴力的伤害。献祭的目的是恢复和谐，强化共同体内部的社会约束力。献祭与暴力直接关联的原则构成了一切文化的基础，具有普遍性。

基拉尔指出，从暴力的性质上说，神话是典型的迫害文本，实际上，"所有神话都根植于真实的暴力上，以反对真实的受害者"④。只不过，神话文本中的迫害程度比历史文本的迫害程度要更为有力，也更为隐蔽。神话中的形象其实是集体暴力的替罪羊，怪物同样是无辜的受害者，二者之间的相同点乃是具有明显的标志，可以被挑选出来作为施行暴力的理由。神明与妖怪被神话文本神圣化之后，从当初的替罪羊变为神圣的神明或具有某种超然性的怪物。在此基础上，基拉尔提醒读者："我们必须要考虑的一点是，所有的原始神明都具有双重属性，他们其实是有害与无害特征的混合体，而且所有的神话形象都将自己卷入了世俗事件。"⑤ 此种解读，是对神话及神话现象的真正祛魅。神话与

---

① René Girard, *Violence and the Sacred*, Baltimore and London: The Johns Hopkins University Press, 1979, p. 118.

② René Girard, *Violence and the Sacred*, Baltimore and London: The Johns Hopkins University Press, 1979, p. 1.

③ René Girard, *Violence and the Sacred*, Baltimore and London: The Johns Hopkins University Press, 1979, p. 92.

④ [法] 勒内·吉拉尔：《替罪羊》，冯寿农译，东方出版社，2002年，第30页。

⑤ René Girard, *Violence and the Sacred*, Baltimore and London: The Johns Hopkins University Press, 1979, p. 251.

现实、神明与人类，二者在暴力的基础上遭遇并互为一体。

基拉尔对神话与仪式的解构使得二者在暴力的共谋上连接起来。在对暴力的表述上，神话与仪式其实是一样的，二者都是迫害文本，只是采用的表现方式不同罢了。仪式通过想象重复原来的集体暴力行为，神话则通过语言的扭曲与变形来记忆当初的集体迫害，神话的功能是掩盖当初的杀戮并保护社会的稳定性。仪式是对集体杀戮的表演，而神话则是其集体暴力的表述，只不过采用了一种欺骗的方式来进行。尽管如此，二者背后却是替罪羊效应在起着作用，只不过仪式在意义模式方面更具有生成能力。"最初的暴力行为是所有仪式与神话意义的源泉。暴力行为是唯一真实的，它是自发而绝对的。可以这样来说，仪式与神话之间的暴力行为是同时进行的。"[①] 这是基拉尔对神话与仪式的暴力性定位，他将它们从神圣的宗教崇拜置换到了血腥的集体迫害，在对替罪羊的戕害与杀戮上，二者达到了共谋。

严格说来，这种危机在文化体系内不可能有直接记录下来的证据，在历史上也找不到具体的时间与生成语境。从某种程度上说，基拉尔"是人文学家而不是人类学家。尽管他广泛征引民族学的（以及古典学的）材料以支持他的观点，但是公正地说，他是在挑选某些例证来说明理论，而他的理论却不是来自民族学的材料"[②]。这话说得不错，但是，基拉尔的神话理论的价值并非可以做这种简单理解，它有着更高层面的价值与意义。基拉尔理论中最为核心的并非这种暴力在历史上是否真正发生过，而是这种假设可以解释人类社会所有的宗教仪式与神话，以及一些社会现象。

基拉尔暴力理论的前提是一种危机的普遍存在，它抛弃了能指与所指之间的混淆，来自一种对文本现象分析的内在阐释，将公议牺牲机制的有效性用来揭示所有神话、仪式主题的性质与组织，从而将被视为西方知识神圣资源的神话和仪式一一瓦解。基拉尔假设性的知识假说打破了知识既有的理念与性质，将社会文本与神话文本连接起来，褪去了罩在神话头上的神圣光环。此种"祛魅"使得建构知识的机制重新反思自身，而神话理念则获得了一种前所未有的解放。

---

① René Girard, *Violence and the Sacred*, Baltimore and London: The Johns Hopkins University Press, 1979, p. 113.

② ［英］菲奥纳·鲍伊：《宗教人类学导论》，金泽、何其敏译，中国人民大学出版社，2004年，第205页。

第三节　神话、仪式与生物行为

基拉尔对神话和仪式的"祛魅"是在历史与文化向度上进行的，最终致力于建立一种欲望的模仿理论——一种黑格尔式的欲望辩证法。德国学者瓦尔特·伯克特（Walter Burkert）要做的，乃是走出剑桥学者们那种神话从属于仪式的既定研究范式，同时走出基拉尔那种基于文本现象分析的内在阐释来寻求神话与仪式源头的做法，他试图根据人类一些普遍的需要与本能，来探寻神话与仪式的社会意义、社会功能。

从知识考古学的角度来看，神话与仪式固然非常重要，但要为二者做一种具有共识性的界定却相当困难。对于伯克特而言，要对神话和仪式做一种界定，就必须将二者放入其生成语境去考察。他认为，最初是叙述性的神话，然后是崇拜性的仪式行动，二者共同建构了宗教。伯克特对神话的界定可以概括为如下四点：一，"神话是传统故事中一种最为普遍的形式"[1]；二，"传统故事，包括神话，当它从任何特殊文本或语言及与现实的直接指涉中独立出来时，在结构的意味上，其特征乃是在于故事本身"[2]；三，"故事的结构，就像其情节单元序列一样，乃是建立在一些最为基本的生物性或文化性行为程序上的"[3]；四，"神话是一种传统故事，间接地、部分地与某种具有群体重要性的内容相关联"[4]。如果将伯克特对神话的这些界定组合起来，即神话是一种具有自足性的传统故事，其结构建立在一些最为基本的生物性或文化性行为程序上，神话的讲述对于一些群体来说具有重大意义。

在神话和仪式的争论中，一个核心的问题是：究竟什么是仪式？赫丽生将仪式定义为"一件重复或事先完成的事，一件可以用表演的形式展现出来的事情"[5]。在做此种静态描述性界定时，赫丽生强调了仪式的重复性与模仿性特征，同时否定了仪式与语言之间的关系。基拉尔将仪式的重复性与模仿性特征偏向

---

[1] Walter Burkert, *Structure and History in Greek Mythology and Ritual*, Berkeley: University of California Press, 1979, p. 1.

[2] Walter Burkert, *Structure and History in Greek Mythology and Ritual*, Berkeley: University of California Press, 1979, p. 5.

[3] Walter Burkert, *Structure and History in Greek Mythology and Ritual*, Berkeley: University of California Press, 1979, p. 18.

[4] Walter Burkert, *Structure and History in Greek Mythology and Ritual*, Berkeley: University of California Press, 1979, p. 23.

[5] ［英］简·艾伦·赫丽生：《古希腊宗教的社会起源》，谢世坚译，广西师范大学出版社，2004年，第41页。

了暴力一方，使得仪式成为展现人类社会暴力的一种有力行为。伯克特对仪式的界定具有一种功能主义的意味：其一，"作为一种交流的形式，仪式是一种语言。它首先是一种天生的语言，其次是一种被描述的语言，人类最富有功效的交流体系应该与仪式相关"[1]；其二，"仪式是一种被改编了的行为模式，带有一种被置换的指涉性"[2]；其三，"仪式是一种为了交流而被改编的行为"[3]。我们可以看出，伯克特对仪式的这种定位使得仪式比神话出现的时间要早，因为行为要先于语言而存在。这样，仪式就在定义上具有一种时间的超越性，同时具有双重属性：隶属于语言与行为。伯克特强调仪式的交流目的，而不是其展演过程中的重复性，只不过他在突出仪式交流特性的同时，忽略了仪式系统中的象征特征。

伯克特认为，希腊很多仪式中的核心角色既不是神，也不是人，而是对动物的杀戮。神圣的动物献祭仪式其实是一种充满暴力的行为，人类是这种杀戮行为的执行者，那些仪式上献给神明的动物则是杀戮的对象，死亡是整个仪式的中心。他指出，这些动物祭奠仪式其实并非最初的仪式，它们源于旧石器时代的狩猎仪式。在这一点上，伯克特的观点无疑来自瑞士学者米尤里（Karl Meuli）。米尤里指出，人类的仪式源于旧石器时代猎人们的表演性庆典，这些猎人因为杀害了过多的动物，有一种负疚感，于是就举行一些表演性的杀戮仪式来减轻自己的这种感觉。伯克特在此基础上将米尤里的理论向前推进了一步，他认为，这种强烈的负罪感使得旧石器时代的猎人们恐慌不安，而这个时候就要借助于一种行为来释放这种杀害生命的罪恶感，表演性的杀戮仪式因此而产生。这个时候，"狩猎仪式克服了面对死亡时对于生命延续的焦灼感。血淋淋的行为是为了延续生命的一种必要措施，但是它仅仅针对那些再生的生命而言。这样，猎人们把动物的骨头收集起来，把它们的头骨高高放置，将其毛皮展示，都可以被理解为一种补偿，这其实是一种有形感官的复苏。他们期望这种食物资源永远存在，他们不再有恐惧感，他们不需要再去打猎，不再去杀害那些活

---

[1] Walter Burkert, *Homo Necans: The Anthropology of Ancient Greek Sacrificial Ritual and Myth*, Berkeley: University of California Press, 1983, p. 29.

[2] Walter Burkert, *Homo Necans: The Anthropology of Ancient Greek Sacrificial Ritual and Myth*, Berkeley: University of California Press, 1983, p. 34.

[3] Walter Burkert, *Structure and History in Greek Mythology and Ritual*, Berkeley: University of California Press, 1979, p. 51.

蹦乱跳的生命"①。

这种血淋淋的狩猎仪式后来转换为一种和农业有关的仪式，中间要经过一个仪式化的过程。不过所有的仪式内容却没有改变，仪式过程中各种各样的仪式工具同时被改变，狩猎仪式就转换为一种农业庆典，象征这个时候也就出现了。狩猎仪式中出现的各种程序也因此被带上了农业文明的痕迹，一些行为与动作被代替，这些改变首先在神话中得以表述。从这个角度上说，希腊的仪式可以上溯到史前人类杀戮性的狩猎仪式，其源头乃是人类对于同类及对动物的暴力杀戮。这个时候，伯克特就将仪式的起源时间放入了史前时代，他将基拉尔的暴力存在于人类历史的时期扩大到了旧石器时代，同时将基拉尔的暴力范围延展到了人类对动物的杀戮上。

对于伯克特而言，作为文化传统的诸多形式之一，神话与仪式之间具有密切关系，但是并非相互依赖的关系。"神话意味着用一种悬浮不定的参照来讲述一个故事，通过一些最为基本的人类行为模式来建构自身；仪式是为了示范进行的立体行为。神话与仪式二者都依靠于行为规范，都脱离了实用的现实社会，二者的意图都是为了沟通。"② 神话与仪式是相互证明的关系：一方面是富有示范性的叙述，另外一方面是富有示范性的行为。二者之间并不排除一种互惠性的联系，但分别是单独进行的，可以互相支持。在这个角度上，伯克特无疑是剑桥学派的继承人，但是他与剑桥学派有所区别的乃是，他宣称，在每一个单独的仪式与神话之间并没有必然的联系，二者的存在基础是人类社会的生活结构，这样神话与仪式就走出了特定的关系而具有一种普遍性。

在对社会秩序与生命秩序的建构上，神话与仪式的功能具有类似性。"仪式的功能是改编生命的秩序，通过一种基本的行为，尤其是富有侵略性的行为来表述自己。同样，神话通过自己的表达方式，来阐明生命的秩序"③，尤其是被仪式改编了的生命秩序。总之，仪式的功能是改编生命的秩序，神话的功能是阐释生命的秩序。在建构生命秩序的同时，仪式与神话二者同时为人类群体生存的必要性创造了一种差别——二者均是社会直接的能量与行为模式。对于社会和个体来说，神话与仪式在秩序确立上扮演了不可或缺的角色。当社会危

---

① Walter Burkert, *Homo Necans: The Anthropology of Ancient Greek Sacrificial Ritual and Myth*, Berkeley: University of California Press, 1983, p. 16.
② Walter Burkert, *Structure and History in Greek Mythology and Ritual*, Berkeley: University of California Press, 1979, p. 57.
③ Walter Burkert, *Homo Necans: The Anthropology of Ancient Greek Sacrificial Ritual and Myth*, Berkeley: University of California Press, 1983, p. 33.

机出现时，人类就会动用神话与仪式来解除危机，如果没有神话与仪式，人类社会的危机就不可能解决，人类社会也不可能留存。做这种描述时，伯克特无疑夸大了神话与仪式的社会功能。

在伯克特这里，神话与仪式在生物学层面上获得了一种物质性的源头，在秩序的建构上，二者发挥了其互动社会功效。而神话的探索，也从人类本身延展到了整个生物世界，神话与仪式的互惠关系，首次在理论上得到了阐释。

第四节　神圣仪式与史前女神

基拉尔与伯克特等人在将神话与仪式追溯到史前社会的同时，对它们的文化与物质起源做了一种阐释，二者眼中的仪式与神话都是以男性为中心，女性在其中处于一种弱势的地位，往往是仪式中的受害者，更容易成为集体暴力与杀戮的承受对象。这种观点在美国学者马丽加·金芭塔丝（Marija Gimbutas）那里遭到了拒绝。

金芭塔丝指出，希腊宗教中那些神圣的仪式与神话，其实是史前母权文化与父权制印欧文化结合的产物，要追寻其源头，就必须上溯到史前时代。她认为，公元前 7000 年到公元前 3000 年，在新石器时代的欧洲与小亚细亚地区，从南部意大利一直到小亚细亚海岸，从克里特北部到第聂伯河畔[①]，普遍存在一种女神宗教，其崇拜重点是生命的轮回与循环，宗教的核心包括出生、养育、成长、死亡与再生，以及各种农作物与动物的饲养。女神的世界暗含着整个世界，其所体现出来的功能是出生、死亡和再生的完整循环，其主要功能是给予生命、赋予丰产、抚育与保护生命，以及死亡与再生的循环，还有自然界动物和植物的丰产、繁殖与更新。对于古欧洲人来说，女神无所不在，是一种精神的体现。

金芭塔丝认为，古欧洲大女神的形象可以粗略地按照其给予生命和维系生命、死亡以及再生这三个方面的功能来进行分类。在女神的象征体系中，女神在生命的不同阶段具有不同的符号化身，因此，围绕着大女神形成了一个非常复杂的象征系统。作为生命的给予者，生命的创造女神一般以生产的姿态来表现自己的身份——生产的女神、怀抱婴儿的母亲、怀孕的妇女，动物的符号表现为熊、鹿、水鸟、候鸟、公羊、野母牛、野母马、卷曲的蛇等各种形象，还有水流、巢形与卵形符号等等。这些符号源于旧石器时代，一直持续到新石器

[①] 金芭塔丝将涵盖此时间体系与地理范围的学术概念称为古欧洲（Old Europe）。古欧洲的概念有别于现代意义上的欧洲与印欧世界，后二者是一个充满暴力的父权社会，而前者则意味着一个和平宁静的女性社会，这是金芭塔丝学术思想强调的核心内容。

时代后期。在古欧洲的象征符号体系中，作为死亡化身的大女神，其符号一般表现为鸟类，如猫头鹰、秃鹫、杜鹃、鹰、鸽子，以及野猪、僵直的白色裸体人像、猎犬、毒蛇、枯骨等，这类符号一般出现在古欧洲与安纳托利亚地区。死亡的时刻是再生的开始，自然界自发的更新换代是新石器时代宗教的一个主要关注点，这种关注造就了古欧洲有关再生的神圣意象大量涌现。死亡的符号并非孤立存在，它们与那些促进再生的符号是互相交叉的。秃鹫、猫头鹰、乌鸦女神是死亡的预兆者，在她们的腹部都有巨大的乳房与阴户。在再生女神的象征体系中，女神的形象可以表现为阴户、乳房、种子、三角形、双面斧、公牛头、生命柱、阳具等一些符号，同时还有一些神圣的动物形象，如蛙、蟾蜍、刺猬、鱼、蜜蜂、蝴蝶等等。①

金芭塔丝指出，对于神圣仪式来说，不管是哪一种仪式，都直接或间接地与女神相关。神圣婚姻的仪式是史前女神与其配偶神圣力量结合的庆典，目的是促进土地及其生命的丰产与富饶。希腊的一些仪式，比如安特斯节（Anthesteria）、勒纳节（Lenaia）以及狄奥尼索斯节日，都呈现出一种对生殖器的狂欢崇拜。希腊人引以为豪的酒神仪式，其实在史前古代欧洲就已经发现了。酒神仪式上所使用的类似于阳具的器物与半人半牛的雕像，早在公元前第6千纪至公元前第5千纪，就已经出现在欧洲东南部。"它们表明类似狄奥尼索斯之类的节日在古希腊文明之前5000年已经存在了，并且延续了很长一段时间。在科奥斯（Keos）岛上由 M. E. 卡斯克（M. E. Caskey）挖掘出来的证据也证明了狄奥尼索斯崇拜的延续性，他发现了一个早在公元前15世纪就已经建造起来的狄奥尼索斯的神殿。这个神殿被使用超过1000年，在里面发现了陶制的妇女雕塑，雕塑中的妇女们身着节日盛装，乳房露在外面，脖子上和腰上缠着蛇，呈现舞蹈的姿势。她们代表了酒神的女祭司——在狄奥尼索斯节日中狂欢迷醉的献身者。"② 很显然，这些雕像是酒神的女祭司。酒神仪式并非什么神秘的仪式，而是史前女神崇拜仪式的延续，酒神其实不是别的，而是古欧洲大女神的配偶与伴侣，是一位会生长与死亡的植物男神。这样看来，狄奥尼索斯不单属于希腊，还属于古欧洲；酒神精神也不是希腊人独有的，而是属于所有的古欧洲人及其后裔。

---

① 关于金芭塔丝女神文明及女神符号的相关表述，参见 Marija Gimbutas, *The Goddesses and Gods of Old Europe, 6500−3500 BC: Myths and Cult Images*, Berkeley and Los Angeles: University of California, 1974; Marija Gimbutas, *The Language of the Goddess*, London: Thames and Hudson, 1989; Marija Gimbutas, *The Civilization of the Goddess: The World of Old Europe*, San Francisco, Calif.: Harper San Francisco, 1991; Marija Gimbutas, *The living Goddesses*, Berkeley: University of California Press, 1999。

② [美]马丽加·金芭塔丝：《活着的女神》，叶舒宪等译，广西师范大学出版社，2008年，第172页。

金芭塔丝对神话的探索具有一股巨大的冲击力,她重构了神话与宗教符号象征体系,对人类史前的那些符号进行了分类与主题归纳,同时确立了这些图像在宗教崇拜中的基本阐释单元与主题,赋予这些图像一种神圣的宗教意义,使得它们成为人类最早的神话形象。她关于古欧洲"女神文明"的探索为希腊神话研究提供了文化背景,使得希腊神话走出了孤立的文化语境,融入了世界宗教与神话共同体系。更为重要的是,她开启了神话考古的研究范式,将神话带回到了广阔的史前时代,将其纳入考古学田野,从而摆脱了神话研究局限于文字书写时代与文本的困境。文学式神话研究的模式从此得到改观,神话研究开始走向史前符号与图像世界。

结　语

人类学层面上的神圣仪式与神话的并置,使得神话与仪式成为构成地方性知识的要素,神话的定义在此种语境下也经历了一次又一次变化。在以赫丽生为主的早期人类学者那里,神话是仪式的衍生物,是早期宗教的一种口述性文本,具有一定的神圣性;而到了法国学者勒内·基拉尔那里,神话已经失去了神圣性,彻底被"祛魅",神话与暴力相关,成为暴力文本,同时是承载人类社会暴力的容器,掩盖并遮蔽了暴力的本性;德国学者瓦尔特·伯克特眼中的神话则具有一定的生物性色彩,是一系列的行为序列与行为情节,在某种程度上,神话具有解除社会危机的功能,只不过神话采用了阐释的方式,这个时候,神话就成为社会知识话语的一种形态;到了20世纪末的考古学者金芭塔丝那里,神话已经不是现有的文字书写的神话了,而是一套象征性符号组合而成的史前宗教叙事,与旧石器时代的女神文明密切相关,神话从而成为重构史前文化与文明的关键因素,这个时候,神话再次成为一种神圣性文本,与宗教再度联系起来,神话走向了"复魅"。

从研究范式上看,20世纪神话与仪式的研究经历了两个转向:文化转向与图像转向。所谓的文化转向是说,神话脱离了文字书写的限制,进入人类地方性知识的谱系,成为一种本土性的知识形态;这个时期的研究基本将神话与仪式界定为宗教体验的两个因素,神话是宗教情感的表达,仪式则是宗教行为的表述。从赫丽生到基拉尔、伯克特都是这种观点的持有者。而所谓的图像转向意味着重构神话与仪式的符号表述体系,神圣仪式与神话的源头被上溯到了史前时代女神崇拜,仪式和神话与女神在符号象征上具有了不可分割的联系。

从上述梳理来看,20世纪人类学对神话学的介入,引发了神话学研究范式的改变。人类学将神话与仪式并置起来进行探索，在某种程度上改变了对神话定位、性质、定义、功能的认识，使得神话摆脱了文学属性，走出了文学式的研究，从而走向了广阔的田野，神话与仪式在宗教体验上成为互惠、互动的构成要素。可以明显看出，人类学对神话的探索，改变了先前神话研究的模式，在观念与手段上打破了以往文学式的解读，而人类学对神话的解读，并没有一种固定的模式，处于一种不断流变的状态，神话依然是一个不断建构与解构的概念，仪式同样如此。

第二章　真实与虚构：古希腊人的秘索思与逻各斯

第一节　近期研究述评

就语源而言，"秘索思"（Myth）一词源于古希腊语 μῦθος，而逻各斯（Logos）则为希腊文"λòγος"一词的音译。在柏拉图之前，秘索思与逻各斯之间并无明显界限，自柏拉图将诗人驱逐出理想国之后，秘索思便与逻各斯分道扬镳。通常而言，现代性意义上的秘索思与逻各斯是一组对立的概念，前者与虚构和非理性相关，而后者则是真实与理性的代名词。因此，关于秘索思与逻各斯的探讨便可划为两种类型：对立说与互补说。持对立观点的研究者将秘索思与逻各斯对立起来，而坚守互补论的学者认为秘索思与逻各斯是互补的。这两类探讨本质上均属二元论，带有一定的意识形态意味。

因秘索思与逻各斯的公开对立始于柏拉图，多数研究者便将柏拉图对二者的态度作为探讨话题。学者卢卡·布里森（Luc Brisson）指出，柏拉图的秘索思与逻各斯在意义上是对立的，二者之间不单是不可验证性话语与可验证性话语之间的对立，还是叙述性话语与论证性话语之间的对立。[1]布里森的这种观点遭到了学者克里斯托弗·罗威（Christopher Rowe）的批评，后者宣称秘索思与逻各斯之间的对立并非柏拉图哲学的中心，因为人类所有的话语都是靠不住的。[2]学者凯瑟琳·A.摩根（Kathryn A. Morgan）继而指出："秘索思与逻各斯的对立

---

[1] Luc Brisson, *How Philosophers Saved Myths: Allegorical Interpretation and Classical Mythology*, Catherine Tihanyi trans., Chicago: University of Chicago Press, 2004, p. 25.

[2] Christopher Rowe, "Myth, History and Dialectic in Plato's *Republic and Timaeus Critias*", in Carlo Ferdinando Russo ed., *From Myth to Reason?: Studies in the Development of Greek Thought*, Oxford: Oxford University Press, 1999, p. 265.

是早期哲学所建构的,这种对立已经成为一种富有刺激性的存在物。"[1]概括地说,这类探讨一般将秘索思视为虚构的叙述,而逻各斯则是真实的话语。近期有不少学者反对这种观点,譬如学者布鲁斯·林肯(Bruce Lincoln)宣称,在前哲学时代的希腊,秘索思与逻各斯的内涵同柏拉图所说的截然相反:前者真实可信,而后者则充满了欺骗性。[2]概括地说,持对立观点的多数研究者从认知论视角探讨秘索思与逻各斯内涵方面的断裂,基本不关注二者在前哲学时代的关联。

另外一类研究者则认为秘索思与逻各斯之间的关系不是对立的,而是互补的。例如,学者肯·道登(Ken Dowden)就断言,在荷马时代,秘索思与逻各斯不是一组对立的术语,二者均是人类的话语类型。[3]让-皮塔尔·韦尔南(Jean-Pierre Vernant)继而指出,在指向话语这一概念时,秘索思属于逻各斯层面,二者之间根本不存在冲突。[4]这类探讨将时间基本限定在哲学出现之前,或者说,研究者依然认可柏拉图对秘索思的改造,认为后哲学时代的神话更多地带有与逻各斯对立的意味,在此之前二者的关系并非如此。

较之于国外学界,国内学者关于秘索思与逻各斯的探讨较为统一,多数学者将二者视为一组对立而又互补的概念加以考察。譬如学者陈中梅认为,秘索思与逻各斯应该是一组对立互补的元观念。西方文化由此经历了由秘索思到逻各斯的发展过程,介于二者中间的一个过渡性概念是塞玛(sēma)。换言之,西方思想史经历了由秘索思象征的感性认知到逻各斯主导的理性感知的过程,塞玛在其中担当了过渡的角色。[5]需要指出的是,陈中梅的这种观点仍未摆脱柏拉图的影响,它将二者的生成语境由古希腊转移到了西方文化场域。另外一位学者孙柏继而指出,从语言学与认识论角度而言,秘索思催生了隐喻思维,而逻各斯则产生了转喻思维,二者共同建构了人类思维的两个层面,它们之间的

---

[1] Kathryn A. Morgan, *Myth and Philosophy from the Presocratic to Plato*, Cambridge: Cambridge University Press, 2000, p. 14.

[2] Bruce Lincoln, *Theorizing Myth: Narrative, Ideology, and Scholarship*, Chicago: The University of Chicago Press, 1999, p. 10. Bruce Lincoln, "Competing Discourses: Rethinking the Prehistory of Mythos and Logos", *Arethusa*, 1997, 30(3): 341-367.

[3] Ken Dowden, *The Uses of Greek Mythology*, London: Routledge, 1992, p. 4.

[4] Jean-Pierre Vernant, *Myth and Society in Ancient Greece*, Janet Lloyd trans., Sussex: Harvester Press, 1980, p. 186.

[5] 陈中梅:《"投竿也未迟"——论秘索思》,载《外国文学评论》1998年第2期,第5—14页;陈中梅:《柏拉图诗学和艺术思想研究》,商务印书馆,1999年,第453—497页;陈中梅:《言诗》,北京大学出版社,2008年,第291—332页;陈中梅:《神圣的荷马——荷马诗史研究》,北京大学出版社,2008年,第305—420页。

区分不是绝对的,而是对立互补的。①孙柏的这种说法已经脱离了具体的文化语境,将秘索思与逻各斯的内涵扩大了。基于此种认识,有学者倡导,应该从三种思维层面来看待秘索思与逻各斯:秘索思、逻各斯、可莫斯(komos)代表了古希腊文化中的感知、理性和情绪的三个层面,三者之间处于互动状态。②这种做法无疑又是对秘索思与逻各斯内涵泛化的一种尝试,阐释者将秘索思与逻各斯的发展视为一种线性而静止的历程,进而使得问题的探讨过于简单。

从上述探讨可看出,多数研究者对秘索思与逻各斯的考察以柏拉图为中心,对二者在柏拉图之前的内涵缺乏足够的认知,对其在古代文本不同语境中内涵的发掘也不够充分。基于此,本章打算初步考证古希腊神话文本中秘索思与逻各斯的内涵,指出二者在此语境中的具体意义,还原它们在古希腊口传文化中的本相。

第二节 神话与逻各斯的现代内涵

自神话学诞生以来,尽管神话的定义不断改变,但这并不妨碍多数学者就神话的内容达成某种共识:一种与理性相对立的叙述,讲述神明、英雄或超然存在物的故事,本质上为想象的产物,但在信仰上具有一定的真实性。这种理解将神话视为科学的对立面,神话因而成为虚假、虚构的代名词。少数持后现代观点的神话学者甚至认为"神话"这一术语本身就是现代学术的虚构,纯属理性主义的建构。譬如法国学者马塞尔·德蒂安(Marcel Detienne)宣称,"神话"一词根本就不存在,它纯粹是西方种族主义成见的产物,其目的是将西方与非西方、文明与野蛮,以及现在与过去区分开来。③另外一位法国学者克劳德·卡拉姆(Claude Calame)更为尖锐地指出,古代希腊根本不存在与现代意义上的神话相匹配的术语,"神话并非一种本体论意义上的存在物,而是一种西方的范畴,它诞生于启蒙运动时期,系人类学早期思想的产物,'神话'一词是从欧洲中心主义视角看待他者文化行为所催生的"。④不难看出,神话在现代学术语境中遭遇到了空前挑战:不仅神话表述的内容是虚构的,"神话"一词也是现代学术建构起来的。这种视域下的神话及其概念成为纯粹的虚构物,与现实

---

① 孙柏:《丑角的复活——西方戏剧文化的价值重估》,学林出版社,2002 年,第 21—22 页。
② 陈珂:《戏剧形态发生论》,中国戏剧出版社,2009 年,第 199 页。
③ Marcel Detienne, *The Creation of Mythology,* Chicago: The University of Chicago Press, 1986, p. 19.
④ Claude Calame, "The Rethoric of Muthos and Logos: Forms of Figurative Discourse", in Richard Buxton ed., *From Myth to Reason?: Studies in the Development of Greek Thought,* Oxford: Clarendon, 1999, p. 121.

和理性相距甚远。此时,神话的内涵就表现为虚构性,而虚构包含两个层面的内容:其一,表述内容的虚构性。神话是一种叙述性话语,表达了一些基于想象的虚幻性故事,这些神话情节是不可验证的,无法以理性与科学的标准衡量;其二,概念自身的建构性。"神话"一词为现代学术的创造物,系欧洲在殖民早期我族中心主义视角下对待异族文化的工具,具有意识形态的意味。总之,神话被赋予了负面意义,被作为与事实、真理、科学乃至理性的对立物,与想象、虚构、创造等术语纠缠在一起。

与神话的虚构性内涵相反,现代科学主义视角下的逻各斯则成为理性、科学,乃至真理的对等物,与神话形成鲜明对比。相对于神话而言,逻各斯的现代内涵主要表现为真实性,这是继柏拉图以来的哲学家追求的至高境界。所谓真实性,主要指逻各斯作为一种可验证的话语,而不是一种叙述性的话语,"可验证话语遵循的规约为理性秩序。而其局部顺序建立在数学模式之上,根据规律做出必要的结语。这种话语的演说者带着这种结语探寻理性的证据"。[1] 这就意味着逻各斯表述的内容是真实而可信的,经得住科学检验。另外,"逻各斯"一词更多地指称理性与智性,而不是非理性。逻各斯不仅是一种可验证的真实性话语,还是世界秩序与原理的抽象体现。"在形式上,它与神话始终是对立的,逻各斯所论证的实例不同于神话故事所叙述的内容;在基本意义上,逻各斯与神话也是对立的;在这个意义层面上,哲学家的抽象概念有别于神明的本领,后者的叙事是神话表述的话题。"[2] 由此看来,现代性语境中的逻各斯被赋予了极为明显的正面意味,它与真实、真理及智性相关,是人类理性发展的体现。可见,在形式层面与意义层面,逻各斯与神话均是对立的。

从时间上来看,"神话"一词进入英文词条是在19世纪初期,此时英帝国处于殖民扩张时期,神话被赋予了一定的新科学主义意味,用来专指诸如虚构、虚假、不可证明的一类叙述。进一步说,神话的蕴含在古希腊随时间而改变,在柏拉图之前的时代,古希腊人的秘索思与现代意义上的神话有着天壤之别。概括地说,"希腊语中的秘索思指一种简洁的言论,要么是一则故事,一段对话,要么是一种计划的叙事"[3]。秘索斯出现的时间要比逻各斯早得多,明显带有口

---

[1] Luc Brisson, *How Philosophers Saved Myths: Allegorical Interpretation and Classical Mythology*, Catherine Tihanyi trans., Chicago: University of Chicago Press, 2004, p.25.

[2] Jean-Pierre Vernant, *Myth and Society in Ancient Greece*, Janet Lloyd trans., New York: Zone Books, 1900, pp. 188–189.

[3] Jean-Pierre Vernant, *Myth and Society in Ancient Greece*, Janet Lloyd trans., New York: Zone Books, 1900, p. 186.

传文化的特征。这种意义上的秘索思未必就是虚构的，它更多地含有真实与理性的成分。就语源学而言，英文书写形式的逻各斯源自希腊语 λόγος，原意为"话语"（word），其动词的对应形式为 λέγω，意思是"我说"（I say），这个单词是专门用来描述散文的，含有理性的意味，但不排斥虚构的成分。总之，希腊语中的秘索思与逻各斯之间的关系并非对立的，而是相互补充的。可见，在历史发展过程中，秘索思与逻各斯之间的关系发生了巨变，二者的意义及相互关系同样经历了一系列变化。时至今日，它们已成为一组对立的语词，与原初的词义之间有了断裂。那么，秘索思与逻各斯在古希腊早期神话文本中具有何种内涵？它们在不同的语境中具有怎样的变化？这种断裂是从何时开始的？是何种原因造成了断裂？它是怎样产生的？这是本章要探讨的一系列问题，当然，笔者不可能列举所有的古希腊神话文本，只能从中选择较为典型的进行考察，重点是赫西俄德与荷马的文本。

第三节　赫西俄德的秘索思与逻各斯

就文化特征而言，赫西俄德的《神谱》《工作与时日》更多地带有口传文化的特点，而赫西俄德宣称此乃受缪斯（Muses）女神之托而作。[1] 颇有意味的是，当缪斯女神向赫西俄德传授神圣之歌时，她们这样宣称："我们知道如何将那些虚构的故事说得像真的一样，如果我们愿意，我们也懂得如何讲述真事。"[2] 在这个句子中，缪斯女神将虚构的故事称为"逻各斯"，其内涵与现代意义上的逻各斯相去甚远。当赫西俄德歌颂众神的业绩时，他这样倾吐心声："雷电之神宙斯，居住在层峦之上的神明，请你向下界观望并明察秋毫，侧耳听我倾诉衷肠，来使裁决公正，公义得以伸张。佩耳塞斯，我将对你讲述真实的事件。"[3] 需要指出的是，赫西俄德在这里将"秘索思"一词冠以"真实的事件"之名，似有柏拉图意义上的"逻各斯"之意。看上去就是，这两处诗文中的逻各斯、秘索思与其现代性内涵之间存在极大差异，甚至在意义上是相反的。这样就出

---

[1] Hesiod, *Theogony*, M. L.West ed., Oxford: Oxford University Press, 1966, Lines 30-35, "καί μοι σκῆπτρον ἔδον δάφνης ἐριθηλέος ὄζον δρέψασαι, θηητόν. ἐνέπνευσαν δέ μοι αὐδὴν θέσπιν, ἵνα κλείοιμι τά τ᾽ ἐσσόμενα πρό τ᾽ ἐόντα. καί μ᾽ ἐκέλονθ᾽ ὑμνεῖν μακάρων γένος αἰὲν ἐόντων, σφᾶς δ᾽ αὐτὰς πρῶτόν τε καὶ ὕστατον αἰὲν ἀείδειν. ἀλλὰ τί ἦ μοι ταῦτα περὶ δρῦν ἢ περὶ πέτρην." 以下仅标明行数，其他省略。

[2] Hesiod, *Theogony*, Lines 27-28, "ἴδμεν ψεύδεα πολλὰ λέγειν ἐτύμοισιν ὁμοῖα, ἴδμεν δ᾽, εὖτ᾽ ἐθέλωμεν, ἀληθέα γηρύσασθαι."

[3] Hesiod, *Works and Days*, M. L.West ed., Oxford: Oxford University Press, 1980, Lines 8-10, "Ζεὺς ὑψιβρεμέτης, ὃς ὑπέρτατα δώματα ναίει. κλῦθι ἰδὼν ἀίων τε, δίκῃ δ᾽ ἴθυνε θέμιστας τύνη. ἐγὼ δέ κε, Πέρσῃ, ἐτήτυμα μυθησαίμην." 以下仅标明行数，其他省略。

现了一系列令人不解的问题：为何这两句引文中的逻各斯及秘索思与其现代性意义之间存在如此差异？赫西俄德神话文本究竟有多少这样的术语出现？它们在文本中的内涵是什么？

学者布鲁斯·林肯统计过赫西俄德神话文本中秘索思与逻各斯的用法[①]，但基于某种功利性目的，他并没有完全列出它们在具体语境中的意义，只重点阐释了其中的一些语句。笔者认为，欲探讨秘索思与逻各斯的内涵，必须将其置于具体语境之中。根据赫西俄德《神谱》及《工作与时日》的表述，秘索思与逻各斯出现的次数均为6次，但在具体的语境中，其意义存在细微差别（表1、表2）。

表1　赫西俄德的秘索思内涵

出处	语境	演说者	情节	内涵
《神谱》第24行	持盾之神宙斯之女，奥林匹斯的缪斯女神首次开口说话，我是听到这话的第一人[②]	缪斯女神	缪斯女神开口说话	神明的话语
《神谱》第169行	但诡诈强大的克洛诺斯鼓足勇气回答了亲爱母亲的话语[③]	克洛诺斯	克洛诺斯说话	庄严而肯定的回答
《神谱》第665行	当众神听完科托斯的话语后，他们斗志昂扬[④]	天神之子	科托斯宣誓	庄重的誓言
《工作与时日》第194行	恶人以谎言欺骗善者，以恶语伤害他们[⑤]	赫西俄德	恶人欺骗善者	恶人说谎的事实
《工作与时日》第206行	这时，老鹰轻蔑地对夜莺说道[⑥]	老鹰	老鹰抓住了夜莺	现实生活的真理

---

① Luc Brisson, *How Philosophers Saved Myths: Allegorical Interpretation and Classical Mythology*, Catherine Tihanyi trans., Chicago: University of Chicago Press, 2004, pp.11, 16.

② Hesiod, *Theogony*, Lines 24-25, "τόνδε δέ με πρώτιστα θεαὶ πρὸς μῦθον ἔειπον, Μοῦσαι Ὀλυμπιάδες, κοῦραι Διὸς αἰγιόχοιο."

③ Hesiod, *Theogony*, Line 169, "θαρσήσας δὲ μέγας Κρόνος ἀγκυλομήτης ἂψ αὖτις μύθοισι προσηύδα μητέρα κεδνήν."

④ Hesiod, *Theogony*, Lines 664-665, "ὣς φάτ'. ἐπήνεσσαν δὲ θεοί, δωτῆρες ἐάων, μῦθον ἀκούσαντες."

⑤ Hesiod, *Works and Days*, Lines 193-194, "βλάψει δ' ὁ κακὸς τὸν ἀρείονα φῶτα μύθοισιν σκολιοῖς ἐνέπων, ἐπὶ δ' ὅρκον ὀμεῖται."

⑥ Hesiod, *Works and Days*, Line 206, "τὴν ὅγ' ἐπικρατέως πρὸς μῦθον ἔειπεν."

绪论　神话、仪式与图像　｜　021

续表

出处	语境	演说者	情节	内涵
《工作与时日》第263行	你们这些王爷要杜绝这事，那些贪财受贿的王爷，你们要使裁决公平，要杜绝不公裁判的思想从心中滋生①	王爷	赫西俄德教诲王爷们	公正的裁决

从表1中可看出，秘索思这种话语的演说者一般是强者——神明或孔武有力的男性角色。例如，在《神谱》第24行中，当缪斯女神开口说话时，首先强调了其神性，指摘了人类的无知。再如，《工作与时日》中，老鹰与夜莺之间形成了鲜明的对比：老鹰是雄性，夜莺是雌性；老鹰是捕食者，夜莺是被捕食者；老鹰强大无比，夜莺软弱无力；老鹰凶残暴戾，夜莺温顺善良。当老鹰对夜莺说话时，它已生擒了一只声音婉转的夜莺："可怜的小东西啊，你为何要啼哭呢？你现在已经落入了比你强大得多的人手中，你就得去我要去的任何地方，虽然你是一名女歌手。只要我高兴，就可以拿你当餐饭，也可以放你高飞远走。试图与强者作对的人就是傻瓜，因为他无法获胜，除了受凌辱之外，还要承受痛苦。"②赫西俄德将缪斯女神与老鹰的这些话语称为"秘索思"，即一种强大又富有真实性的话语。不难看出，在赫西俄的文本中，秘索思是一种富有力量的话语。话语的演说者在对话中处于有利的地位，他们的言辞也较为质朴；另外，秘索思是一种真实可信的话语，它所表述的内容一般是现实生活中的真理。这样看来，在赫西俄德的文本中，秘索思并非虚构性的言语，而是神圣而真实的话语，它与现代性语境中作为荒诞故事同义词的神话的内涵截然相反。从内容来看，赫西俄德的秘索思等同于柏拉图眼中的逻各斯，是一种不可轻觑的真理。

从表2中能够看出，逻各斯的演说者一般为女性或孩子，即便有的表述者是男性，他也明显带有一种欺骗性目的。比如，在《神谱》第890行中，宙斯用甜言蜜语哄骗墨提斯。另外，逻各斯所表述的内容一般与谎言、虚构的故事相关，它们悦耳且富有诱惑性，但会使听者陷入一种比较危险的境地。譬如，在《工作与时日》第78行中，当潘多拉（Pandora）开口说话时，它实际上是一

---

① Hesiod, *Works and Days*, Lines 263-264, "ταῦτα φυλασσόμενοι, βασιλῆς, ἰθύνετε μύθους δωροφάγοι, σκολιέων δὲ δικέων ἐπὶ πάγχυ λάθεσθε."

② Hesiod, *Works and Days*, Lines 207-211, "δαιμονίη, τί λέληκας; ἔχει νύ σε πολλὸν ἀρείων. τῇ δ' εἶς, ᾗ σ' ἂν ἐγώ περ ἄγω καὶ ἀοιδὸν ἐοῦσαν. δεῖπνον δ', αἴ κ' ἐθέλω ποιήσομαι ἠὲ μεθήσω. ἄφρων δ', ὅς κ' ἐθέλῃ πρὸς κρείσσονας ἀντιφερίζειν. νίκης τε στέρεται πρός τ' αἴσχεσιν ἄλγεα πάσχει."

种谎言，一种诱导人类走向堕落与危险的话语。逻各斯的听众最后都陷入了一种危险的处境：墨提斯相信宙斯的花言巧语，被后者吞进了肚中；厄庇墨透斯（Epimetheus）听信了潘多拉的谎言而使人类陷入万劫不复的境地。不难看出，赫西俄德的逻各斯通常指一种靠不住的、不可验证的、不真实的话语。逻各斯的最大特征就是虚构性，多半系美丽的谎言。

表 2 赫西俄德的逻各斯内涵

出处	语境	演说者	情节	内涵
《神谱》第 27 行	我们知道如何将那些虚构的故事说得像真的一样，若我们愿意，我们也懂得如何讲述真事①	缪斯女神	女神开口说话	故事
《神谱》第 229 行	恶意的厄里斯女神生了痛苦的劳役之神、遗忘之神、饥馑之神、多泪的忧伤之神、争斗之神、战斗之神、凶杀之神、屠戮之神、争吵之神、谎言之神、争执之神、违法之神、毁灭之神，这些神明的本性都一样。厄里斯又生了诅咒之神，当人类蓄意发假誓时，她便找上门来②	厄里斯的孩子们	不和女神厄里斯的后代	谎言
《神谱》第 890 行	但当她就要生产明眸女神雅典娜（Athena）时，宙斯利用甜言蜜语欺骗了她，并将她吞进肚中，因为地母盖亚与灿烂的天空之神乌拉诺斯有过忠告③	宙斯和墨提斯	宙斯欺骗墨提斯	甜言蜜语

---

① Hesiod, *Theogony*, Line 27, "ἴδμεν ψεύδεα πολλὰ λέγειν ἐτύμοισιν ὁμοῖα."
② Hesiod, *Theogony*, Lines 226–232, "αὐτὰρ Ἔρις στυγερὴ τέκε μὲν Πόνον ἀλγινόεντα Λήθην τε Λιμόν τε καὶ Ἄλγεα δακρυόεντα Ὑσμίνας τε Μάχας τε Φόνους τ'Ἀνδροκτασίας τε Νείκεά τε ψευδέας τε Λόγους Ἀμφιλλογίας τε Δυσνομίην τ' Ἄτην τε, συνήθεας ἀλλήλησιν, Ὅρκον θ', ὃς δὴ πλεῖστον ἐπιχθονίους ἀνθρώπους πημαίνει, ὅτε κέν τις ἑκὼν ἐπίορκον ὀμόσσῃ, Ὅρκον θ', ὃς δὴ πλεῖστον ἐπιχθονίους ἀνθρώπους πημαίνει, ὅτε κέν τις ἑκὼν ἐπίορκον ὀμόσσῃ."
③ Hesiod, *Theogony*, Lines 888–891, "ἀλλ' ὅτε δὴ ἄρ' ἔμελλε θεὰν γλαυκῶπιν Ἀθήνην τέξεσθαι, τότ' ἔπειτα δόλῳ φρένας ἐξαπατήσας αἱμυλίοισι λόγοισιν ἑὴν ἐσκάτθετο νηδὺν Γαίης φραδμοσύνῃσι καὶ Οὐρανοῦ ἀστερόεντος."

续表

出处	语境	演说者	情节	内涵
《工作与时日》第78行	根据雷电之神宙斯的要求,阿尔戈斯的斩杀者赫尔墨斯设法将谎言、花言巧语及诡诈的本性放到了她心中,神使又赋予她说话的能力①	潘多拉	众神惩罚人类	谎言
《工作与时日》第106行	倘若你乐意,我将简略而熟练地为你讲述另一个故事——请你记在心上——众神与人类如何出自同一个源头②	宇宙时代	讲故事	故事
《工作与时日》第789行	每月中旬第六日非常不利于植物,但有利于生男孩,不利于生女孩,也不利于嫁女儿。每月上旬的第六日不利于生女孩,但有利于生男孩,适宜进行阉割山羊与绵羊,也有利于建造绵羊围栏。这一日有利于生男孩,但这一日出生的人将喜欢挖苦、说谎、花言巧语与嚼舌根③	每月的第六日	每月第六日出生的人喜欢说谎	谎言

这样看来,赫西俄德文本中的秘索思与逻各斯是一组内涵对立的术语,其差异分别体现在以下几个方面:一,表述者性别。秘索思的表述者一般为男性,而逻各斯的表述者多半为女性,有时是未成年人。在希腊文化中,未成年人是没有性别特征的,通常被视为中性。二,表述的结果。秘索思一般与胜利联系在一起,而逻各斯则与战争、灾难相关。三,表述内容。一般情况下,秘索思与真实、真理、正义相关,而逻各斯则意味着谎言、虚构及欺骗(表3)。

---

① Hesiod, *Works and Days*, Lines 77-79, "ἐν δ' ἄρα οἱ στήθεσσι διάκτορος Ἀργεϊφόντης ψεύδεά θ' αἱμυλίους τε λόγους καὶ ἐπίκλοπον ἦθος τεῦξε Διὸς βουλῆσι βαρυκτύπου."

② Hesiod, *Works and Days*, Lines 106-108, "εἰ δ' ἐθέλεις, ἕτερόν τοι ἐγὼ λόγον ἐκκορυφώσω εὖ καὶ ἐπισταμένως, σὺ δ' ἐνὶ φρεσὶ βάλλεο σῇσιν, ὡς ὁμόθεν γεγάασι θεοὶ θνητοί τ' ἄνθρωποι."

③ Hesiod, *Works and Days*, Lines 782-789, "ἕκτη δ' ἡ μέσση μάλ' ἀσύμφορός ἐστι φυτοῖσιν, ἀνδρογόνος δ' ἀγαθή. κούρῃ δ' οὔ συμφόρος ἐστιν, οὔτε γενέσθαι πρῶτ' οὔτ' ἄρ γάμου ἀντιβολῆσαι. οὐδὲ μὲν ἡ πρώτη ἕκτη κούρῃ γε γενέσθαι ἄρμενος, ἀλλ' ἐρίφους τάμνειν καὶ πώεα μήλων σηκόν τ' ἀμφιβαλεῖν ποιμνήιον ἤπιον ἦμαρ. ἐσθλὴ δ' ἀνδρογόνος. φιλέοι δέ κε κέρτομα βάζειν ψεύδεά θ' αἱμυλίους τε λόγους κρυφίους τ' ὀαρισμούς."

表 3　赫西俄德的秘索思与逻各斯内涵对比

内涵	秘索思	逻各斯
表述者性别	男性	女性或中性（未成年人）
表述结果	好的结果或胜利	不好的结果或失败
表述内容	真理、正义、真实	战争、灾难、虚构
特征	真实而可信的话语	虚构而不可信的话语

第四节　荷马的秘索思与逻各斯

学者理查德·P. 马丁（Richard P. Martin）统计过荷马诗史《伊利亚特》中秘索思出现的次数，他指出，秘索思及其动词变格形式在诗史中出现了167次，其中以名词形式出现的有155次。通常情况下，秘索思的表述者为发布命令或自我夸耀的男性，这种人物一般比较强大。[①] 在马丁眼中，秘索思总是一种富有权威的男性在公开场合发表的富有力量的长篇大论。通常情况下，一则秘索思总是促使那些听众同意这种言论，只有那些与演说者地位相等的人才有资格对其进行质疑。不过马丁并没有对《奥德赛》中的秘索思进行过统计学意义上的探讨，也没有对逻各斯进行统计，更没有对二者之间的内涵做对比。另外一位学者布鲁斯·林肯概略统计了荷马诗史中秘索思与逻各斯出现的次数，认为二者与赫西俄德神话文本的内涵差别不大[②]，因而并未就其中的差异做详细区分。本节无意于彻底统计荷马诗史中秘索思与逻各斯出现的次数，而是打算就二者在一些重要语境中的内涵做初步阐释，并对其与赫西俄德文本内涵的差异做具体甄别。

在《伊利亚特》第15卷第392行中，帕特洛克罗斯（Patroclus）坐在欧律皮罗斯（Eurypylos）的帐篷里，用动听的话语安慰这位受伤的英雄，荷马将其称为"逻各斯"。从诗史表述的内容来看，帕特洛克罗斯讲述的话语未必是真实的，但却非常动听，它使得遭受枪伤之苦的欧律皮罗斯备感安慰。在《奥德赛》第1卷第56行中，卡吕普索（Calypso）用甜言蜜语媚惑奥德修斯

[①] Richard P. Martin, *The Language of Heroes: Speech and Performance in the Iliad*, New York: Cornell University Press, 1989, p. 22.

[②] Bruce Lincoln, *Theorizing Myth: Narrative, Ideology, and Scholarship*, Chicago: The University of Chicago Press, 1999, p. 17.

（Odysseus），试图让他忘记伊塔刻（Ithace）而永远待在她身边。卡吕普索的话语非常动听，同时充满了欺骗性与诱惑力，使得奥德修斯能够忘记亲人与家乡。比如，她许下诺言，要赐给奥德修斯不死与永生，让他与自己一起掌管仙岛的疆域。[1]就亲疏程度而言，逻各斯的表述者及听者之间的关系比较亲密。譬如，帕特洛克罗斯与欧律皮罗斯是战场上亲密的战友，女仙卡吕普索与奥德修斯有过七年的同居生活。从叙述意图来看，逻各斯的演说者通常希望听者能够接受自己的言论，从而达到劝勉或说服对方放弃一种现状而进入另外一种境地。例如，帕特洛克罗斯试图利用具有抚慰性的话语安慰受伤的欧律皮罗斯，希望后者能够忘记苦痛。卡吕普索更渴望奥德修斯能够相信其甜言蜜语，放弃返回伊塔刻的念头而与她在仙岛上终身厮守。当然，这些动听的话语一般在私人场合讲述，公开场合是不适宜发表这类言论的。总之，荷马诗史中这些诗文的情境告诉我们，荷马文本中的逻各斯通常是一种动听而富有诱惑力的言语，具有欺骗性，它的演说者一般在私人场合说这些话语，而不是在公开场合。这种话语并不一定要从女性口中发出，但非常悦耳且颇能取悦人心（表4）。

表4　荷马的逻各斯内涵

出处	语境	情节	内涵
《伊利亚特》第4卷第339行	佩特奥斯之子，宙斯养育的王者，还有你这诡诈狡猾[2]的人，你们为何退缩，等待别人向前冲？你们两个本应站在队伍最前面，勇敢面对战斗。因为你们是最先听到我邀请的人，在我们阿凯亚人为长者备办宴席时[3]	阿伽门农斥责部下	诡诈之言

---

[1] Homer, *The Odyssey*, with an English translation by A. T. Murray, revised by George E. Dimock, Cambridge: Harvard University Press, 1995, 5. 208-209, "αἶνός μὲν κεφαλήν τε καὶ ὄμματα καλὰ ἔοικας κείνῳ, ἐπεὶ θαμὰ τοῖον ἐμισγόμεθ᾽ ἀλλήλοισιν." 以下仅标明卷数和行数，其他省略。

[2] 学者布鲁斯·林肯的论著指出，在大英博物馆收藏的一块约公元前的编号为136的纸草上，δόλοισι 被 λόγοισι 取代。参见 Bruce Lincoln, *Theorizing Myth: Narrative, Ideology, and Scholarship*, Chicago: The University of Chicago Press, 1999, p. 9.

[3] Homer, *Iliad*, 4. 338-342, "ὦ υἱὲ Πετεῶο διοτρεφέος βασιλῆος, καὶ σὺ κακοῖσι δόλοισι κεκασμένε κερδαλεόφρον τίπτε καταπτώσσοντες ἀφέστατε, μίμνετε δ᾽ ἄλλους; σφῶϊν μέν τ᾽ ἐπέοικε μετὰ πρώτοισιν ἐόντας ἑστάμεν ἠδὲ μάχης καυστείρης ἀντιβολῆσαι."

续表

出处	语境	情节	内涵
《伊利亚特》第15卷第392行	当阿凯亚人与特洛伊人在壁垒边激战时,帕特洛克罗斯一直站在远离战船的地方,坐在受人尊敬的欧律皮罗斯的帐篷里,一边用悦耳的话语安慰他,一边向他那黑沉沉的伤口敷上药草,以便减轻疼痛。但当他看到特洛伊人已越过壁垒,达那俄斯人则纷纷叫嚷溃退时,帕特洛克罗斯禁不住大声长叹,抡掌击股,满怀悲痛地对欧律皮罗斯放声论谈①	帕特洛克罗斯安慰欧律皮罗斯	动听悦耳的言论
《奥德赛》第1卷第56行	就是他的女儿阻留了可怜悲伤的断肠人,用甜言蜜语将其诱惑,使他忘却伊塔刻。但奥德修斯一心渴望哪怕能够望见故园升起的袅袅炊烟,只求一死②	卡吕普索用甜言蜜语媚惑奥德修斯	诱惑而动听的甜言蜜语

较之于逻各斯,荷马文本中"秘索思"一词出现的频率非常高③,表格难以罗列其详,笔者在这里仅列出几处较为典型关键的诗文借此阐释其内涵。从表5中能够看出,秘索思的演说者多为男性英雄,他们一般是希腊军权的掌握者,地位显赫且身份高贵,诸如阿伽门农(Agamemnon)、奥德修斯、涅斯托耳(Nestor)等人。另外,秘索思的表述者也有神明,像卡吕普索、赫利俄斯(Helios)等。较之于人类,这些神明的地位非同寻常,荷马将他们说出的话语称为"秘索思",在某种程度上含有一种不可侵犯的神圣意味。与逻各斯不同的是,演说者通常在公开场合,更多的是在军营或战场上发表秘索思这种言论。比如,阿伽门农在希腊军营里斥责特洛伊祭司克律塞斯(Chryses)并将其赶走,而狄俄墨德斯

---

① Homer, *Iliad*, 5. 390–400, "Πάτροκλος δ' εἷος μὲν Ἀχαιοί τε Τρῶές τε τείχεος ἀμφεμάχοντο θοάων ἔκτοθι νηῶν, τόφρ' ὅ γ' ἐνὶ κλισίῃ ἀγαπήνορος Εὐρυπύλοιο ἧστό τε καὶ τὸν ἔτερπε λόγοις, ἐπὶ δ' ἕλκεϊ λυγρῷ φάρμακ' ἀκέσματ' ἔπασσε μελαινάων ὀδυνάων. αὐτὰρ ἐπεὶ δὴ τεῖχος ἐπεσσυμένους ἐνόησεΤρῶας, αὐτὰρ Δαναῶν γένετο ἰαχή τε φόβος τε, ᾤμωξέν τ' ἄρ' ἔπειτα καὶ ὣ πεπλήγετο μηρὼ χερσὶ καταπρηνέσσ', ὀλοφυρόμενος δ' ἔπος ηὔδα."

② Homer, *The Odyssey*, 1. 55–59, "τοῦ θυγάτηρ δύστηνον ὀδυρόμενον κατερύκει, αἰεὶ δὲ μαλακοῖσι καὶ αἱμυλίοισι λόγοισιν θέλγει, ὅπως Ἰθάκης ἐπιλήσεται: αὐτὰρ Ὀδυσσεύς, ἱέμενος καὶ καπνὸν ἀποθρῴσκοντα νοῆσαι ἧς γαίης, θανέειν ἱμείρεται."

③ 荷马诗史中"秘索思"一词出现的次数大约为160次,限于篇幅,这里难以一一罗列,笔者在此仅标出其中较为典型且比较关键的语句出处,分别如下:Homer, *Iliad*, 1.25, 1.33, 1.273, 1.361, 1.379, 1.388, 1.565, 2.200, 2.282, 2.335, 3.76, 3.87, 4.357, 4.412, 5.715, 7.404, 9.309, 9.62, 1.839, 14.127, 15.202, 16.83, 16.199, 19.85, 19.107, 19.220, 20.369, 22.281, 24.571; Homer, *Odyssey*, 1.273, 1.361–21.355, 2.77, 2.83, 5.98, 8.302, 10.189, 10.561, 23.62。

绪论 神话、仪式与图像 | 027

也是当着希腊士兵与统帅的面发表言论的："不要使人接受阿勒克珊德洛斯的财物，也不要接回海伦。人人都知道，连傻瓜也知道，毁灭的绳索已经套在特洛伊人的脖子上。"①这些言论无疑非常有力，是一种真实且能够用事实验证的话语。当赫利俄斯向火神赫淮斯托斯（Hephaestus）报告阿佛洛狄忒（Aphrodite）与阿瑞斯（Ares）私通时，他的话语是非常可靠的，众神后来观看了这一对情人尴尬而无处藏身的场景。由此可见，荷马诗史中的秘索思是一种强而有力的话语，它从那些地位显赫而身份高贵的人或神明口中发出。秘索思的演说场所通常在军营或公开场合。

从上述分析中可以看出，荷马诗史中的秘索思与逻各斯基本上还是一组对立的词语，二者在很多地方都存在差异（表6）。就表述者而言，秘索思的演说者一般为地位比较高贵的男性英雄或神明，而逻各斯的演说者多为女性或品性温和的男性。在表述场合上，秘索思一般由男性英雄在公开场合尤其是军营发表。与此相反，逻各斯的演说者一般在私人场合表述自己的观点，他们希望通过自己动听而悦耳的话语来取悦对方，从而试图劝说听众接受其观点。毋庸置疑，秘索思与逻各斯在真实性层面也形成了对比：前者是一种符合实情而可信的言论，具有十足的说服力；后者则是一套诡诈而不可信的话语，但听上去非常悦耳，颇能打动人心。另外，秘索思表述的内容一般比较充沛，具有十足的理性成分，而逻各斯则比较简短，充满了虚构与诱惑。

表 5　荷马的秘索思内涵

出处	语境	情节	内涵
《伊利亚特》第 1 卷第 379 行	全体阿凯亚人发出同意的呼声，表示尊重祭司并接受其光荣的赎金，但这些并未打动阿特柔斯之子阿伽门农，他粗暴地赶走了祭司，并对其大发厉声②	希腊军营	粗暴的话语
《伊利亚特》第 2 卷第 200 行	坐下，蠢材。安静聆听那些比你杰出的人说话，你不好战，缺乏勇气，打仗和议事都不行③	希腊军营	杰出者的话语

---

① Homer, *Iliad*, 7. 400–402, "μήτ᾽ ἄρ τις νῦν κτήματ᾽ Ἀλεξάνδροιο δεχέσθω μήθ᾽ Ἑλένην: γνωτὸν δὲ καὶ ὃς μάλα νήπιός ἐστιν ὡς ἤδη Τρώεσσιν ὀλέθρου πείρατ᾽ ἐφῆπται."
② Homer, *Iliad*, 1. 376–379, "ἔνθ᾽ ἄλλοι μὲν πάντες ἐπευφήμησαν Ἀχαιοὶ αἰδεῖσθαί θ᾽ ἱερῆα καὶ ἀγλαὰ δέχθαι ἄποινα. ἀλλ᾽ οὐκ Ἀτρεΐδῃ Ἀγαμέμνονι ἥνδανε θυμῷ, ἀλλὰ κακῶς ἀφίει, κρατερὸν δ᾽ ἐπὶ μῦθον ἔτελλε."
③ Homer, *Iliad*, 2. 200–202, "δαιμόνι᾽ ἀτρέμας ἧσο καὶ ἄλλων μῦθον ἄκουε, οἳ σέο φέρτεροί εἰσι, σὺ δ᾽ ἀπτόλεμος καὶ ἄναλκις οὔτε ποτ᾽ ἐν πολέμῳ ἐναρίθμιος οὔτ᾽ ἐνὶ βουλῇ."

续表

出处	语境	情节	内涵
《伊利亚特》第 7 卷第 404 行	他这样说，全体阿凯亚人的儿子齐声欢呼，称赞驯马者狄俄墨德斯的话语①	希腊军营	英雄之言
《伊利亚特》第 11 卷第 839 行	欧律皮罗斯，此事咋办？我们该如何安排？我现在要赶过去向英武的阿喀琉斯（Achilles）传达阿凯亚人的护卫涅斯托耳托付的口信，不过见你受苦我也不能撒手不管②	希腊军营	英雄之言
《奥德赛》第 5 卷第 98 行	女神你问本神我为何来此，既然你问我，我就如实道来，是宙斯遣我前来，并非为我愿③	卡吕普索住处	女神之言
《奥德赛》第 8 卷第 302 行	此时强臂之神已走近他们，他未到利姆诺斯土地便返回。因为赫利俄斯为他监察，报告实情④	赫淮斯托斯家中	神明之言

表 6　荷马的秘索思与逻各斯内涵对比

内涵	秘索思	逻各斯
表述者性别	男性或神明	女性或男性
表述场合	公开，尤其在军营	私人
表述内容	实情、事实	谎言、甜言蜜语
特征	真实、可信	诡诈而不可信

结　语

就赫西俄德与荷马的文本而言，秘索思是一种话语或话语的表述方式，其最大的特征就是真实性。秘索思的演说者一般是社会地位比较高贵且身份显赫

---

① Homer, Iliad, 7. 403-404, "ὣς ἔφαθ', οἳ δ' ἄρα πάντες ἐπίαχον υἷες Ἀχαιῶν μῦθον ἀγασσάμενοι Διομήδεος ἱπποδάμοιο."
② Homer, Iliad, 11. 838-840, "τὸν δ' αὖτε προσέειπε Μενοιτίου ἄλκιμος υἱός. πῶς τ' ἄρ ἔοι τάδε ἔργα; τί ῥέξομεν Εὐρύπυλ' ἥρως; ἔρχομαι ὄφρ' Ἀχιλῆϊ δαΐφρονι μῦθον ἐνίσπω, ὃν Νέστωρ ἐπέτελλε Γερήνιος οὖρος Ἀχαιῶν. ἀλλ' οὐδ' ὧς περ σεῖο μεθήσω τειρομένοιο."
③ Homer, The Odyssey, 5. 96-98, "εἰρωτᾷς μ' ἐλθόντα θεὰ θεόν." αὐτὰρ ἐγώ τοι νημερτέως τὸν μῦθον ἐνίσπήσω. κέλεαι γάρ. Ζεὺς ἐμέ γ' ἠνώγει δεῦρ' ἐλθέμεν οὐκ ἐθέλοντα."
④ Homer, The Odyssey, 8. 300-302, "ἀγχίμολον δέ σφ' ἦλθε περικλυτὸς ἀμφιγυήεις, αὖτις ὑποστρέψας πρὶν Λήμνου γαῖαν ἱκέσθαι. Ἠέλιος γάρ οἱ σκοπιὴν ἔχεν εἶπέ τε μῦθον."

的首脑人物或神祇；而秘索思的表述场地一般是公开场所，比如，集会、军营或神明聚集的神殿。从这个层面而言，在古代希腊，至少是在赫西俄德与荷马的时代，秘索思远比现代意义上的神话所描述的内容宽泛，更具可信性。更为重要的是，秘索思是作为神话的元概念而存在的。在赫西俄德和荷马时代，它是人类真理的象征：一则秘索思就是一件事实，一段真实的话语，一种富有力量的言说方式，一套神圣的话语。或者说，在赫西俄德与荷马文本中，不存在作为虚构或故事的神话，只有作为真实性叙述或叙述方式的秘索思。尽管在书写形式上有些渊源，但现代意义上的神话与古希腊人的秘索思，至少在赫西俄德、荷马时代是两个不同的概念。

秘索思与逻各斯两个词汇本身似乎是中性的，都表示"词语"或"故事"，但在具体语境中它们却呈现出某种差异。作为在具体语境中出现的与秘索思对立的概念，逻各斯同样是一种叙述或叙述行为，其内涵更多地与虚构相关。逻各斯的演说者多半为女性或未成年人，即便是男性，其性情也比较温和。另外，逻各斯的演说者通常带有一种功利性的需求，渴望通过逻各斯而让听众跟从自己。当然，逻各斯带有很强的诱惑性，多半系花言巧语或甜言蜜语，更多地与谎言、虚妄和欺骗相关。赫西俄德、荷马文本中的逻各斯与现代语境中的逻各斯在内涵上同样是对立的，与柏拉图之后的逻各斯存在冲突。

就表述内涵而言，赫西俄德与荷马文本中的秘索思与逻各斯是一组对立的概念，二者在许多方面都存在差异。但这并不意味着古希腊经历了从神话思维到理性思维的演变，也并不意味着存在逻各斯取代秘索思的理性化历程。在叙述的真实性层面，逻各斯后来取代了秘索思，但在赫西俄德与荷马时代，逻各斯、秘索思均为希腊人表达宇宙观的两种不同手段，只不过在具体语境中内涵有所差异而已。在叙述的真实性层面，秘索思与逻各斯是对立的；在叙述内容上，秘索思与逻各斯是互补的，二者共同建构了赫西俄德与荷马时代人类表述世界的方式。

第三章　作为图像的神话：神话范畴的反思

第一节　神话范畴中图像要素的缺失

18世纪迄今，现代神话学走过了近两百年的历史，神话研究从最初的古典学领域相继拓展到了人类学、心理学、考古学、宗教学等领域，神话学出现了前所未有的繁荣景象。在此过程中，关于神话的各种定义不断出现，譬如，英国剑桥学派的代表赫丽生就宣称，神话是对仪式的一种再阐释；弗洛伊德、荣格等人坚持认为神话是人类心理与潜意识活动的折射；而结构主义者列维-斯特劳斯（Levi-Strauss）及其追随者则将神话视为文化结构的深层反映，它具有调节文化冲突的功能。尽管流派纷呈，但学者们从来就没有在神话的定义上达成共识，一种定义提出后便被另外一种定义取代。不客气地讲，关于神话的概念并没有取得实质性的突破，各种界定基本是描述式的，无法从根本上解决神话的属性问题。"尽管神话学的研究领域确实扩展了许多，但神话学基本上仍被前一时代的理念支配，此种范式基本上是一种文学式的研究，神话被视为一种独特的语言现象，即故事的一种类型。"[1]换言之，尽管现代神话学在方法论上取得了进展，但关于神话的界定仍停留在18世纪古典学研究阶段。例如，英国神话学者G. S. 柯克（G. S. Kirk）就宣称："对于广义的神话来说，'传统的口头故事'这种说法也许是一种比较可靠的说法。不过这个定义会排斥一些诸如'现代神话'之类，以及一些像克里萨斯王（Croesus）这样一些文学化与历史化的东西。"[2]柯克眼中的神话是文学的一种类型，与史诗、民间故事、童话、

---

[1] Theodor H. Gaster, "Myth and Story", in Alan Dundes ed., *Sacred Narrative: Reading in the Theory of Myth*, Berkeley: University of California Press, 1984, p. 110.
[2] G. S. Kirk. "On Defining Myths", in Alan Dundes ed., *Sacred Narrative: Reading in the Theory of Myth*, Berkeley: University of California Press, 1984, p. 57.

传奇之间存在一种极其复杂的关系。这种神话观与麦克斯·缪勒的神话观几乎没有什么根本区别，也就是说，神话是文学的一种类型。从现代神话学关于神话的界定来看，神话依然是希腊文化语境中的神话概念，具有一种虚构的意味，神话与故事的含义几乎是一样的。换言之，神话是一种传统故事，属于文学的一种体裁。

从存在形式而言，这种文学式的神话只有两种表现形式：文本与口传。其他形式的神话被拒之门外。从神话的载体来看，神话的范畴不只是文本与口传故事，它还包括了图像中的神话场景以及仪式中的神话情节。如果要将神话的表现形式加以分类的话，不妨姑且将其分别称为文本神话、口传神话、仪式神话、图像神话，这四类神话共同构成了神话的存在样态。但从目前关于神话概念的界定来看，图像作为神话要素的概念尚未被纳入神话的定义与范畴。一种事实就是，尽管20世纪后期的神话学者对图像投入了颇多精力并取得了卓然成就，但鲜有人在概念与范畴上将其列为神话构成性要素。一种令人尴尬的情形就是：一方面，众多神话学者从图像学视角介入神话研究，由此形成了跨学科的研究范式；另一方面，神话的概念依然停留在文学研究阶段，神话的范畴并没有随研究方法的丰富而扩展。

对图像作为神话这一问题缺乏理论上的兴趣，这是一种普遍存在的现象，它有许多复杂的原因。首先，西方神话学关于图像神话的研究起步较晚，至多也不过一百年，在此之前的图像研究要借助于考古学与艺术学。但无论如何，这些理由都是不够充分的。女性主义神话学是在20世纪中期之后才发展起来的一种神话研究方法，但它现在却十分活跃。西方神话学迄今未将图像纳入神话范畴的一个最为根本的原因就是对以图像形式出现的神话本质的认识不足，这就要对图像神话的性质做一种最为根本的认识与描述。因此，有必要在理论上对神话的概念与范畴重新加以界定，将图像纳入神话的构成要素，否则神话学的图像研究就不具合法性。事实上，现代神话研究迎来了一门更加宽泛的神话科学，而文学式的神话仅仅是其范畴内的一个方面而已。本章无意于对神话学的新名称做界定，这是一个需要在理论上加以论证的术语学问题。

第二节　图像神话的双重性质

新史学理论宣称，人类历史是一种线性的运动过程，过去已经随着时间的消逝而消失，过去与现在之间存在不可弥补的鸿沟，任何试图认识复原过去的努力都是徒劳。福柯（Michel Foucault）在其《知识考古学》一书中断言，人类无法通过现在理解过去，因为历史是断裂的，历史的"每一个层次都有自己独特的断裂，每一个层次都蕴含着自己特有的分割；人们越是接近最深的层次，断裂也就随之越来越大"①。瓦尔特·本杰明（Walter Benjamin）乃至伽达默尔（Hans-George Gadamer）都认为，通过阐释理解过去是一件不可能完成的艰巨任务，因为原始词句所蕴含的精神与其再生产之间存在巨大的断裂。但这种情况只针对文本的翻译而言，并不包括物质文化。考古学的实践表明，尽管人类无法通过阐释文本回到过去，却可以通过阅读物质文化重构历史。此时，作为物质文化的图像可以弥补文字书写在历史认知层面的裂痕，从而提供被文字叙述忽略的物质性样态的历史证据。更为重要的是，图像本身的物质属性使得它在文化阐释中具有一种实在性，能够在物质层面再现历史。在表述历史事件的真实性上，图像如同文本一样具有同等的阐释效力。新史学的主将之一彼得·伯克（Peter Burke）宣称："我们与图像面对面而立，将会使我们直面历史。在不同的时期，图像有各种用途，曾被当作膜拜的对象或宗教崇拜的手段，用来传递信息或赐予喜悦，从而使得它们得以见证过去各种形式的宗教、知识、信仰、快乐等等。尽管文本也可以提供有价值的线索，但图像本身却是认识过去文化中的宗教和政治生活视觉表现之力量的最佳向导。……图像如同文本和口述证词一样，也是历史证据的一种重要形式。"②换言之，在表述历史本相上，图像与文本具有同等价值，它是历史存在的一种物质形式。

除此之外，图像在时间意义与本体论意义上均先于文本，因为没有固定的语法表述系统与结构，具有多义性与会意性，它更加适用于不同的文化符号模式。所以在建构史前时代思想体系时，图像更具有优越性。考古学者特尔恩（K. van der Toorn）指出，在对无文字社会的研究中，"图像通常具有文字所没有的功能，在这种情境下，图像学就不再是图像的集合而被驱逐到书面语言的边缘地带。图像作为一种独立的信息而被认可。图像不再屈从于文本，在某些特定的语境下，它反倒具有优越性"③。不可否认，这种观点并不具有普适性，它仅适用于针对人类特定的历史时期的研究。对于神话学者而言，图像中描绘的神话场景是研究史前时代神话的主要来源，它比人类文明时代被文字书写的神话更为古老，

---

① [法]米歇尔·福柯：《知识考古学》，谢强、马月译，生活·读书·新知三联书店，1998年，第1—2页。
② [英]彼得·伯克：《图像证史》，杨豫译，北京大学出版社，2008年，第9页。
③ K. van der Toorn, "Worshipping Stones: On the Deification of Cult Symbols", *Journal of Northwest Semitic Language*, 1997, 23(1): 14.

某些时候是文本神话的原型。不过,这并不意味着图像神话是文本神话的源头,二者有着更为古老的起源,那就是口传故事。换言之,"艺术家和作家的创作内容同出一源,他们是独立地从这些故事中汲取灵感的。他们或许认为自己创造的是这些故事的视觉形象,没有必要去参照任何文学作品"①。拥有共同口头传统源头的图像神话与文本神话是相互补充的,二者共同建构了人类的认知体系。

尽管关于神话的界定是一个具有纷争性的话题,每一个神话流派都有不同的理解,一种比较保守但容易被接受的定义就是:"神话是一种传统故事,间接地、部分地与某种具有群体重要性的内容相关联。"②倘若要在众多的传统故事中区分神话,那是一件非常复杂的事情,不过一种比较便捷的方式便是将神话的表述内容做进一步的细分,这样一来,就有一个听起来比较老套但颇易理解的定义:"神话乃是关于妖魔鬼怪的一种传统故事。"③就表述的内容而言,很多图像中表述的故事都可以划入神话之列,尤其是史前时代的图像,几乎所有的画面都表现了这个层面的场景,古欧洲新石器时代的那些图像就是典型的例子。到了历史时期,部分图像才开始转向表现世俗生活,画面中出现了英雄与国王这类形象,古代埃及、美索不达米亚艺术,希腊艺术品中刻画的那些神话场景有力地表明了这一点。就希腊艺术而言,学者托马斯·H.卡彭特(Thomas H. Carpenter)的研究表明,希腊瓶画"描绘故事的方式会代代更改,同样是一则神话故事,公元前400年表述故事的语境与公元前580年的语境之间存在很大差异。有时,瓶画叙述的神话故事没有文字可依;有时,瓶画表述的神话故事与那些文字记载的故事有很大出入;有些时候,瓶画中的故事场景仅仅是文字故事的简略再现"。④尽管如此,有一点却是肯定的:这些图像描绘的场景同样是神话中的故事情节,在某些特定的历史阶段,图像神话在表述内容层面比文本神话更为丰富。那么也就可以这样断言,刻画了故事情节的图像也是神话的一种类型,是神话表述的可视化媒介。

学者珀西·S.科恩(Percy S. Cohen)指出,就神话的定义而言,"神话是一种叙述,这种事实具有非同寻常的重要性。叙述是对特定时间的一种组织,

---

① [英]苏珊·伍德福德:《古代艺术品中的神话形象》,贾磊译,山东画报出版社,2006年,第11页。
② Walter Burkert, *Structure and History in Greek Mythology and Ritual,* Berkeley: University of California Press, 1979, p. 23.
③ Joseph Fontenrose, *The Ritual Theory of Myth*, Berkeley: University of California Press, 1966, p. 55.
④ Thomas H. Carpenter, *Art and Myth in Ancient Greece: A Handbook*, London: Thames and Hudson, 1991, p. 7.

这种行为要求确立或创造一种最初的时刻，或者确立一种转换时刻……神话众多功能中一个重要的功能就是它在对过去的叙述中塑造了现在"[1]。这就意味着神话与现实社会之间具有密切的关系，其最终意图是对当下秩序做一种话语阐释。学者布鲁斯·林肯继而断言，按照神话的这种功能，就可以这样宣称："神话并非一种叙述类型，而是一种叙事形式的意识形态。"[2]这种定义下的神话就与社会的权力之间具有了一种互动关系，起到了将社会秩序合法化与叙述化的作用。这样，神话叙述就具有明显的文化表述意图，关于异国的相关描述本质上就是政治或文化的自我观照，最后成为意识形态的组成部分。那么接下来的问题就是：图像形式的神话具有这种功能吗？它是通过什么实现的？要回答这两个问题，就必须首先认识图像神话的象征性。

作为一种物质遗产，图像神话具有实在性，它所表述的故事场景具有可视性，这一点比文本更具说服力。更为重要的是，图像神话是一种象征性的符号系统，通过具象化的故事情节来达到建构社会秩序和意识形态的意图。概括地说，图像神话的这种象征性体现在两个方面：一是故事场景与历史事件之间的关联。在某些特定的历史时刻，图像中的神话故事象征了真实的历史事件。比如，公元前5世纪雅典瓶画上忒修斯（Theseus）追杀美狄亚（Medea）、赫拉克勒斯（Heracles）战胜亚马逊人、阿喀琉斯追杀特洛伊王子特洛伊罗斯（Troilus）的场景，所有这些神话故事场景都是公元前490至前479年间希波战争中希腊战胜波斯历史事件的隐喻。[3]二是，图像神话的持有者通过图像细节来表述族群概念。比如，新王国时期的埃及壁画上，努比亚人被刻画成身材矮小、身穿裙子的形象，埃及人就是通过这些有别于本民族的服饰细节特征来象征努比亚人粗野低劣的品性。[4]在这个层面，神话图像就是抽象理念的携带者，成为宣传国家意识形态的工具，发挥了类似于文本神话的作用。此时，我们就可以断言："神话图像绝不是寓言。它被谨慎地挑选出来，纯粹是为了遮蔽一些抽象的思想。神话图像与思想密不可分。它表述了一种包含体验已成为直觉的规则。"[5]换言

---

[1] Percy S. Cohen, "Theories of *Myth*", *Man*, New Series, 1969, 4(3): 349.

[2] Bruce Lincoln, *Theorizing Myth: Narrative, Ideology, and Scholarship*, Chicago: The University of Chicago Press, 1999, p. 147.

[3] Christiane Sourvinou-Inwood, "Myths in Images: Theseus and Medea as a Case Study", in Lowell Edmunds ed., *Approaches to Greek Myth*, Cambridge, UK: Cambridge University Press, 2003, p. 409.

[4] David O'Connor, Stephen Quirke, "Introduction: Mapping the Unknown in Ancient Egypt", in David O'Connor, Stephen Quirke ed., *Mysterious Land*, London: UCL Press, 2004, p. 17.

[5] H. Frankfort, H. A. Groenewegen-Frankfort, J. A. Wison et al., *Before Philosophy*, Penguin: Harmondsworth, 1949, p. 15.

之,神话图像绝不是基于审美志趣而被创造的,它是为了表述某种理念而出现的,具有一种政治上的功利性。

不难看出,从其地位、表述的内容和发挥的作用来看,图像神话在神话概念与范畴中都占有一席之地,而这一切都与其实在性与象征性这种双重属性密不可分。这就意味着,图像神话属于神话的一种类型,是一种可视化的神话叙述。这样一来,神话的范畴就包含以图像形式出现的叙述类型,而神话的概念中同样也应该将图像纳入。那么,关于神话的概念与范畴就应该重新界定,只有这样,神话理论才能够跟上神话学研究的发展。但这两个问题最终都与神话的性质相关。我们不得不再次面对这样一个看似老套但颇为尖锐的问题:究竟什么是神话?看上去就是,话题又回到了本章的开端,似乎已经陷入循环论的困境。解决这个问题的关键是对神话的存在形式做一种现象学的分类,以便弄清神话究竟有哪些外在表现形式。所以,接下来笔者会对神话的存在样态做一种权宜的划分,这些分类是基于一种广义范畴上的神话概念,与特定文化中人们关于神话的分类是不相关的。

第三节 神话的存在样态

尽管神话学有着悠久的历史,但从学术的话语内在脉络来看,神话概念的界定问题依然没有取得实质性进展。神话是什么?这是见仁见智的问题,并且存在不同的界定标准。当不同学科的研究者从各自的视角对神话做一番界定之后,我们对神话的认识依然是一团模糊,甚至就此产生的新问题让我们更加困惑。一种令人担忧的现象是,学者们越是探讨神话概念,神话距离人们越远,以至于神话成为一团飘浮不定的话语之云,存在随时被纳入任何一种学科范畴的可能性,诸如宗教、文学、艺术等等。需要指出的是,以往关于神话概念的探讨总是从非神话的视角来看待神话,神话总是被界定为其他范畴。比如,神话是一种神圣的叙述,神话是传统的故事,等等,所有这些都是从概念到概念的阐释,基本上是将神话理解为一种概念,而不是具有实体性的存在现象。不客气地讲,这是关于神话属性的一种肤浅认识,而不是对神话的理解。"从本质上说,无论这些研究怎样认识神话,都是把神话置入了'神话是……'的判断关系之中,因而无论研究者给出怎样的答案,都是有关神话属性的判断,这样的研究或判断,对于神话本身仍然很少有所言说。"[①] 换言之,这种界定等于将从来就不是

[①] 户晓辉:《神话与形式》,见中国社会科学院文学所编:《中国社会科学院文学研究所学刊(2008)》,中国社会科学出版社,2008年,第75页。

神话的东西硬塞给神话，用另外一些概念或术语来取代神话，"神话"一词变得与那些被取而代之的字眼一样空洞。在这种思维惯性下探讨神话的概念，某种程度上类似于缘木求鱼，自然难以取得突破性进展。事实上，神话就是神话，任何试图对神话概念做非神话界定的行为都是一种徒劳，因为一旦将神话视为非神话类别，神话就成为另外一种范畴，失去了其存在的自在性。

看上去就是，我们无法从认识论视角对神话的概念做界定，神话的属性探讨因而无法达成共识，但这并不意味着我们不能从其他角度来认识神话。那么，该如何来界定神话的概念呢？美国神话学者约瑟夫·方廷罗斯认为，当我们面对神话时，重要的不是神话的定义，而是使用"神话"这个术语时，它会引发哪些现象。[①]这就意味着，神话的概念在某种程度上与其外在表现形式有关。弄清楚了神话的外延，也就理解了其内涵。就方法论而言，学者罗瑟夫（Aleksei Fyodorovich Losev）指出："我们必须对神话的意义采用一种独立的分析方法，它就意味着，最为根本的是通过神话将神话视为神话自身的一种现象学分析方法。"[②]换言之，研究者可以从存在论或现象学的维度重新审视神话的概念，将对神话概念的探讨转换为对神话现象的考察。一种事实就是，存在论意义下的神话概念和范畴的探讨并不是不使用概念，而是通过存在来界定概念，即让神话以其外在表现的方式言说自身。概括地讲，这种视角下的神话研究一方面通过一种直观的方式对神话现象进行考察，另一方面它又采用了现象学的描述方式对相关概念进行阐释与分析。一旦将认识论意义下的神话概念转换为存在论范畴内的神话现象，神话便越来越清晰地呈现在研究者面前。

从认知学视角来看，人类对外在世界的感知有多种方式，其中属于文明时代的基本方式主要包括听、说、读、写，这几种认知方式决定了对现实社会的理解路径。另外，符号学的研究表明，这四种基本能力决定了人类记忆历史的方式：口传叙述、图像叙述、仪式叙述、文字叙述。如果依据这种划分的标准，就可以将神话的存在方式做如下分类：传唱的神话、表演的神话、观看的神话、书写的神话。进一步概括，就可以将神话的表现方式划分为：口传神话、图像神话、仪式神话、文本神话。所谓口传神话，就是以传唱方式呈现的神话，这种神话类型在史前时代应该是一种比较流行的方式，其生成时间远远早于文字书写的神话。图像神话是以图像方式讲述神话故事的神话类型。大部分的图像神话背

---

① Joseph Fontenrose, *The Ritual Theory of Myth*, Berkeley: University of California Press, 1966, p. 53.
② Aleksei Fyodorovich Losev, *The Dialectics of Myth*, Vladimir Marchenkov trans., London: Routledge, 2003, p. 5.

后都有一个久远的口头传统,很有可能史前时代的人们以口传神话和图像神话为主来表述对宇宙、现实世界的感知。仪式神话主要是指那些以仪式性演述方式来表现的神话,这类神话借助于一些仪式性的行为来表现神话故事情节。需要指出的是,并非所有的仪式都是仪式神话,只有那些演述了神话故事情节的仪式才能够称为仪式神话,一些庆典之类的仪式是不能划入其中的。文本神话比较容易理解,指的是那些通过文字书写来叙述的神话故事,多半研究者借助于这种类型的神话进行神话研究。不难看出,多种外在表现方式使得神话具有一种立体性意味:可以说的神话、可以演的神话、可以看的神话、可以写的神话。从该视角看,"神话就是一种多维的现象,在历时性与共时性层面具有多种意义与功能"[1]。这样一来,神话就以多种存在的直观方式呈现在我们面前,认识论意义上的神话概念就转变为存在论向度的神话现象,神话与历史记忆的叙述范式、认知体系之间具有了一种逻辑意义上的联系(参见表7)。通过神话表现方式的考察,能够认识神话的本质属性,关于神话概念的界定也就迎刃而解,以往那种从概念到概念的神话阐释方式被从现象到概念的范式取代,神话的范畴也由此得以直观呈现。

表7 神话存在样态与认知方式对照图

认知方式	存在方式	符号学叙述类型	神话存在样态
言说	语言	口传叙述	口传神话
表演	仪式	仪式叙述	仪式神话
观看	图像	图像叙述	图像神话
书写	文本	文字叙述	文本神话

现代工业文明社会中对文字的推崇达到了一种登峰造极的地步,文字在某种程度上成为划分文明与野蛮的一把标尺,小到个体大到族群,都脱不了干系。譬如,中国的教育话语将那些不识字的人群划入"文盲"之流,而不少历史叙述也习惯性地将有文字的民族视为文明程度较高的民族,而把没有文字的民族看作未开化的民族。此时,文字已不再是一种简单的符号和表述方式,它不啻为区别个体、族群等高低优劣的圭臬。但这种传统并非自古有之,而是在文字

---

[1] Christiane Sourvinou-Inwood, *Theseus as Son and Stepson: A Tentative Illustration of Greek Mythological Mentality*, London: University of London, Institute of Classical Studies, 1979, p. 2.

发明之后才出现的一种奇怪现象。在古典希腊时代，希腊人就对文字不以为然，甚至认为文字遮蔽了思想，妨碍了知识的传播。柏拉图曾借苏格拉底之口表达了他对文字的蔑视："所以自以为留下文字就留下专门知识的人，以及接受了这文字便以为它是确凿可靠的人，都太傻了，他们实在没有懂得阿蒙的预测，以为文字还不只是一种工具，使人再认他所已经知道的。"[1]这种看似荒谬的话语背后有一个以口头语言为交流工具的悠久传统，那时的口头传统在社会中占据崇高的地位，"口头语言给人类提供了一种将他们收集到的知识、经验和信仰——或者说，他们的文化——传递给下一代的方式"[2]。在这样一种文化语境下，作为口头传统故事的神话成为传播知识并保存文化记忆的有效方式。更为重要的是，因口头语言自身的特点，神话的讲述者会根据具体的场合调节故事，同一个神话故事，每一次讲述都不一样，这就使得口传神话永远都是鲜活的。仪式神话也具有这种特征，与口传神话有所不同的是，后者更多地带有表演的形式，以行为和动作来演述神话的故事情节。比如，在河北涉县的娲皇宫，每年农历三月十五至十八日，当地人都会举行祭奠女娲的庙会，在庙会的祭奠仪式上，有关女娲炼石补天、抟土造人等相关的神话故事往往被演述。[3]较之于前二者，被文字所记录的文本神话并不具有这种特性，它是一种静止的叙述，已经远远脱离了鲜活的现实生活。就希腊的文本神话而言，学者们不时叹息："人们可以发现神话编撰者和赫西奥德扼杀了多少奥林帕斯神的日常生活，使之变得无法想象。时间不流逝，凝固和蜷缩在永恒的现在。"[4]不可否认，图像神话也具有这种缺点，但它却以一种凝固的视觉化形式描绘了神话，使即便是没有接受过文字教育的人也能够领会画面上的神话故事情节。

　　历史地看，在文字产生以前，人们可以通过口述、图画、歌咏、巫技、舞蹈甚至凿磋石头等方式来反映、记录历史事件，所有这些都赋予神话一种活态的意味，使得神话成为一种鲜活的记忆与知识储存器。本质上讲，口传神话、仪式神话与图像神话都是前文字时代的产物，其诞生时间要远远早于文本神话。作为一种神话现象，文本神话却在印刷术的发明和推广之后，因文字特权地位的确立而获得了前所未有的重视，其在特定文化中的地位与价值也因此而超过

---

[1] [古希腊]柏拉图：《文艺对话集》，朱光潜译，人民文学出版社，1963年，第170页。
[2] [美]罗杰·菲德勒：《媒介形态变化：认识新媒介》，明安香译，华夏出版社，2000年，第49页。
[3] 杨利慧：《女娲的神话与信仰》，中国社会科学出版社，1997年，第155—161页。
[4] [法]裴利亚·西萨、[法]马塞尔·德蒂安：《古希腊众神的生活》，郑元华译，上海人民出版社，2008年，第23页。

绪论　神话、仪式与图像 | 039

了前三者。但这并不意味着神话的其他存在样态已经消亡，人类学的田野考察表明，不少原住民部落中依然存在非文本形式的神话，只不过它们处于社会文化的边缘地带而已。神话以其存在形式的多样性而在现代人的生活中占据了一席之地，它像一张无形的大网，覆盖了社会文化与生活的方方面面。

结　语

　　从上述表述中可以看出，神话是一种独立而多维的存在，具有实在性，它是语言、文字、符号与行为的原始统一体，并且不受任何特定词汇、语言的约束。这不是对神话属性的界定，仅是一种对神话的描述。作为存在本相的神话，它具有四种外在表现形式：语言、文字、仪式与图像，人们可以使用口头语言与书面语言叙述神话，可以通过舞蹈与仪式演述神话，更可以借用图像描绘神话故事情节。作为口头语言与文本的神话，它与文学有着某种关系；作为仪式和舞蹈的神话，它与仪式之间具有某种相关性；作为图像的神话，则又与艺术有着密切的关联。但这并不意味着神话就是文学的一种题材，是仪式的一种类型，图像的一种形式，只能表明神话与这些术语或语词之间具有某种关联。概括说来就是，神话不是文学，是文学最早的原型；神话不是艺术，是艺术的最初形式；神话不是仪式，是仪式的最初演述内容。

　　从内涵与外延来看，神话的概念与范畴都远远大于文学，神话是一种客观存在，文学可以不断从中获取素材和模式，但神话本身并非文学本身。19世纪那种致力于通过文本和作品寻找神话的某种普遍定义的本质主义做法应该被摒弃，代之以存在论现象学考察，着重考察神话外在表现形式。作为第一性存在的神话，自史前时代到当下，它已丧失其纯洁性，被文学、艺术等利用，成为文学家、艺术家表述相关概念的工具。但这并不意味着神话在历史的发展中失去了其独立性，神话就是神话，它是一种自在的存在。神话的原始意义不能通过研究古代的文学文本来发现，更不能借助于仪式和图像来寻找神话的起源。假若在这类概念的释义上一意孤行，那么研究者必然会陷入另外一种困境："神话"一词将变得与那些试图取代它的语词一样空洞。

第一编

希腊神话中的人类社会

第一章　希腊神话的"人"观

第一节　引论

在两千多年前，苏格拉底就将哲学的中心主题定义为人类有目的活动，并告诫他的听众要思考人类的存在境况，柏拉图在晚年也曾经将人定义为"没有羽毛的有双脚的创造物"。许多人因此而以为，西方关于人自身的思考源于苏格拉底或者柏拉图。其实，在这二位哲学家之前，希腊德尔斐的阿波罗神殿中就有一句古老的神谕：认识你自己。作为西方文化源头之一的希腊神话，它的这种对人及其处境的哲学式思考，一直吸引着学者们的目光。他们力图从神话世界中弄明白：人是什么？何谓希腊人？什么是英雄，英雄的本质是什么？人类的命运又如何？

尼采之后，结构主义者、法国年鉴学派、心理分析主义者及人类学家、文化功能学派，几乎都涉足过希腊古典神话，种种关于人的思考也异彩纷呈。对神话形象俄狄浦斯的解读是一种比较典型的例子。弗洛伊德声称，在俄狄浦斯神话的背后，潜藏着人类潜意识中的弑父娶母性冲动心理："俄狄浦斯的命运之所以能够吸引我们，是因为他的命运是我们所有人的命运，因为我们与俄狄浦斯一样，在出生之前，命运女神已经将咒语加在了我们身上。也许所有男人的首次性冲动都是针对其母亲的，而嫉妒与仇恨也是冲着其父亲而发的。"[①]列维-斯特劳斯的阅读则是另一回事，他从俄狄浦斯的例子中发现了一个普遍的叙事结构："对于一种相信人类是由土地而生的文化来说（例如《波萨尼斯》第 8 卷第 29 页第 4 段：植物为人提供了一个模式），要在这种理论与人实际上是男人与女人婚配而生的认识之间找到一种令人满意的过渡是不可能的，而神

[①] Eric Csapo, *Theories of Mythology*, Oxford: Blackwell Publishing Ltd., 2005, p. 104.

话就是要解决这一难题。虽然这个问题显然是不可能得到解决的，俄狄浦斯神话故事还是提供了一种逻辑手段，这一手段把人是由一个（土地）所生，还是由两个（男与女）所生这一原始问题与人是同一还是不同亲缘关系所生这个派生的问题联系起来。通过这种相互关系，对血缘关系估计过高与对血缘关系估计不足其间的关系，就犹如企图避开人由土地而生这一理论与这一企图的不可能实现之间的关系一样。虽然经验与理论互相矛盾，但是社会生活却以其结构上的相似证实了宇宙论的有效性。因此宇宙论就具备了真实性。"[1]思想家勒内·基拉尔却从这个神话人物身上看到了人类社会的另外一种现象。他发现，俄狄浦斯的罪恶不是杀害他的父亲，而是企图缩小差异，将我者与他者置于一种可怕的混沌境况之中。俄狄浦斯通过弑父，模仿父亲的欲望达到顶点，很快打乱了忒拜（Thebes）王国的基本平衡。而要恢复平衡，没有其他的出路，只有他自己的死亡。此乃人类社会的普遍规律。人类社会只有通过调整相互的暴力行为，才能永久地维持下去。宗教牺牲仪式的原则为：建立一种替代其他暴力的"创始的暴力"，需要用一个人的死亡来换取大家的存活。而俄狄浦斯本人，则是一位身处社会内边缘与外边缘的人物，他在不同的身份之间穿梭——异国人、乞丐、国王，就像奥德赛一样，不断地流浪。因此，基拉尔认为，俄狄浦斯其实乃是集体暴力的受害者，而"俄狄浦斯文本如其他文本一样不是文学文本，也不是精神分析文本，而是一个真正的迫害文本"[2]。神话学家韦尔南对这位悲剧人物的理解与基拉尔不谋而合，他在《神话与政治之间》中认为："人不能被定义，人没有一种本质，人是一种魔鬼，一个没有案的疑谜。他是司芬克斯问俄狄浦斯的那个问题的答案本身，同时有两条腿、三条腿、四条腿的东西，混乱。"[3]

面对同一个神话人物，不同的研究者均从中发现了自己所需要的东西，因此希腊神话中的人，也就一次次被披上了不同的外衣，学者们就像希腊神话中的俄耳浦斯那样，以为终于将他的欧律迪刻（Eurydice）拉出了黑暗。而实际上，对希腊神话中人的解读远远没有结束。也许，她就像黑暗中的欧律迪刻，当我们在阳光下回头凝视时，她已经消失得无影无踪。尽管如此，我们还要继续到

---

[1]［法］列维-斯特劳斯：《结构人类学——巫术宗教·艺术·神话》，陆晓禾、黄锡光等译，文化艺术出版社，1989年，第53页。
[2]［法］勒内·吉拉尔：《替罪羊》，冯寿农译，东方出版社，2002年，第34页。
[3]［法］让-皮埃尔·韦尔南：《神话与政治之间》，余中先译，生活·读书·新知三联书店，2001年，第450页。

神话世界中去寻找她,毕竟,在我们之前她就已经存在,在探寻的过程中,我们也就找回了自己,找到了人类在世界及宇宙中的位置。

第二节 时间陷阱中的人

希腊诗人品达在其诗作《第二次奥林匹克运动会》中将宇宙中的生命分为三种类型:诸神、英雄和人。尽管他并没有发表对这三类生命关系的看法,但对于人类,品达却有一种悲观的看法,他认为人类最好的命运是不要出生,或者一出生就尽可能快地死去(《残篇》第157行)。诗人赫西俄德在《工作与时日》中将人类分成五个种族,即黄金种族、白银种族、青铜种族、英雄种族和黑铁种族。在赫西俄德眼里,人类的存在是短暂且充满烦恼的。他不无伤感地说:"所有死的凡人能不能出名,能不能得到荣誉,全依伟大宙斯的意愿。因为,他既能轻易地使人成为强有力者,也能轻易地压抑强有力者。"[1]这种悲观的命运观也感染了荷马及其以后的诗人。荷马在《伊利亚特》中不止一次地将人类比作"被风吹落到地上的树叶","一旦生命终止便会枯萎凋零";[2]公元前7世纪的诗人西摩尼德斯(Simonides)则将人比作"只有一天生命的生物",像牲畜般活着,"不知道神灵为我们每一个人所注定的命运是什么"。索福克勒斯在其剧作《俄狄浦斯在科洛诺斯》中也有类似的思想(《俄狄浦斯在科洛诺斯》第1219行以下);希罗多德的《历史》中记载了一个故事:一位母亲祈求阿波罗,以他的力量赋予她的两个孩子最大的礼物,以此作为她多年虔诚的回报;阿波罗同意了这位母亲的请求,她的两个孩子就立即毫无痛苦地死去了。[3]似乎,爱奥尼亚的诗人与历史学家们被贫穷、病痛和衰老吓坏了,唯一可能的安慰即战争与荣誉,抑或由财富所带来的种种享乐。但是,常人很难拥有这些东西,只有那些非凡的英雄们才配拥有它们。

"对于人来说,最重要也是最痛苦的界限是死亡:这是人类有限的份额。跨越这些界限不是不可能,但是,结果是不幸的;宙斯也许有权力采取不同的行动,但是诸神并不赞成这种做法,因而他不会这么做,就像一个好的、聪明的统治者不会运用真正的权力去破坏习俗所确立的界限一样。"[4]尽管在神祇与

---

[1] [古希腊]赫西俄德:《工作与时日 神谱》,张竹明、蒋平译,商务印书馆,1991年,第5—6行。
[2] [古希腊]荷马:《伊利亚特》,罗念生、王焕生译,人民文学出版社,1994年,第21卷466行。
[3] [古希腊]希罗多德:《历史》,王以铸译,商务出版社,1985年,第1卷31节1行下。
[4] Walter Burkert, *Greek Religion*, John Raffan trans., Cambridge, Mass.: Harvard University, 1985, pp. 129-130.

凡人之间，有着一道不可逾越的界限——永生与必死，神和人却有着共同的起源和共同的或者非常相似的本性，神灵们和人类一样有情欲，甚至很多时候他们拒绝不了人间的诱惑，而从天上下到人间，与凡人们结合，生下了半人半神的英雄们。一般情况下，希腊神话世界中的英雄是男性的神祇与凡间美女相结合的产物，有着高贵的神性，又拥有俊美的身体，还有杰出的口才，所有这些都决定了英雄后来在人间非凡的功绩。希腊神话中最为著名的英雄赫拉克勒斯，是宙斯与凡女阿尔克墨涅（Alcmene）的儿子。这位大名鼎鼎的英雄一生中立下了十二件功绩，他所依靠的，乃是那伟大的神性，而不是人性。特洛伊战争中"捷足的阿喀琉斯"，其母亲忒提斯（Thetis）是海中女神，父亲则是佛提亚地方密尔弥多涅人的国王珀琉斯（Peleus），而阿喀琉斯在特洛伊战争中则多次得到了来自母亲的关照，而不是身为凡人的父亲的帮助。即使是赫克托尔（Hector），虽然不是神明的儿子，他的先祖却是火神赫淮斯托斯与盖亚（Gaea）的后裔，因此赫克托尔本人也多少具有了神性。但是，这些英雄在出生后，一般都被遗弃，离开自己的出生地，被动物们抚养。帕里斯在被父母遗弃后，由伊达山的一头母熊抚养，埃癸斯托斯是被一头牧人的山羊带大的，而希波托厄（Hippothous）则是由一头母马抚养长大。英雄的童年与动物相伴，同时与其结下了深厚的感情。

很明显，英雄的显赫身世，乃是人类对于自身有限生命的一种不满的反射，也反映了人类对永生的向往，他们渴望拥有神圣的神性、不死的身体、永驻的青春，当这一切都不能实现的时候，人们便到英雄那里去寻找慰藉，他们希望英雄可以克服人类的这些缺陷，给人类必死的生命带来一丝转机。与此同时，人类又意识到自身的世俗性是不可克服的，人像动物一样卑微，于是童年时期的英雄身边便出现了一些动物。这是一种极其矛盾的心态：一方面向往神圣，一方面又意识到必死命运的无可挽回。作为有死的人类，只能在这种矛盾中生存。客观地说，这其实是人类对自己不幸处境的一种折中的处理方法。人类意识到了自身的死亡与可怜状态，却又无法摆脱，只能在神圣与世俗之间徘徊，英雄的身世乃是人类两难心理的折射。

对于荷马时代的人而言，"死亡是在哈得斯黑暗的地府中一个被降低的、不光彩的存在状态，死者面色苍白，没有力气，也没有记忆"[1]。尽管阿喀琉斯的灵魂对奥德赛说，他宁愿在人间"为他人耕种田地，被雇受役使，纵然他无

---

[1]　[美]米尔恰·伊利亚德：《宗教思想史》，晏可佳、吴晓群、姚蓓琴译，上海社会科学院出版社，2004年，第221页。

祖传地产,家财微薄度日难,也不想统治即使所有故去者的亡灵"①,但他还是未能摆脱命运的安排,也没有高升到神圣的天堂与众神们同享永生之乐,而是在死后下到了哈得斯黑暗的世界。不过,赫拉克勒斯倒是升入了宙斯的世界,享有了不死的幸运。但是他的影像同样生活在哈得斯的世界里,在奥德赛游历冥界时,赫拉克勒斯向他诉说自己在人世时所受到的不平待遇。即使是不可一世的阿伽门农王,死后也到了黑暗的阴间,并对生前的不幸遭遇愤愤不平。

自然,在哈得斯世界里存在的是人死后的灵魂,而不是人的身体。在荷马史诗中人是没有灵魂的。"他理解的这个词,是指当人死的时候离开人体下到哈得斯的地府中去的东西。对一个活着的人,永远不能说他拥有一个灵魂,除非在特殊情况中,人处于昏迷状态,他的灵魂会离开他一会儿,就像他死掉了那样。如此说,人是没有灵魂的,要到死去之后他才变成灵魂,变成无定形的幽灵,在黑暗的地下经历着一种局促的存在。"②这种东西在地府的黑暗世界存在着,具有人生前的形状,但并不是人的身体,而是躯体的另外一种虚幻形式。英雄的灵魂在冥界与常人没有什么区别,同样要经受一次次严酷的拷问,不能摆脱黑暗世界的种种苦难。柏拉图所说的那种高尚而又有神圣性的灵魂,在荷马的神话世界里是根本不存在的。这里的灵魂,是黑暗世界的一种存在物,并没有升到光明的神圣世界,也没有幸福可言,人类与英雄在死后的世界里,只能如此——接受神明的旨意,服从命运的安排。除此之外,别无他法。

对希腊神话世界的人而言,根本不可能通过祈祷与众神建立一种像基督教的上帝与信徒之间那种亲密无间的关系,人类永远也不可能掌控自己的命运,即使是身世显赫的英雄,拥有神祇的神圣,也没有办法摆脱"神明编织的命线"。英雄与其他人类一样,最终要"落在时间的陷阱中,落在必死的命运中"③,而不得不接受人类的悲惨处境——人类生命的有限与不稳定。神明们预定了人类的死亡与归宿,这一点谁也无法抗争,因此,人类唯一能够去做的,便是利用当下的每一个东西:青春、健康、肉体的享乐或者偶尔表现出美德。荷马给人的教训则是,高贵而完整地活着,就在当下。人类不幸的处境与悲惨的命运,在这里,终于获得了一种神圣性——生命的价值就在现世的世界"喜悦的享受"

---

① [古希腊] 荷马:《奥德赛》,王焕生译,人民文学出版社,2003年,第213页,第11卷第489—491行。

② [法] 让-皮埃尔·韦尔南:《神话与政治之间》,余中先译,生活·读书·新知三联书店,2001年,第523页。

③ [英] K. W. 格兰斯登:《荷马与史诗》,唐均译,见 [英] M. I. 芬利主编:《希腊的遗产》,张强、唐均、赵沛林等译,上海人民出版社,2004年,第81页。

中，除此之外，别无其他。摆脱时间陷阱的唯一办法就是在这个巨大的陷阱中尽情地享乐，追求个人的名誉、地位、财富等等。

第三节　神话空间世界的人

对于基督教和道教徒来说，"生命生活在一个两重化的境界中，它自然地作为人类的存在；同时，它又分享着一种超越人类的生命，即宇宙的或者是诸神的生命"①。作为个体生命的个人，无论在什么境况之下，都不是孤立的，他总是隶属于一定社会群体的等级结构之中，同时，个体的人需要不断界定自己的身份，取得特定社会与文化的认同。面对这样一种现实，作为生命承载形式的人的身体，"并不是一个被检验为与世界的其他部分相分离的互不相联的单位，也不仅仅是灵魂的载体"②。在某种程度上说，身体的形象是将宇宙具体化的表现。在中国，道家可以劝导智者为自己构建一个不朽的躯体：人体组织被设想为一个微观世界，一个微缩的宇宙整体，只要清除其中所有的腐败因素，就能使它重新完全适应于该完美模式，因为它本身乃是该模式的简单缩小。基督教主义打开的是一个不同的前景：它更强调躯体与个体存在的独特性之间的联系；对基督徒来说，上帝的体现，其受难、死亡、复活，都为每一个凡人造物召唤着他那躯体的复活，向任何一个人保证，在他存在的独特性中，有着通向永恒生命的道路。

但是，希腊神话世界的人是必死无疑的人，所以，快乐地活在当下，在有限的时间里刻不容缓地把握当下生命之丰盈，是希腊人所追求的一种宗教向度。"生命的喜悦"就在于有限生命对世界物质与荣誉的无限占有，人类存在的价值就展现在生命的自然与世界的壮丽之中，逃避时间的有效办法之一是人类躯体对世界财富的占有与享用。

在希腊神话世界里，身体具有极其重要的地位，是生命在这个世界存在的唯一标志与显现，也是人类与神明、与死者之间的重要区分标准。所谓不朽的神祇，其确切内涵是拥有青春不死的躯体，神人同形同性也是指身体上的相似性，至于神性与人性之间的区别，也是建立在身体的基础之上。一般来说，神明的身体是人间的武器所无法伤害的，但是也不排除例外，特洛伊战场上的英雄狄俄墨得斯（Diomedes）就曾经刺伤过战神阿瑞斯。

---

① ［美］米尔恰·伊利亚德：《神圣与世俗》，王建光译，华夏出版社，2003年，第95页。
② ［英］菲奥纳·鲍伊：《宗教人类学导论》，金泽、何其敏译，中国人民大学出版社，2004年，第99页。

在神明的世界里，俊美的身体是骄傲的资本。火神赫淮斯托斯因为相貌丑陋，是个跛子，其母赫拉便将其从天界扔到大海之中；一旦失去身体，生命便成为异类，被逐出他所存在的那个世界。"神明虽然不会死去，但有时却又会经历一种半死状态，走至他们生存的精疲力竭的尽头，例如，当他们受伤、被缚、被流放到地底下时，他们就被抛弃在神界的游戏之外，被打发到局外。"①哈得斯世界的死者们是没有躯体的，它们是随风四散烟雾般的东西，像鸟儿一般发出"吱吱"的叫声。奥德赛在哈得斯世界三次将其母亲的灵魂搂在怀中，试图将母亲带回人间，但却没有成功，他搂住的只不过是一团烟雾状的东西。当英雄阿喀琉斯向他已亡的挚友帕特罗克罗斯的灵魂伸出双手时，他强大有力的臂膀也没有抱住那烟雾状的亡灵。

对希腊人而言，身体是个人在这个世界上存在的标志，更是个人身份的体现，强壮俊美的身体是个人骄傲自豪的根基。特洛伊的帕里斯之所以没有受到希腊人的唾弃，是因为他是位英俊的美男子，而特洛伊人在目睹海伦的美貌之后，就连长者也不得不发出赞叹，认为为她爆发十年之久的战争是值得的。即使赫克托尔被阿喀琉斯杀死之后，希腊士兵们无不"惊异赫克托尔身材魁梧相貌俊美"②。

英雄的身体是他高贵于常人的重要标志之一，身体是个人形象的代表，也是界定其个人身份的依据。它是不可受到侮辱的，尤其不能受到敌人的虐待，特别是在人死后；一旦身体受到侮辱，个人形象便受到极大的损害。在与阿喀琉斯决战之前，赫克托尔要求，不论谁战死沙场，都应该拥有一个体面的葬礼，尸体也不应该受到虐待。阿喀琉斯杀死赫克托尔之后，为了侮辱特洛伊人，用马匹托着赫克托尔的尸体围绕特洛伊城狂奔，而老国王普里阿摩斯（Priamus）则将自己摔倒在尘土中，为此而伤心欲绝。回到希腊军营后，阿喀琉斯继续虐待赫克托尔的尸体，后来普里阿摩斯不惜一切代价将赫克托尔的尸体从阿喀琉斯那里赎回。在这里，可以很明显地看出，不论是希腊人还是特洛伊人，他们都认为人的身体是个人身份的象征，即使是死后的身体，也神圣不可侵犯，对尸体的侮辱就是对个人尊严的伤害，也是对国家的贬损。在场的身体是不在场的身份与国家的表征，传达的是缺席的意义与指称。

然而，人类毕竟是有死的生命，物质性的躯体最终要衰老、死亡、消失，

---

① [法]让-皮埃尔·韦尔南：《神话与政治之间》，余中先译，生活·读书·新知三联书店，2001年，第512页。

② [古希腊]荷马：《伊利亚特》，罗念生、王焕生译，人民文学出版社，1994年，第23卷第370行。

被时间的陷阱吞没，人类依然无法逃脱命运的安排。宙斯给英雄阿喀琉斯安排了两种命运：颐养天年或者战死沙场。阿喀琉斯毫不犹豫地选择了后者。在他看来，生命固然是这个世界上最为宝贵的东西，而荣誉则有吸引力，因为前者一去不返，而后者则可以使他永远活在后人的记忆里。

对希腊人而言，拥有现实的生活比任何虚幻的梦想都更有吸引力，生命的高贵与否，一方面依靠人的躯体的完美程度来界定，另一方面要借助于个人的荣誉来彰显。个人的荣誉是个体价值的体现，同时是人的社会位置、身份、特权乃至品质的表征。希腊人追求的荣誉有两种：个人在社会或者国家中的荣誉与个人在时间中的荣誉。前者是一种有限的荣誉，后者则是不朽的荣誉。拥有崇高的社会荣誉，便意味着拥有他人足够的尊重、富裕的生活以及杰出的品德，此乃一般希腊人的梦想。萨耳珀冬（Sarpedon）曾经这样鼓动他的战友格劳克斯（Glaucos）跟他一起去冒险，突破敌营的护墙，杀向盘踞在那里的敌人："格劳克斯啊，为什么吕底亚人那样用荣誉席位、头等肉肴和满斟的美酒敬重我们？为什么视我们如神明？我们在克珊托斯河畔还拥有那么大片的密布的果园、盛产小麦的肥沃土地。我们现在理应站在吕底亚人的最前列，坚定地投身于激烈的战斗毫不畏惧，好让披甲的吕底亚人这样评论我们：'虽然我们的首领享用肥腴的羊肉，啜饮上乘甜酒：他们作战勇敢，战斗时冲杀在吕底亚人的最前列。'朋友啊，倘若我们躲过了这场战斗，便可长生不老，还可永葆青春，那我自己也不会置身前列厮杀，也不会派你投入能给人荣誉的战争；但现在死亡的巨大力量无处不在，谁也躲不开它，那就让我们上前吧，或给别人荣誉，或别人把荣誉给我们。"[1] 依照萨耳珀冬的话，荣誉要求那些强者和王者在他们享受财富和尊敬的同时，相应地做出回报，在投身战斗时，也要达到与他们辉煌的名声相称的高度。

但是，阿喀琉斯却对这种荣誉不屑一顾，所谓的王者与强者，在他眼里也是一些"酒囊饭袋，长着狗眼睛和鹿心的人"。王权并不能衡量真正不朽的荣誉，有限的荣誉更无法与不朽的荣誉媲美："对他来说，两者之间却存在着一段如此大的距离，以至于当人们像他那样选择了后者时，即勇士的荣誉，英雄的荣誉时，属于前者的一切，社会荣誉，国家荣誉，全都显得无足轻重了。"[2] 对那

---

[1]［古希腊］荷马：《伊利亚特》，罗念生、王焕生译，人民文学出版社，1994年，第12卷第310—328行。
[2]［法］让-皮埃尔·韦尔南：《神话与政治之间》，余中先译，生活·读书·新知三联书店，2001年，第501页。

些存在短暂的生命，尤其是人类这样一种难免衰老与消亡的造物而言，他们没有别的什么方法来突破死亡的界限。要在这个世界上保留下自己的姓氏和名望，以及自己青春、美丽和充满阳刚勇气的形象，不朽的荣誉，死亡是唯一获取方式。每个人活着时都体现为个人的名望这样一种荣誉的文明，只要名望不朽地存活下来，而不是消失在无名的遗忘中，他们就将继续存在。宙斯为阿喀琉斯及其他英雄们的命运所安排的荣耀就是，付出短暂的生命，以及战斗中"漂亮的死"，赢得未来人们记忆中的永恒光荣，赢得对他们功绩的持续赞美，获取诗人们的颂歌，让人们一代代地回忆它、赞颂它。不朽的荣誉将使英雄们活在人们的记忆与敬仰之中，永不衰老。这样，英雄有限的生命便摆脱了无限时间陷阱的束缚，从而获得了一种永生与不朽，人类也在另一个层面上获得了在宇宙中与诸神平等的地位。

宗教哲学家弗兰克早在 1964 年就提出，所谓希腊神话世界的人，其内涵应该是："人既不是毫无内在价值的动物，也不是生命的专制主人，而是力量虽有限，但具有高级本体论纲目和崇高价值的动物，好似神的兄弟。世界，用司多亚派的有名定义来说，乃是'神和人的国家'。就此而论，古希腊罗马世界就是'人道主义'的真正故乡，是最早认清并以高尚形式逐渐阐明人的尊严、人形象的美和意义的地方。"①此处所谓的人道主义，仅仅只是从人与神的相似性层面而言的。事实上，"《伊利亚特》与《奥德赛》的英雄准则，来自尚武的、竞争的、贵族的世界"②。希腊人用来表示道德的词语是 σρετη，拉丁文为 areté，此词有三个含义：荣誉、勇敢、责任感，相应的特点是善、杰出、德行。诗人西摩尼德斯以为："德行住在难攀登的高山，由纯洁女神们掩护，凡人的眼睛看不见，除非从心底里流出血汗，才能攀登上这人性的高峰。"希腊神话世界的人类与英雄们的眼中没有真正的人道主义，也没有现代意义上的社会责任感与道德感，这里只有个体的人的道德、个体的人的责任。英雄赫拉克勒斯在一夜之间奸污了赛斯提乌斯的五十个女儿；忒休斯也曾经强暴过许多女人，包括海伦；阿喀琉斯也强奸过斯特拉斯托妮斯（Stratonice）；甚至，俄狄浦斯还与其母亲乱伦，杀死了自己的父亲。对于这些英雄们来说，所谓的道德乃是自己的意志，包括在个人的荣誉之中，而责任，也是对自己及家人的责任。希腊人发

---

① [俄]弗兰克：《上帝与人——神人性思想》，见刘小枫主编：《20世纪西方宗教哲学文选》，杨德友、董友等译，上海三联书店，1996年，第 192 页。
② P. Toohey, *Reading Epic: An Introduction to the Ancient Narratives*, London: Routledge Routledge, 1992, p. 22.

动对特洛伊大规模的战争，其实是由于阿伽门农的家事所引起的，对于阿伽门农而言，希腊与特洛伊之间的战争只不过是解决他家丑的途径，也是为了满足自己对王权的渴望，阿喀琉斯纯粹是为了个人的荣誉而参战，甚至，当阿伽门农没有给他应有的荣誉时，他便毅然决定撤军，直到赫克托尔杀死了他的挚友，损害了他的个人利益，这位英雄才收回成命。在对希腊人的猛烈进攻中，尽管赫克托尔"同特洛伊人并肩打头阵"，他心中所想到的并不是特洛伊人，而是"为父亲和我赢得莫大的荣誉"，还有他妻儿的安危："那许多英勇的战士将在敌人手下倒在尘埃里，但我更关心你的苦难，你将流着泪被铜甲的阿开奥人带走，强行夺去你的自由的生活。你将住在阿尔戈斯，在别人的指使下织布，从墨赛伊斯或许佩瑞亚泉取水，你处在强大的压力下，那些事不愿意做。"[1]

希腊的英雄们眼中也没有所谓的人道主义与现代意义上的正义，他们只看到个人的荣誉，为了获取不朽的荣誉，可以为所欲为，残暴地杀害异国的人们。阿喀琉斯在特洛伊战场上杀人无数，被他杀戮的特洛伊人的尸体堵塞了斯卡曼德罗斯河，就连善良的河神克珊托斯也看不下去。奥德赛在回乡的过程中，与他的伙伴们被海风吹到了吉康人的地方伊斯马洛。在没有受到吉康人任何侵犯的情况下，奥德赛率领其军队攻打了这座城市，屠杀了当地的居民，俘虏了城中居民的妻子，掠夺了众多财富。而阿伽门农王更甚，他告诉希腊士兵："你可不能让他逃脱严峻的死亡和我们的杀手，连母亲子宫里的男胎也不饶，不能让他逃避，叫他们都死在城外，不得埋葬，不留痕迹。"[2] 不朽的荣誉背后，其实是对异国人的杀戮与侵略。所谓的人道主义，在希腊神话世界的英雄们眼里乃是神道主义，服从神灵们的命运安排，但是却可以在生命走向死亡的过程中为所欲为。即使英雄们偶尔表现出善的一面，比如阿喀琉斯最终让普里阿摩斯领走了赫克托尔的尸体，那也是宙斯的旨意，否则阿喀琉斯是不会罢休的。他曾经十分明白地告诉赫克托尔："有如狮子和人之间不可能有信誓，狼和绵羊永远不可能协和一致，它们始终与对方为恶互为仇敌，你我之间这样也不可能有什么友爱。"[3] 自然，强者与弱者之间不存在所谓的信誉道义，更没有平等可言。正如士兵特尔西特斯（Thersites）在军营中的发言招来了奥德赛鞭子的抽打，

---

[1]［古希腊］荷马：《伊利亚特》，罗念生、王焕生译，人民文学出版社，1994年，第6卷第450—458行。
[2]［古希腊］荷马：《伊利亚特》，罗念生、王焕生译，人民文学出版社，1994年，第6卷第57—60行。
[3]［古希腊］荷马：《伊利亚特》，罗念生、王焕生译，人民文学出版社，1994年，第23卷第261—265行。

还有众人的耻笑。

结　　语

　　希腊神话世界中的人，从本质上看，是一群落在时间陷阱中的逃亡者，无法逃脱命运女神编织的纺线。但是这群人却力图在有限的生命中，尽情发现当下"生命的喜悦"，享受世俗世界的快乐，追求躯体的安乐，获得个人荣誉的不朽，以求得永远活在后人的记忆中，从而在宇宙中取得与众神平等的地位。这其实是人类对自己有限生命现状的不满，也是对人类在宇宙中不幸处境的反抗。自然，从现代人道主义的某些角度来看，希腊人并不是高尚而完美的人，他们凶残而贪婪，没有怜悯之心，更无平等的观念，所谓的平等，只是在诸神面前必死的平等，所谓的道德，在他们眼中是个人荣誉的附属物，不存在个人对集体、社会、国家的责任感，只有个人对自己、家庭的责任。人是社会结构中的人，却是个人行为与义务的个体。

第二章　荷马史诗中的"东方"世界

第一节　荷马的"东方"范畴

在古希腊语境中,"东方"与"西方"是以地中海为参照而划分的,因此地中海东岸被称为"东方",地中海西岸被称为"西方"。地中海西岸为欧洲,地中海东岸为北非、亚洲,这样,"东方"便成为北非、西亚的代称,而"西方"则成为欧洲世界的代名词。就范畴而言,"作为一个地理和文化的——更不用说历史的——实体,'东方'和'西方'这样的地方和地理区域都是人为建构起来的。因此,像'西方'一样,'东方'这一观念有着自身的历史以及思维、意象和传统词汇,正是这一历史与传统使其能够与'西方'相对峙而存在,并且为'西方'而存在。因此,这两个地理实体实际上是相互支持并且在一定程度上相互反映对方的"。不难看出,"东方"是与"西方"相对立的一个语词,它不仅指向地理方位的差异,还暗示着欧洲人的文化偏见。一种普遍的情况就是,欧洲人为了进一步区分"东方",将其分别称为"近东"、"中东"与"远东",而其划分依据则是这些地方距离欧洲的远近程度。这就表明,"东方"一词反映了欧洲中心主义的论调。尽管如此,"东方"并非仅仅为一个地理学语词,相反,"东方"是一个十足的文化概念,折射了欧洲中心主义论这一成见。此种关于"东方"的理念并非自古有之,它形成于19世纪与20世纪初欧洲殖民主义运动时期。

与现代人有所不同的是,荷马关于"东方"的认知更为具体,它首先指向了地中海东岸的广阔土地,其中包括河流、山川与城邦。根据《伊利亚特》与《奥德赛》的表述,"东方"分别包括如下这些地域:特洛伊平原、伊达山麓的泽勒亚城、阿德瑞斯特亚与阿派索斯、皮提埃亚、特瑞亚高山、佩尔科特、普拉克提奥斯、赛斯托斯、阿彼多斯、阿里斯柏、拉里塞、赫勒斯滂托斯河、阿米冬、库托罗斯、塞萨蒙、艾吉阿洛斯、克戎那、帕尔特尼奥斯河、埃律提诺斯山、阿吕柏、阿斯卡尼亚、特摩洛斯山、弥勒托斯、佛提瑞斯山、迈安德罗斯河、米卡勒山、克珊托斯河。①除此之外,荷马的"东方"还分别指向了西顿②、西西里③、埃及④、腓尼基⑤、累斯博斯⑥、利比亚⑦、皮埃里亚⑧、塞浦路斯⑨等等。按照地理位置,上述这些地方分别隶属于马其顿、特洛伊、弗里基亚、密西亚、吕底亚、弗利基亚、塞浦路斯、卡利亚、埃及、利比亚。在荷马史诗中,"东方"是一系列的河流、山川、土地与城邦的总称,它是一个具体的能指,而不是抽象意义上的所指。

从人种学意义上看,荷马的"东方"还指居住在上述地方的族群,其中包括特洛伊人、特洛伊人的盟友,以及部分居住在北非的族群。从荷马的表述来看,特洛伊人的盟友包括这些族群:达尔达诺斯人、佩拉斯戈斯人、色雷斯人、派奥尼亚人、帕佛拉贡人、密西亚人、弗里基亚人、卡里亚人、吕西亚人等等。居住在北非的族群主要包括埃及人、利比亚人以及埃塞俄比亚人。⑩可以看出,荷马的"东方"指向了地中海东部世界的部落与族群,它是一个族群共同体,而不是政治地理学意义上的"东方"。荷马并未将这些异域的部落与族群称为"东方人"或蛮族,而是将其看作独立于希腊而存在的实体。从这个层面而言,荷马脑中并无关于"东方"的概念,只有关于外邦人的具体认知。就荷马的表述而言,外邦人尤其是特洛伊人与希腊人之间似乎没有语言界限,因为他们的首领与兵士皆可在战场上相互对话,甚至赫克托尔与阿喀琉斯在决战前还直接交谈过。

可以判断,荷马的"东方"主要由两部分构成:河流山川与族群。前者包括了广阔的地理区域,后者则指向了具体的族群。作为地理因素的"东方"在希腊本土之外,拥有肥沃的土地、奔腾的河流、险峻的山峰以及防守严密的城邦。

---

① Homer, *Iliad*, 2.816-877.
② Homer, *Iliad*, 6.291, 23.743. Homer, *Odyssey*, 4.84, 4.618, 15.118, 15.425.
③ Homer, *Odyssey*, 24.307.
④ Homer, *Odyssey*, 3.300, 4.83, 4.127, 4.229, 4.351, 4.355, 4.385, 14.263, 14.275, 14.286, 17.426, 17.432, 14.448.
⑤ Homer, *Iliad*, 23. 744. Homer, *Odyssey*, 4.83, 13.272, 14.288, 14.291, 15.415, 15.417, 15.419, 15.473.
⑥ Homer, *Iliad*, 9.129, 9.271, 9.664, 24.544. Homer, *Odyssey*, 3.169, 4.342, 17.133.
⑦ Homer, *Odyssey*, 4.85, 14.295.
⑧ Homer, *Iliad*, 14.226. Homer, *Odyssey*, 5.50.
⑨ Homer, *Odyssey*, 4.83, 8.362, 17.442-443, 17.448.
⑩ 从现代意义上的地理学概念而言,埃塞俄比亚并不属于北非,它是中部非洲的一个国家。但在荷马史诗中,埃塞俄比亚位于大地的东西两隅,为东方世界的一个部落。具体描述参见 Homer, *Iliad*, 1.423, 23.206; Homer, *Odyssey*, 1.22-23, 4.84, 5.287.

作为族群共同体的"东方",它是那些居住在希腊之外的外邦人,这些人性格各异,却能够自由交谈,不受语言限制。在荷马史诗中,不论是河流山川抑或族群,它们均不是"东方"或"东方"的代称,它们代表了自身,代表了一种独立的存在体。因此,荷马的"东方"并非现代文化与语言层面的"东方",而是认知概念上的"东方",即关于异域地理空间与族群的具体表述与感知。因此,荷马的"东方"是具体而直观的,它不是一个抽象的概念,而是一个由河流山川与族群共同建构的异域世界。当然,这个世界有别于希腊,它有着自身的鲜明特征,并由特殊的因素建构而成。

第二节　荷马"东方"世界的建构因素

构成荷马"东方"意象的要素有多种,其中最为重要的叙述性因素就是黄金。《伊利亚特》中频繁出现"黄金"这个语词,而关于黄金的表述多半与特洛伊及其盟友相关。当作为阿波罗的大祭司克律塞斯向阿伽门农请求赎回女儿布里塞伊斯(Briseis)时,他"随身带来无数的赎礼,手中的金杖举着远射阿波罗的花冠,向全体阿开奥斯人,特别向阿特柔斯的两个儿子、士兵的统帅祈求"[1]。特洛伊王子赫特托尔死后,骨殖被成殓在黄金坛中[2]。色雷斯人的国王瑞索斯(Rhesos)的"战车镶嵌着金银,装饰得非常精美,他的铠甲制成重得令人惊诧"[3]。遍地黄金的特洛伊某种程度上成为荷马笔下英雄与普通兵士向往的淘金国度,他们渴望通过战争获得黄金。这样的观念如此普遍,以至于一名普通的希腊士兵特尔西特斯都知道这样的事实,他责问阿伽门农王:"你是否缺少黄金,希望驯马的特洛伊人把黄金从伊利昂给你带来赎取儿子?"[4]从中可以明显看出,"东方"的黄金如此之多,吸引了无数的希腊人前来淘金。所谓的淘金主要通过两种途径进行,一是在战场上抢夺敌方身上的金子,二是接受战俘家属的黄金而放回俘虏。荷马史诗中不乏这样的例子,不妨援引一二。作为特洛伊联盟国的卡里亚人首领那斯特斯将金子带到了战场上,他"一身金饰,宛如少女,他真是愚蠢;他的黄金并没有使他免遭悲惨的毁灭,他在埃阿科斯的孙子手下死在河里,英勇的阿喀琉斯抢走了他的黄金"[5]。甚至当特洛伊兵士在战场上面

---

[1] Homer, *Iliad*, 1.13-16.
[2] Homer, *Iliad*, 24.795.
[3] Homer, *Iliad*, 10.438-439.
[4] Homer, *Iliad*, 2.229-230.
[5] Homer, *Iliad*, 2.872-875.

临死亡时,他们也试图通过金子换回活命。特洛伊传令官欧墨得斯(Eumedes)的儿子多隆这样央求希腊人:"你们活捉我吧,我将为自己赎身,我家里储有铜块、黄金和精炼的灰铁,我父亲会向你们献上无数的礼物,要是他听说我被生擒在阿开奥斯船里。"①《马可波罗行纪》中描述了一个黄金遍地的"东方"世界,可汗的王宫、日用器皿、境内臣民所用器皿、宗教神庙等等,皆用金子建造。②较之于马可波罗,荷马对"东方"世界黄金的表述多半集中在武器及装备方面,尽管其叙述层面不及马可波罗全面,但却建构了一幅关于富有的"东方"黄金图谱,一个金光灿灿的"东方"世界由此生成。该图景对于荷马时代的希腊人而言,无疑具有极大的诱惑力。

除却黄金之外,马匹是荷马史诗建构"东方"世界的另外一种叙述性元素。荷马经常使用"驯马的特洛伊人"这一词语来形容特洛伊人。事实上,"驯马的特洛伊人"已经成为荷马史诗的套语,荷马借此来描述特洛伊盛产马匹这一事实。③特洛伊人及其盟友皆擅长射骑,"东方"世界因此成为骑马民族的天下。关于这一点,荷马的叙述更具情节性,它将马匹置于一种神圣的语境下加以描写,强调了特洛伊及其盟友盛产马匹这一事实。当然,荷马笔下的"东方"并非只有黄金与马匹,它还盛产各种各样的物品。这里有阿吕柏的银子④,西顿的彩色纺织品⑤,卡里亚的象牙⑥,埃塞俄比亚的美食⑦,等等。这些东西皆为荷马时代希腊人渴望的奢侈品,盛产这些物品的"东方"世界某种程度上成为人间宝地,激起了希腊人无限的幻想。看上去就是,荷马笔下的"东方"是一个黄金遍地、珠宫贝阙的人间天堂,这里的王公贵族佩紫怀黄、衣马轻肥,过着神仙一样的逍遥生活。

只不过,荷马眼中的"东方"是一个具有双重性质的异域世界,它一方面盛产希腊人向往的财富,另一方面也存在与希腊迥然有别的价值观和生活方式。

---

① Homer, *Iliad*, 10.378-388.
② 参见[意]马可波罗:《马可波罗行纪》,冯承钧译,上海书店出版社,2001年,第219、295、308、311、355页。
③ 为强调特洛伊马匹的神圣起源,荷马还讲述了这样一个故事:宙斯看中了特洛伊王子伽倪墨得斯,将其带入奥林匹斯天界。为了补偿这一事实,宙斯将两匹神马赠给伽倪墨得斯的父亲特罗斯。安基塞斯后来背着特洛伊国王拉俄墨冬(Laomedon)将神马与牝马交配,牝马生出六匹单蹄神马。相关表述参见Homer, *Iliad*, 5.265-270.
④ Homer, *Iliad*, 2.857.
⑤ Homer, *Iliad*, 6.289.
⑥ Homer, *Iliad*, 4.142.
⑦ Homer, *Iliad*, 1.423-424, 23.206-207.

看上去就是，荷马在《伊利亚特》中并无偏袒希腊人与特洛伊人的倾向，但仔细分析便可明白，这仅仅是一种表象。实际上，荷马在《伊利亚特》中以叙述的方式表达了对特洛伊的文化偏见。这种偏见首先体现在特洛伊人的国王拉俄墨冬身上。作为特洛伊先祖，拉俄墨冬先是失信于阿波罗与波塞冬（Poseidon），拒绝向两位神明支付先前早就承诺的修建特洛伊城墙的报酬。① 后来，拉俄墨冬再度食言，不肯将神马交给希腊英雄赫拉克勒斯。② 可以看出，荷马笔下的特洛伊国王拉俄墨冬是一位贪婪而背信弃义的骗子，根本不是一位合格的国王。除此之外，特洛伊国王还过着一种妻妾成群的糜烂生活，国王普里阿摩斯拥有 50 个儿子和许多女儿，另外还有一个私生子。③ 作为王子的帕里斯相貌俊美，却胆怯而好色，是典型的花花公子，在战场上面对海伦的丈夫墨涅拉俄斯（Nlenelaus）时，手脚颤抖，脸色发白，退躲到特洛伊队伍中间。④ 还有一些特洛伊将领，譬如阿德瑞斯托斯与多隆，在战场上贪生怕死，祈求希腊兵士活捉他们，让家人以重金赎回。⑤ 贪婪而出尔反尔的国王拉俄墨斯，妻妾成群、儿女成行的国王普里阿摩斯，好色而胆怯的帕里斯王子，贪生怕死的将领阿德瑞斯托斯，所有这些叙述性因素共同建构了一个迥异于希腊的特洛伊。这个特洛伊世界是东方式的，但未必是属于"东方"的，它是荷马的话语制造出来的。因为特洛伊世界的王族形象基本为负面形象，其行为与价值观皆有别于希腊文化，是地道的他者形象。通过上述分析可知，荷马笔下的"东方"具有双重属性：一方面，它物产丰富，黄金遍地，到处都是希腊人梦想的财富；另一方面，它迥异于希腊世界，这里的王族贪婪成性、言而无信、好色而怯弱，部分将领则贪生怕死，等等。本质上说，此种异国图景的叙述是乌托邦式的，它强调"东方"世界与希腊世界之间的相异性，是希腊文化对于"东方"文化的集体想象物。因此，荷马对

---

① 阿波罗与波塞冬因触犯天条，被宙斯流放到人间。他们来到特洛伊，看到国王拉俄墨冬正在召集人马修建特洛伊城墙，于是前去应征。经宙斯同意，波塞冬为拉俄墨冬修建城墙，阿波罗为拉俄墨冬放养畜群。但当工期结束时，拉俄墨冬却拒绝支付工钱，将阿波罗与波塞冬赶出特洛伊，并扬言要割掉他们的耳朵。相关表述参见 Homer, *Iliad*, 7.452, 21.441-457。

② 波塞冬因记恨拉俄墨冬不讲信用，于是派出一头海怪祸害特洛伊作为报复。拉俄墨冬的女儿赫西奥涅最后面临被海怪吃掉的危险，此时恰逢英雄赫拉克勒斯路过，拉俄墨冬请求赫拉克勒斯救出女儿，并答应将宙斯赠送的神马送给赫拉克勒斯。但最后当赫拉克勒斯救出赫西奥涅后，拉俄墨冬却不肯将神马交出。相关表述参见 Homer, *Iliad*, 5.639-651。

③ 普里阿摩斯的宫殿用青铜铺设，雕梁画栋，无比精美。他与诸位妻妾先后生出了 50 个儿子和许多女儿。他的全部儿子和未出嫁的 12 个女儿都住在宫殿中。另外，普里阿摩斯还有一位私生子德摩科昂。相关表述参见 Homer, *Iliad*, 5.639-651; Homer, *Iliad*, 4.499, 6, 7.112, 7.241-250。

④ Homer, *Iliad*, 3.30-37.

⑤ Homer, *Iliad*, 6.45-50, 10.378-381.

于"东方"的态度是摇摆不定的,一方面,他对于物众地大的"东方"具有狂热的向往之情;另一方面,他却担心这里的文化不同于希腊文化,人们的品性因而与希腊人大相径庭,荷马因此非常憎恶"东方"。也就是说,荷马关于"东方"的态度是游离不定的——介于渴望与憎恶之间——有时一种态度占据上风,有时又是另外一种。

第三节 荷马"东方"形象的生成语境

为何荷马史诗会如此描述"东方"?要回答这个问题,必须回到荷马史诗的生成语境,对其做客观考察。毕竟,荷马史诗的形成受制于特定的社会历史情境,"东方"形象的塑造离不开既定社会的现实诉求。

尽管"荷马问题"至今依然存在诸多争论[①],但学者们关于荷马史诗的生成时间却达成了一种共识:荷马史诗形成于公元前8世纪中期,至少不会晚于公元前7世纪前半期。众所周知,公元前8世纪的希腊已经结束了长达数百年的"黑暗时代",开始步入城邦时代。"公元前8世纪初期前后,无论海外或本土诸邦,政体大体上掌握在贵族阶级手里,政制是寡头专政。"[②]这就意味着,此时的希腊政权被少数贵族掌握,国家权力因而被贵族阶级操控。"几乎所有情况下,权力的实施都需要某种形式的正当性证明。"[③]少数掌握了政权的贵族需要彰显其享有的社会特权,就要通过一种特殊的途径来展示其高贵身份。作为一种具有双重属性的金属,黄金恰好满足了统治者的这种诉求。首先,作为财富的黄金是统治阶级维护其地位的手段,因为"文明所赖以产生的基础——财富,其本身是政权集中的产物,而政权的掌握又是通过财富的积累而得以实现的"[④]。其次,作为声威符号,黄金象征着权力与至高无上的政治地位,因而彰显了统治者身份的高贵。早在米诺文明时期,黄金就作为一种特殊的王权象征符号而被加以使用,黄金戒指是君王建构其权力意识形态的工具,米诺国王向那些值得信赖与重视的臣子颁发黄金戒指。虽然公元前8世纪中期的希腊政权已经不再是神权政治,但掌握了国家权力的贵族依然要借助黄金这种特殊的金属来确立身份与地位。因此,希腊本土对黄金的需求就极为迫切,不幸的是,希腊本

---

① "荷马问题"主要围绕以下问题展开:荷马的身份、生卒年代,荷马史诗的起源、编纂、发展、书写形式,以及史诗的创作过程,等等。
② 顾准:《希腊城邦制度——读希腊史笔记》,中国社会科学出版社,1982年,第101页。
③ [美]戴维·四沃茨:《文化与权力》,陶东风译,上海译文出版社,2006年,第102页。
④ 张光直:《古代中国考古学》,印群译,辽宁教育出版社,2002年,第445页。

土并不盛产黄金。盛产黄金的地方在"东方"世界,尤其是非洲。希腊人要获取黄金,只有通过抢劫或者贸易这两种途径。因此,我们便可理解荷马为何要将"东方"表述为一个黄金遍地的富庶之乡。一方面,因为这些地方确实产黄金;另一方面,更为重要的是,黄金是统治者梦寐以求的东西。关于黄金的描写能够激起统治者向这些地方扩张殖民的兴趣,从而满足他们占有黄金的欲望。

在希腊历史上,大规模的人口迁移时有发生,大批希腊人从希腊本土和小亚细亚出发,向着地中海东岸殖民。"世界史通常把希腊殖民大体区分为两类,即公元前775～前675年间的早期农业殖民和公元前675～前600年间的商业殖民。"[①] 早期农业殖民多半是希腊农民为躲避不堪承受的债务而到地中海东岸寻找活路,迁移的希腊人渴望到地中海东岸寻找黄金、白银、象牙、丝织品之类的奢侈品而改变窘迫的生活状态。"也许是出于偶然,希腊人于公元前8世纪在墨西拿海峡之外安置的第一个瞭望站其实就是一个通向伊特鲁里亚海及其金属矿产的前沿阵地。吕底亚和埃及的黄金,西班牙的白合金以及黄铜无疑也都是希腊或其他国家的早期殖民者远征所考虑的因素之一。"[②] 最初的荷马史诗并不是书写形式的,而是以口头传唱的方式在希腊民间流传,其受众者多半为底层民众。荷马史诗中关于"东方"盛产黄金等物产的描述无疑在某种程度上折射了希腊民众到"东方"世界寻找财富的心理,同时激发了希腊民众对"东方"世界的向往之情。

"在19世纪早期现代国家建立之前,与其说'希腊'(Hellas)是一个严格的政治实体,不如说她是一个文化范畴,有点像中世纪所谓的'基督教区',或现在我们说的'阿拉伯世界'。这个文化范畴是被共同的血统(有些地方是真正的,有些地方是杜撰的)、共同的语言(所有不说希腊语的都被称作野蛮人,因为他们的语言听起来都像是叽里咕噜的胡言乱语)以及共同的风俗习惯(不仅仅是那些相同的宗教仪式)所界定的。"[③] 在这种文化语境下,地中海东岸的族群被视为他者,与希腊人格格不入。正是基于对他者的文化偏见,亚里士多德甚至在其《政治篇》将欧洲人与亚洲人视为希腊人的对立面。他从环境决定论的视角发表言论:"在寒冷地带居住的人群和欧洲各族的居民都生命力旺盛,

---

① [法] 韦尔南·布罗代尔:《地中海考古:史前史和古代史》,蒋明炜、吕华、曹青林等译,社会科学文献出版社,2005年,第184页。
② [法] 韦尔南·布罗代尔:《地中海考古:史前史和古代史》,蒋明炜、吕华、曹青林等译,社会科学文献出版社,2005年,第188页。
③ [古希腊] 亚里士多德:《政治篇》,见苗力田主编:《亚里士多德全集》(第9卷),颜一、秦典化译,中国人民大学出版社,1994年,第243—244页。

但在思想和技术方面较为缺乏，所以他们大都过着自由散漫的生活，没有什么政治组织，也缺乏统治邻人的能力。亚细亚的居民较为聪颖而且精于技术，但在灵魂方面则惰性过重，故大多受人统治和奴役。至于希腊各族，正如位于这些地方的中间地带一样，兼具了二者的特性。因为希腊人既生命力旺盛又富于思想，所以既保持了自由的生活又孕育出了最优良的政体，并且只要能形成一个政体，它就具有统治一切民族的能力。"众所周知，亚里士多德是马其顿王国亚历山大大帝的家庭教师。对雄心勃勃的帝国主义者而言，此种关于他者的文化成见是一种极为有用的意识形态工具，因为它证明了希腊人有能力统治别族的合理性。但亚里士多德并不是对"东方"形象持偏见的始作俑者，荷马关于"东方"的表述更加久远。较之于亚里士多德，荷马关于"东方"贵族尤其是王族的叙述更富文化歧视意味，因为他将"东方人"表述为一群贪得无厌、出尔反尔、好色而怯懦的贵族。很难说这种文本所制造的形象将会给民众带来何种感受，但有一点却非常明确，那就是，在荷马看来，"东方人"没有希腊人高尚，他们不配拥有"东方"世界富饶的资源。言外之意非常明显，只有希腊人才配享有"东方"的黄金、白银、骏马以及纺织品等资源。

由上述分析可知，荷马"东方"形象的塑造是基于两种缘由进行的：一方面，殖民时代的希腊统治者需要大量黄金、白银等金属建构意识形态，普通民众则渴望到物产丰富的"东方"获取财富摆脱贫困状态；另一方面，文化意识中固有的"我族中心主义"意识使得荷马将"东方"妖魔化或丑化，从而制造出了具有负面色彩的"东方人"形象。换言之，地中海东岸物产丰富的事实，希腊本土对于这些物质极度渴求的现实诉求，以及荷马本人固有的种族偏见，所有这些因素共同催生了荷马史诗中的"东方"形象。这种有条不紊对他者进行表述的行为看似无心，其实是有意而为之。它为公元前750至前650年这一个世纪——荷马时代——的希腊殖民制造了一种乌托邦式的"东方"图景，继而为希腊的海外殖民提供了合法性：物产丰富的地中海东岸世界应当由希腊人来统治，那些品质低下的"东方"人不配拥有这些土地。显然，荷马史诗在此建构了一种殖民思想，一种特定时期统治者和普通民众共享的意识形态。

结　　语

荷马的"东方"具有双重属性：一方面，它粟陈贯朽，是希腊人梦想的财富之乡；另一方面，它臭名昭著，为希腊人所鄙夷。荷马的"东方"形象并非对现实世界的再现，而是荷马建构的一种镜像。从根本上说，荷马的"东方"

并非基于地中海东岸现实世界的描述，而是基于希腊社会现实诉求的一种叙事。在这种叙述框架中，"东方"黄金遍地，却处于文明的边缘，希腊物产贫瘠，却是文明的中心。从本质上说，荷马的"东方"是意识形态与乌托邦共同作用的结果，折射了希腊人对东方狂热而又憎恶的双重心态。

  作为意识形态的"东方"形象，它具有整合性功用。也就是说，荷马的"东方"并非地中海东岸世界的真实再现，而是意识形态将该地区不同于希腊文化的一面重新加以整合而成的新形象。具体说来就是，荷马将地中海东岸世界物产丰富这一事实重新加以调整，根据希腊文化关于他者的片面认知，以及希腊社会迫切需要海外殖民的现实诉求，将其塑造成一个金银遍地、物产丰富的人间天堂。这种形象的再塑造某种程度上反映了荷马时代希腊人内心深处对于"东方"财富的渴望，以及到"东方"殖民的冲动。就在重新表述"东方"的过程中，荷马将希腊人对于黄金和奢侈品的迫切追求与一个过度繁华的东方世界和谐地组合在一起，从而塑造了一个乌托邦化的"东方"世界。另外，作为乌托邦，荷马的"东方"形象强调"东方人"，尤其是统治者品性中低劣的部分——言而无信、好色、贪婪、软弱——以此凸显希腊人的好品性，诸如一诺千金、坐怀不乱、出生入死等等。荷马史诗关于"东方人"品性的叙事实际上是将希腊人的价值观投射在他者身上，通过消解作为文化他者的"东方人"，颠覆希腊文化中有害的观念，最终起到净化希腊价值观的作用。因此，作为意识形态与乌托邦共同平衡作用的产物，荷马的"东方"实际上起到了将殖民意识形态叙事化的作用，最终成为"东方化"时期希腊帝国意识形态的一个组成部分。

第三章 《奥德赛》中的英雄——以奥德修斯为例

第一节 《奥德赛》中的奥德修斯形象

奥德修斯是荷马史诗《奥德赛》中的主要人物，其传奇式的十年漂泊经历成就了他的光辉形象：刺瞎独目巨人波吕斐摩（Polyphemus），离开吃人的莱斯特律戈涅斯人（Laestrygones）的土地，战胜女巫喀尔刻（Circe）将人变成猪的巫术，下到冥界求得预言，克服海妖塞壬（Sirens）无法抗拒的歌声的诱惑，逃过怪物卡律布狄斯（Charybdis）和斯库拉（Scylla），拒绝仙女卡吕普索的挽留，逃难到了淮阿喀亚人（Phaeaces）的国土，射杀向其妻子珀涅罗珀（Penelope）求婚的伊塔刻贵族，最终夺回王位，与家人团聚。在上述事件的表述中，叙事者共计使用了197个修饰语来形容奥德修斯，其中"足智多谋的"一词出现了61次，"神样的"出现了41次，"历尽艰辛的"出现了28次，"机敏的"出现了13次，"高贵的"则出现了8次。其余的一些形容词分别为"多智的""光辉的""攻城略池的""富有经验的""聪颖的""英勇的""智慧的""饱经忧患的""睿智的""杰出的""多灾多难的"等等。这些语词中，出现频率最高的是"足智多谋的"，这一词语描述的是奥德修斯的才干；其次是"神样的"，它用来形容奥德修斯的外貌；再次是"历尽艰辛的"，该词语用来叙述奥德修斯的阅历。其余的一些语词，诸如"机敏的""杰出的""英勇的"，这些形容词要么用来描写奥德修斯的才能，要么描写奥德修斯给人的印象。就词语的性质而言，它们都是褒义词，用来表现奥德修斯各个方面的才能与品质。"这些修饰语在诗中频繁出现，给人印象深刻，它们正好集中反映了诗人希望借助行动表现的主人公性格的两个主要方面，即坚毅和多智。"①

---

① ［古希腊］荷马：《奥德赛》，王焕生译，人民文学出版社，2003年，前言第3页。

借助于这些语词，我们看到了《奥德赛》中奥德修斯的人格魅力：遭遇苦难时，他毫不畏惧，机智而勇敢，虽历经苦难，但丝毫不放弃希望；遭遇美色诱惑时，他不为所动，而是倍加思念结发之妻；得到帮助时，非常感恩，不忘回报；面对敌人，毫不畏惧，机智而勇敢。正是这些形容词及其表述的内容，制造了一位神话般的英雄奥德修斯，他高大英武，身世显赫，不畏困难，智勇双全，不弃不离。概而言之，《奥德赛》中的奥德修斯是具有传奇色彩的英雄，也是一位具有鼓舞性的正面人物形象。

需要加以强调的是，英雄奥德修斯的所行所为并不都具有十足的正义意味；相反，根据史诗的叙述，他的一些行为极为血腥残暴。特洛伊战争之后，奥德修斯率领部下到了基科涅斯人（Kikonians）的伊斯马罗斯（Ismaros）城，屠杀无辜居民并抢劫财物。用奥德修斯自己的话语叙述就是："离开伊利昂（特洛伊），风把我送到基科涅斯人的伊斯马罗斯。我攻破城市，屠杀居民。我们掳获了居民们的许多妻子和财物，把他们分配，每个人不缺相等的一份。"① 根据荷马史诗的叙述，奥德修斯及其部下与居住在伊斯马罗斯城的民族与并无任何冲突，他们没有任何理由去屠杀这里的人们。另外，在得知宫中的12名女奴被迫与求婚人同床共枕后，他还是让忒勒玛科斯（Telemachus）残暴地吊死了她们。对于12名女奴的死亡，《奥德赛》中有极为生动的描述："有如羽翼细密的画眉或者那野鸽，陷入隐藏于茂密丛莽中张开的罗网，本为寻地夜栖，却陷入了可怕的卧床；女奴们也这样排成一行，绳索套住她们的颈项，使她们忍受最大的痛苦死去。她们蹬动双腿，仅仅一会儿工夫。"② 由此可见，作为英雄的奥德修斯并不是那种牺牲自己而为大众谋福利的英雄，他有着极为残暴的性情，杀人如麻，丝毫没有宽恕之心。

这就意味着，《奥德赛》的奥德修斯并非完全意义上的英雄或正面形象，但是在荷马史诗中，尤其是《奥德赛》中，叙事者却使用了众多褒义的形容词来表述他，并且多数读者将其视为一位真正意义上的英雄。换言之，奥德修斯的正面形象并未因其残暴行为而受到影响，他在读者心目中的地位未改变。这究竟是为什么呢？撇开相关层面的探讨，从叙述方位来看待这个问题，我们便会有新的发现。

---

① [古希腊]荷马：《奥德赛》，王焕生译，人民文学出版社，2003年，第153页，第9卷第39—42行。
② [古希腊]荷马：《奥德赛》，王焕生译，人民文学出版社，2003年，第420页，第22卷第468—473行。

第二节 《奥德赛》的叙述方位

所谓"方位"（perspective），其最初含义是指生理学、自然科学以及视觉艺术中的一种视觉现象，比如扭曲、选择、阻碍等等；哲学层面上的"方位"概念更多地含有一种隐喻意义，指一般的认知过程，与此相关的方位主义认为，人对现实世界的认识不可避免地带有片面性与欺骗性。文学批评与叙述学将上述两种"方位"概念吸收进来，并做了一种更为严格的界定，倾向于专指人物与叙述者的主观世界观。叙述学中的叙述方位，是指叙述中"叙述者（narrator）与叙述角度（point of view）的配合"①。根据叙述学研究者赵毅衡先生的归类，叙述者与叙述角度可能配合的方式，总计有九种。②《奥德赛》每一卷叙述者与叙述视角配合方式各不相同，我们不妨逐一分析。

史诗《奥德赛》每一卷叙述的内容都与奥德修斯有关，但史诗直到第五卷才出现奥德修斯的形象，在此之前，史诗已经开始叙述。第一卷叙述方位采用了第三人称全知式，其叙述以不在场的奥德修斯为核心，讲述众神对其命运的安排。第二卷至第四卷，叙述依然采用第三人称全知式，主要从奥德修斯家族成员立场来描述事件：奥德修斯久未归家，谣言说他已死于返乡途中，一群贵族子弟聚集在王宫中，肆意挥霍奥德修斯的家产，向其妻子珀涅罗珀求婚，意欲取代奥德修斯的统治者地位；奥德修斯的儿子特勒马科斯（Telemachus）无力阻止求婚人，他在女神雅典娜的帮助下，外出探询奥德修斯的音讯，一路问讯到海伦与其丈夫的居住地。尽管奥德修斯本人不在场，但读者从上述叙事中看到，他的儿子与妻子在遭受着求婚者的骚扰，奥德修斯作为国王的统治地位不断受到威胁，家产也在不停地被损耗。

到了第五卷，英雄奥德修斯出现。此时叙述方位依然为第三人称全知式，叙述核心依然是英雄本人，内容为表述历险经历。第六卷到第八卷为第三人称全知式，叙述奥德修斯在淮阿喀亚人国度的经历。

从第九卷到第十二卷，史诗采用了转述故事的叙述方式，将奥德修斯作为角心人物（focus character）③，采用第一人称叙述，即奥德修斯自己讲述回乡途中种种经历的形式：特洛伊战争之后，奥德修斯率领部下一路历险，他与其伙伴先后漂流到色雷西亚，到达食忘忧果的民族居住地，杀死独目巨人波吕斐摩斯，

---

① 赵毅衡：《当说者被说的时候——比较叙述学导论》，中国人民大学出版社，1998年，第124页。
② 赵毅衡：《当说者被说的时候——比较叙述学导论》，中国人民大学出版社，1998年，第129—137页。
③ 角心人物指的是在叙述中，整个故事情节采用的观察视角与具体感知方式的拥有者，而不是叙述者。此处强调的是叙述中人物的感知范围与认知范畴，并非叙述的语汇与语气。

邂逅女巫喀尔刻,遭遇海妖塞壬,后被女仙卡吕普索拘禁七年,最后得以返还故园伊塔刻岛。在叙述这些事件时,史诗叙述者均让奥德修斯担当角心人物与叙述者,向听众讲述其海上历险的故事。

从第十三卷到二十四卷,史诗叙述方位重新采用第三人称全知式,叙述奥德修斯及其家人的故事。这里分成了两个叙述过程:一个过程叙述奥德修斯如何返乡并最终杀死求婚人,与家人团聚;另一个过程则表述特勒马科斯如何回归家乡,与父亲奥德修斯团聚并帮助奥德修斯夺回王位。

值得注意的是,《奥德赛》第九卷到第十二卷这部分表述的内容很有意味。从内容来看,这部分是关于奥德修斯海上历险的叙述,而不是关于其家人或其他人的叙述,主要内容包括洗劫伊斯马罗斯城,逃离独眼巨人的杀害,战胜女巫喀尔刻的巫术,下到冥府寻求预言,摆脱海妖塞壬诱人的歌声,逃过怪物卡律布狄斯和斯库拉,挣脱女仙卡吕普索的美色诱惑。但深入阅读便会发现,奥德修斯在讲述上述经历时,有意识地做了一些安排。那就是,一些对于他而言非常痛苦的事,他就会叙述得极为繁复,比如,与独眼巨人的邂逅,以及到冥府的经历;另外,凡是涉及一些较为愉悦或不大人道的事情,他就草草叙述甚至省略。在讲述与女仙卡吕普索共处七年的生活时,奥德修斯仅仅使用了这样一些话语:"神女中的女神卡吕普索把我阻留在她的宽阔洞穴里,心想让我做丈夫"①。"从此我又漂流九天,直至第十天黑夜,神明们把我送到奥古吉埃岛,说人语的可畏神女、美丽的卡吕普索在那里居住,她热情招待我。"②奥德修斯与神女卡吕普索一起生活了七年,但却用这样简单的几句话草草表述,不能不说是一种刻意的叙述。通过这种叙述安排,史诗给人的印象就是,奥德修斯在十年漂泊过程中几乎就没有什么值得回忆的愉快经历,也几乎没有什么不好的行为,他一直处于窘迫状况,值得同情。

此种叙述方位有如下几种作用:第一,制造故事悬念,吸引读者与听众的好奇心,增加故事的生动性。因为转述中采用了第一人称叙述方式,奥德修斯本人代替叙述者讲述自己的流浪故事,使得读者或者观众跟着奥德修斯往下走,每一步都充满了悬念。第二,缩短了听众或读者与奥德修斯之间的距离,他们可以直接进入奥德修斯的内心世界,感知他经历事件时的具体内心感受。在听故事的同时,听众站在奥德修斯的立场与价值观去看待所有一切叙述事件,一

---

① [古希腊]荷马:《奥德赛》,王焕生译,人民文学出版社,2003年,第153页,第9卷第29—30行。
② [古希腊]荷马:《奥德赛》,王焕生译,人民文学出版社,2003年,第237页,第12卷第447—450行。

切都是以奥德修斯为中心,凡是对其有利的就是好的,反之都是不好的。读者本人就像奥德修斯本人一样在经历种种磨难,对于他的道德判断自然就有所偏滑,不知不觉间同情其遭遇,而对其历险途中伤害他者的行为自然有所原谅,同时放宽了道德评判水准,甚至不加谴责。这样,叙述者通过叙述方位得以控制距离的叙述原则,达到其控制读者与观众的道德判断之目的。"通过控制读者的立场,使得读者不仅能够同情,而且与某种立场完全一致并因此而具有主体立场和社会角色。"①

很明显,整个《奥德赛》的故事都是以奥德修斯为中心,史诗在此叙述中将奥德修斯作为叙述者来表述回乡途中的种种历险,而没有将此种叙述权力赋予其他人物。"《奥德赛》所描述的苦难几乎没有超出奥德修斯的直系家属,当然也就没有把求婚者纳入同情之列。求婚者比特洛亚人更不正义,这倒并不是一个容易申辩的立场,所以我们得承认,……荷马毕竟让奥德修斯述说了大部分他自己的故事,而荷马没有把这种特权授予其他角色。"②这个时候,奥德修斯既是叙述者,又是叙述主角兼角心人物,拥有至高无上的话语表述权力。此种叙述方位策略在很大程度上控制了读者的感情与道德判断,使他们在无意识间将感情倾向奥德修斯及其家人,而不是那些求婚者或者是奥德修斯历险途中邂逅的各个人物。至此,我们已经明白:史诗对于奥德修斯的形象建构策略中,其关键之处,是叙述者让奥德修斯自己说出了回乡途中的种种历险事件,即史诗故事转述中使用了第一人称主角人物角心的叙述视角策略。

第三节 《奥德赛》叙述方位重构

叙述视角是叙述学中异常重要的一个概念。"在 20 世纪后半叶,视角曾被认为是理解小说的最主要问题,是解开小说的钥匙,甚至被认为是小说技巧基本上就是个视角问题。"③叙述视角是叙述情景与叙述事件被感知的具体方式,它所关注的是"谁在看",本质上属于叙述方位的范畴。表面看来,叙述视角是一个纯属技术与技巧的问题,实际绝非如此。任何叙述者在表述事件与情景时,如何利用叙述视角来控制读者与观众的感情,背后其实都有叙述意图,而叙述目的则与叙述者的价值观与世界观密切相连,因此叙述视角的选择是"一

---

① Currie Mark, *Postmodern Narrative Theory*, New York: St. Martin's Press, 1998, p. 28.
② [美]伯纳德特:《弓弦与竖琴》,程志敏译,华夏出版社,2003 年,第 1 页。
③ 赵毅衡:《当说者被说的时候——比较叙述学导论》,中国人民大学出版社,1998 年,第 121 页。

个道德的角度而不仅是技巧的角度的选择问题，故事就从这个角度讲述出来"①。因为叙述者叙述方位的选择，读者与观众在某种程度上受制于视角人物的叙述立场，与叙述角心人物的价值观保持一致。"在很多情况下，如果视点被改变，一个故事就会变得面目全非甚至无影无踪。……叙事视点不是作为一种传送情节给读者的附属物后加上去的，相反，在绝大多数现代叙事作品中，正是叙事视点创造了兴趣、冲突、悬念乃至情节本身。"②

从史诗所涉及的各个人物形象之间的关系来看，《奥德赛》所缺乏的叙述角度有如下几位：求婚人、女仆、伊塔刻百姓、女仙卡吕普索、基科涅斯人等等。如果改变史诗的叙述角度，将叙述权力交付给其他人物，那么《奥德赛》就不是一部关于奥德修斯苦难的史诗，读者的感情倾向也会随之而改变，奥德修斯的神话英雄形象也就有所改变。

求婚人角心叙述：奥德修斯二十年流浪海外未归，据说他已经死于归途之中。伊塔刻国度一片混乱，群龙无首，必须有人管理城邦。按照当地习俗，新国王必须向原国王妻子求婚。因此，众位国家管理者候选人要首先向奥德修斯的妻子珀涅罗珀求婚，将她迎娶之后方能取代奥德修斯的位置。珀涅罗珀可以拒绝求婚，这样她便失去其王后地位而被赶出王宫。但是珀涅罗珀并未拒绝求婚，扬言要纺织完其公公莱尔忒斯（Laertes）的裹尸布后才嫁人，她白天织完之后夜晚便将其拆掉，于是我们等候了整整四个年头。突然有一天奥德修斯回到了伊塔刻，我们于是放弃求婚，撤出王宫，并且请求奥德修斯宽恕我们，我们郑重向他承诺："我们会用自己土地的收入作赔偿，按照在你的家宅耗费于吃喝的数目，各人分别赔偿，送来二十头牛的代价，将给你青铜和黄金，宽慰你的心灵，现在你心中怨怒无可非议理应当。"③但是奥德修斯没有答应，在没有与公民大会做任何沟通的情况下，他在其王宫中射杀了我们所有的求婚者。从该叙述视角建构的奥德修斯就不是什么英雄，而是一位没有宽恕之心的残暴君主，他残酷地杀死了那些向他求饶的求婚者，尽管后者并未杀害他宫中的任何一个仆人，并真诚求饶。

珀涅罗珀角心叙述：海伦遭劫后，奥德修斯随即踏上了去特洛伊的征程，一走便是二十年，音信全无。在此期间，我一人独自承担了所有的流言蜚语，一边操持家务，一边抚养倔强不驯的儿子，同时还得抵挡一百多个求婚人的纠

---

① [美] W. C. 布斯：《小说修辞学》，华明、胡苏晓、周宪译，北京大学出版社，1987年，第295页。
② [美] 华莱士·马丁：《当代叙事学》，伍晓明译，北京大学出版社，2005年，第128页。
③ [古希腊] 荷马：《奥德赛》，王焕生译，人民文学出版社，2003年，第406页，第22卷第55—59行。

缠。但奥德修斯却在外面一再与女人们交往。回到王宫之后，屡屡用计来试探我，最后杀死了我身边的十二个女仆。关于奥德修斯，"当然我其实是有点儿数的，关于他的圆滑，他的狡诈，他的狐狸般的诡秘，他的——该怎么说呢——他的狂妄，可是我却视而不见。我三缄其口，或者，若要张嘴的话，说的都是他的好话"①。此种表述中的奥德修斯，是一位四处留情而粗暴残忍的丈夫，他高度怀疑自己的妻子，对自己的妻子几乎没有什么信任感。

女仆角心叙述：奥德修斯二十年没有音讯，据说已死在回归途中，宫中一片混乱。珀涅罗珀整日哭哭啼啼，没有心思管理宫中事务，心情时好时坏，令人琢磨不定。一群贵族子弟要竞选新国王，向珀涅罗珀求婚，他们聚居在奥德修斯王宫中，等待她纺织完莱尔忒斯的裹尸布。我们迫于压力，不得不向求婚人提供服务。有的求婚人知道自己没有希望竞选国王，就与我们的姐妹产生感情，有了性关系。奥德修斯突然不告而归，得知这一切之后，将我们与求婚者有关联的十二个姐妹全部吊死，没有任何同情，也不听我们的解释。我们的心情极为愤怒："我们就是女仆，您所杀死的女仆，对您失望的女仆。我们在空中舞动，我们的赤脚在抽搐，诉说着您行事不公。对于每一个女神、妇女及婊子，从天边的到眼前的，您都眼馋得挠爪子。我们的那点事儿，远不及您所作所为，您却定了我们的罪。手里握着长矛，嘴里发出号令，谁都得俯首听命。我们擦洗鲜血，那是我们丧命的情夫的血，涂满了地板和桌椅。涂满了地板和桌椅，我们跪在水边，在您的怒目之下。我们赤着双足，这可真是不公，让我们如此惊恐。你如此取乐，只消挥挥手，就看着我们倒下。我们在空中舞动，我们的赤足在抽搐，诉说着您行事不公。"②从女仆们的叙述角度来看，奥德修斯是一位行事不公而毫无宽恕之心的奴隶主，自私而残暴，并非伟大的英雄。

伊塔刻百姓角心叙述：奥德修斯二十年未回，伊塔刻岛国一片混乱。奥德修斯参加特洛伊战争前，将自己的全部家事委托给了门托尔（Mentor），却没有委托任何人来照管伊塔刻城邦。他并没有将自己的王权交到百姓手中，也没有将其交给自己的父亲莱尔忒斯，而是任其空闲。自然，在奥德修斯统治伊塔刻国期间，他曾经大力收敛民众财富，致使他"家财无比丰盈，任何人都难与他相比拟，无论是在黑色的大陆，还是在伊塔卡（伊塔刻）本土，即使二十二个人的财产总和仍不及他富有"③。特洛伊战争开始时，奥德修斯带走了伊塔刻

---

① ［加］玛格丽特·阿特伍德：《珀涅罗珀记》，韦清琦译，重庆出版社，2005年，第3页。
② ［加］玛格丽特·阿特伍德：《珀涅罗珀记》，韦清琦译，重庆出版社，2005年，第6—8页。
③ ［古希腊］荷马：《奥德赛》，王焕生译，人民文学出版社，2003年，第257页，第14卷96—99行。

所有的精壮男子，还有最精美的战船，但他却没有带回任何一个士兵。奥德修斯回到王宫之后，残暴地射杀了伊塔刻最优秀的年轻人，又杀害了他们的亲人，却没有采取任何措施来治理久以混乱的国家，安抚那些阵亡战士的家人。这样看来，奥德修斯并不是一位称职的统治者，而是一位搜刮民膏且又独裁的暴君。

女仙卡吕普索角心叙述：奥德修斯与我同居了七年，但他却根本不爱我，仅仅只是为了满足自己生理上的需要。离开我时，我给他准备了得体的衣服、芳香的美酒、纯净的淡水、干粮，以及许多美味，但奥德修斯没有任何感激之情，反倒怀疑我欺骗他。"女神，你或许别有他图而非为归返，你要我乘筏船渡过广阔的大海深渊，它是那样可怕而艰险，速航的快船即使有宙斯惠赐的顺风，也难渡过。我无意顺从你的心愿乘筏船离开，女神啊，如果你不能对我发一个重誓，这不是在给我安排什么不幸的灾难。"[①]不难看出，女仙卡吕普索角心叙述下的奥德修斯是一位薄情郎，他心机重重，狡诈多疑，毫无人情可言。

基科涅斯人角心叙述：奥德修斯在特洛伊战争结束回归希腊途中，经过我们的城市伊斯马罗斯，二者之间没有任何前仇。奥德修斯率领部下屠杀了城中居民，掠走了我们同胞的妻子与财产，继而又在海滩上屠宰大批牛羊，饮酒取乐。

通过这种叙述方位重构的奥德修斯形象大概是这个样子：刽子手、残暴的奴隶主、暴君、薄情假意的伪君子、凶残的殖民者等等。自然，这种置换叙述方位建构出来的奥德修斯形象，迥异于史诗塑造的神话英雄形象，是对英雄奥德修斯原有形象的颠覆与解构。实际上，很多文学文本中并不缺乏重构的奥德修斯形象，它们表述的奥德修斯基本上为负面形象。罗马诗人维吉尔（Virgil）《埃涅阿斯纪》中的特洛伊人埃涅阿斯将奥德修斯称为"残忍的奥德修斯""专干坏事的奥德修斯"；但丁对奥德修斯似乎极为反感，在《神曲·地狱篇》中将奥德修斯与狄俄墨得斯一起放在了第八层地狱中的第八断层，饱受火刑的煎熬。"他们这样地一起在火刑中奔跑，好像以往在暴怒中奔跑；他们在火焰中还为用木马藏兵之计呻吟，那一计骗开了城门，罗马人的高贵始祖不得不从那里逃出。"[②]可见，不少文学文本并未受到《奥德赛》的影响，而是出于表述事实，对奥德修斯的形象进行了重构，某种程度上还原了他的本来面目——向海外殖民成功之后，胜利返回希腊本土的希腊殖民者形象。

---

① [古希腊]荷马：《奥德赛》，王焕生译，人民文学出版社，2003年，第92页，第5卷第173—180行。
② [意]但丁：《神曲·地狱篇》，朱维基译，上海译文出版社，1984年，第187页。

结　语

至此，我们可以看到，史诗《奥德赛》中奥德修斯的英雄形象很大程度上是借助于故事叙述中的叙述方位策略而建构的，若改变叙述方位，将其他形象作为叙述角心人物加以叙述，那么奥德修斯不再是令人钦佩的英雄，而会呈现另外一种面孔——刽子手、残暴的奴隶主、暴君、伪君子、薄情郎、殖民者等等。从这个层面而言，正是《奥德赛》第九卷到第十二卷的第一人称主角人物角心叙述方位制造了英雄奥德修斯，而不是奥德修斯的漂泊历险建构了他的光辉形象。

因此，我们可以这样说，正是所谓的叙述技巧制造了神话英雄奥德修斯，而不是史诗意义制造了奥德修斯的英雄形象。"形式不是手段，它本身就是意义。它不是得鱼而可以忘的筌，它本身就是鱼。"[①] 尽管叙述学研究者赵毅衡先生的这段话并非针对故事转述中的叙述角度而言，却不妨拿来作为史诗《奥德赛》叙述方位艺术功能之概括。

[①] 赵毅衡：《当说者被说的时候——比较叙述学导论》，中国人民大学出版社，1998年，第185页。

第四章　荷马史诗中的非洲世界

作为古希腊的文化遗产，荷马史诗已成为文化基因，深深烙在希腊人的集体记忆中。而"非洲"作为一个特殊的文化与政治术语，它承载了不少负面的信息：种族主义、贫穷、落后、动乱等等。一种普遍的情况是，当西方学界论及对非洲种族主义歧视的起源时，不少学者会到古希腊世界去寻找，甚至著名的历史学者弗兰克·M.斯诺登（Frank M. Snowden）也探讨过荷马史诗中的埃塞俄比亚人形象，只不过他在荷马史诗中并未发现对非洲种族主义歧视的书写，因为荷马史诗中的埃塞俄比亚人是一个深受奥林匹斯神明喜爱的虔诚的民族。[①]对于荷马史诗研究而言，国外学界除了弗兰克·M.斯诺登一笔带过式的论及，鲜有学者关注这一论题。国内学者冯定雄曾论及荷马史诗中的埃塞俄比亚人形象，但其证据与观点均出自弗兰克·M.斯诺登[②]，并且仅限于对埃塞俄比亚人的研究，并未涉及非洲其他地方的书写。

在关于荷马史诗中的非洲世界叙事研究方面，中国学术界尚缺乏系统性阐释。本章从跨学科视角出发，探讨荷马史诗中关于非洲世界书写的具体所指，并进一步探讨非洲世界书写背后的具体情境，以此反观荷马时代的古希腊人关

[①] Frank M. Snowden, *Blacks in Antiquity: Ethiopians in the Greco-Roman Experience*, Cambridge, Mass.: The Belknap of Harvard University of Press, 1970, p. 144. 弗兰克·M.斯诺登在该书中仅仅探讨了荷马史诗中三处关于埃塞俄比亚人的表述，其他地方并未做相关论述。

[②] 冯定雄：《古希腊作家笔下的埃塞俄比亚人》，载《世界民族》2019年第1期，第37—47页。冯定雄使用的证据为三处荷马史诗中关于埃塞俄比亚人的表述，与弗兰克·M.斯诺登的三处荷马史诗关于埃塞俄比亚人论述的资料完全一致；并且冯定雄关于荷马史诗中埃塞俄比亚人的观点，同样源自弗兰克·M.斯诺登的观点（Frank M. Snowden, *Blacks in Antiquity: Ethiopians in the Greco-Roman Experience*, Cambridge, Mass.: The Belknap of Harvard University of Press, 1970, p. 144），即认为荷马史诗中的埃塞俄比亚是希腊人理想中的福地，埃塞俄比亚人则是一个虔诚信仰希腊诸神的民族。因此荷马史诗对于埃塞俄比亚及埃塞俄比亚人的认识是一种童话式的想象。从这个意义上讲，冯定雄关于荷马史诗中埃塞俄比亚人的探讨与弗兰克·斯诺登的观点完全一致，并无任何新创建。

于非洲世界的认知及原因。荷马本人并未就非洲世界做系统化的书写，仅仅在表述相关叙事情节时顺带提及非洲，因此，荷马史诗关于非洲的表述是碎片化的。但就在这种非体系化的表述中，荷马建构了一个与现代意义上完全不同的非洲形象。因为荷马史诗叙事主要涉及埃及、利比亚和埃塞俄比亚这三个国家，对埃塞俄比亚的表述较多，因此，本章将埃及和利比亚放置于一处论述，而将埃塞俄比亚单独论述。

第一节　黄金、神药与羊羔：埃及与利比亚

荷马史诗关于埃及与利比亚的描述并不完整，我们很难从中获取关于二者的具体信息。为方便起见，笔者先从关于二者的位置和地貌的叙事开始。因荷马史诗中对埃及的表述先于利比亚，首先我们看看史诗中关于埃及的表述。

对荷马而言，埃及距离古希腊本土非常遥远，它位于大海边缘。荷马借助英雄墨涅拉俄斯之口表达了这种认知："因为他要我再次渡过雾蒙蒙的大海，经过遥远而艰难的途程前往埃及。"[1] 从希腊本土到埃及的路途究竟有多远，荷马史诗并未做具体表述。我们从《奥德赛》中可以知道，希腊英雄奥德修斯及其同伴花了两天时间从克里特到达埃及。两天海上行船的路途究竟有多少公里，估计很难计算。或许在荷马时代，从克里特到埃及的距离是用海上行船的时间来计算的。毕竟从克里特到埃及，荷马时代的人们只能借助于船只。奥德修斯在从克里特去往埃及的路上，顺水顺风，旅途非常顺利，奥德修斯的下属们"坐在船里，任凭风力和舵手指航路"[2]。这就表明，从克里特到埃及，乘船比较顺利。这也说明荷马知道从克里特乘船去埃及比较快捷顺利，其他旅行方式估计有难度。荷马史诗中只有两位英雄去过埃及，一位是海伦的丈夫墨涅拉俄斯，另一位是奥德修斯。这两位希腊英雄并不是无缘无故去埃及的，而是迫于命运的安排。具体而言，墨涅拉俄斯之所以去埃及，是因为他要在埃及向诸神献上百牲祭后方可返回故园。[3] 奥德修斯去埃及，也是在回乡途中不得不路过那里，并且待了七年之久。[4] 从荷马的表述来看，埃及距离克里特和希腊本土非常遥远，路途艰辛凶险，常人很难抵达。但荷马史诗中埃及的位置非常模糊，因为荷马并未描写埃及在非洲的具体位置，更没有指出埃及的具体地理位置。

---

[1] Homer, *Odyssey*, 4.482-483.
[2] Homer, *Odyssey*, 14.255.
[3] Homer, *Odyssey*, 4.351-586.
[4] Homer, *Odyssey*, 14.243-285.

就地理范畴而言，荷马史诗关于埃及与利比亚地理叙事的内容很少，仅仅讲到了埃及有一条叫作埃及河的河流。埃及河位于埃及境内，对面是位于大洋之中的法罗斯（Pharos）海岛。荷马并未对埃及河做过多的表述，他仅仅用一句话来描述这条河流："被神明灌注的埃及河。"[1] 我们可以通过这句话理解荷马关于埃及河的认知，这条河流是众神造就的极为神圣的河流，并且受到诸神的保护和祝福。这条埃及河非常重要，英雄墨涅拉俄斯和奥德修斯去埃及时都经过这里，前者在那里向诸神献上了百牲祭[2]，后者则将船停泊在埃及河上[3]。很难考证荷马史诗中的埃及河就是流经古埃及的尼罗河，但我们至少可以肯定，荷马知道埃及有一条很神圣的埃及河。荷马似乎对埃及的河流有特殊兴致，因此他在描述埃及的地貌时，使用了"水流平缓的埃及"[4]这样的语句。这种描绘给人的感觉就是，埃及的河流很多，并且水势平缓。除此之外，荷马还提及了埃及的平原。埃及的平原距离埃及河不远，奥德修斯及其同伴将船停泊在埃及河之后就到了平原，或者说埃及河流经这片平原。平原上有"美好的农田"[5]，至于农田中种植何种农作物，荷马并无表述。不过埃及的平原非常广阔，其中有城市和王宫。奥德修斯及其同伴在这里与埃及人及其国王交战，当时"整个平原布满无数的步兵和车马"[6]。我们从以上表述可以看到荷马关于埃及地貌的认知：其一，埃及河是非常重要且神圣的资源，它是诸神保护的对象；其二，埃及的平原非常开阔，也很富饶。由此可知，荷马关于埃及地貌的认知是非常有限的，仅仅停留在河流和平原这两个方面。从叙事意图来看，荷马关于埃及河与平原的表述，并不是为了刻意表述二者而进行的，而是为了表述奥德修斯的流浪而进行的——他是在讲述希腊人的英雄奥德修斯漂流之旅时顺带讲到了这些地方，即奥德修斯漂流时曾路过这些地方。从这个角度来看，荷马表述的埃及河与埃及平原本身并不具备地理学意义，它们为叙事意义上的地理符号，仅仅是荷马建构奥德修斯英雄品质而使用的叙事因素。

古希腊是城邦制国家，城市在国家中占有非常重要的地位。但在荷马史诗中，埃及的城市却很少被论及。埃及只有一座城市被荷马提及，那就是底比斯城。荷马对埃及底比斯城的表述具有乌托邦化倾向，他将底比斯城描述成一座极其

---

[1] Homer, *Odyssey*, 4.477, 4.581.
[2] Homer, *Odyssey*, 4.581-582.
[3] Homer, *Odyssey*, 14.267.
[4] Homer, *Odyssey*, 14.258.
[5] Homer, *Odyssey*, 14.263.
[6] Homer, *Odyssey*, 14.263.

富裕的城市,"那里的人家拥有无比丰裕的财富"①。底比斯人波吕博斯(Polybus)曾送给海伦的丈夫墨涅拉俄斯两只银浴盆,两只三角鼎和十塔兰同黄金;而波吕博斯的妻子阿尔康拉德(Alkanadre)曾经赠送海伦一个金纺锤和一个带轮子的、镶着金边的银提篮。②从荷马关于这两位埃及人的表述可以看到,底比斯人波吕博斯及其妻子阿尔康拉德之前并不认识海伦夫妇,但波吕博斯夫妇很是慷慨,向这两位希腊人赠送了很多黄金和白银制品。这种慷慨背后隐含了这样一种信息:黄金和白银在埃及的底比斯城并不是特别昂贵,并且非常普遍。从历史层面来看,荷马这种表述应该有比较真实的现实基础。公元前第14世纪下半叶,埃及国王的黄金多得无法计算。此时埃及阿马纳(Amarna)城的外交官在外交函中反复提到,"黄金,在埃及,贱如沙土"③。或许荷马时代的古希腊人依然保留着这种埃及遍地黄金的传说和记忆,使得荷马在描述埃及的底比斯城之际,将其描写为一座极为富饶的城市。荷马关于埃及底比斯城的表述重点是黄金和白银,他对于这座城市的居民并不关注。因此我们看到,荷马在《奥德赛》中表述底比斯城的黄金与白银时,仅仅提到了这座城市的居民波吕博斯及其妻子阿尔康拉德。

除了金银财富之外,荷马关于埃及的表述还特别提到了神药。《奥德赛》中描述了这样一个故事:埃及人托昂(Thon)及其妻子波吕达姆娜(Poludamna)制造了一种非常神奇的药液,可以用来医治愁愤。波吕达姆娜将这种神药赠予海伦,海伦将药液滴入酒水中,探求父亲奥德修斯讯息的特勒马科斯(Telemachus)等人喝后立即忘掉了忧愁。④从荷马的描述可以知道,埃及遍地草药,人人精通医术,"那里人人皆医师,医术超越所有的其他民族"⑤。这种充满神话意味的描述表明,荷马对埃及的医术与草药制造技术非常向往,他甚至将埃及人想象为古希腊人的医神派埃昂(Paean)的后裔。不可否认,这种关于埃及草药和药液的表述自然有其虚构的地方,但却也具有一定的现实基础。因为从公元前3150年开始,古埃及人就开始使用草药。中王国时期的埃及人就制造了树脂酒。

---

① Homer, *Odyssey*, 4.127.
② Homer, *Odyssey*, 4.123-132.
③ [法]费尔南·布罗代尔:《地中海考古:史前史和古代史》,蒋明炜、吕华、曹青林等译,社会科学文献出版社,2005年,第89页。
④ Homer, *Odyssey*, 4.220-235.
⑤ Homer, *Odyssey*, 4.231.

许多草药都被浸泡在酒里,被当时的埃及人直接作为口服药而饮用。①在埃及第三王朝早期(约公元前 2650 年),"医生"(swnw)这个词语通常包含疾病的诊断以及草药的治疗这两个层面的意味。②荷马可能对埃及的草药文化有所耳闻,因此在《奥德赛》中写到了埃及的草药,并将药酒想象成一种可以用来治愈忧愁的神液。

荷马史诗中关于利比亚的表述类似于埃及,具有非常浓郁的神话色彩。荷马以极其夸张的口吻写道:"那里新生羊羔带犄角,母羊一年之内能生育三胎羔仔。"③按照常理,母羊一般一年产两胎,而新生的羊羔没有犄角。但荷马却对利比亚的母羊和羊羔做了一种不同寻常的表述,即母羊一年产三胎,新生的羊羔带犄角。这种描写表明,荷马眼中的利比亚其实是一个神奇的地方,气候和物产都比其他地方优越。荷马似乎非常了解利比亚,知道这个地方以牧羊为主,人们食用干酪和肉类,饮用鲜奶。"那里的主人和牧人从不缺乏干酪,也不缺乏各种肉类和甜美的鲜奶,一年到头备有充足的奶液吮饮。"④事实上,利比亚是以畜牧业为主的国家,并且"利比亚的畜牧资源以牧区的绵羊和山羊为主,此外还包括一些黄牛和骆驼。几乎所有的牧区都有绵羊和山羊分布。山羊多见于崎岖的山坡,因为它善于爬山。此外在沙漠边缘的贫瘠牧区,山羊也比绵羊多见"⑤。这样看来,荷马关于利比亚人生活方式的表述比较符合利比亚的历史现实,他并没有做太多的夸张。荷马在《奥德赛》中使用了"Λιβύην"这个词语来称呼利比亚,可见他印象中的利比亚是一个国家,而不是一个民族或一座城市。但荷马似乎不大了解利比亚的具体地理位置,他仅仅知道利比亚距离埃及很近,因为奥德修斯被困埃及时,腓尼基人试图将其拐卖到利比亚为奴。⑥可以肯定的是,荷马并没有去过利比亚,他可能通过其他途径获取了利比亚的相关信息。根据希腊早期神话叙事,太阳神阿波罗和利比亚公主昔兰尼(Cyrene)相爱,二者结婚后建立了一座城市并以昔兰尼公主的名字命名。同样,在利比亚的早期传奇故事中,也有关于昔兰尼由希腊人创建的叙事。"据说,昔兰尼的第一批居民来自锡拉现在的圣托里尼岛(Santorini),可能是因为小岛有限的

---

① Patrick E. McGovern, Armen Mirzoian, and Gretchen R. Hall, et al., "Ancient Egyptian Herbal Wines", *Proceedings of the National Academy of Sciences of the United States of America*, 2009, 106(18): 7365.
② John F. Nunn, *Ancient Egyptian Medicine*, Norman: University of Oklahoma Press, 1996, p. 124.
③ Homer, *Odyssey*, 4.83–86.
④ Homer, *Odyssey*, 4.86–89.
⑤ [埃及] 塔·谢尔夫:《利比亚地理》,唐裕生译,商务印书馆,1982 年,第 195 页。
⑥ Homer, *Odyssey*, 14.293–297.

经济资源难以容纳庞大的人口，人们被迫移居于此。"①还有一种事实就是，利比亚人舍松契（Sheshong）一世曾经在公元前 943 至前 924 年统治过埃及的底比斯城，并对叙利亚－巴勒斯坦发动了战争，他的后代曾统治埃及三角洲与东部地区。这些关于利比亚人的传说与故事可能通过海上贸易传到了希腊人那里。②荷马或许从早期神话传说与民间故事中获取了利比亚的相关信息，然后加以改编，创造了关于利比亚的叙事。

第二节　遥远的宴饮：埃塞俄比亚

荷马史诗关于埃塞俄比亚的表述主要集中在两个方面：一是其地理位置，二是人们对待神明的态度。荷马将埃塞俄比亚想象为一个位于大地边缘的国度，不止一次地将该地的居民称为"长河边的埃塞俄比亚人"③。所谓长河，其实就是奥克阿诺斯（Oceanos）河，它是荷马时代希腊人眼中的环绕大地的河流，一切海流、河川、水泉都源于奥克阿诺斯河；太阳、月亮和星辰都从奥克阿诺斯河升起，又落入此河（只有大熊星座从不沉入）。④这条河流距离人类很远，奥克阿诺斯河边的埃塞俄比亚自然也就距离古希腊非常遥远。荷马似乎觉得这还不够，他还把埃塞俄比亚人置于地球的两个极端："埃塞俄比亚人被分成两部分，最边缘的人类，一部分居于日落之处，一部分居于日出之地。"⑤日出之地即为东方，日落之地即为西方。这就意味着埃塞俄比亚人居住在世界的东方与西方两个方位。也许荷马的本意并不是要探究埃塞俄比亚人居住在两个地方的原因，而是借此表达这样一种理念：埃塞俄比亚距离希腊本土极其遥远，不是常人能够抵达的地方。在荷马史诗中，只有神明才能够光顾埃塞俄比亚；除此之外，人类中只有海伦的丈夫墨涅拉俄斯一人去过那里。至于埃塞俄比亚距离希腊本土究竟有多远，荷马并未表述。我们从荷马史诗中只能知道，埃塞俄比亚是非洲的一个国家，它距离古希腊非常遥远，一般人难以企及。

荷马关于埃塞俄比亚人对待神明的态度的表述主要集中在两点：一是他们非常愿意向神明献祭，二是他们具有无比虔诚的态度。从《奥德赛》的表述来

---

① [美] 罗纳德·布鲁斯·圣约翰：《利比亚史》，韩志斌译，东方出版中心，2011 年，第 9 页。
② [英] 海伦·斯特拉德威克总编辑：《古埃及》，刘雪婷、谭琪、谭晶晶译，上海科学技术文献出版社，2008 年，第 92 页。
③ Homer, *Iliad*, 1.423.
④ Homer, *Iliad*, 1.423, 3.5, 5.6, 7.422, 8.485, 14.201, 14.246, 14.302, 14.311, 16.151, 18.240, 18.399, 18.402, 18.489, 18.607, 19.1, 20.7, 21.195, 23.205.
⑤ Homer, *Odyssey*, 1.23–24.

看，埃塞俄比亚的牛羊很多，人们向神明们献上鲜美的祭礼。"大神在那里接受丰盛的牛羊百牲祭。"① 奥林匹斯的众神们经常到埃塞俄比亚参加宴会，海神波塞冬尤其喜欢那里。从埃塞俄比亚盛产牛羊与献祭美食的表述来看，当时的埃塞俄比亚应该是以农牧业为主的社会，故而牛羊很多。在形容埃塞俄比亚人对待希奥林匹斯诸神的虔诚态度时，荷马用"无可指责的埃塞俄比亚人"（ἀμύμονας Αἰθιοπῆας）② 一词来描述。从荷马史诗的描写来看，众神非常喜欢待在埃塞俄比亚这个地方，因为那里有丰盛的宴饮。宙斯带领众神前往埃塞俄比亚，宴会的丰盛程度如此之高，以至于众神可以在那里连续享用十一天："昨天宙斯去长河边埃塞俄比亚人那里参加宴会，众神全都跟着他前去；第十二天他会回到奥林匹斯山上。"③ 这就表明埃塞俄比亚人是一个极其虔诚的民族，他们献给诸神的宴会极其丰盛并深得诸神喜爱。荷马并没有直接描写诸神宴会的丰盛程度，但他却用了一个细节来展现：阿喀琉斯在焚烧好友帕特洛克罗斯遗体时，请求诸风神助力。神使伊里斯（Iris）于是向正在宴饮的诸风神汇报。风神邀请伊里斯加入宴饮，后者直接拒绝并说道："我可没时间闲坐，我还得回到环海埃塞俄比亚国土，他们正给神明们举办盛祭，我要参加宴饮。"④ 伊里斯的话语表明，埃塞俄比亚人为诸神举办的宴会远远超过风神们举办的宴饮，可见埃塞俄比亚人对神明是极其虔诚的。因此我们可以看到，"无可指责的埃塞俄比亚人"这个词语，其实是从神明的角度来表述埃塞俄比亚人的品质。换言之，"无可指责的埃塞俄比亚人"一词并不用来描写埃塞俄比亚人的品德，而是表述他们对待神明无比虔诚的态度。

在表述埃塞俄比亚人时，荷马还专门描写了埃塞俄比亚人的首领门农（Memnon）。在描绘这位埃塞俄比亚人首领的相貌时，荷马使用了"神样的门农"（Μέμνονα δῖον）⑤ 一词。荷马史诗关于门农这个人物形象的叙事很少，《伊利亚特》的叙事内容表明，门农是特洛伊国王重金聘请的特洛伊联军的首领。⑥ 荷马并未在史诗中介绍门农的身份，我们要从其他地方获取他的身份信息。根据赫西俄德《神谱》的表述，门农是埃塞俄比亚的国王，他是黎明女神厄俄斯

---

① Homer, *Odyssey*, 1.25.
② Homer, *Iliad*, 1.423.
③ Homer, *Iliad*, 1.423-425.
④ Homer, *Iliad*, 23.203-207.
⑤ Homer, *Odyssey*, 11.522.
⑥ Homer, *Iliad*, 17.216.

(Eos)与提托诺斯（Tithonos）的儿子。[1] 在荷马史诗中，提托诺斯是特洛伊老国王拉俄墨冬的儿子，也是普里阿摩斯的兄弟。[2] 由上可知，埃塞俄比亚国王门农身上既有提坦神的血统，又有特洛伊人的血统。荷马应该知道门农的身份，因此就没有直接表述门农的身份，但他使用了"神样的门农"来描绘这位埃塞俄比亚首领。值得注意的是，荷马并未对门农的肤色与相貌做任何表述，仅仅用"神样的门农"来描述其外貌。这就表明他并不关注埃塞俄比亚人的外貌，他关注的是埃塞俄比亚人与神明的关系。这同时表明，荷马并不是一位带有肤色偏见的种族主义者。

从上文分析来看，荷马关于埃塞俄比亚的表述并不明确，其表述本质上是神话式的。这种神话式的表述主要体现在两方面：一方面是埃塞俄比亚地理位置的神话化，另一方面是埃塞俄比亚人品质的神话化。荷马史诗将埃塞俄比亚人描述为居住在"日落"与"日出"之地的民族，并且将其置于环绕大地的奥克阿诺斯河流边，这本身就是一种神话式的叙事。荷马关于埃塞俄比亚人的品质叙事的神话化主要体现在其对神明的虔诚态度上。荷马关于埃塞俄比亚人的品质的表述是极其夸张的：他用"无可指责的埃塞俄比亚人"来形容这个民族的品质，同时用"神样的"形容词来描写埃塞俄比亚人的首领门农，甚至用连续"十一天"来描述埃塞俄比亚人为诸神举办的宴饮的丰盛程度。这种过度的夸张是一种神话式的叙事，已经远远超出了现实主义的表述。因此我们可以断言，荷马关于埃塞俄比亚人的叙事并不是一种基于现实的客观表述，而是基于神话认知基础之上的虚构性叙事。荷马用这种神话式的叙事来表达他关于埃塞俄比亚的认知：这是一个极其遥远的地方，但却是人间乐园。这里物质丰富，人们友善虔诚。

因荷马史诗并未表述埃塞俄比亚人的具体居住地，当下学界关于荷马史诗中埃塞俄比亚人的探讨主要分成如下几种不同的观点：第一，居住在日升之地的埃塞俄比亚人是生活在埃及地区的黑人，而居住在日落之地的埃塞俄比亚人则是生活在赫拉克勒斯之柱（Pillars of Hercules，指位于直布罗陀海峡东端的两个海角）附近的居民；第二，日升之地的埃塞俄比亚人是今天居住在索马里沿岸的黑人，日落之地的埃塞俄比亚人是今天居住在苏丹的居民，其居住地向西蔓延至尼罗河谷底；第三，日升之地的埃塞俄比亚人指的是居住在红海附近的

---

[1] Hesiod, *Theogony*, Lines 984-985.
[2] Homer, *Iliad*, 20.237.

居民，而日落之地的埃塞俄比亚人则是居住在尼罗河上游西部的居民。[1]持有上述观点的研究者自然有其根据，但这种研究基本上不具有足够的说服力。因为荷马史诗关于埃塞俄比亚及其居民的表述是神话式虚构性叙事，从虚构性的叙事中寻找真实的历史信息，这本身就是一种悖论性行为。因此我们只能说，荷马史诗中的埃塞俄比亚是荷马基于神话式认知基础上的乌托邦化的异域形象，它与真实的埃塞俄比亚相距甚远。

第三节 非洲世界的建构因素

整体看来，荷马史诗建构的非洲世界并不是一个完整而系统的世界，而是一个碎片化的世界。这个碎片化的非洲世界由河流、国家、城市、人物与财富构成，并且由神明在暗中掌握着一切。具体说来，荷马史诗中的非洲世界涉及一条河流、三个国家、一座城市、五个人物形象、两种动物与矿物、一种神药。荷马史诗中仅仅表述了一条叫作埃及河的河流，对于非洲的其他河流或山脉，史诗未做任何表述。当表述非洲的国家时，荷马在史诗中也仅仅提到了埃及、利比亚与埃塞俄比亚这三个国家，并且只提到埃及的底比斯城。至于非洲的人物形象，荷马也仅仅表述了五位非洲人物形象：埃及人托昂及其妻子波吕达姆娜、埃及底比斯人波吕博斯及其妻子阿尔康德拉，以及埃塞俄比亚首领门农。荷马在其史诗中论及金银这两种财富，同时提到牛与羊这两种动物，还有羊奶、牛羊肉等。除此之外，荷马史诗还专门提到埃及的忘忧药，一种可以用来治疗抑郁心情的神奇药液。上述这些非洲因素建构起来的非洲是一个遥远而模糊的世界：三个国家和地区之间没有来往，五位人物与希腊人并无直接关联。这些非洲叙事因素之所以出现在荷马史诗中，是因为荷马笔下的古希腊英雄去过非洲。可见荷马关于非洲的认知是模糊且有限的，荷马本人显然没有去过非洲。"荷马所熟悉的世界仅限于毗连着爱琴海的一些地方，至于离爱琴海较远的地方，他尚知道一部分，而再远的地方，例如地中海或黑海的西半部，他就完全模糊不清，而入于幻想之境，或者是根本不知道。"[2]凭借模糊的认知表述非洲，导致荷马笔下的非洲世界是碎片式的，因而也是不连贯的。

一个非常重要的事实就是，荷马史诗中的非洲尽管被表述得有些模糊，但却充满了浓郁的物质感。荷马对非洲在哪里、非洲有哪些国家并不感兴趣，他

---

[1] Frank M. Snowden, *Blacks in Antiquity: Ethiopians in the Greco-Roman Experience,* Cambridge, Mass.: The Belknap of Harvard University Press, 1970, pp. 102-103.

[2]［苏联］波德纳尔斯基编：《古代的地理学》，梁昭锡译，商务印书馆，1986年，第3页。

关注的是非洲有哪些财富这样的事实。在荷马史诗中,非洲的财富有埃及的金银与神药、利比亚的牛羊、埃塞俄比亚的美食(牛羊肉、干酪、鲜奶,以及各类饮料)。从史诗中能够看出,荷马非常了解非洲各地的财富,他非常明确地在史诗中表明,埃及底比斯城的黄金、银子遍地都是[1];埃及的神药非常有用,可以医治哀愁[2];利比亚的牛羊数量众多,新生羊羔与母羊与众不同[3];埃塞俄比亚的美食久负盛名,连神明都无法拒绝美食[4]。荷马此种关于非洲财富图景的描述是乌托邦式的,它极度夸大了非洲物质的丰富性,反映了荷马本人对于非洲物质世界的狂热化想象。从另一个角度来看,金银、药物、牛羊、美食,这些物质在古希腊确实是紧缺物质,尤其是金银。尽管米诺时期的克里特人已经开始大规模使用黄金,甚至克里特国王向其信赖的臣子颁发金戒指,以此作为国王高贵身份的声威符号。但事实上,克里特岛并不盛产黄金,盛产黄金的地方在地中海东部世界,尤其是非洲的埃及。同样,药物、牛羊、美食这些物质也都是古希腊普通民众所缺乏的东西。因此,荷马史诗中关于非洲物质化的描述具有极大的叙事张力,也具有极其强烈的诱惑性。

从荷马史诗的生成情景来看,荷马这种物质性的非洲叙事与荷马时期的古希腊移民相关。我们都知道,荷马史诗的形成时间大约在公元前8世纪中期,不会晚于公元前7世纪前半期。荷马时期的古希腊已经结束长达数百年的"黑暗时代",进入城邦时代。因希腊本土人口的膨胀,希腊此时开始大规模向地中海东部地区输入大量移民,即在希腊本土之外进行大规模的殖民活动。在早期农业殖民活动中,到海外殖民的希腊人多数是希腊农民,这些人基本为躲避沉重的债务而到地中海东岸寻找活路。这些农民因债务而沦为乞丐,为生存而四处流浪乞食。"公元前8世纪时,希腊到处都是逃匿躲债的农民。"[5]《奥德赛》中充斥着这样的流浪者,其中有一位名叫阿尔奈奥斯(Arnaios)的农民乞丐,常年在奥德修斯的宫殿前乞食,并且无条件为年轻人传信报讯。[6]对这些人而言,黄金、白银、象牙及药物这类东西是比较容易交换的物品,也是他们到地中海东部世界殖民的主要动力。因此,金银、药物及各类物质是荷马时代的古希腊

---

[1] Homer, *Odyssey*, 4.123-132.

[2] Homer, *Odyssey*, 4.220-235.

[3] Homer, *Odyssey*, 4.83-86.

[4] Homer, *Iliad*, 1.423-425; Homer, *Odyssey*, 1.25.

[5] [法]费尔南·布罗代尔:《地中海考古:史前史和古代史》,蒋明炜、吕华、曹青林等译,社会科学文献出版社,2005年,第187页。

[6] Homer, *The Odyssey*, 18.1-7.

殖民者远征所考虑的因素之一。荷马史诗中关于非洲盛产黄金等物产的描述，无疑在某种程度上折射了荷马时代古希腊人到非洲等东方世界寻找财富的心理，同时在一定程度上激发了希腊底层民众对地中海东部的非洲世界的向往之情。

这样看来，非洲世界系荷马有意建构而成的叙事符号，为真实与虚构相结合的结果，也是意识形态与乌托邦交互作用的产物。非洲世界叙事的真实性体现在非洲国家、城市及物产的真实性方面，毕竟这些叙事因素能够在真实的历史中得到验证。具体而言，埃及、利比亚、埃塞俄比亚这三个国家，以及埃及的底比斯城，都是真实的国家与城市，而金银、药物、牛羊、美食这类物产的确是非洲的特产。但非洲国家的富饶与美好，这些乌托邦化的关于非洲的叙事因素，都是荷马虚构出来的。金银、药物与牛羊、美食这类物质是荷马经过有意识的选择后放入史诗的，因为这些东西是荷马时代的古希腊人极其渴望拥有的，尤其是到海外殖民的希腊人。从这个层面而言，荷马史诗中非洲的叙事因素是荷马时代意识形态的产物，也是当时意识形态的建构因素。

从荷马史诗的叙事情景来看，关于埃及、利比亚和埃塞俄比亚的描述，主要是在表述希腊英雄海外历险事迹中被论及的。而关于埃塞俄比亚的叙事，一方面是在描绘墨涅拉俄斯与奥德修斯的旅途中被叙述的，另一方面是在描绘希腊英雄阿喀琉斯祈求风神之力焚烧其好友帕特洛克罗斯遗体的场景中被提及的。荷马的意图是表现这些希腊英雄不畏艰难的精神，非洲仅仅是衬托这些英雄品质的叙事符号。也就是说，荷马史诗中的非洲仅仅是英雄叙事的陪衬物，荷马是出于描述希腊英雄品质的需要而建构了非洲世界。这就意味着，荷马史诗中的非洲世界全部是在表述希腊英雄形象的过程中建构的。这就使得荷马史诗中的非洲叙事具有希腊中心主义的色彩。但这种希腊中心主义并不是现代意义上的种族主义，因为史诗并没有对非洲世界做任何种族主义的描绘，也没有对非洲世界做任何带有偏见和仇恨的叙述。我们可以从荷马史诗中非洲世界内部的交往中，看出这种希腊中心主义的叙事色彩。在荷马史诗中，埃及、利比亚、埃塞俄比亚这三个非洲国家之间没有来往，他们唯一与外界的来往就是与希腊人的交往。这些地方的人们很友善，对希腊人也极为热情。在没有任何交情的情景下，埃及底比斯人波吕博斯及其妻子居然慷慨地将金银等财富送给海伦夫妇①，而埃及人托昂及其妻子波吕达姆娜将神药赠予了海伦②。由此可知，非洲

---

① Homer, *Odyssey*, 4.123-132.
② Homer, *Odyssey*, 4.220-235.

世界是荷马为了表述希腊世界而建构的,它们是荷马史诗用来表述希腊英雄的叙事符号。

结　语

由以上分析,我们可以得出两点认识。第一,荷马史诗中的非洲世界是文明世界,并不是野蛮与落后的世界。荷马史诗中的非洲世界是一个富饶的文明世界,其文明程度远远高于荷马史诗中的希腊世界。荷马笔下的非洲世界物质丰富,金银遍地,医疗技术发达,居民诚实虔诚。无论是埃及居民还是埃塞俄比亚居民,他们都拥有极高的素养。这种素养一方面体现在他们与希腊人的交往方式,另一方面体现在他们对待神明的态度。非洲人对希腊人极为慷慨大方,胸怀宽广,体现了文明世界居民的高尚情操。埃及人赠予希腊人很多金银财富,并将神药送给希腊人。埃及的国王甚至无条件原谅了奥德修斯及其同伴的杀戮行为,让他们在埃及滞留了七年之久。除此之外,非洲人对待神明也非常虔诚,为奥林匹斯诸神准备了极其丰盛的宴会。荷马史诗中的这些表述都在传递一种信息:非洲世界的物质比希腊更加丰富,非洲人的信仰比希腊人更加虔诚,非洲世界的这种文明形态显然比希腊世界更加先进。因此,荷马是带着一种无比向往的态度来描写非洲世界的。

第二,荷马史诗中关于非洲世界的表述并没有现代意义上的种族主义色彩,并且与后来的希腊种族主义没有任何关联。荷马史诗中关于非洲世界的表述涉及非洲的国家、河流、城市、物产以及人物,并未有关于非洲人身体或者肤色方面的歧视性的话语。荷马在描写五位非洲人的叙事过程中,并未使用"黑色"这类描述肤色的话语,更没有对非洲人表现出偏见与仇视的情绪。荷马甚至还对埃塞俄比亚人的首领门农的相貌特别做了强调,将其描绘成带有神样光辉的英雄。另外,荷马史诗中也没有描述非洲人语言与希腊人语言之间的差异,相反,非洲人与希腊人可以直接交流。这就进一步表明荷马笔下的非洲人与希腊人之间不存在语言上的差异。对于古典时期的希腊人而言,他们与蛮族的真正区别是语言,而不是肤色。说希腊语的人就是希腊人,不说希腊语的就是蛮族。[①]这种在语言上标识"他者"的做法并未在荷马史诗中体现出来,这说明荷马对非洲人与非洲世界并未有任何明确的种族歧视观念。

[①] [英]H. D. F. 基拖:《希腊人》,徐卫翔、黄韬译,上海人民出版社,2006年,第1页。

第五章　荷马史诗中的城邦

第一节　城邦概念的界定

城邦的出现通常被视为国家和文明起源的重要标志之一，但学界尚缺乏统一的标准来界定城邦[①]，更多的学者倾向于将城邦界定为带有意识形态意味的术语："由自由的人民围绕某个城市中心所形成的一个想象中的道德整体，是享有平等权利的公民的共同体。"[②] 需要指出的是，此种关于城邦的界定是基于现代文明标准而提出的，比如，权力中心的形成，城市的出现，等级制度的肇始，等等。

学者们倾向于将荷马的城邦视为"共同体"，但因各派理论的侧重点不同，"共同体"的内涵亦有所差异。学者 W. G. 瑞西曼认为，荷马史诗中的公众既非公民，也非政治共同体意义上的臣民，由这些公众组成的城邦算不上政治共同体，只能称为居民共同体。[③] 学者乔治·M. 卡尔霍恩指出，荷马史诗中的城邦既是家族的共同体，也是建筑物的集合体。荷马的城邦"通常是一座城镇，一些建筑的凝聚体，常常指的是那些加固了的建筑物，它们通常位于小山或易于防护的地段"[④]。学者 J. V. 卢斯则断言，对荷马及其听众而言，城邦是人类共同体的一种典型形式，它包括两个方面的内涵：首先，它是一个受堡垒保护的管理中

[①] P. Wheatley, "The Concept of Urbanism", *Man, Settlement and Urbanism*, P. J. Ucko, R. Trigham, and G. M. Dinbleby ed., Cambridge: Schenkman Publishing Company, 1972, p. 601.

[②] [法]简·克劳德·卡里埃尔：《普罗米修斯神话、人类起源神话以及城邦–国家的出现》，见[法]居代·德拉孔波等编：《赫西俄德：神话之艺》，吴雅凌译，华夏出版社，2005年，第24页。此处的城邦是一个现代概念，其含义更多地指向经济而非政治或司法。

[③] W. G. Runciman, "Origins of States: The Case of Archaic Greece", *Comparative Studies in Society and History*, 1982, 24(3): 351-377.

[④] George M. Calhoun, "Polity and Society: The Homeric Picture", *A Companion to Homer*, Alan J. B. Wace, Frank H. Stubbings ed., London: St. Martin's Press, 1962, p. 432.

心；其次，对一个既定范围内的民族而言，它构成了人们主要的居住区。[1]在学者斯卡利·斯蒂芬眼中，荷马史诗中的城邦仅仅是"共同居住在一起的居民的集体，一个家族的共同体，是部分家族的总和，本质上又不同于每一个独立的家族"[2]。就共同体的内涵而言，斯卡利的观点与卢斯的观点并无本质区别。但斯卡利将荷马城邦的属性分为神圣与世俗两个方面，同时又包括了空间与家族结构层面的共性。因此，就城邦的范畴而言，国外研究者关于荷马城邦意义的解读基本停留在"共同体"这一层面，多数阐释者强调的是其作为家族共同体这一概念的内涵。

较之于国外学界，国内多数学者关注的是荷马时代的城邦，而不是荷马史诗中的城邦。学者郭长刚指出，"荷马社会固然不像传统上认为的那样是氏族社会，但也尚未形成国家组织，它应是介于这两者之间的一种特殊的社会形态，即'酋邦'"[3]。在学者晏绍祥看来，城邦应为polis。"荷马社会中的polis并不是直接从原始社会末期的军事民主制演变而来的部落公社，亦非初期国家或者酋邦，而是在迈锡尼文明灭亡后、在公元前2千纪末和公元前1千纪初产生的新的国家形态。正是迈锡尼宫廷国家的崩溃、铁器的使用、小农的独立、希腊世界的孤立，造成了polis形成的基本条件。在荷马史诗中，这种新式国家显示了它们的存在。"[4]

综观国内外学者的探讨，多数研究者将荷马史诗的城邦视为一种共同体。问题是，这种关于共同体的界定是从现代学术立场出发的，并非荷马时代或荷马史诗中人们眼中的城邦。那么，若从叙述者的荷马或荷马史诗的视角来看，城邦究竟具有怎样的内涵与属性？

第二节 作为圣地的城邦

"城邦"一词在荷马史诗中共计出现了198次，其中《伊利亚特》出现了109次，《奥德赛》出现了89次。[5]就描述城邦的语词而言，荷马史诗中分别出现了以下各类语词："神圣""人烟稠密""普里阿摩斯""人丁兴旺""城

---

[1] J. V. Luce, "The Polis in Homer and Hesiod", *Proceedings of the Royal Irish Academy Archaeology, Culture, History, Literature*, 1978, 78: 15.

[2] Stephen Scully, *Homer and the Sacred City*, London: Cornell University Press, 1990, p. 15.

[3] 郭长刚：《论荷马社会的性质》，载《史林》1999年第2期，第97页。

[4] 晏绍祥：《荷马时代的'polis'》，载《历史研究》2004年第2期，第159页。

[5] J. V. Luce, "The Polis in Homer and Hesiod", *Proceedings of the Royal Irish Academy Archaeology, Culture, History, Literature*, 1978, 78: 5.

垣坚固""建构宏伟""居住舒适"等等。上述各类修饰语涉及荷马城邦的三个构成因素：神圣性、城墙、民族。从修饰语出现的频率来看，"神圣的特洛伊"一词在荷马史诗中出现了28次之多。① 在这些语境中，涉及的城邦分别有特洛伊、厄提昂、泽勒亚、忒拜、斐莱、莱姆诺斯、派罗斯等等。看上去就是，特洛伊城在荷马史诗中有着非同寻常的地位，而其神圣性则至关重要。那么，特洛伊城邦的神圣性体现在何处？

特洛伊城在今天土耳其境内，位于伊达山的西南面，距离达达尼尔海峡不远，为连接欧亚的枢纽地带。与多山的希腊城邦相反，特洛伊城位于特洛伊平原之上，神圣的斯卡曼德罗斯河穿过平原；另外，西摩埃斯河也流经特洛伊平原。斯卡曼德罗斯河与西摩埃斯河在特洛伊平原汇合，伊达山是二者的源头。对特洛伊人而言，斯卡曼德罗斯河与西摩埃斯河是神圣之河，前者曾经阻止阿喀琉斯杀戮大量的特洛伊人，而后者则盛产神马爱吃的仙草。斯卡曼德罗斯河畔是鲜花盛开的牧场，河边长满了榆树、柳树、柽树，河中则有百合、芦苇、莞蒲等水生植物。② 紧邻西摩埃斯河的是卡利科洛涅山，战神阿瑞斯曾经在这个地方鼓动特洛伊人作战。③ 特洛伊城外是陡峭的山岗，凡人将其称为"巴提埃亚"，神明则将其叫作"远跳的阿玛宗人米里涅的坟墓"，特洛伊人及其盟军将其用作军队集合的地方。④ 在特洛伊与希腊人的阵营之间，有一座名为埃叙埃特斯国王的陵墓，普里阿摩斯的儿子波利特斯曾经在这里侦探希腊军情。⑤ 另有一座名叫伊洛斯的坟墓耸立在斯卡曼德罗斯河与希腊人的阵营之间，墓顶有一棵高大醒目的柱子。⑥ 此外，特洛伊平原上还有一棵非常神圣的橡树，被称为"宙斯的橡树"。雅典娜与阿波罗曾经在这棵树上化为秃鹫加入战斗，阿波罗曾在树下鼓励阿革

---

① 因"神圣"一词在荷马史诗中出现的频率较高，其表述的城邦亦各异，难以罗列其详。笔者在此仅仅大致列出其在荷马史诗中的出处，它们分别是：*Iliad*, 1.366, 4.45, 4.104, 4.121, 4.164, 4.378, 4.416, 5.648, 6.89, 6.448, 7.82, 7.413, 8.552, 9.293, 11.196, 13.657, 16.100, 17.194, 18.270, 20.216, 21.58, 24.27, 24.143; *Odyssey*, 1.2, 4.702, 9.165, 10.555, 11.86。

② Homer, *Iliad*, 0.466-467, 21.350-352.

③ Homer, *Iliad*, 21.51-53, "φεύγοντ' ἐκ ποταμοῦ, κάματος δ' ὑπὸ γούνατ' ἐδάμνα· ὀχθήσας δ' ἄρα εἶπε πρὸς ὃν μεγαλήτορα θυμόν."

④ Homer, *Iliad*, 2.811-815, "ἔστι δέ τις προπάροιθε πόλιος αἰπεῖα κολώνη ἐν πεδίῳ ἀπάνευθε περίδρομος ἔνθα καὶ ἔνθα, τὴν ἤτοι ἄνδρες Βατίειαν κικλήσκουσιν, ἀθάνατοι δέ τε σῆμα πολυσκάρθμοιο Μυρίνης· ἔνθα τότε Τρῶές τε διέκριθεν ἠδ' ἐπίκουροι."

⑤ Homer, *Iliad*, 2.791-794, "εἴσατο δὲ φθογγὴν υἷι Πριάμοιο Πολίτῃ, ὃς Τρώων σκοπὸς ἷζε ποδωκείῃσι πεποιθὼς τύμβῳ ἐπ' ἀκροτάτῳ Αἰσυήταο γέροντος, δέγμενος ὁππότε ναῦφιν ἀφορμηθεῖεν Ἀχαιοί."

⑥ Homer, *Iliad*, 8.489-490, 8.560-563, 10.414-415, 11.369-372, 11.497-499, 24.349-351.

诺尔与阿喀琉斯拼杀。①

　　荷马在史诗中多次使用了"神圣的"这个语词来描述特洛伊城的性质，五次叙述了神明创建城邦的过程。②从上述表述中，我们可以了解特洛伊城的建造概况：阿波罗和波塞冬被宙斯罚至人间服役，时值特洛伊国王拉俄墨冬欲建造一座城池。经双方协商，阿波罗与波塞冬为拉俄墨冬建造城墙，并收取一定的报酬。城墙完工后，拉俄墨冬食言，还扬言要将阿波罗与波塞冬流放荒岛。史诗在叙述这段故事时，其意图不在于揭露特洛伊国王拉俄墨冬恶劣的品性，而是强调特洛伊城的神圣起源：神明建造的城墙神圣不可侵犯。希腊人不止一次地将特洛伊城称为"神圣的伊利昂""建造坚固的城防"，其态度不言而喻。希腊人耗时十年围攻特洛伊，若不是神明允许，同意特洛伊城邦的灭亡，他们根本无法毁灭这座神明所造的城邦。

　　"神圣和世俗是这个世界上的两种存在方式，是在历史进程中被人类所接受的两种存在状况。"③神圣通过作为世俗之物的显圣物而表现其存在，时间与空间皆可作为显圣物而出现。在荷马史诗中，神圣通过人类世界而彰显其存在，王室族谱尤其特洛伊王族谱系是这种显圣物的集中体现，因其表述了人类与诸神之间的亲密关系。从荷马史诗可知，作为神圣王权的代言人，特洛伊王族是神明的后裔。第一代王族达尔达诺斯是宙斯与厄勒克特拉的儿子，达尔达诺斯生子厄里克托尼俄斯，厄里克托尼俄斯的儿子是特洛斯，特洛斯有三个儿子：伊洛斯、阿萨剌科斯、伽倪墨得斯，伽倪墨得斯因相貌俊美而被宙斯带到天庭作为酒侍。伊洛斯生子拉俄墨冬，拉俄墨冬则生下了五个儿子：提托诺斯、普里阿摩斯、兰波斯、克吕提奥斯、希克塔斯。阿萨剌科斯的儿子为安喀塞斯，安喀塞斯与阿佛洛狄忒女神生下了儿子埃涅阿斯。普里阿摩斯有五十个儿子，其中长子为赫克托尔，较小的儿子为帕里斯。④从史诗叙述的王室谱系中可以看出，特洛伊人的祖先达尔达诺斯是宙斯的后裔，而埃涅阿斯则是阿佛洛狄忒的儿子，二者都有着神性的血统。这种与神明血统上的直接关联使得特洛伊王族及其子民对其国家怀有一种神圣的使命感，同时赋予了英雄们保护城市的激情。不过，特洛伊并不是唯一与神明关系亲近的城市，希腊人的雅典城与女神雅典娜也有直接的关联，雅典第二代国王厄瑞克透斯是雅典娜与工艺之神赫淮斯托

---

① Homer, *Iliad*, 7.58-60, 21.547-549.
② 史诗中表述神明创建特洛伊城的卷数分别为：*Iliad*, 7.452-453, 8.519, 16.701, 21.442-455, 21.526.
③ ［美］米尔恰·伊利亚德：《神圣与世俗》，王建光译，华夏出版社，2003年，序言第5页。
④ Homer, *Iliad*, 20.215-240.

斯的后代，雅典城因而成为诸神厚爱的城市，雅典人以此为豪，宣称其为希腊唯一纯粹的土著。[1]

尽管人类在大地上居住，但他们并不是主人，而是诸神的臣民。这就意味着，"大地不是作为凡人居住和拥有的地方，而是众神的领土，是和奥林帕斯并列的不可分割的一部分"[2]。作为人类居住地的城邦也不例外，它同样是诸神的领地。在苏美尔神话中，神明恩奇是人类的造物主，也是埃利都城的创造者与所有者。但荷马世界的神明并不自己创造城邦，而是通过神谕发布旨意，待到城邦建成之后再去居住。从这个意义上讲，"城市几乎不是一个居住地，它是诸神的居所，是保卫神灵的堡垒，是圣洁之地"[3]。并且，众神可以选择自己喜爱的城邦，将其作为自己的领地。宙斯特别喜爱特洛伊城的祭品与香火，赫拉则尤其喜欢阿耳戈斯、斯巴达和迈锡尼，[4]雅典娜选择了雅典城作为领地，阿波罗将特涅多斯与克里萨看作保护地，波塞冬最终赢得城邦特雷泽纳的保护者身份。在圈定特定城邦作为领地的同时，众神还直接参与了城邦的事务。[5]在特洛伊人与希腊人交战期间，诸神各自支持自己的城邦，分作两派展开争斗。"天神和凡人的父亲在天上炸起可怕的响雷，裂地之神波塞冬在地下广袤无垠的丰饶大地与陡峭险峻的群山。……与裂地之王波塞冬交战的是福波斯·阿波罗，他手持羽箭站立，战神阿瑞斯与目光炯炯的雅典娜女神对峙，赫拉遭到了阿耳忒弥斯女神的猛烈进攻，她是射神阿波罗的妹妹，勒托则受到了分送幸运的赫尔墨斯的攻击，火神赫淮斯托斯对阵斯卡曼德罗斯的河神，人间将这条河流称为克珊托斯。"[6]赫拉、雅典娜直接上了战场，甚至司掌爱情的阿佛洛狄忒女神也加入了作战的队列。宙斯与阿波罗总是在关键时刻设法帮助特洛伊人，即便是阿喀琉斯杀死了赫克托尔，阿波罗还在保护赫克托尔的遗体免于太阳的炙烤，宙斯则授意忒提斯女神劝说阿喀琉斯接受国王普里阿摩斯的赎礼，并交还赫克托尔的遗体。[7]甚至特洛伊王子帕里斯拐走拉凯戴蒙的王后海伦，也是出于阿佛

---

[1] Homer, *Iliad*, 2.546-549.
[2] [法]裘利亚·西萨、马塞尔·德蒂安：《古希腊众神的生活》，郑元华译，上海人民出版社，2008年，第111页。
[3] [法]菲斯泰尔·德·古朗士：《古代城市：希腊罗马宗教、法律及制度研究》，吴晓群译，上海人民出版社，2006年，第257页。
[4] Homer, *Iliad*, 4.45-53.
[5] Homer, *Iliad*, 4.45-49, 24.69-70.
[6] Homer, *Iliad*, 20.56-74.
[7] Homer, *Iliad*, 24.74-76.

洛狄忒女神的承诺。① 不难看出，荷马眼中的城邦不仅仅是神明的创造物，还是诸神的领地，城邦的任何重大事务均无法摆脱神明的控制。城邦因而成为诸神发布神谕与旨意的地方，也是展现其权力的场所。正是这种属性，使得荷马史诗中的城邦蒙上一种格外的神性光辉，特洛伊城更是如此。但城邦并非仅仅属于神明，它还是人类生活的场所，被打上了世俗的烙印。

第三节　作为世俗中心的城邦

作为物质实体，城邦不是抽象的概念，而是庇佑公民生活的场所，城墙则是城邦最具有防御性的建筑。在柏拉图眼中，古代世界的城邦，尤其是城邦的城墙，"对城市的健康状况绝不会有什么好处，反过来往往容易助长居民灵魂中的某种软弱性。城墙使居民们藏到它背后以免同敌人交手，并日夜组织防御来确保自己的安全。城墙使他们错误地认为，保卫自己最安全的办法是把自己挡在城墙和城门背后，于是蒙着头睡大觉，仿佛他们来到尘世就是为了过放纵的生活"②。尽管柏拉图的批评有些过激，但其话语却表明了古希腊城邦在人类生活中的重要地位。对荷马时代的人们而言，城邦是其家园，而城墙则是确保其生存的堡垒。③ 特洛伊的城墙之上建有望楼，高大的城门备有结实而精致的长门闩。④ 在特洛伊人看来，城墙是其抵御外敌入侵的堡垒，几乎所有涉及国家存亡的重要事件都是围绕城墙而发生的：海伦与普里阿摩斯、特洛伊长者之间的会面，赫克托尔最后告别安德洛玛刻，阿喀琉斯追赶赫克托尔，特洛伊人追悼赫克托尔。⑤ 这些富有戏剧性的场景几乎都发生在特洛伊城墙下。战争时期的城墙将两个截然不同的世界分割开来：城外是入侵的敌人，城内是城邦的居民。特洛伊战争历时十年，希腊联军在城外屠杀了难以计数的特洛伊人，但他们却始终难以接近坚固的特洛伊城墙。遭遇阿喀琉斯及希腊士兵追杀的特洛伊众多兵勇，当他们跑

---

① Homer, *Iliad*, 3.64. 特洛伊王子拐走希腊美女海伦，该事件并非人间悲剧，而是由神明之间的争执引起的。因为当初宙斯为海洋女神忒提斯举行婚礼时，忘记邀请不和女神厄里斯参加。厄里斯出于报复，在婚宴上设下一个金苹果，上面题着"送给最美丽的女神"。赫拉、雅典娜与阿佛洛狄忒三女神为争夺金苹果，各自许诺给充当裁判的帕里斯不同的礼物。帕里斯犹豫再三，最后将金苹果判给了阿佛洛狄忒。后来帕里斯造访斯巴达时，女神阿佛洛狄忒为履行诺言，将希腊美女海伦送给了帕里斯。

② [古希腊]柏拉图：《法律篇》，张智仁、孙增霖译，上海人民出版社，2001年，第194页。

③ 根据学者斯卡利的统计，《伊利亚特》中仅仅讲到了九座拥有城墙的城邦：特洛伊、忒拜、吕涅索斯、埃及的底比斯、比奥提亚的忒拜、梯林斯、卡吕冬、法阿亚、戈尔图那；《奥德赛》中论及带城墙的城邦更少，其中根本就没对伊塔刻、派罗斯与拉凯戴蒙诸城的城墙做相关表述。具体参见 Stephen Scully, *Homer and the Sacred City*, London: Cornell University Press, 1990, p. 41。

④ Homer, *Iliad*, 18.275-276.

⑤ Homer, *Iliad*, 3.146-243, 6.485-496, 22.144-207, 24.710-775.

进特洛伊城门后便逃脱了死亡,倚靠着宽厚的城墙喘息。① 阿喀琉斯追杀特洛伊王子赫克托尔时,也只能沿着特洛伊的城墙疾跑,根本无法进入特洛伊人的城门。在特洛伊城门下杀死赫克托尔后,阿喀琉斯残酷地对待其遗体,将其遗体绑在战车后拖至希腊阵营。城楼之上,赫克托尔的亲人则为赫克托尔的不幸伤心欲绝,悲泣之声不绝于耳。由此可见,战争时期的特洛伊城墙具有非同寻常的地位,它是特洛伊人抵御外敌的场所,也是保障其世俗生活得以正常进行的实体性建筑。

从荷马史诗的叙述中能够得知,除却神明的神庙与祭坛外,城邦中还建有宫殿、街道、居民区以及麦田、果园、牧场。不论希腊城邦,抑或特洛伊与其他民族的城邦均如此。伊塔刻城内建有奥德修斯的宫殿,奥德修斯及其家人居于其中。对于伊塔刻人而言,奥德修斯的宫殿一点也不神圣,而是一个具有十足世俗意味的场所。奥德修斯十年未归,伊塔刻贵族子弟在王宫中行乐享受,他们甚至与宫中的女仆有沾染。奥德修斯回到伊塔刻后,在王宫内射杀了所有的求婚人,连同占卜者;他的儿子忒勒玛科斯则割下了猪倌墨兰提俄斯的鼻子与耳朵,剜去其阳具并肢解其遗体②;此外,忒勒玛科斯还将与求婚人有染的12名女奴一并吊死在绳索上。《奥德赛》中有如下生动描绘:"女奴们双脚离地,仿佛一群翅膀修长的画眉或野鸽,落入灌木丛中的罗网,本为找寻某地栖息,却陷入了可怕的卧床;就像这样,女奴们的头颅排成一行,绳索套住了她们的脖颈,使其忍受最为悲苦的死亡。她们蹬腿挣扎,仅只片刻工夫。"③ 此时,奥德修斯的宫殿已经成为他和儿子忒勒玛科斯杀死伊塔刻贵族的战场,贵族与奴仆的鲜血满地流淌,奥德修斯最后不得不命令女奴们以清水冲洗并用硫黄与火熏燃。另外,奥德修斯的王宫还是家畜出入的场所,院门外堆满了牛和骡子的粪堆,他浑身爬满了虱子的爱犬躺卧在院门前的粪便中。④

"希腊城邦非常独特,它们不同于中世纪崛起的西方城邦。中世纪的城邦与国家分离;它们各自是一个封闭的世界,在城墙里住着一些可以享受特殊政治和经济待遇的公民。与此相反,希腊城邦'虽然与某个城市唇齿相依……但却又不能与城市混为一谈。'所有生活在城市周边领土——其范围比城市本身要大——上的居民均属'城邦居民'。城市只是城邦的一个组成部分,当然也

---

① Homer, *Odyssey*, 22.1-4.
② Homer, *Odyssey*, 22.475-477.
③ Homer, *Odyssey*, 22.467-473.
④ Homer, *Odyssey*, 17.294-299.

是最重要的部分。……从政治角度上看，城邦是城市与乡村的结合体。"①从荷马史诗中可以看出，特洛伊城中居住着诸多的居民——男人、女人、老人、孩子、祭司、国王等等。城内的人们在城市中诞生、结婚、死亡，经历了从出生到死亡的过程，城外的人们同样也是如此。城邦之外是广袤的土地以及众多的墓穴。城邦之内是活着的人的天下：孩子们在城内玩耍，妇女们操持家务，男人们保护城邦，贵族享受生活，奴仆服侍主人，所有这一切都充满了十足的生活气息。城邦内有高大的王宫、宽阔的街道，甚至还有牧场、果园、泉水。城邦外是死者的世界——乡村的土地上埋葬着死者的遗骨，还有死者的墓穴与祭坛。希腊人将死去的兵士埋在特洛伊城外的土地上，阿喀琉斯也决定死后与其战友帕特洛克罗斯的遗骸葬在特洛伊的海滩上。②赫克托尔最后被葬在了特洛伊城外的坟地里，墓穴周围是严密结实的石块。由此可见，特洛伊城是生者与死者共同居住的地方，尽管众多死者的墓穴距离城门较远。同样，忒拜国王埃埃提昂死后也葬在了城邦之外的空地上，周围还植有众多的榆树。③而那些被奥德修斯射杀的求婚人，则被其亲人埋在了伊塔刻城邦之外的墓场。④不论是特洛伊还是希腊城邦，均是人类及死者共同建构的世界，城内生活着忙忙碌碌的人们，城外则埋着逝者的遗骨。在这个意义上，城邦是生者与死者共同的家园，一个光明与黑暗并立的二元空间，城市与乡村联合起来的共同体。

　　荷马世界带有浓郁的农业社会痕迹，荷马的城邦也具有明显的农耕特色。从《奥德赛》中可知，奥德修斯不仅拥有数量众多的家畜⑤，还拥有硕果累累的果园，园中栽有梨子、苹果、无花果、葡萄等果木⑥。除了这些果园之外，各个城邦还拥有大量的田庄，比如，阿耳戈斯城的英雄堤丢斯拥有大量的麦田，麦地周围是成片的果林，以及放养羊群的牧场。⑦这些麦地、果园、牧场，同样是荷马世界人们活动的重要场所。不难想象，荷马世界的人们平时是如何在这些场所从事相关劳动的：采摘果实，采伐薪木，收获庄稼，喂养猪群，放养羊群，然后酿酿美酒，碾磨麦粉，纺线织布……从相关的叙述中同样可以知道，这些

---

① ［法］费尔南·布罗代尔：《地中海考古：史前史和古代史》，蒋明炜、吕华、曹青林等译，社会科学文献出版社，2005 年，第 204 页。
② Homer, *Iliad*, 23. 245-248.
③ Homer, *Iliad*, 6. 417-420.
④ Homer, *Odyssey*, 24. 417-419.
⑤ 奥德修斯拥有 12 群牛、12 群绵羊、11 群山羊、12 群猪。参见 Homer, *Odyssey*, 14.13-19, 14.100-104。
⑥ Homer, *Odyssey*, 24. 340-344.
⑦ Homer, *Iliad*, 14. 122-124.

地方同时沾染了人类死亡的气息。奥德修斯在果园与其父亲密谋,商量如何对付那些求婚人的亲人[①]。阿喀琉斯追杀赫克托尔时,跑过特洛伊人的无花果树林[②],最终将其杀死在特洛伊城门下。果园盛产果实,但也容易滋生暴力事件,神圣之地继而沦为人类屠宰同类的战场。神明赐给人类的土地上洒满了人类杀戮同类的鲜血,丰产的大地不单是自然抚育人类的圣地,也是人类自我消亡的世俗场地,甚至特洛伊神圣的斯卡曼德罗斯河流也成为阿喀琉斯砍杀特洛伊人的绝佳场地。在追赶特洛伊人及其联军的过程中,希腊英雄阿喀琉斯将他们赶到了斯卡曼德罗斯河边,就是在这条哺育人类的圣河中,他杀死了众多的特洛伊人及其联军子弟,其中包括普里阿摩斯的儿子吕卡昂、河神阿克西奥斯的孙子阿斯忒罗帕奥斯、特尔西洛科斯、米冬、阿斯提皮洛斯、姆涅索斯、斯拉西奥斯、埃尼奥斯、奥非勒斯特斯。另外,阿喀琉斯还从河流中生擒了12名青年士兵。[③]在后来祭奠帕特洛克罗斯的葬礼中,阿喀琉斯将这12名青年全部活活烧死。特洛伊人及其联军的鲜血与尸体堵塞了斯卡曼德罗斯的河道,河神最后不得不出面干涉:"阿喀琉斯,凡人中没有比你更为强大,但你的暴虐也远远超过他们,因总有神明庇佑。即便宙斯让你杀死所有的特洛伊人,也请你将其驱向平原杀砍。我的清澈河水已塞满尸首,已无法流向神圣的大海,尸体堵塞了河道,而你还在不断砍杀。住手吧,军队的统领,我对此深感惊惶。"[④]在这里,神圣的河流完全沦为阿喀琉斯击杀害特洛伊联军的战场,河神的干涉最后也无法阻止阿喀琉斯的暴虐行为。尽管城邦是神明的领地,但却不只是彰显众神威力的神圣场所,更是折射人间悲苦的凡俗之地。

结　　语

荷马史诗中的城邦并不是现代意义上的城邦,它更多地指向了社会共同体这一范畴。城邦首先是诸神的城邦,众神创建并管辖城邦,神明策划并参与了城邦的所有重大事务。几乎所有的城邦都由具有神性血统的统治者所管理,并且,王室族谱与神明具有直接关联。城邦因此具有神圣性,它使得生活其中的人类具有一种源自内心的崇高感。本质上讲,城邦的这种神圣性并非源自神明,而是借助于神话叙述得以实现。换言之,希腊早期社会神话的威力赋予了城邦

[①] Homer, *Odyssey*, 24. 355-360.
[②] Homer, *Iliad*, 22. 145.
[③] Homer, *Iliad*, 21. 26-211.
[④] Homer, *Iliad*, 21. 214-221.

这种神圣性，神话使城邦成为早期希腊社会的核心。

另外，荷马的城邦并非仅仅是诸神的领地，它还是人类的居所。人们在城邦中出生、成长并老死。城邦既是人类生活的家园，也是埋葬死者的墓场。作为社会共同体的城邦还是居民的集合，妇女、孩子、老人、战士等等，所有居住在城邦之内的人们都是城邦保护的对象。人类依赖城邦生活，城邦则因人类而存在。

一言以蔽之，荷马的城邦是神圣与世俗的混合体，它为诸神与人类所共同拥有。但荷马的城邦并不具备现代城邦的概念与范畴，也没有政治学意义上的内涵。荷马的城邦在本质上是一种社会共同体，社会成员之间具有较为明显的等级差异。另外，荷马史诗中的城邦并不是一种抽象的概念，而是作为一种建筑实体与空间区域而存在，它为生活其间的人类提供了活动的场所。作为空间实体的城邦是城市与乡村的结合体，其区域既包括城市的空间，也涵盖乡村的原野。城邦是和平时期居民生活的场所，也是战时坚固的堡垒。

第六章　希腊游历神话中的帝国意识

第一节　希腊游历神话中叙述主角的身份

所谓游历神话，指的是以叙述主人公游历故事为主的神话，这类神话往往强调叙述主角遭受的诸种历险与磨难之后，最终实现目标。需要指出的是，游历神话的叙述模式通常以主角离开自己的家乡为起点，而以游历者找到栖息地为终点。在此过程中，游历者要穿越异国或异乡的土地，杀死妖魔或遭受种种困难，最后抵达目的地——未必是主角的家乡，往往是异乡的土地。在希腊游历神话中，其叙述主角往往分为两类，一类是英雄，另一类是英雄的祖先，这两类人物的故事构成了希腊游历神话的核心内容。那么，这里存在的一个疑问：这些英雄或其祖先是何种身份？

在希腊游历神话中，作为主角的英雄一般为希腊城邦的统治者，他们因拥有神明的血统或神明的佑护而在游历中实现目标。譬如，英雄赫拉克勒斯是忒拜城的统治者，其父为天空之神宙斯，母亲是阿尔克墨涅。① 而阿尔戈斯的统治者珀耳修斯（Perseus）的父亲也是宙斯，母亲是阿尔戈斯的公主达那厄（Danae）。② 实际上，几乎每一位游历的英雄都具有神明的血统，有时游历英雄不是神明的直系后裔，但其祖先却有着神明的血统。譬如，忒修斯是雅典城的统治者，其父为雅典国王埃勾斯（Aegeus）③，其母为特洛曾（Troizen）公主埃特拉（Aethra）。据雅典族谱叙述，埃勾斯的父亲潘狄翁二世（Pandion Ⅱ）是雅典国王科刻洛普

---

① Homer, *Iliad*, 14.323-324.
② 在《伊利亚特》中，珀耳修斯是阿尔戈斯国王阿克里西俄斯（Acrisius）的女儿达那厄与宙斯所生的儿子，荷马说"他是人间最杰出的英雄"。Homer, *Iliad*, 14.319-320.
③ 忒修斯拥有非凡的体魄与作战技艺。荷马说："埃勾斯之子忒修斯，他好似永生的天神。" Homer, *Iliad*, 1.265.

斯二世（Cecrops Ⅱ）的儿子，科刻洛普斯二世又是俄瑞克透斯（Erechtheus）的儿子，俄瑞克透斯是雅典第一代国王厄里克桑尼乌斯的孙子。在雅典早期王表中，雅典国王刻克洛普斯（Cecrops）为地母盖亚所生。[①]雅典王表中的第二位国王是厄里克托尼俄斯（Erichthonius）或俄瑞克透斯[②]，其父为工艺之神赫淮斯托斯，其母为智慧女神雅典娜。[③]这样看来，忒修斯实为神明后裔，其游历自然有神佑护。根据希腊神话谱系描述，作为伊俄尔科斯（Iolcus）城邦王子的伊阿宋（Jason）是神明普罗米修斯（Prometheus）的后人[④]，他在游历中得到了赫拉女神的帮助。同样，伊塔刻国王奥德修斯[⑤]也是神明的后裔，其血统源自神使赫尔墨斯。[⑥]

除了这些作为城邦统治者与神明后裔的英雄，希腊游历神话的主角还包括一些女性，这些女性不是城邦的创建者，却是城邦的先祖，通常作为神明的情人出现。这类神话较多，诸如伊俄（Io）的流浪神话，欧罗巴（Europa）的游历

[①] 刻克洛普斯一生颇有建树：将雅典分为12个城镇，发明了文字，制定了有关婚姻与财产的律法，废除了人祭陋习，并教导人们如何掩埋死者。传说在刻克洛普斯执政期间，雅典娜与波塞冬因争夺雅典的祭祀权而发生冲突。在众神判决的法庭上，刻克洛普斯作为雅典娜栽种橄榄树的见证人而帮助雅典娜，使她成为雅典城的守护神。参见 Herodotus, *The History*, 8.55, David Grene trans., Chicago: University of Chicago Press, 1987; Euripides, *Ion*, 1163-1164, edited with introduction and commentary by A. S. Owen, Oxford: The Clarendon Press, 1939; Strabo, *The Geography of Strabo*, 9.1,16, Horace Leonard Jones trans., London: W. Heinemann, New York: G. P. Putnam's Sons, 1917-1933; Pausanias, *Description of Greece*, 1.2.6, 1.24.5, 1.26.5, 1.27.1-2, 8.2.2-3, New York: G. P. Putnam's Sons, 1918-1935; Ovid, *The Metamorphoses*, 6.70-82, a complete new version by Horace Gregory, with decoration by Zhenya Gay, New York: The Viking Press Inc, 1958。

[②] 厄里克托尼俄斯与厄瑞克透斯本为同一神话形象，后来的雅典悲剧作家将二者人为分开，将他们编进了不同的家谱之中，本章不拟采用后期雅典作家分割式的编撰，而将二者视为同一神话形象。

[③] 据雅典神话表述，工艺之神赫淮斯托斯贪恋女神雅典娜美貌，图谋不轨。雅典娜女神惊慌逃脱，赫淮斯托斯的精液溅落到女神身上，后者以羊毛拭擦，弃之于地，结果地母盖亚受孕，神婴厄里克托尼俄斯诞生。雅典娜后来接管了婴儿厄里克托尼俄斯，并委托刻克洛普斯的三个女儿照顾婴孩。后因三女子偷窥箱中的神婴，受惊吓而死，雅典娜遂将婴孩带回卫城自己抚育。厄里克托尼俄斯长大后成为雅典国王，他极力推崇雅典娜并创建了泛雅典娜节日。参见 Homer, *Iliad*, 2.547-548; Euripides, *Ion*, 20-24, 260-274; Pausanias, *Description of Greece*, 1.2.6, 14.6, 1.18.2, 1.24.7, 1.27.2, 3.18.13; Ovid, *The Metamorphoses*, 2.552-556。

[④] 关于伊阿宋的族谱如下：普罗米修斯生子丢卡利翁（Deucalion），丢卡利翁生子赫楞（Hellen），赫楞生子埃俄罗斯（Aeolus），埃俄罗斯生子克瑞透斯（Cretheus），克瑞透斯生子埃宋（Aeson），埃宋生子伊阿宋。这样看来，伊阿宋是普罗米修斯的第六代传人。

[⑤] 奥德修斯的族谱如下：神使赫尔墨斯与人间美女喀俄涅（Choine）生子奥托吕科斯（Autolycus），奥托吕科斯之女安提克勒亚（Anticlea）与莱耳忒斯（Laertes）生子奥德修斯。如此算来，奥德修斯为神使赫尔墨斯的第三代后人，即重外孙。

[⑥] 参见 Timothy Gantz, *Early Greek Myth: A Guide to Literary and Artistic Sources*, Vol. 1, Baltimore: Johns Hopkins University Press, 1993, pp. 198-204。

神话，等等。在伊俄的流浪神话中，她是宙斯的情人，因赫拉的嫉妒而被变成一头母牛四处流浪。后来的很多神话讲到了伊俄子孙的故事，她的儿子厄帕福斯（Epaphus）做了埃及国王。更为重要的是，伊俄的第六代子孙阿巴斯（Abas）是希腊城邦阿尔戈斯的国王，她的第四代子孙卡德摩斯（Cadmus）是忒拜城的创建者，卡德摩斯的妹妹欧罗巴与宙斯生子米诺斯（Minos），米诺斯后来成为克里特的国王。这样看来，伊俄就不是一名普通的女性，而是希腊诸多城邦的祖先，甚至是埃及人的祖先。同样，欧罗巴也是克里特人的祖先。某种程度上，因为这些女性，希腊城邦才能够与神明发生关系，其统治者也才具有神圣的血统。

从上述分析中可知，希腊游历神话中的英雄是希腊各个城邦的创建者或统治者，而女性则为各个城邦统治者的祖先，表述二者游历的神话实为城邦统治者或祖先的故事。这样看来，希腊游历神话绝非一般的历险或流浪故事，它所表述的也不仅仅是主人公在实现目标过程中所经历的艰辛，而是关于城邦领土的起源。那么为何会出现这些游历神话？它们是何时生成的？要解答这些疑问，就要首先考察游历神话的叙述空间，它是解决问题的关键所在。

第二节　游历神话的叙述空间

就地理范畴而言，希腊游历神话的叙述空间主要有两种：一是希腊本土，二是希腊之外的异域。关于希腊本土的叙述多半与游历主角的家乡相关，而关于异域的表述通常为游历者要穿越的空间。通常情况下，游历者的家乡皆在希腊本土，那里环境优美，生活富足，为文明的中心。城邦内是高大的王宫、宽阔的街道，还有牧场、果园、泉水等；城邦外则是广袤的土地，以及众多的墓穴。城邦外是死者的世界——乡村的土地上埋葬着死者的遗骨，还有死者的墓穴与祭坛。城内生活着忙忙碌碌的人们，城外埋有逝者的遗骨。在这个意义上，希腊本土的空间是生者与死者共同的家园，更是一个充满文明因素的地方。

与此相反的乃是，游历者穿越的空间一般为异域，其状况与希腊本土形成鲜明对比。以伊俄的流浪故事为例，我们看看她流浪的地方。较为详细表述伊俄流浪的是埃斯库罗斯的戏剧《乞援人》与《被缚的普罗米修斯》。在《乞援人》中，伊俄的流浪路线较为简单，她从阿尔戈斯逃到亚洲，经过小亚细亚的佛吕癸亚（Phrygian）、美西亚（Mysia）、吕底亚（Lydia），然后穿过基利基亚（Cilicians）与潘费吕亚（Pamphyians）的群山，"条条湍湍流淌的河流，富饶繁茂的土地和阿佛洛狄忒盛产小麦的原野"①，最后到了尼罗河河畔。《被缚的普罗米修斯》关于伊俄流浪路线的叙述更为详尽，普罗米修斯两次讲到了伊俄的流亡路线。②按照地理方位，伊俄的流浪路线如下：她先去了多多那（Dodona），然后到了伊奥利亚海（Ionian Sea），她在此向东北方向漂泊，进入斯库提亚人（Scythian）的地域，到了普罗米修斯被缚之地。然后，伊俄沿着黑海海岸逃亡，到了善造铁器的卡吕柏斯（Khalybes）人那里，通过高加索地区（Caucasus）。接着，她向南朝着阿玛宗人的部落流浪，穿过了基墨里科斯地峡（Cimmerian Isthmus），然后离开欧洲进入亚洲。此时伊俄就进入东方神奇的土地，她穿过大海进入基斯特涅（Kisthene）的戈莱埃（Gorgoneion）三姐妹居住的原野，通过戈尔贡（Gorgons）三姐妹的地盘，宙斯的猎犬格律普斯（Gryphus）把守之地，独眼部落，以及阿里马斯波伊人（Arimaspians）居住的普鲁同（Plouton）。最后，她到达居住在埃塞俄比亚河流边黑皮肤的种族那里，穿过比贝利涅（Bybline）山旁的尼罗河，落脚于尼罗提斯（Nilotis）三角洲，她在那里生下了儿子厄帕福斯（Epaphus）。英雄赫拉克勒斯后来流浪的许多地方也是亚洲与非洲，与伊俄所走的路线很多地方是相同的——小亚细亚，斯库提亚人的地盘，北非，埃及。

值得注意的是，上述伊俄逃亡经过的地方并非只是地理学意义上的空间，它还是政治学意义上的空间。这里的异域主要是亚洲与非洲，但并未出现象征文明的城邦或国家，仅仅出现了高山与河流的名字，即便是埃及与埃塞俄比亚也是用尼罗河与埃塞俄比亚河流来指代的。很明显，在埃斯库罗斯看来，这些地方为野蛮民族居住的地方，埃及尚未出现国家，伊俄的儿子厄帕福斯后来做了埃及国王。与伊俄的家乡希腊不同的是，小亚细亚与埃及这些蛮夷之地，是"他者"的天下。这里居住着戈尔贡、格里芬之类的妖魔，还居住着阿玛宗人、卡吕柏斯人、独眼部落等一些野蛮民族，他们皆处未开化状态。这些部落的生活方式与文明的希腊人不同，他们性情粗野，对待希腊人也非常凶蛮。在希腊游历神话中，英雄衔环除掉了这些地方的妖怪，并征服了蛮族。忒修斯后来捕获了阿玛宗人的女王安提俄珀（Antiope），并娶后者为妻子③；珀耳修斯砍掉了戈尔贡三姐妹之一美杜莎（Medusa）的脑袋。④游历神话的这种叙述明显具有一

---

① [古希腊] 埃斯库罗斯：《埃斯库罗斯悲剧·乞援人》，王焕生译，译林出版社，2007年，第40页。
② 第一次是普罗米修斯预言伊俄的流浪方向，第二次是普罗米修斯描述伊俄先前的流浪经历。参见 Aeschylus, *Prometheus Bound*, Mark Griffith trans., Cambridge: Cambridge University Press, 1983, lines 707–735, 790–814。
③ Pausanias, *Description of Greece*, 1.2.1.
④ Hesiod, *Theology*, Line 280.

种帝国意识，它宣扬了这样一种主张：希腊游历英雄所在的城邦为文明中心，异域为野蛮之地，希腊文明对异域的统治与殖民为理所当然。

按照上文的描述，希腊英雄及其祖先游历所经之地即亚细亚与尼罗河的广袤土地非常富饶，但妖魔遍地，文化落后，需要希腊文明的驯化。实际上，历史时期的小亚细亚与尼罗河流域一直居住着非常古老的民族，较早的包括弗里吉亚人（Phrygians）与吕底亚人（Lydians），较晚的则有希伯来人、新赫梯人、亚述人、新巴比伦人、波斯人、埃及人等等。这些民族拥有高度发达的文明，他们是希腊文明的摇篮。但希腊游历神话却将这些地方看作处于世界边缘，富饶而又蛮荒，代表希腊文明的游历英雄先后征服了这些地方，将其纳入希腊版图。不难看出，希腊游历神话叙述的空间是二元对立的，这种对立在地理上是边缘与中心的对立，在生活方式上是野蛮与文明的对立，在心理上是家乡与异域的对立，在政治上是母邦与殖民地的对立。因此，游历主角的历险故事实为希腊人划分"中心"与"边缘"的叙述，其意图在于确保希腊为真正的中心，异族居住的空间为边缘之地。这里反映了希腊人我族中心主义的情绪，具有浓郁的帝国意识与文明自我认同感。

第三节　游历神话的生成时间

希腊游历神话的表述形式主要有两类，一类是文本，另一类是艺术品。较早的文本当属荷马史诗与赫西俄德的文本，较晚的则有品达等人的诗歌。艺术品主要包括独立雕塑、祭祀图像、饰版画、壁画及瓶画，这些艺术品描绘游历神话的时间稍晚，多半在公元前6世纪左右。总体而言，希腊游历神话主要出现在公元前8世纪到前6世纪。根据学者马丁·P.尼尔森（Martin P. Nillson）的观点，希腊神话的生成时间可以上溯到迈锡尼时代。[1] 较之于古老的希腊神话，希腊游历神话出现的时间较为晚近。那么，为何游历神话出现在公元前8世纪到前6世纪而不是其他时期？要回答这个问题，就必须弄明白，在公元前8世纪到前6世纪，希腊人为何如此钟爱游历神话？或者说，是什么原因促成了这个时期游历神话的繁荣？

历史学者通常将公元前8世纪到前6世纪的古希腊社会称为古风时代，该时期的希腊世界发生了剧烈变化。"变化的第一个方面就是，二百年间，希腊

---

[1] Martin P. Nilsson, *The Mycenaean Origin of Greek Mythology*, Berkeley: University of California Press, 1972, pp. 32-33.

人从小亚细亚本土出发,殖民于东西南北。古典时代以本土为中心的地中海上的希腊世界,就是在这个时期形成的。……变化的第二个方面是,希腊本土结束了多里安人入侵的漫长数百年间的'黑暗时代'。本土诸邦,在此期间城邦化了,也集团化了,加以从东面来的外敌侵犯,'黑暗时代'曾经是希腊文明中心的小亚细亚,现在丧失了它的中心地位。"① 希腊在爱琴海沿岸与地中海沿岸建立殖民地,迫切需要一种话语权力证明其合法性,游历神话应运而生。确切地说,希腊游历神话中城邦祖先流浪的时间都发生在遥远的过去,小亚细亚与尼罗河这些地方皆没有国家与文明出现;流浪的希腊英雄与祖先经过这些地方之后,将希腊文明带入,这些地方的人开始过上了一种文明的生活方式。正是借助于这种叙述时间的改编,希腊人将其对这些地方的殖民叙述为一种改造本土居民野蛮方式的有益运动,同时为希腊帝国开辟海外殖民地提供了正当的理由。实际上,在游历神话中,几乎所有的英雄都会斩妖除怪,并带走异国的美女公主,伊阿宋与忒修斯、珀耳修斯等人的游历神话一律如此,这种叙述结构上的类同绝不是偶然现象,它的背后是希腊帝国意识形态对殖民地文化的妖魔化,以及对女性的话语暴力侵犯。另外,游历神话中英雄与祖先之所以会四处流浪,是因为受到了神谕的启发,这就意味着这些游历是神明的旨意而不是人类自身的意愿所致。这样,希腊游历神话就为希腊城邦在海外建立殖民地提供了宗教与话语支撑。毕竟,较之于希腊本土,北非与小亚细亚的政体依然是神权政治,宗教意识形态依然具有建构性作用。

某种程度上说,希腊海外殖民地的建立依赖于国内城邦制度的普遍推行,"在公元前八世纪初期前后,无论是海外或本土诸邦,政体大体上掌握在贵族阶级手里,政制是寡头专政"②。该城邦制度下的贵族被视为各个城邦的统治者,但他们要效忠一位拥有绝对统治权的君王。"尽管开始时是至高无上,可君王的权力随着岁月的冲刷而逐渐地减弱而直到变得徒有虚名。雅典的君主制最终在公元前683年被废止。取而代之的是贵族政府,贵族即主要由地主组成的重要家族。"③ 作为各个城邦的统治者,贵族阶级要维护自己的既有利益,就必须强调其血统的高贵。因此,各个城邦就将神话时代的英雄视为其祖先,并不惜为此创造各类英雄神话。游历神话是英雄神话的一部分,它表面强调英雄的超然胆识,但实际上强调各个城邦自身的优越性。在众多的游历神话中,并

---

① 顾准:《希腊城邦制度——读希腊史笔记》,中国社会科学出版社,1982年,第98页。
② 顾准:《希腊城邦制度——读希腊史笔记》,中国社会科学出版社,1982年,第101页。
③ [英]杰弗里·帕克:《城邦——从古希腊到当代》,石衡谭译,山东画报出版社,2007年,第16页。

不是所有的英雄都在异国的土地上斩妖除魔，还有一些英雄的部分历险行为发生在希腊本土，忒修斯的游历就是如此。忒修斯选择了从特罗伊真（Troezen）到雅典这条最为险恶的路线，途经麦加拉（Megara）、厄琉西斯（Eleusis）这些地方。在游历过程中，忒修斯先后除掉了麦加拉边界拦路抢劫的强盗斯喀戎（Sciron）、厄琉西斯的恶霸刻耳库翁（Cercyon）、厄庇道鲁斯的强盗珀里斐忒斯（Periphetes）、科林斯（Corinth）的恶人辛尼斯（Sinnis）、刻菲索斯河畔的强盗达玛斯忒斯（Damastes）。上述这些地方皆为希腊版图，但并不属于雅典城邦。作为雅典统治者的忒修斯先后征服了这些地方，其象征意义非常明显：雅典城邦对这些地方的征服是合理的，因为尽管它们是文明世界，但却充满了暴力与野蛮的因素，需要更加文明的雅典城邦的驯化。

　　这样看来，希腊游历神话并不是单纯的历险故事，它的生成有着极为迫切的现实诉求。对雄心勃勃的希腊殖民者与城邦统治者而言，游历神话是一种极为有用的意识形态工具，因为它证明了希腊人与城邦统治别族和其他城邦的合理性。具体说来，游历神话一方面满足了希腊诸城邦将海外殖民地纳入希腊版图的神话叙述；另一方面，它为希腊城邦内部空间的征服提供了话语支撑。关于第一点很容易理解，关于第二点，笔者稍加说明。在古风时代的希腊，希腊城邦之间因领土而发生纷争的事件时有发生，神话是支撑城邦领土的主要证据，因为它叙述了上古时期希腊诸城邦祖先的事迹。据普鲁塔克表述，公元前600年左右，雅典人与麦加拉人因对萨拉米斯岛的所有权问题发生争执，双方最后将裁决权交给斯巴达人。[①]雅典将领梭伦（Solon）在斯巴达人做出最后决定时，诵读了荷马史诗中的两句诗文："埃阿斯统领十二战船从萨拉米斯而来，部署在雅典人阵地旁边。"[②]最后，斯巴达人将萨拉米斯判给了雅典人，而其中起到关键作用的是神话。诗文中的英雄埃阿斯是一位关键人物，正是他的身份使得斯巴达人最后判决雅典人拥有萨拉米斯的所有权。因为在泛希腊化时代的王室族谱中，埃阿斯被公认为萨拉米斯的王子，而他的两个儿子欧律萨克斯（(Eurysakes）与菲莱俄斯（Philaeus）曾加入雅典国籍，成为雅典的公民。在斯巴达人看来，这意味着埃阿斯的两个儿子拱手将萨拉米斯送给了雅典，雅典城邦拥有萨拉米斯为理所当然。

[①] Plutarch, *Plutarch's Lives*, translated by Dryden, edited and revised by Arthur Hugh Clough, New York: Modern Library, 2000, 1992, pp. 138-140.

[②] Homer, *Iliad*, 2.557-558.

结　　语

　　就生成时间而言，希腊游历神话为晚起的神话，其主角要么为城邦创建者，要么为城邦统治者抑或祖先。游历者所经过的地方一般按照由本土到异域、由近到远的路线展开，这实为划分"中心"与"边缘"、"我者"与"他者"的过程。神话将希腊本土描述为文明之邦，而异域则为蛮夷之地，希腊英雄最终征服了这些地方。因此这类神话绝非普通意义上的历险神话，而是政治神话或城邦神话，其意图并非叙述游历主角遭受的诸种苦难，而是强调希腊之外的蛮荒之地在远古时代已被希腊人的祖先征服。换言之，这些游历神话所要表达的真实意蕴乃是，希腊人在公元前 8 世纪到前 6 世纪创建海外殖民地为理所当然，因为一是这些地方非常落后，二是它们在远古时代就已经被希腊人征服。

　　在公元前 8 世纪到前 6 世纪的希腊，游历神话的主要功效就在于，它通过城邦祖先或城邦统治者的历险故事，为希腊本土对海外的殖民及殖民地创建提供了话语基础。具体说来，这种话语上的支持是通过两种叙述路径而实现的：第一，将叙述时间置于城邦族谱时间链条前端，使历险者与神明之间具有情侣或血缘关系，从而强调作为城邦祖先的历险者的高贵身份；第二，将叙述空间置于游历者所在城邦之外的荒蛮之地，城邦祖先通过一系列历险行为使其驯化。这种做法反映了希腊文明的自我认同及希腊人的我族中心主义。这样，游历神话关于异国的相关描述本质上就是希腊政治或文化的自我关照。意识形态是一种抽象的概念，它必须借助于叙述才能够发挥其应有的作用。根本上说，在古风时代的希腊，游历神话通过操控意识形态的最高层面而参与同化帝国意识形态的建构工作。作为意识形态的游历神话，在建构希腊帝国意识形态的同时，成为国家意识形态的一个组成部分。游历神话与帝国意识依靠其文明自我认同的内在一致性而相互关联。游历神话起到了将国家意识形态情境化与合法化的作用，而国家意识形态则成为游历神话表述体系的组成部分。

第二编

希腊神话中的异象与灾难理念

第一章　青铜时代晚期克里特印章中的神显异象

第一节　引论

本章所说的"神显"概念，指的是神明向人类现身的异象，它在概念上不同于米尔恰·伊利亚德所说的"神显"。伊利亚德的神显范畴较为宽泛，指的是在宇宙论层面上"任何显示神圣的事物"[①]。换言之，本章的"神显"概念是针对神明向人类显示其形象而言的，而不是神圣的事物显示自身神圣的方式。对于青铜时代的克里特人而言，他们并不经常使用"神显"这个词语。但在他们看来，"神显虽然是一种异象，但它并不单单指神明的形象，同时指向了神迹、拯救、自然现象以及梦与梦中出现的情景"[②]。基于此，本章将"神显"与"异象"合用，以此凸显神显异象在青铜时代克里特人信仰中的主导性地位。

因印章研究在国内是冷门学科，加之神显异象是较为敏感的学术话题，目前尚未见到关于青铜时代克里特印章神显异象的研究成果。国外学者关于这方面的研究主要集中在三个方面，具体如下：一，神显异象的地位。提出这种观点的学者主要为德国学者弗里德里希·马茨（Friedrich Matz），他指出神显异象是青铜时代米诺宗教中最为突出的因素，戒指印章上的神显场景也是如此。[③] 二，神明现身的方式。对该话题进行探讨的学者是马丁·P.尼尔森，其关注的重点为神显场景中鸟、女神与空中直立的人物形象这三种符号，尤其是鸟的符

[①] ［美］米尔恰·伊利亚德：《神圣的存在：比较宗教的范型》，晏可佳、姚蓓琴译，广西师范大学出版社，2008年，第2页。

[②] Nanno Marinatos, Dimitris Kyrtatas, "Conclusions Epiphany: Concept Ambiguous, Experience Elusive", *Illinois Classical Studies*, 2004, 29: 228.

[③] Friedrich Matz, *Göttererscheinung und Kultbild im minoischen Kreta*, Abhandlungen der Geistes und Sozialwissenschaftlichen Klass, Akademie der Wissenschaften und der Literatur in Mainz vol 7, Wiesbaden: Akademie der Wissenschaften und der Literatur, 1958.

号。① 三，神显异象发生的场景。南诺·马瑞纳托斯（Nanno Marinatos）认为，青铜时代克里特印章中神显异象发生的场景在野外神明的居所，其标志性符号是石头与大树。② 以上探讨主要集中在神显的图像要素方面，并且多数研究者的预设前提是克里特地区神显异象的独特性。也就是说，目前学界关于青铜时代克里特印章中神显异象的研究基本还是图像自身的研究，关于该地神显异象与地中海东部地区神显异象之间的共通之处尚未得到足够的关注。

本章最终要解决的问题是，青铜时代克里特地区的戒指上的神显异象的本质是什么？它在克里特人的信仰生活中具有哪种作用？围绕以上问题，本章深入探讨神显异象的建构因素、神显异象的路径与符号，以及印章中神显异象的功能。在此基础上，本章进一步探讨克里特印章中的神显异象与地中海东岸地区神显异象之间的相通之处，以及克里特与地中海文化之间的互动与交融。

第二节　神显图像的建构因素

就性质而言，青铜时代克里特印章中神显异象为神谕型异象，即神明向人类发布神谕的异象。神显异象涉及的问题较多，其中包括神显的场所，神显的符号，神显的方式与路径，神显的发布者，神显的媒介，等等。上述问题表现在图像上，就是神显异象的图像建构要素。总体来看，青铜时代克里特地区的戒指上的神显符号主要有以下八类：人物、动物、植物、神话形象、几何符号、天体、人造物、石头（表8）。因涉及符号较多，下文分别阐释。

青铜时代克里特地区的戒指上的人物图像较为简单，只有青年男性与女性这两类图像。比较特殊的是，不论男性还是女性，这些人物形象的着装都比较特殊，男性人物的上身几乎是裸露的，下身穿着很短的裙子或紧身裤子。女性人物有的穿着紧身衣，有的穿着上紧下松的荷叶裙；部分女性人物头戴帽子，甚至颈项间还戴着价值不菲的项链。学界关于神显场景中的女性身份尚未达成一致见解，尼尔森及其继承者C. D. 凯恩（C. D. Cain）认为，这些神显场景中的女性是女神。③ 学者南诺·马瑞纳托斯并不同意这种观点，认为这些女性是王

---

① Martin P. Nilsson, *The Minoan-Mycenaean Religion and Its Survival in Greek Religion*, Lund: C. W. K. Gleerup, 1927, pp. 285-305.

② Nanno Marinatos, *Minoan Kingship and the Solar Goddess: A Near Eastern Koine*, Chicago: University of Illinois Press, 2010, pp. 78-85.

③ 参见 Martin P. Nilsson, *The Minoan-Mycenaean Religion and Its Survival in Greek Religion*, Lund: C. W. K. Gleerup, 1927, p. 296; C. D. Cain, "Dancing in the Dark: Deconstructing a Narrative of Epiphany on the Isopata Ring", *American Journal of Archaeology*, 2001, 105(1): 42。

后兼大祭司。①笔者比较赞同南诺·马瑞纳托斯关于这些女性是大祭司的观点，但并不赞同是王后的观点。不管这些女性形象是何种社会身份，有一点是非常肯定的，那就是她们在神显中是作为通神者而出现的。从根本上说，这些男性与女性人物的动作都极其谦卑，有的摇动大树，有的潜伏在巨石边。在克里特卡莱维亚（Kalyvia）出土的一枚戒指中（图2-1-1），画面上神像场景的核心是两个性别不同的人物形象。画面中心的男性头枕在一块有纹饰的椭圆形石头上，而画面右边的女性则在摇动位于建筑物前的一棵树的树枝。从画面表现的情景来看，这些女性和男性的姿势都较谦卑，他们应该是神显异象中的通神人员，是人类而不是神明。

图2-1-1　克里特卡莱维亚戒指上的神显异象
［图片来源：Nanno Marinatos, "The Character of Minoan Epiphanies", *Illinois Classical Studies*, 2004, 29: 35, Fig. 8］

---

① Nanno Marinatos, *Minnoan Kingship and the Solar Goddess: A Near Eastern Koine*, Chicago: University of Illinois Press, 2010, p. 97.

表8　青铜时代克里特地区的戒指上的神显符号

人物	青年男性、女性
动物	蜻蜓、蝴蝶、飞鸟
植物	树、花草
神话形象	女神、男神、双面斧、神圣角、眼睛、龙
几何符号	尖钉形符号、圆形符号、网格纹、射线、"之"字形符号
天体	太阳、月亮、彗星、流星
人造物	神庙、柱子
石头	椭圆形石头、鹅卵石

从画面刻画的场景来看，青铜时代克里特地区的戒指上的动物与植物的种类都比较简单。表现戒指画面感的动物主要有三种，即蝴蝶、蜻蜓、飞鸟。蝴蝶、蜻蜓、飞鸟这三种动物在戒指画面上的特征是有巨大的翅膀，突出其作为飞行性动物的特性。很难探究这三种动物被表现在神显场景中的原因，不过有一点可以肯定，那就是它们是能够飞行的动物，能够将神明的旨意带给人类。蛇是能够蜕皮的动物，它在神显场景中的出现或许意味着神明的不死。青铜时代克里特地区的戒指上的画面刻画的植物只有两种，那就是大树与花草。多数情况下画面中的人物形象在摇动大树，而花草仅仅是作为一种装饰性的符号被加以表现。从青铜时代克里特地区的戒指上描绘的图像场景来看，多数情况下通神者双手用力摇动树枝，双膝弯曲，可见其动作幅度很大。学者A. W. 珀森（A. W. Persson）指出，画面中的人物摇动大树是当时人类吸引神明的一种方式，也是人类与神明之间沟通的一种有效方式。[①] 这样看来，大树应该是神显的主要媒介之一，它在神显中发挥着异常重要的作用。

神话形象是神显异象中比较特殊的图像，也是青铜时代克里特地区的戒指图像中非常独特的部分。这些神话形象主要有女神、男神、双面斧、圣角、眼睛、龙。女神以人类形象出现，但不同于作为通神者的女性形象。通常而言，神显场景端坐在座位上的女性是女神形象，而站立的基本是通神的人类形象。譬如，在克里特北部海岸墨克勒斯（Mochlos）出土的一枚戒指图像上，女神端坐在龙

[①] A. W. Persson, *The Religion of Greece in Prehistoric Times*, Berkeley: University of California Press, 1942, p. 89.

舟之中，女神的圣殿出现在图像的边缘（图 2-1-2）。在一些戒指上，半空中站立的尺寸较小的女性形象也是女神。例如，在克里特伊索普塔（Isopota）出土的戒指中，一位女神站立在半空中，地面上四位女性在载歌载舞，似乎以这种特殊的方式来欢迎女神的出现（图 2-1-3）。同样，男神也是以男性的形象出现的，但这类男神形象与通神的人类男性形象在外形上有所差异。换言之，神显异象中的男神都以直立在半空中的男性形象出现，并且这类形象的尺寸都比较小，以此显示男神从天空降到人间的状态。这些男神的形象都比较独特，基本都是以直立的方式出现在画面的上半部，男神似乎在向面前的人类打招呼。在科诺索斯（Knossos）出土的一枚金戒指上，一位男神站立在半空中，左手持一根类似棍子的东西，右手弯曲，向地面上姿态谦卑的女性通神者打招呼（图 2-1-4）。从图 2-1-4 中明显可以看出来，戒指的制造者从崇拜者的视角出发来刻画神显场景，其视角类似于今天的长镜头视角，从而将男神从天而降的状态加以逼真表现。

双面斧与神圣角（类似于牛角的符号）这两种符号在青铜时代克里特地区的戒指中是较为常见的神话符号，也是神明的象征符号。这两种符号并不单单出现在印章中，它在此时的彩绘陶棺画、壁画以及彩陶上经常出现。这种现象说明，戒指印章所表达的神话认知与理念，与其他类型的神话图像所表达的认知，

图 2-1-2 墨克勒斯戒指上端坐的女神

［图片来源：Caroline J. Tully, Sam Crooks, "Dropping Ecstasy? Minoan Cult and the Tropes of Shamanism", *Time & Mind*, 2015, 8(2): 139, Fig. 8］

图 2-1-3 伊索普塔戒指上直立的女神

[图片来源：Ellen Adams, "Representing, Objectifying, and Framing the Body at Late Bronze Age Knossos", *Bulletin-Institute of Classical Studies*, 2013, 56(1): 11, Fig. 3]

图 2-1-4 科诺索斯戒指上的男神

[图片来源：Caroline J. Tully, Sam Crooks, "Dropping Ecstasy? Minoan Cult and the Tropes of Shamanism", *Time & Mind*, 2015, 8(2): 134. Fig. 2]

基本是一致的。在戒指图像中，较为特殊的是眼睛与龙的符号，这两种符号在此时克里特地区的戒指中并不常见，只是偶尔出现。青铜时代克里特共计只有四枚戒指上出现了眼睛符号，并且都是在神显场景中出现的。这些戒指出土的地方分别是伊索普塔、阿卡尼斯（Archanes）、卡托·扎克罗（Kato Zakro）以及克里特其他地区。[①]青铜时期的克里特很少出现这类眼睛符号，因此很难对其象征的含义进行解读。根据学者 O. G. S. 克劳福德（O. G. S. Crawford）的研究，眼睛符号是女神的象征性符号。青铜时代晚期的地中海沿岸盛行眼睛符号，这是女神崇拜的结果。[②]很难说这种眼睛符号究竟是从哪里传入克里特的，但有一点可以肯定，那就是这种眼睛符号是女神的象征符号，它的出现意味着女神的现身。除此之外，龙也是此时戒指神显异象中较为独特的符号。前文提到的墨克勒斯出土的一枚戒指上就有龙的形象，一位女神端坐在龙身上。学者约翰·G. 扬格（John G. Younger）将这种龙称为"巴比伦龙"（Babylonian Dragon）[③]，意在强调其外形与巴比伦神话中的龙在外形上的相似性。在墨克勒斯出土的戒指图像中的龙象征着女神权威的无上性，因为它是作为女神的驯服的坐骑而出现的。

几何符号主要有尖钉形符号、圆形符号、网格纹、射线、"之"字形符号。天体符号主要有太阳、月亮、彗星、流星等等。这些符号被刻画在戒指图像的上半部，通常情况下被刻画在通神者头顶上方。这些符号在青铜时代克里特的神显场景中频繁出现，并且形状与大小都是固定的，它们出现的位置也是固定的，即位于画面的上方。学者 E. 基里亚基季斯（E. Kyriakidis）认为，上述这些符号都是克里特人用来标志天象的符号，每一种符号都标志着不同的星座。[④]笔者并不认同这种观点，因为它脱离了戒指图像的语境。从青铜时期克里特地区的戒指图像表现的场景来看，上述几种符号其实都是神明的象征符号，尤其是太阳、月亮、彗星、流星。作为神明象征物的太阳、月亮符号，并不单单出现在戒指中，它在其他类型的艺术中也经常出现，诸如彩绘棺画、彩陶、壁画等等。至于尖钉形符号、圆形符号、网格纹、射线、"之"字形符号，我们还无法一一辨别

[①] E. Kyriakidis, "Unidentified Floating Objects on Minoan Seals", *American Journal of Archaeology*, 2005, 109(2): 142.

[②] O. G. S. Crawford, *The Eye Goddess*, London: Phoenix House Ltd., 1957.

[③] John G. Younger, *The Iconography of Late Minoan and Mycenaean Sealstones and Finger Rings*, Bedminster, Bristol: Bristol Classical Press, 1988, p. xi.

[④] E. Kyriakidis, "Unidentified Floating Objects on Minoan Seals", *American Journal of Archaeology*, 2005, 109(2): 152.

它们在神显场景中的确切含义，但可以肯定的是，这些符号就像天体符号一样，是神明的象征符号，它们的出现意味着神明的现身。在克里特卡莱维亚出土戒指上的神显异象场景中，出现了"之"字形与网格形符号，也出现了飞鸟的符号。"之"字形符号、网格纹、飞鸟，这三类符号合起来象征着神明的现身。

青铜时代克里特地区的戒指神显场景中的人造物的种类很少，只有神庙、柱子这两类。值得注意的是，戒指画面中神庙的尺寸都很小，通常神庙旁边还有树。看来神庙仅仅是神显的背景，画面突出的是神显的情境，而不是神庙。较之于神庙，柱子的尺寸都很大。这些柱子并不是普通的柱子，而是通天的柱子，也是人神之间来往的通道。这些柱子是米诺神话中的宇宙之柱或天空之柱，也是米诺人的宇宙中心。在科诺索斯出土的一枚戒指上，画面中的柱子非常醒目，它位于画面的中央，柱子的不远处是站立在半空中的男神。这根柱子很高，上部与下部分别在戒指的两端，柱子旁边是神庙和半空中直立的男神。

石头是克里特神显异象中较为独特的要素。青铜时代克里特地区的戒指描绘神显异象时，几乎九成以上都是石头。石头的形状基本都是椭圆形，其尺寸大小不一，大的石头可以让通神者倚靠，小的石头则被通神者踩在脚下。多数情况下，椭圆形的大型石头位于神显画面中央，通神者头枕石头，似乎在进入沉睡状态。出土于哈格亚·特里亚达（Hagia Triada）的一枚黏土戒指上，一位身着紧身衣服的年轻女神，右手靠在椭圆形的大石头上，回首向左前方凝望，左手挥手致意，她的左前方是"之"字形符号和一对飞翔的蝴蝶（图2-1-5）。在塞勒派勒（Sellopoulo）墓葬出土的一枚金戒指中，画面表现的神显场景极其清晰。画面中，一位男性通神者倚靠在一块椭圆形的巨石边，右手向天空伸出，左臂倚靠在巨石上，似乎在问候天空的彗星与飞鸟（图2-1-6）。在这幅画像中，整个神显的空间都是由石头和大树建构的，画面左边的大树位于一堆石头中，画面右边还有一块巨大的石头。

近期出土的考古资料表明，青铜时代克里特印章上的椭圆形石头其实并不是凭空出现的，而是当时仪式的真实描写。考古工作者在迈锡尼境内美劳斯岛（Melos）的彼拉科匹（Phylakopi）圣殿中发掘出了一块大圆石，其形状与大小均类似于新宫殿时期克里特地区的戒指上描绘的圆石。这块大圆石出土于一座连接东、西神祠的小天井，其具体生成时间为公元前1270年（LH IIIA2时期）。该圆石高度约为47厘米，直径约为50厘米（图2-1-7）。[1] 很有可能，这里就

---

[1] John G. Younger, "Tree Tugging and Omphalos Hugging on Minoan Gold Ring", *Hesperia*, Supplement, 2009, 42: 46.

图 2-1-5 哈格亚·特里亚达印章上的石头

[图片来源：Caroline J. Tully, Sam Crooks, "Dropping Ecstasy? Minoan Cult and the Tropes of Shamanism", *Time & Mind*, 2015, 8(2): 149, Fig. 25]

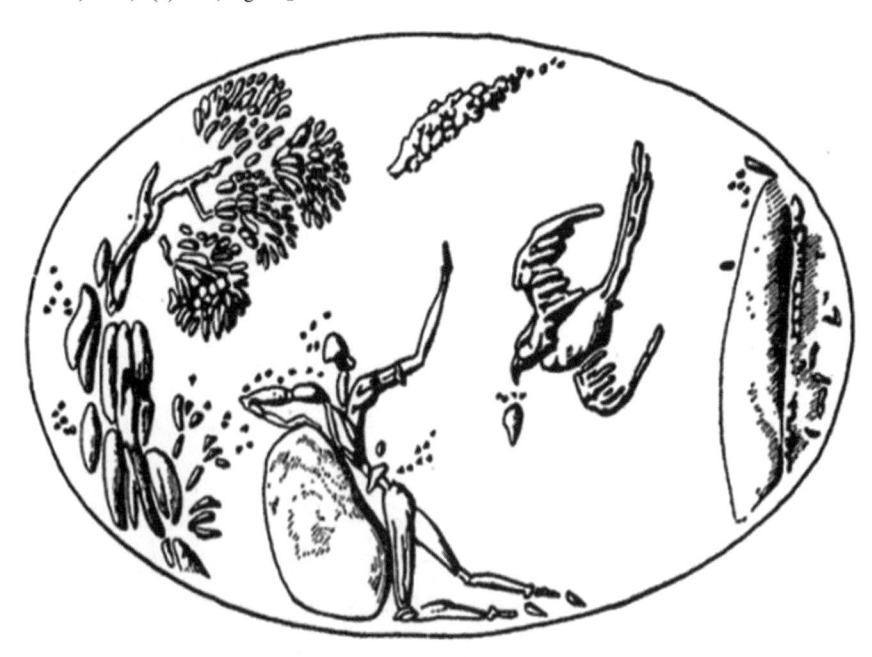

图 2-1-6 塞勒派勒金戒指上的石头

（图片来源：Mervyn R. Popham, E. A. Catling, and H. W. Catling, "Sellopoulo Tombs 3 and 4, Two Late Minoan Graves Near Knossos", *Annual of the British School at Athens*, 1974, 69: 218, Fig. 14D）

是当初的神职人员遇见异象的地方，而这块大石头就是通神者用来看见异象的媒质。克里特地区的戒指的生成时间为公元前1390年至前1370年。而迈锡尼境内美劳斯岛的彼拉科匹圣殿中出土的圆石的生成时间为公元前1270年，二者之间的时间差有一百多年。尽管如此，有一点是肯定的，那就是新宫殿时期克里特地区的戒指上的圆石并不是偶然出现的，它一定在同时期的迈锡尼圣殿中出现过，后期的迈锡尼圣殿中保留了这种传统。

在神显异象中，最为关键的问题是：神显是在哪里发生的？从青铜时代晚期克里特地区的戒指上描绘的具体场景来看，神显是在野外进行的。具体到野外场景的建构因素，主要有以下几种图像要素：石头、大树、牛角、柱子、神庙、祭坛、小型建筑物。其中，最为

图 2-1-7 迈锡尼彼拉科匹圣殿中的圆石
（图片来源：John G. Younger, "Tree Tugging and Omphalos Hugging on Minoan Gold Ring", *Hesperia,* Supplement, 2009, 42: 48, Fig. 4.8）

重要的是石头与大树。石头与大树在青铜时代克里特地区的戒指神显场景中出现的频率最高，其具体出现的情况各有不同。具体而言，青铜时代晚期克里特地区的戒指上的石头与大树的图像主要有以下三种类型。一，大树单独出现。此类图像有大树出现在建筑物的前面，也有单独一棵大树在风中摇摆的情景。二，石头单独出现。这类图像表现的核心是人物伏在石头上的情景，应该是通灵者在通过石头获取神谕。三，石头与大树同时出现。画面往往伴随着一位人物摇树，同时另外一位人物将头枕在石头上的情景。这种类型的图像出现的频率最高，并且人物摇树与枕石是整个画面表现的核心内容。据统计，青铜时代晚期的克

里特共计有 37 枚戒指上出现了石头与树同时出现的图像[①]，有 11 枚戒指上出现了单独在风中摇摆的大树场景[②]。虽然这些石头与大树在青铜时代克里特地区的戒指中出现的频率与情境各不相同，但它们同时指向了神显的空间。从青铜时代晚期克里特地区的戒指上描绘的场景来看，神显异象基本都是在有石头或者大树的地方进行的。大树和石头不仅建构了神显的空间，它们还是神显的媒介，即通灵之物。这就意味着，石头在整个神显环境中具有非常重要的地位，它是建构神显空间的关键因素。

第三节　直面神明：神显异象发生的路径之一

所谓神显异象发生的路径，指的是人类通过何种方式感知异象的发生。在青铜时代克里特地区的戒指上的神显异象场景中，人类通过两种方式来接受神显：直面神明的真身与面对神明的化身。在直面神明真身的神显异象中，人类与神明面对面交流。而在面对神明化身的神显异象中，人类通过各种方式感受到神明的化身并获知神意。因涉及的问题较为复杂，下面分别论述。

我们先探讨人类直接面见神明的神显异象。在青铜时代克里特的戒指画面中，人类面见神明的神显场景基本都是程式化的，可见这类图像在当时的克里特非常流行。这类神显异象描绘的情境大致如下：神明从天空中快速降落或者站立在半空中，一位人类形象在地面上以极其谦卑的姿态迎接神明的降临。通常情况下，人类在神庙的外面面对面地遇见了神明，此时的人类通神者处于一种很平静的状态中，并未有任何萨满式的迷狂行为。在这类神显异象中，现身的神明有男神也有女神，不过男神的形象居多。一种饶有趣味的现象是，当男神显身时，迎接他的是女性通神者；而当女神显身时，迎接她的则是男性通神者。在这类神显异象场景中，神明以极其威严的俯视姿态出现在人类通神者面前：一只手臂前伸，另外一只手臂弯曲，似乎在向通神者打招呼。通神者则将双手举到额前，以仰视的姿态望着神明。在科诺索斯出土的一枚戒指中（图 2-1-8），一位女性通神者双手合拢，头部低垂，以一种极为畏惧而胆怯的姿态站立在一位身材高大的男神面前。男神神情威严，手臂伸出，似乎在安慰面前的女性。在科诺索斯著名的"山母"戒指印章中，一位男性通神者目睹了女神的现身（图 2-1-9）。这枚戒指印

[①] C. J. Tully, *The Cultic Life of Trees in the Prehistoric Aegean, Levant, Egypt and Cyprus*, Leuven: Peeters Publishers & Booksellers, 2018, p. 203.

[②] John H. Betts, "Trees in the Wind on Cretan Sealings", *American Journal of Archaeology*, 1968, 72(2): 149-150.

图 2-1-8 科诺索斯戒指上的男神与通神者
［图片来源：E. Kyriakidis, "Unidentified Floating Objects on Minoan Seals", *American Journal of Archaeology*, 2005, 109(2): 149, Fig. 17］

图 2-1-9 科诺索斯戒指上的女神与通神者
（图片来源：Arthur J. Evans, *The Palace of Minos: A Comparative Account of the Successive Stages of the Early Cretan Civilization as Illustrated by the Discoveries at Knossos*, Vol. 3, London: Macmillan and Co. Limited, 1930, p. 463, Fig. 323）

章描绘了一名男性在面对女神时的场景,尽管这位女神已被探讨多次,但面对神明的男性人物的身份尚未得到更多的关注。亚瑟·J. 伊文思(Arthur J. Evans)认为戒指中的女性是女神,但却未指出男性人物的身份。[①]我们认为,画面中的男性姿态谦卑,在仰视女神,因此他可能是通神者,在神庙边目睹了女神的现身。这位女神的姿态与其他戒指中男神的姿态有些类似,手中持有类似棍子的东西,手臂前伸,另外一只手臂插在腰上,在俯视面前的男性。克里特地区的戒指上这种直面神显的场景基本都是程式化的,这就表明神显理念在青铜时代的克里特非常普遍,并且该图像类型已经被作为一种流行的主题风格来表现。

青铜时代克里特地区的戒指上那些看见神明现身的通神者是谁?因缺乏相关的文字证据,我们无法从现存的米诺书写资料中找到答案。在回答这个问题之前,我们先看看古希腊神话。在早期的希腊神话中,因为神明的能量过于强大,人类不能直接面见神明,否则人类就会死亡。卡德摩斯的女儿塞墨勒(Semele)受到赫拉女神的挑唆,坚持要见宙斯的真面目,但最后被宙斯强大的力量击倒而死亡。《旧约》中也有类似的表述,摩西(Moses)坚持要见神耶和华的面,耶和华拒绝了。耶和华对摩西说:"你不能看见我的面,因为人见我的面不能存活。"[②]后来耶和华想了一个折中的办法:"看哪,在我这里有地方,你要站在磐石上,我的荣耀经过的时候,我必将你放在磐石穴中,用我的手遮掩你,等我过去;然后我要将我的手收回,你就得见我的背,但不得见我的面。"[③]即便是摩西,也只是看见了耶和华的背,而没有办法看见耶和华的脸。作为以色列的国王,所罗门(Solomon)最富有个人魅力,但他同样不能直面上帝,只能在梦境中看见上帝:"夜间耶和华向所罗门显现,对他说,'我已听了你的祷告,也选择这地方作为祭祀我的殿宇'。"[④]这就表明,普通人物无法直面神明,只有先知或国王这类特殊人物才可以看见神明。

在青铜时代的近东与埃及艺术中,直面神明的权力仅仅属于国王。在公元前第18世纪的巴比伦国王汉谟拉比(Hammurabi)石碑上,国王汉谟拉比一个人直接面对大神夏玛什(Shamash)的现身(图2-1-10)。汉谟拉比抬起手臂

[①] 伊文思认为该女神类似于弗吕吉亚人(Phrygian)的西布莉(Cybele)女神。详见 Arthur J. Evans, *The Palace of Minos: A Comparative Account of the Successive Stages of the Early Cretan Civilization as Illustrated by the Discoveries at Knossos*, Vol. 3, London: Macmillan and Co. Limited, 1930, p. 463。

[②] 中国基督教三自爱国运动会、中国基督教协会:《圣经·旧约》(和合本修订版),南京爱德印刷有限公司,2010年,《出埃及记》33:20。以下仅标明章节,其他省略。

[③]《出埃及记》33:21-33。

[④]《历代志(下)》7:12。

向神明问候,大神夏玛什端坐在御座上,二者看上去非常亲近。在公元前 2000 年的马里(Mari)王宫的壁画上,国王辛木利-利姆 (Zimri-Lim) 直面女神伊什塔尔(Ishtar),女神的姿态威严而高贵,但国王则谦卑而顺从。① 这种现象其实很容易理解,因为直面神明是一种特殊的资格与能力,是与神交流的能力。独占沟通天地的能力就意味着身份的特殊性。在前科学时代,沟通天地的能力是最大的能力和权力。谁拥有了这种能力,谁就拥有了无上的权力。从这个意义上说,直面神明就是最大的权力。因此埃及的艺术中同样有大量法老直面神明的场景,它们与青铜时代的近东艺术所表达的认知并没有本质性差异。

图 2-1-10 汉谟拉比法典国王直面神明夏玛什
(图片来源:Marc Van Mieroop, *A History of the Ancient Near East: ca.3000-323 BC*, Third edition, Malden, MA: Blackwell Publishing Ltd., 2016, p. 122, Fig. 6.2)

在这个层面上,我们可以断言,作为王权意识形态的建构工具,印章上与艺术中的国王直面神明的异象已经成为建构王权意识形态的工具,更是表现国王身份的一种有力手段。

学者南诺·马瑞纳托斯指出,公元前 1650 年至前 1380 年,在地中海沿岸的科诺索斯、叙利亚、黎凡特地区、埃及、米坦尼,以及安纳托利亚的赫梯帝国,这些地方共享一种宗教共同体,其核心因素是女神与国王。国王是女神的儿子,国王是女神统治人类社会的唯一合法代言人。② 在青铜时代地中海宗教共同体的背景下,我们可推断,米诺时代的戒指上的神显场景中那些直面神明的男性与女性并不是普通的神职人员,而是国王和王后。毕竟,在神权与王权结合的时代,

---

① 参见 Marc Van Mieroop, *A History of the Ancient Near East: ca.3000-323 BC*, third edition, Malden, MA: Blackwell Publishing Ltd., 2016, p. 122, Fig. 6.2。
② Nanno Marinatos, *Minoan Kingship and the Solar Goddess: A Near Eastern Koine*, Chicago: University of Illinois Press, 2010, pp. 193-196.

沟通天地的能力是最大的权力，而独占沟通天地的权力则是对资源最大的垄断，也是统治者证明其身份不同于常人的一种特殊手段。青铜时代克里特地区的戒指上的神显画面中，国王与王后是直面神明现身的通神者，他们独断了面对面遇见神明的权力。从克里特地区的戒指画面表现的情境来看，直面神明的画面中只有一位通神者，很有可能这也就间接表明通神者高贵的身份。因为只有国王与王后才能够面见神明，而画面上也只有一位通神者面对神明。

第四节　直面神明的化身：神显异象发生的路径之二

　　第二种神显异象是看见神明的化身，即神明的象征符号。我们不妨将神明的象征符号称为显圣物，以此表明符号的神圣性。这种神显异象的图像特征是，通神者从未直面神明的化身，他们似乎处于一种迷狂的状态，通过摇动大树与触摸圆石而入神，得以看见显圣物。这类神显异象的核心图景是通神者通过摇动大树或者触摸圆石进入迷狂状态，然后得以看见神明的化身：太阳、月亮、星星、飞鸟、蝴蝶、蜻蜓、眼睛等等。有些戒指画面表现的就是摇树与触摸石头两种行为并存的情景，像克里特卡莱维亚戒指中的神显图像就是这种类型的情境，画面上的女性通神者在摇动大树，而男性通神者则在触摸圆石。有些戒指画面表现的是触摸圆石的情景，哈格亚·特里亚达印章、塞勒派勒金戒指，以及阿卡尼斯戒指（图2-1-11）描绘的神像场景，通神者都是右手触摸圆石而得以看到神明的化身。也有一部分戒指画面表现的是摇动大树或者触摸石头而看见神明化身的神显异象。摇树的场景较为少见，而头枕圆石的场景则比较普遍。比如，卡沃斯（Kavousi）出土戒指图像（图2-1-12）中，一位女性通神者通过摇动大树而看见神明的化身。在科诺索斯出土的一枚印章上，一位女性通神者潜伏在一块圆石上，似乎进入睡眠状态（图2-1-13）。通常情况下，摇动大树或者触摸石头的通神者有男性，也有女性，神显的地方是神庙之内，这就表明神明只在其神庙内现身。神庙的标志符号有时候是神庙建筑物，有时候是石头，有时候是大树。看见神明化身的神显异象是青铜时代克里特地区的戒指神显图像的主流，也是一种非常重要的戒指图像类型。

　　值得注意的是，这种摇动大树或者触摸石头的神显图像并不是克里特地区戒指上的独有图像，迈锡尼时期希腊大陆的戒指上同样有这类神显异象的图像。在迈锡尼出土的一枚金戒指上，画面呈现的是男性通神者双手摇动大树并且双脚踩在鹅卵石上而获知神意的神显图景（图2-1-14）。在这枚戒指上，通神者触摸的圆石并不是圆形的巨石，而是鹅卵石。学者特立格维·N. D. 梅廷戈（Tryggve

图 2-1-11 阿卡尼斯戒指上的神显异象
（图片来源：Nanno Marinatos, "The Character of Minoan Epiphanies", *Illinois Classical Studies*, 2004, 29: 33, Fig. 3）

图 2-1-12 卡沃斯戒指上的神显异象
（图片来源：Nanno Marinatos, "The Character of Minoan Epiphanies", *Illinois Classical Studies*, 2004, 29: 31, Fig. 5）

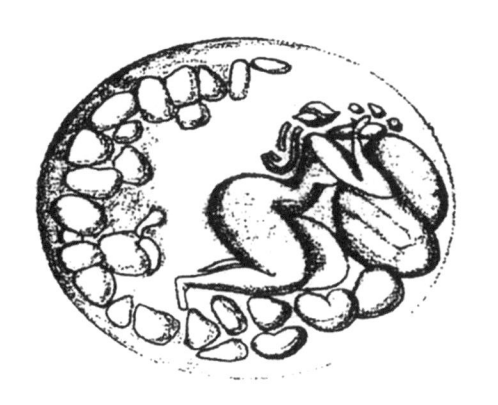

图 2-1-13 科诺索斯戒指上的神显异象
（图片来源：Nanno Marinatos, "The Character of Minoan Epiphanies", *Illinois Classical Studies*, 2004, 21: 33, Fig. 6）

图 2-1-14 迈锡尼戒指上的神显异象
（图片来源：Arthur J. Evans, "Mycenaean Tree and Pillar Cult and Its Mediterranean Relations", *The Journal of Hellenic Studies*, 1901, 21: 177, Fig. 53）

N. D. Mettinger）指出，在地中海沿岸世界，几乎所有的宗教仪式中都会出现鹅卵石。[①] 学者南诺·马瑞纳托斯指出，青铜时代的地中海世界，大树是通神的圣物，也是人类与神明沟通的媒介。[②] 这也就表明，青铜时代克里特地区的戒指上的圆石与大树，并不是偶然出现的，它们是青铜时代地中海沿岸仪式中普遍出现的

[①] Tryggve N. D. Mettinger, *No Graven Image? Israelite Aniconism in Its Ancient Near Eastern Context*, Stockholm: Almqvist & Wiksell International, 1995, p. 53.

[②] Nanno Marinatos, Minnoan *Kingship and the Solar Goddess: A Near Eastern Koine,* Chicago: University of Illinois Press, 2010, pp. 91-92.

神圣符号。

可以看到，通过摇动大树或触摸石头而得以看见神明的化身，这是青铜时代克里特地区的戒指图像表达的一种非常重要的认知与理念。至于为何是大树与石头，答案其实源于克里特人关于大树与石头的神话认知。在青铜时代的地中海沿岸，乃至于整个地中海地区，树其实是不死与再生的象征符号，也是连接人类社会、神界以及冥界的通道。而石头则因为其坚硬的质地与外形，成为不死与再生，乃至于神明的象征。总之，大树与石头是青铜时代地中海世界两种通神的圣物，因而被人们用于仪式与各种神圣的场合。克里特地区的戒指上的通神者通过摇动大树或触摸圆石，能够进入一种近乎迷狂的入神状态，然后得以面见神明的化身，进而获知神意，这应该是戒指画面所表达的整体性理念。

在青铜时代克里特地区的戒指的神显场景中，有不少场景表现的是通神者潜伏在圆形巨石边，右手抱住石头，回头观望天空中的神显物，并且左手打招呼的情景。哈格亚·特里亚达戒指印章、塞勒派勒金戒指印章描绘的都是这类场景。还有一部分戒指描绘的是通神者将头枕在圆石上的情景，场景中的通神者身穿紧身衣服倚靠在圆石上，似乎进入睡梦之中。阿卡尼斯戒指与科诺索斯戒指描绘的神显场景均是这一类场景。阿卡尼斯戒指上还出现了显圣物：蜻蜓、眼睛、双面斧、钉状物等等。我们认为，第一类场景和第二类场景表达的其实是同样的神显理念，即通神者通过做梦而遇见神明化身。画面上表现的通神者的这两种不同姿态并不矛盾，很有可能是通神者在不同状态下的不同姿态。一种很大的可能是，通神者潜伏在石头上，先是进入沉睡状态，然后在睡梦中看见了神显异象，于是回头问候天空中神明的化身。

在睡梦中看见神明，这种异象在地中海东部的神话世界里是一种普遍的现象。在《吉尔伽美什》（Gilgamesh）中，英雄吉尔伽美什做了五场梦，每一次都在梦境中遇见了神明。[①] 在公元前1774年至前1760年的马里国王济姆里利姆（Zimrilim）宫殿中的王室档案书信集中，先知写信描绘了其在梦中见到神明的情景："在梦中，我遇到了一个和我一样的人，他也打算去旅行……在到达马里之前，我进入了特卡（Terqa）城。进城后，我走入达干（Dagan）神庙，匍匐在达干神像前。就在我跪拜神像（膜拜的偶像）时，大神达干开口这样对我说

---

① The Epic of Gilgamesh, Tabet IV, i–iv, in *Myths from Mesopotamia: Creation, the Flood, Gilgamesh, and Others*, edited and translated by Stephanie Dalley, revised edition, New York: Oxford University Press, 2000, pp. 67–70.

话。"① 在这封信件中，先知的灵魂进入梦中并且走进了神庙。这部分书信集是公元前 2000 年关于预言的最具可信性的部分，这封信比米诺时代的戒指的时间要早两个半世纪。它不能为青铜时代米诺时代的戒指上的神显异象提供直接的证明材料，但却可以提供此时地中海东部世界关于梦里遇见神明的真实表述。在后来的《圣经》叙事中，希伯来雅各在一块石头边梦见了耶和华神。"雅各……就在那里住宿，便拾起那地方的一块石头，枕在头下，在那里躺卧睡了。梦见一个梯子立在地上，梯子的头顶着天，有神的使者在梯子上，上去下来。耶和华站在梯子以上，说：我是耶和华，你祖亚伯拉罕的神，也是以撒的神。"②《圣经》中的这段经文告诉我们，希伯来人曾经将石头视为遇见神明的圣地，也就是野外的圣殿。神明只在其圣殿中出现，石头其实就是耶和华露天的圣殿。

综上所述，我们可以断言，青铜时代克里特地区的戒指上的看见神明化身的神显异象，其核心叙事内容是通神者在睡梦中看见了神明的化身。很有可能，这些看见神明化身的通神者中有国王和王后。只不过国王和王后很有可能并不是这类神显异象中唯一的通神者，而仅是其中之一。根据埃及与近东神话的表述，国王与王后是仪式执行者的核心人物。按照这种可能来推断，米诺时代的戒指上神明化身的神显图像场景中，核心人物有可能是国王或王后。

结　　语

从以上论述我们可以判定，青铜时代刻有神显异象的戒指是国王颁发给信任的臣子用来盖印的权力象征符号，神显异象因而是彰显国王的神圣血统及其合法统治的象征性符号。换言之，青铜时代克里特地区的戒指印章上的神显异象图像并不是随意出现的，而是为了彰显王权的合法性而设计的。这里的原因非常简单，青铜时代的克里特为神圣王权，国王是太阳女神的儿子，也是女神统治人间的合法代理人。这个时期的地中海沿岸地区，包括埃及、乌迦特、叙利亚、黎凡特地区、克里特地区，人们拥有相同的神话信仰与宗教信仰体系。在这个信仰共同体中，国王拥有沟通天地的能力，而沟通天地的能力是最大的权力。在这一时期的克里特地区的戒指印章中，神显异象是为了突出国王与王后能够与神明沟通的神圣能力。因此戒指印章上的神显异象就成为王权意识形态的一种建构工具，也是这个时期王权意识形态系统的有机组成部分。

---

① Martti Nissinened, *Prophets and Prophecy in the Ancient East*, Writings from the ancient World, Number 12, Atlanta, Ga.: Society of Biblical Literature, 2003, p. 63, Nos. 9−16.
②《创世记》28:10-13。

第二章　神显之桥：青铜时代克里特地区的戒指中的石头与树

第一节　引论

石头与树是青铜时代克里特地区的戒指上一组非常独特的图像组合，二者往往同时出现。这一时期共计有 48 枚戒指上出现了石头与树的画面，这些戒指分布于克里特的各个地方，尤其是科诺索斯王宫。这就表明，新宫殿时期的克里特地区的戒指上描绘石头与树的图像是比较普遍的，该主题的画面非常重要，因此也得到了足够的重视。

关于克里特地区的戒指上石头与树图像的研究始于 1901 年伊文思的论文《迈锡尼的树与柱子崇拜及其与地中海的关联》。伊文思在这篇论文中指出，青铜时代地中海沿岸的宗教处于宗教发展的原始阶段，其突出特征是无偶像崇拜。[1] 在伊文思的研究中，青铜时代晚期克里特印章上的石头与树符号仅是他论证无偶像宗教的一个证据：石头与树为超自然神明所拥有。伊文思之后，关于新宫殿时期克里特地区的戒指印章上的石头与树的研究性成果并不算丰硕，仅有数篇论文。造成这种现象的原因是多方面的，其中最为关键的有两点：一，戒指印章是冷门研究领域，其上刻画的石头与树图像难以引起注意；二，石头与树是青铜时代克里特地区的戒指印章图像的一部分，不少研究者关注戒指图像的整体性意义，鲜有学者关注石头与树符号。关于青铜时代克里特地区的戒指印章上石头与树图像的研究模式主要分为两类：一是石头与树这组符号的真实性问题，二是石头与树符号关涉的仪式问题。第一类研究以约翰·G. 扬格为代表，

---

[1] Arthur J. Evans, "Mycenaean Tree and Pillar Cult and Its Mediterranean Relations", *The Journal of Hellenic Studies*, 1901, 21: 99-204.

他认为青铜时代克里特地区的戒指印章上刻画的石头与树符号反映了此时克里特和迈锡尼两地真实的石头与树崇拜场景。①第二类研究的典范是南诺·马瑞纳托斯，她指出青铜时代克里特地区的戒指印章上的石头与树是非常重要的仪式性符号，二者建构了神显场景的神圣空间。②以上两种类型的探讨仅仅关注克里特地区的戒指印章上刻画的石头与树的图像结构，并未涉及图像背后的认知基础及其神话思维背景。上述研究的空缺，恰好给本章提供了新的研究空间。

本章主要从神话学视角探讨青铜时代克里特地区的戒指印章上的石头与树这一组符号，首先对戒指印章上石头与树出现的具体情境进行考察，其次探讨其在图像及图像结构中发挥的作用，并进一步探究新宫殿时期的克里特人将石头和树作为一组图像置于戒指图像中的认知基础与思维。因本章的研究对象为戒指印章上的石头与树图像，该组符号与神话、宗教、仪式等密切相关，因此本章主要基于神话学、图像学、宗教学与人类学等跨学科视野与方法进行阐释。

第二节 石头与树图像的生成情境

青铜时代晚期克里特地区的戒指印章上石头与树的生成情境，主要指两个方面的内容：一是刻有石头与树的青铜时代晚期克里特地区的戒指印章的出土遗址，二是石头与树在印章中的图像情境。第一种情境与戒指印章的出土遗址相关，第二种情境与戒指印章描绘的图像内容相关。

从分布的场所看，刻有石头与树图像的青铜时代晚期的戒指印章普遍分布于克里特地区，主要包括科诺索斯、塞勒派勒、哈格亚·特里亚达、扎克罗、阿卡尼斯、费斯托斯（Phaistos）、卡尼亚（Chania）这些地方。在上述各地遗址中，科诺索斯出土的这类戒指最多，其次便是哈格亚·特里亚达。戒指的材质主要是黄金，同时还有青铜、玛瑙、无色水晶、蛇纹石、骨头、石头、黏土等等。从具体的遗址位置来看，宫殿、圆顶墓葬、圣所与洞穴是这类戒指出土的常见场所，其中在宫殿中的神祠出土的最多。南诺·马瑞纳托指出，克里特的黄金戒指出自王宫，其持有者是当时被国王信任的臣子。③其他材质的戒指，诸如青铜戒指、玛瑙戒指、水晶戒指等，其持有者基本是商人或地位较高的人。

---

① John G. Younger, "Tree Tugging and Omphalos Hugging on Minoan Gold Ring", *Hesperia*, Supplement, 2009, 42: 43-49.

② Nanno Marinatos, "The Character of Minoan Epiphanies", *Illinois Classical Studies*, 2004, 29: 25-42.

③［美］南诺·马瑞纳托斯：《米诺王权与太阳女神：一个近东的共同体》，王倩译，陕西师范大学出版总社，2013年，第13页。

上述情境表明，刻有石头与树的戒指在新宫殿时期的克里特地区普遍存在，其使用频率较高，经济价值也较高。另外，刻有石头与树图像的戒指基本为社会地位较高的人所拥有，其上刻画的图像及表达的理念也普遍流行于地位较高的人群中。黄金戒指的持有者基本是米诺时期克里特王宫的高官，尤其是那些被王室信任的高官。南诺·马瑞纳托斯指出，这些人是为王宫服务的高层官员，戒指是其身份的象征符号。[①] 刻有石头与树的戒指印章在新宫殿时期的克里特各地普遍存在，说明这类图像在当时已经被广泛接受。

前文已经提到，克里特地区的戒指印章上的石头与树的图像主要有三种类型，我们将对其图像情境分别进行探讨。

从图像建构要素来看，克里特地区的戒指印章中单独出现的大树画面很少有人物形象，多半是大树在风中摇摆，偶尔还有女性、牛角或柱子状的符号同时出现在画面上。在一枚出自科诺索斯的印章上，三株大树在风中摇摆（图2-2-1）。这枚戒指的整个画面没有其他符号，似乎就是为了刻画大树而设计的。这枚戒指上画面的核心就是三株风中的大树，三株大树的树干很粗也很高。克里特人在表现大树的时候，采用了多种方式，有时是整棵大树，有时是树枝，有时是果实。很难辨别这些戒指上描绘的大树的树种，目前仅仅能够辨别出的树种是棕榈树。因此可以断言，新宫殿时期克里特地区的戒指印章上刻画的单独出现的大树并不是为了表现现实生活中的大树，很有可能是克里特人为了表达某种理念而刻画的。部分刻有这类大树的戒指印章上的图像还出现了牛角与柱子，甚至还有树枝与牛角、柱子交织在一起的情景（图2-2-2）。画面中有的大树多半出现在带有牛角的祭坛边，还有女性人物形象。这类图像中的女性有的身着裙装，站立在大树前。卡沃斯出土戒指印章上的图像还描绘了女性人物形象在摇动大树的情景（见前图2-1-12）。伊达山洞穴出土的一枚戒指上，一位身着半身裙的女性站立在一座祭坛旁，女性手持巨大的海螺壳或贝壳，祭坛上方有三棵类似柏树的树，三棵树的中间还有一个巨大的牛角符号，女性人物的身后有一株树和一个小的祭坛（图2-2-3）。而戒指印章上的图像表现的是野外的场景，这些风中摇摆的大树因此应该位于野外。

[①] ［美］南诺·马瑞纳托斯：《米诺王权与太阳女神：一个近东的共同体》，王倩译，陕西师范大学出版总社，2013年，第14页。

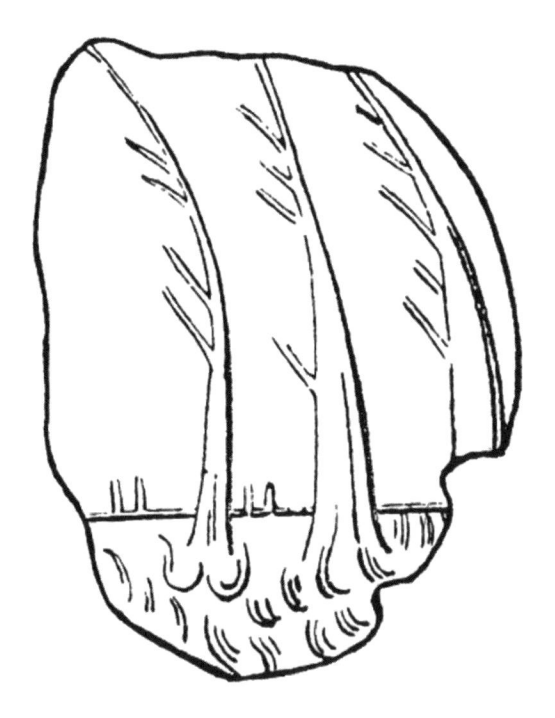

图 2-2-1 科诺索斯戒指上的树

(图片来源：Arthur J. Evans, *The Palace of Minos: A Comparative Account of the Successive Stages of the Early Cretan Civilization as Illustrated by the Discoveries at Knossos*, Vol. 1, London: Macmillan and Co. Limited, 1921, p. 697, Fig. 519)

图 2-2-2 克里特地区的戒指上的树

[图片来源：John H. Betts, "Trees in the Wind on Cretan Sealings", *American Journal of Archaeology*, 1968, 72(2): 149-150, Fig. 6]

第二编 希腊神话中的异象与灾难理念 | 123

图 2-2-3　伊达山洞穴戒指上的树与女性

（图片来源：Arthur J. Evans. "Mycenaean Tree and Pillar Cult and Its Mediterranean Relations", *The Journal of Hellenic Studies*, 1901, 21: 142, Fig. 25）

　　克里特地区的戒指印章画面中石头单独出现的场景也比较多，而且这些画面也具有一些普遍的特征。例如，戒指画面表现的女性形象躬身潜伏在一块巨大的石头上，女性上身裸露，下身穿着紧身的裤子。有些时候单独出现的石头画面中还会出现带翅膀的昆虫，比如蜻蜓或蝴蝶。在科诺索斯出土的一枚印章上，一位女性潜伏在一块巨石上，女性的周围都是石头（图 2-2-4）。在哈格亚·特里亚达出土的戒指印章上，一位女性右手枕在一块巨石上，身后是三只昆虫，其中一只昆虫体形硕大（图 2-2-5）。哈格亚·特里亚达出土的戒指印章上的女性形象，脖子上还佩戴着珠宝，看上去应该是地位较为高贵的女性。上述图像中与石头一起出现的女性看上去较为成熟，应该是已婚的女性。值得注意的是，这些女性形象都是丰乳肥臀的女性。这类图像似乎在表达一种石头与女性之间的内在关系，或者借助于这些女性表达一种和石头相关的关联性理念。上述这些画面上并未有任何人造物出现，因此可以断定它们表述的很有可能是野外的情景。

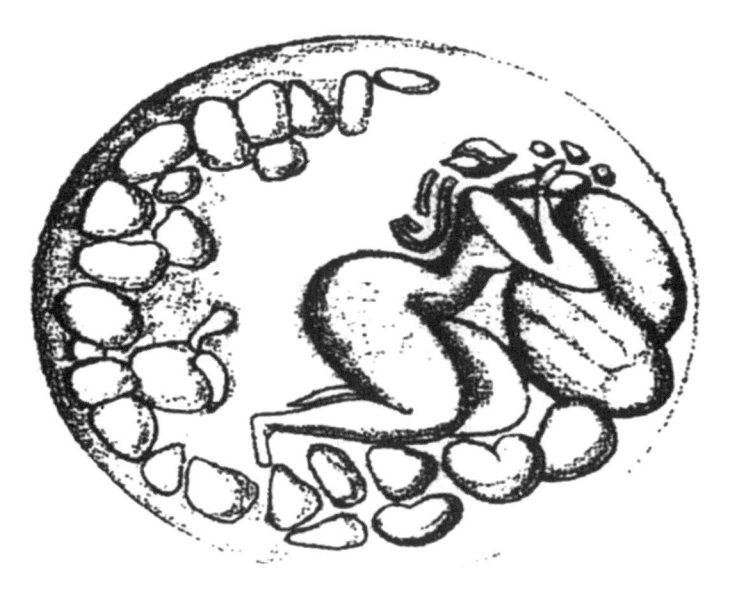

图 2-2-4 科诺索斯印章上的石头

（图片来源：Nanno Marinatos, "The Character of Minoan Epiphanies", *Illinois Classical Studies*, 2004, 29: 33, Fig. 6）

图 2-2-5 哈格亚·特里亚达戒指上的石头

（图片来源：［美］南诺·马瑞纳托斯：《米诺王权与太阳女神：一个近东的共同体》，王倩译，陕西师范大学出版总社，2013年，第116页，图 7-2b）

第二编 希腊神话中的异象与灾难理念 | 125

石头与树同时出现是青铜时代克里特地区的戒指印章画面中最为重要的一种类型，它在不同材质的戒指印章上反复出现，在黄金戒指上出现的频率最高。在这类图像场景中，石头与树同时出现，但二者并不是画面表现的核心，因为画面要表达的是一种特殊的场景，那就是人物摇动大树，以及头枕巨石的行为。通常而言，戒指印章画面中会描绘一位人物（男性或女性）摇动大树，而另外一位人物将头部枕在巨石上。针对这种情境，我们以两枚戒指上的图像为例加以说明。在阿卡尼斯出土的一枚黄金戒指印章上，整个画面描绘的核心就是摇树与枕石这两种行为（见图 2-1-11）。画面从左到右可以分成三个部分：左边一位男性人物在摇动大树，中间一位女性人物面向右方站立，右边一位女性人物将头部靠在椭圆形的巨石上。枕石者的身后有蜻蜓、蝴蝶、双面斧、眼睛、弓箭等符号出现。可以看出来，画面描绘的似乎是一场特殊的仪式或异象，而其中关键性因素是摇动大树与在石头上枕伏。与此类似的是，卡莱瓦亚（Kalyvia）出土的一枚戒指印章上也刻画了摇树与枕石的画面（图 2-2-6）。这枚戒指印章画面中的人物只有两位，左边的男性枕伏在椭圆形的大石上，右边的女性则在

图 2-2-6　卡莱瓦亚戒指上的石头与树

（图片来源：Nanno Marinatos, "The Character of Minoan Epiphanies", *Illinois Classical Studies*, 2004, 29: 35, Fig. 8）

用力摇动一座建筑物前面的大树，二者身后的天空有鸟、"之"字形或其他难以辨识的符号。鲁西·古迪森（Lucy Goodison）认为，新宫殿时期克里特地区的戒指印章上刻画的摇树与枕石画面其实是一种宗教性的仪式行为，并且很大程度上是在野外举行的。[1]

从上述情境可以看出，新宫殿时期克里特地区的戒指印章上描绘的石头与树这种特殊的情境表明一种理念：戒指画面中石头和树相关的图像内容发生在野外，并且石头与树在其中具有关键性作用。那么，戒指印章上描绘的图像究竟有何意味？石头与树究竟在其中发挥了什么作用呢？

第三节　石头与树的图像叙事

在石头与树图像的三种类型中，单独的树图像表述的叙事内容较为单一，这里不做叙事分析。我们下面要阐释的是石头与树同时出现，以及石头单独出现的图像内容。根据结构主义的规约，意义由要素建构而成，因此，在考察石头与树图像的叙事内容之前，我们首先要确立其图像要素。

在石头与树并置以及石头单独出现的戒指画面中，出现的图像与符号主要有以下几类：人物、建筑物、石头、树、天体、昆虫、牛角、柱子、鸟、双面斧、龙舟、眼睛等等。建筑物主要是小型的神殿，昆虫有蝴蝶、蜻蜓，天体有太阳、月亮、彗星、流星。上述这些符号建构起来的图像场景的基本特征是，人物通过摇动大树与石头进入一种特别的状态，甚至很多图像中出现了飘浮在天空中的一些符号：太阳、月亮、彗星、流星、鸟、钉状物、眼睛、蛇、射线、带流苏的双面斧、牛角、昆虫、双线。不少学者认为，这些符号与图像建构的场景描述了克里特人的某种仪式性行为。比如，马丁·P. 尼尔森就认为，这些图像描绘的画面表现的是人类崇拜圣树的仪式。[2] 笔者认为，如果这些图像是关于圣树的崇拜仪式，那么图像中就应该出现相关的祭品。但实际上所有的戒指图像中均未出现祭品，表明这些图像描述的不是圣树崇拜的场景。

若仔细观察克里特地区的戒指上刻画的带有石头与树的场景，我们会发现，这些画面表现的核心内容是摇树与枕石。除此之外，图像中的人物并未有其他特殊的动作。有些戒指上还刻画了人物形象枕在石头上的时候回看空中飘浮的

---

[1] Lucy Goodison, "'Why All This about Oak or Stone?': Trees and Boulders in Minoan Religion", *Hesperia*, Supplement, 2009, 42: 53.

[2] Martin P. Nilsson, *The Minoan-Mycenaean Religion and Its Survival in Greek Religion*, Lund: C. W. K. Gleerup, 1927, p. 225.

一些物体：蜻蜓、鸟、流星、彗星、双面斧等等。这些符号出现的频率很高，并且在画面中的比例很大，其象征意义非同一般。因此，破译这些符号，就可以明白戒指刻画的图像叙事。南诺·马瑞纳托斯认为，这些飘浮在天空中的符号是神明的象征符号，这些符号出现在天空就预示着神明的降临，因此这些刻有摇树、枕石的戒指图像表达的应该是神显异象。[①] 笔者比较认同这种观点，但为方便理解，下面以塞勒派勒出土戒指上的图像为例说明。

在一枚出自塞勒珀勒的金戒指上（图2-2-7），一名男性潜伏在一块巨大的圆形石头上，他左手攀缘圆石，回首张望，右手问候头顶右上方的一只飞鸟。男性的头顶右上方，一颗流星穿过天空。男性的左边是一株大树，树下是数块圆石。马丁·P.尼尔森指出，这只鸟是神明的化身。[②] 也就是说，该戒指上的画面是神明向人类发布异象的场景。如果考察一下荷马史诗，《伊利亚特》中的部分诗文或许可以帮助我们理解这种神显异象。赫克托尔死后，特洛伊老国王

图2-2-7 塞勒派勒出土的戒指上的异象

（图片来源：Mervyn R. Popham, E. A. Catling, and H. W. Catling, "Sellopoulo Tombs 3 and 4, Two Late Minoan Graves Near Knossos", *The Annual of the British School at Athens*, 1974, 69: 218, Fig. 14 D）

[①] ［美］南诺·马瑞纳托斯：《米诺王权与太阳女神：一个近东的共同体》，王倩译，陕西师范大学出版总社，2013年，第127—130页。

[②] Martin P. Nilsson, *The Minoan-Mycenaean Religion and Its Survival in Greek Religion*, Lund: C. W. K. Gleerup, 1927, p. 285.

普里阿摩斯祈求宙斯派遣神鸟发布神谕,以便让他知道是否能够到希腊阵营赎回儿子的尸首。"父亲宙斯、伊达山至高无上的统治者,让我到阿基琉斯那里受到接待,获得怜悯,请派只显示预兆的鸟儿、快速的信使、你心爱的飞禽,强大无比,让它在您右边飞过,我亲眼看见了,有信心到骑快马的达那奥斯人的船寨去。"① 能够看出,《伊利亚特》所述的信息与塞勒派勒出土的戒指上的图像所描绘的场景是一致的:鸟是发布神谕的信使,它从敬拜者的右方飞过。这样我们就可以理解青铜时代晚期克里特刻有石头与树的图像叙事:这是神显异象出现的场景,神明通过各种异象向人类发布其旨意。

为何这些神显异象会发生在有石头和大树的场所?换言之,石头和大树在神显场景中具有何种作用?从新宫殿时期克里特各地戒指印章上描述的图像场景来看,神显场景中的人物应该是能够与神明沟通的通灵者,他们通过摇动大树与枕伏在石头上获知神谕并遇见神明。从这个角度看,大树与石头(尤其是圆石)或许是神显异象中通神的媒质和桥梁。从克里特出土戒指印章上描绘的图像场景来看,通灵者摇动大树的幅度很大,多数情况下双手用力摇动树枝,双膝弯曲。看上去就是,摇动大树可以获得神明的旨意。这种通神者用力摇动大树的动作几乎是一致的,通灵者的姿势几乎如出一辙。可见这种摇动树枝的动作并不是偶然现象,而是一种普遍性和程式化的行为。根据学者珀森的观点,人摇动树枝是吸引神明的一种方式,触摸大树其实是在神明和人类之间做有效沟通。② 那么很有可能,通灵者摇动作为通神桥梁的树枝,大树发出声音,神明听到大树的声音后,再通过大树发出声音,通灵者聆听大树的声音并领会神谕。这种以树为通神桥梁的场景在希腊的德尔斐神托所中经常出现:阿波罗的祭司皮提亚(Pythia)要在咀嚼月桂树的树叶之后,才能够进入迷狂状态发布神谕。③ 直到公元前5世纪,希腊人依然认为,咀嚼月桂树叶能够让他们与阿波罗近距离接触,从而得知神意。④ 这种理念如此普遍,以至于它被表现在瓶画上。在公元前5世纪的阿提卡(Attic)的一幅红陶瓶画上,阿波罗的大祭司皮提亚手持月桂树,为雅典国王埃勾斯解读神谕(图2-2-8)。这种通过大树获得神意的理

---

① [古希腊]荷马:《伊利亚特》(希汉对照本),罗念生、王焕生译,上海人民出版社,2017年,第24卷第308—323行。

② A.W. Persson, *The Religion of Greece in Prehistoric Times*, Berkeley: University of California Press, 1942, p. 89.

③ John Ferguson, *Among the Gods: An Archaeological Exploration of Ancient Greek Religion*, London: Routledge, 1989, p. 72.

④ Hugh Lloyd-Jones, "The Delphic Oracle", *Greece & Rome*, 1976, 23(1): 67.

图 2-2-8 公元前 5 世纪阿提卡红陶瓶画中的月桂树叶

［图片来源：Luís Mendonça de Carvalho, Francisca Maria Fernandes, and Hugh Bowden, "Oracle Trees in the Ancient Hellenic World", *Harvard Papers in Botany* , 2011, 16(2): 426, Fig. 1］

念在《圣经》中同样存在：上帝告知大卫，他要在敌人非利士人（Philistines）的桑林对面去攻打他们，当他听到桑树梢上有脚步的声音之后，他就可以率领军队前去急速攻打非利士人了。[1] 很有可能，青铜时代的克里特人的信仰中早就有大树为通神圣物的概念，后期的希腊人延续了这种信仰，并用各种方式加以表现。

与此类似的是，克里特地区的戒指印章上的石头同样具有沟通神人的作用。我们在科诺索斯出土的戒指画面上能够看到这种典型的场景。这枚戒指画面中的女性穿着贴身的衣服，将头贴在一块圆石上。这位女性通神者似乎处于沉睡

---

[1]《撒母耳记下》5:23-24。

状态，好像只有这样才能亲近神明。在这幅戒指图像中，女性通神者通过接触石头而获得神明的旨意。在很多情境下，通神者摇动大树与头枕石头获得神意，是新宫殿时期克里特地区的戒指画面表现的核心。石头就像大树一样，成为通神者获得神意的神圣之物。关于这一点，《圣经》中有明确的表述："雅各……就在那里住宿，便拾起那地方的一块石头，枕在头下，在那里躺卧睡了。梦见一个梯子立在地上，梯子的头顶着天，有神的使者在梯子上，上去下来。耶和华站在梯子以上。"[①]与此同时，石头也构成了野外崇拜空间的一个重要部分。"戒指的图像表明，野外的崇拜空间基本都位于接近石头的地方。"[②]科诺索斯出土戒指与哈格亚·特里亚达出土戒指上描绘的图像场景非常清楚地表明了这一点。图中两位女性通神者所处的环境是一个由石头建构而成的野外神圣空间，石头是唯一能够让她们获取神意、与神沟通的媒质与场所。可见石头是人类与神明沟通的桥梁，也是构成神显的神圣空间。究其原因，大概在于石头是神明的化身，因此可以用来通神。[③]从图像中能够看出，新宫殿时期克里特神显场景中的圆石上刻有纹饰，看上去有些像德尔斐的翁法罗斯（Omphalos）石（图2-2-9）。或许这是标志圆石为神圣之物的记号，抑或是石头被膏抹之后的样态。将被膏抹过的石头视为神圣之物的做法在地中海东部比较普遍，赫梯人（Hittites）就将被膏抹的石头称为圣石胡瓦斯（huwasi），并将其置于神殿或露天圣殿内，人们在其前面献祭。[④]

戒指图像中与石头同时出现的大树，同样具有二重作用：一方面作为桥梁，具有沟通人神的作用；另一方面，作为建构野外神圣空间的重要因素，具有将空间神圣化的作用。这里要强调的一点就是，石头与树同时出现在戒指画面中，并不是一种虚构性的场景，而是一种真实的崇拜空间的再现。考古工作者在迈锡尼境内美劳斯岛的彼拉科匹圣殿中发掘了一块大圆石，其形状与大小均类似于新宫殿时期克里特地区的戒指上描绘的圆石。这块大圆石出土于一座连接东、西神祠的小天井，其具体生成时间为公元前1270年（LH IIIA2时期）。小天井的面积很小，大概只有3.25平方米，很像一条连接东、西两座神祠的过道。

[①]《创世记》28:10-13。

[②] Lucy Goodison, "'Why All This about Oak or Stone?': Trees and Boulders in Minoan Religion", *Hesperia*, Supplement, 2009, 42: 55.

[③] Lucy Goodison, "Death, Women, and the Sun: Symbolism of Regeneration in Early Aegean Religion", *Bulletin*, Supplement, 1989 (53): 44.

[④] Tryggve N. D. Mettinger, *No Graven Image? Israelite Aniconism in Its Ancient Near Eastern Context*, Stockholm: Almqvist & Wiksell, 1995, p. 129.

图 2-2-9　德尔斐博物馆藏翁法罗斯石（王倩摄）

大圆石位于西神祠的前方入口处，紧靠墙角而立。大圆石被置于众多的、光滑的玄武岩质地的鹅卵石之间，其外形非常醒目。大圆石并不是玄武岩，而是凝灰岩。该圆石高度约为47厘米，直径约为50厘米（图2-2-10）。① 很有可能，这里就是当初神职人员遇见异象的地方，而大圆石就是克里特地区的戒指图像中那些醒目的圆石。古希腊的很多神殿前都有大树，帕特农神庙前至今还生长着橄榄树（图2-2-11）。

图 2-2-10 迈锡尼彼拉科匹圣殿中的圆石
（图片来源：John G. Younger, "Tree Tugging and Omphalos Hugging on Minoan Gold Ring", *Hesperia*, Supplement, 2009, 42: 48, Fig. 4.7）

图 2-2-11 雅典城帕特农神庙前的橄榄树（王倩摄）

---

① John G. Younger, "Tree Tugging and Omphalos Hugging on Minoan Gold Ring", *Hesperia*, Supplement, 2009, 42: 46.

我们无法知道这块大圆石的周围当年是否栽有大树，但至少有一点是肯定的，这块圆石自身建构了一个非常狭小的神圣的宗教空间。或许当年的神职人员就是抱着这块大圆石来祈求神谕的，飞鸟、流星、蝴蝶这些东西就是异象。新宫殿时期克里特地区的戒指的生成时间基本在米诺文明晚期（LM IIIA），具体年代为公元前1390年至前1370年。而迈锡尼美劳斯岛的彼拉科匹圣殿中出土的圆石的生成时间为公元前1270年，二者之间的时间差有一百多年。尽管如此，我们还是可以肯定一点，那就是新宫殿时期克里特地区的戒指上的圆石并不是偶然出现的，它一定在同时期的迈锡尼圣殿中出现过，后期的迈锡尼圣殿中保留了这种传统。因此我们可以断言，新宫殿时期克里特地区的戒指上的石头与树是神圣的通神桥梁，其作用是双重的。那么，为何石头与树如此重要？它们是基于何种认知基础之上而被克里特人视为通神的圣物的呢？下面要重点探讨这个问题。

第四节　石头与树的神话认知

从生成的空间来看，石头主要来源于地球与外太空。外太空的固体碎片降落到地面会成为质地坚硬的陨石。在进入地面前，这些外太空固体碎片以极快的速度和大气层中的气体摩擦并发生相互作用，由此产生巨大的热量，最后变成球粒型陨石和分异型陨石。地球内部的岩浆经过凝固冷却也会变成石头，但不同情境下会形成岩浆岩、变质岩和沉积岩三种类型的岩石。对于古人而言，这两种情况下石头的形成过程都是非常令人震撼的，尤其是岩浆岩。岩浆岩又称火成岩，是由岩浆喷出地表或侵入地壳冷却凝固所形成的岩石。在岩浆岩形成的过程中，多数会伴随着剧烈的地震或者火山爆发，由此带来巨大的灾难。对于前科学时代的人类而言，石头的形成是一个非常神圣和令人恐怖的过程，因此他们对于石头保持一种非常谨慎而神圣的态度。

在古代不少地区与民族的信仰中，地球是一位有生命的母亲，她生育了万物。这种地母信仰在世界各地普遍存在，甚至在旧石器时代的古代欧洲就普遍存在。[①]在这种地母信仰中，岩浆是大地母亲的血液，石头是大地母亲的骨头。在这种背景下，由岩浆而来的石头就是神圣的，因为它是大地母亲的骨头。由此而转换的思维就是，大地母亲是万物之源，石头是大地母亲的一个部分，因此石头就像大地母亲一样可以生育万物；大地母亲是不朽的神明，因此石头也是不朽的。

[①] Marija Gimbutas, *The Living Goddesses*, Berkeley: University of California Press, 1999. Marija Gimbutas, *The Goddesses and Gods of Old Europe, 6500–3500 BC: Myths and Cult Images*, Berkeley: University of California, 1982.

这种关联性思维最后形成的神话认知就是，石头可以像大地母亲一样生育人类，也像大地母亲一样不死。在这样一种神话认知情境下，就出现了石头生人，石头是母亲，以及石头可以使人再生的各种神话信仰。我们在青铜时代的克里特地区的戒指上找不到石头生人的图像，但是《圣经》文本中有明确的表述："他们向木头（英文为 tree）说，'你是我的父'。向石头说，'你是生我的'。"[1]《圣经》中的另一处经文同样透露了石头生人的信仰："你轻忽生你的磐石，忘记产你的神。"[2] 这种关于石头与神一体，继而生出人类的概念并不是圣经时代希伯来人独创的，它在荷马史诗中同样有所体现。《奥德赛》中机智的珀涅罗珀向奥德修斯问道："但请你告诉我你的氏族，来自何方，你定然不会出生于岩石或古老的橡树。"[3] 言外之意就是，你不是出自橡树或石头，即你一定有着人类的血统。这其实就是在表达一种理念：人类源于石头和树。希腊神话中还有普罗米修斯的儿子丢卡利翁向身后丢石头造人的神话，这种神话故事正是石头生人认知的叙事表现。[4]

石头是不死与再生的象征符号的理念背后的一种事实就是，石头因为坚硬、粗粝而持久，"它的伟力、它的静止、它的体积以及它奇特的外形与人类绝无共性；它们同时表明存在着某种外形炫目的、可怕的、富有吸引力的以及颇具威胁的事物。它以其崇高、坚硬、外形状和色彩，使人类直面某种与他所属的世俗世界判然有别的实在和力量"[5]。正因为石头的这种属性，它象征了持久、永恒、不朽与不死，乃至于再生。我们可以通过印度尼西亚的一则神话理解石头的这种象征意味。太初之时，天距地很近，神将礼物系在绳子上送给人类的第一对夫妇。一日，神将石头送给人类，但这对夫妇非常恼怒，断然拒绝礼物。后来神送给他们一只香蕉，于是这对夫妇欣然接受。随后，他们听到了神的声音："因为你们选择了香蕉，你们的生命就像它的生命一样。香蕉树结子之时，祖干就会死去；因而当你们的后代取代了你们的时候，你们也将死去，如果你们当初选择了石头，你们的生命就会像石头一样长存不朽。"[6]

---

[1]《耶利米书》2:27。
[2]《申命记》32:18。
[3]［古希腊］荷马：《奥德赛》，王焕生译，人民文学出版社，1984 年，第 19 卷第 162—163 行。
[4]［古罗马］奥维德：《变形记》，杨周翰译，人民文学出版社，1984 年，第 10 页。
[5]［美］米尔恰·伊利亚德：《神圣的存在：比较宗教的范型》，晏可佳、姚蓓琴译，广西师范大学出版社，2008 年，第 206 页。
[6]［美］詹姆斯·乔治·弗雷泽：《永生的信仰和对死者的崇拜》，李新萍、郭于华译，中国文联出版社，1992 年，第 41 页。

在石头生人的神话认知基础之上，石头就成为神圣之物，它是人类与神明之间沟通的桥梁。在这种背景下，我们就看到了新宫殿时期克里特地区的戒指上描述的石头图像。正是因为石头具有沟通天地的作用，克里特人才将其作为获取神意的媒介与神庙。这种石头作为通神桥梁与神庙的神话认知并不是克里特独有的，它在世界各地的宗教与神话信仰中普遍存在。《圣经》中有雅各曾经通过石头而面见上帝的叙事："雅各出了别是巴（Beer-sheba），向哈兰（Haran）走去。到了一个地方，因为太阳落了，就在那里住宿，便拾起那地方的一块石头，枕在头下，在那里躺卧睡了。梦见一个梯子立在地上，梯子的头顶着天，有神的使者在梯子上，上去下来。耶和华站在梯子以上，说，……雅各睡醒了，说，'耶和华真在这里！我竟不知道'。就惧怕说，'这地方何等可畏！这不是别的，乃是神的殿，也是天的门'。雅各清早起来，把所枕的石头立作柱子，浇油在上面，他就给那地方起名叫作伯特利（就是神殿的意思）。但那地方起先名叫路斯。雅各许愿说，……我所立为柱子的石头，也必作神的殿；凡你所赐给我的，我必将十分之一献给你。"[①]在上述《圣经》经文中，石头是雅各与上帝沟通的桥梁，雅各因而能够在石头边邂逅耶和华。与此同时，作为神明居所的石头也是一个纪念神显出现的崇拜场所，它建构了雅各遇见上帝的神圣空间。这就是史前时期不少神明由石头建成的原因：石头是沟通天地的圣物，石头建成的神庙必然能够沟通天地，也是神明的居所。

人类用石头建造神殿，或者将石头看作神明的居所，折射了人类将石头视为神明这种认知心理——石头的质地极为坚韧，它能够长久地存在于世界上，这种特性非常符合神明不死的特性，二者因此是等同的。某种程度上，石头就是神明的化身，石头建造的神庙就等同于神像，人类见到了神庙就见到了神明。因为神庙象征了神明不死的本性，它也是神明在人间的居所，人类在这里举行各种仪式敬拜神明，希望得到神明的佑护。人类希望通过在石头神庙边举行的仪式，与神明沟通，从而能够准确无误地理解神意。这样，我们便可以理解马耳他巨石神庙的意义了：人们在这些神庙中定期举行一些仪式与庆典活动并献上祭品，以此获得神意，得到神明的庇护。石头的这种仪式性功用与米诺时代的戒指上描绘的图像基本吻合，但米诺时代的戒指鲜有人类向神明敬献祭品的场景，它仅仅作为一种仪式性的场所而存在。很有可能，新宫殿时期克里特地区制造戒指的工匠们继承了以石为神明居所与神殿的思想，而扬弃了敬献祭品

---

① 《创世记》28:10–22。

的理念，希腊与地中海各地遗留的史前巨石神庙与圣殿很好地阐释了这种以石头作为神明居所的理念。希腊人将德尔斐阿波罗神庙中的石头称为翁法罗斯石，石头所在的神庙就是希腊人心中的世界中心，即大地的肚脐。

在希腊神话的认知中，石头是大地母亲的骨头，而大地母亲是不死的，因而石头象征着不死与再生。用石头建成的神庙一方面是神明的居所，另一方面也是大地母亲的子宫。人死后埋葬在神庙中，就等于回到了大地母亲的子宫，继而获得了再生。这种信仰在世界各地普遍存在，较为典型的是马耳他史前巨石神庙。马耳他岛屿的哈尔·萨弗里耶尼（Hal Saflieni）的地下神庙由数个岩石中的墓冢组合而成，神殿内有圆顶房间，越往里去，房间就越来越窄，越来越暗。墓室呈曲线形，其结构某种程度上接近子宫，置身其中犹如进入女神的身体。神庙内安葬着 7000 具骸骨，骸骨被杂乱堆积在一起。[①] 死者置身其中，便象征性地进入了女神的身体，然后可以通过女神的子宫获得再生。这样我们便能够理解，为何地中海沿岸乃至于世界各地的巨石文化中，出现了那么多被称为石棚的巨石建筑。索多（Soto）的石棚长达 21 米，一面山墙状的花岗石高达 3.4 米，宽约 3.1 米，厚达 0.7 米，重量达 21 吨。严格意义上说，巨石文化中的石棚是安葬死者的地方，但它无疑表明人们对石头的崇拜心理。他们将巨石建造的墓冢视为神圣的重生场所，死者置身其中便可获得新生命。

树作为神庙或圣所的象征性符号而出现在人类的认知体系中，与石头一起共同建构了作为神圣空间的圣地。至于为何树能够作为不死与再生的象征，这主要由树自身的生物学特征所决定：大树每年都要长出很多树叶，这些树叶可以周期性地长出，然后凋落，大树因此获得了周期性新生。另外一种认知基础是，大树的根扎入大地深处，树枝高耸入空，树干在地面，"实际上，在原始世界的其他地方也可以发现树和石头成对地出现。在莫亨佐－达罗的前印度文明，有一处圣地就是围绕着一棵树而建造起来的。这样的圣地，在吠陀传法的时代遍布整个印度。巴利文作品经常提到放置在树边的石头或者祭坛（veyaddi，manco），它构成了民间对丰产（夜叉）的崇拜。"[②] 石头与树便成为一种共生性的符号，共同建构了作为神明身体或居所的圣地，人类在此举行各种仪式与活动。通过这些行为，通神者能够获得神意，死者能够再生，伤者能够得到治疗。

---

① ［法］费尔南·布罗代尔：《地中海考古：史前史和古代史》，蒋明炜、吕华、曹青林等译，社会科学文献出版社，2005 年，第 77 页。

② ［美］米尔恰·伊利亚德：《神圣的存在：比较宗教的范型》，晏可佳、姚蓓琴译，广西师范大学出版社，2008 年，第 259 页。

结　　语

　　通过上述论述，我们可以得出如下几点认识。第一，青铜时代晚期克里特地区的戒指上的石头与树符号是神话认知的表现。这种关于石头与树是神圣之物的认知理念并不是青铜时代晚期克里特独有的，而是普遍存在于世界各地的神话与信仰之中，青铜时代晚期的地中海沿岸同样普遍存在这种关于石头与树的神话认知。很难说克里特人从地中海东部地区引入了石头与树的理念，但至少可以说，此时的地中海沿岸存在一个以石头和树为圣物的神话认知共同体，克里特地区的戒指上的石头与树图像仅仅是地中海神话认知共同体的一个建构性因素。第二，青铜时代克里特地区的戒指上的石头与树是建构神显场景的符号，也是王权意识形态的建构性符号。新宫殿时期的克里特人普遍使用戒指，但刻有石头与树的戒指多数是黄金戒指，其发行者是国王，因此金戒指上的石头与树图像所表达的神显理念其实是王室意识形态的折射。刻有石头和树的金戒指要表达的理念并不是石头和树本身，而是意在建构一种神显场景。换言之，克里特地区的戒指上的图像要表达的其实是：只有王室拥有沟通神明的权力和能力。在新宫殿时期的克里特，沟通神明的能力是至高无上的能力，占有和垄断了这种能力就意味着拥有了整个天下。从这个意义上说，青铜时代晚期克里特地区的戒指上的石头与树符号其实是王权意识形态的建构性符号。

第三章　荷马史诗中的异象

第一节　引论

所谓异象，指的是非同寻常的景象，基督教中的异象指上帝对人类特别的启示、引导与预言，本章所论述的异象指的是不同寻常的景象，并不是纯粹基督教意义上的异象。荷马史诗中的异象表述多达近百处，涉及的情境包括战争、瘟疫、地震、海啸、占卜等。除此之外，异象还关涉众多的神话人物形象：宙斯、雅典娜、阿波罗、波塞冬、阿伽门农、阿喀琉斯、奥德修斯、赫克托尔、海伦等。可以看出，这些异象情境皆为史诗表述的关键性情节与形象，对史诗的情节发展起到了关键性的推进作用。但国内学界关于荷马史诗异象的研究却较为少见，仅有陈中梅先生及其他个别研究者探讨过其中的"鸟迹"问题[1]，可见尚有很大的空间可以展开相关问题的探究。本章从"大历史"与"大小传统"的知识视野出发，从跨学科视角探讨荷马史诗中的异象问题，其中包括异象的种类与样态、异象的叙事结构，并探寻其生成的史前信仰大传统源头。

"大历史"是20世纪末以来西方新史学倡导的一种理论，旨在强调历史的整体性与长时段性质，是对新史学强调的"复数的历史观"的另外一种补充。所谓"大历史"，它首先不是世界史，不是全球史，不是国家史，上述历史都具有局限性，即以人类为中心。从"大历史"的理论来看，它是万物史，是非人类中心主义的历史。其次，"大历史"的起点不是人类历史的起点，而是宇宙生成的起点；"大历史"的终点也不是人类历史的终点，而是万物的终点，因为在人类消失之后，其他物种的历史还在继续。从这个角度来说，"大历史"

---

[1] 陈中梅：《神圣的荷马》，北京大学出版社，2008年，第311—332页；李玮巍：《论〈荷马史诗〉中的鸟迹》，载《成都航空职业技术学院学报》2010年第4期，第75—77页。

的生成历史比人类的生成历史要大得多，是真正意义上的长时段历史。从"大历史"的视角来说，本章探讨的异象不局限于荷马史诗与荷马时代，而是上溯到前文字时期的考古实物与图像上描绘的异象图像，因此反观荷马史诗中的异象与前文字时代图像之间的关联，即"小传统"对于"大传统"的继承问题。这里需要对"大传统"与"小传统"做个简单的交代。

"大传统"与"小传统"这一对学术术语的创造者是罗伯特·雷德菲尔德（Robert Redfield）。罗伯特·雷德菲尔德眼中的"大传统"指的是代表国家与权力、由城镇的知识阶级所掌控的书写的文化传统；"小传统"则指代乡村的、由乡民通过口传等方式传承的大众文化传统。[①] 罗伯特·雷德菲尔德的大小传统仅仅针对原始形态的小型社会或民族国家的农村社会的系统划分而言，并不针对所有类型的社会。当下意义上的"大、小传统"不同于罗伯特·雷德菲尔德界定的，它有着特定内涵。根据叶舒宪先生的阐释，"大、小传统"各有其特定的内涵："由汉字编码的文化传统叫作小传统，将前文字时代的文化传统视为大传统。"[②] 虽然叶舒宪先生将小传统局限于中国汉字编码的传统，但这并不妨碍本章关于荷马史诗异象的探讨，笔者将小传统视为文字而不是汉字编码的传统，这样就能够将荷马史诗中的异象探讨上溯至前文字时代。当然，本章的理论基础并不局限于新史学的"大历史"理论与人类学意义上的"大、小传统"，而是基于跨学科阐释的基础上，将荷马史诗表述的异象与前文字时代出土文物、图像描述的异象场景联系起来进行探讨，以此发现二者之间的关联。只不过，这一切要从荷马史诗异象的种类与样态开始。

第二节　异象的种类与形态

荷马史诗中的异象主要包括：瘟疫、地震、海风、海浪、海啸、鸟迹、异音、幻象（主要是神明幻化成人）、流星、闪电、梦兆等。上述异象可以归结为两种形态：灾难型异象与神谕型异象。所谓灾难型异象，指的是能够带来灾难与破坏力的异象，这类异象主要为瘟疫，地震、海风、海浪、海啸，尤其是海浪、海啸这类异象，具有明显的海洋文明特征。古希腊为海岛类国家，其"中心地带是一座半岛，大体分成两部分，由一道极其狭窄的地峡连接在一起，另外还

---

① Robert Redfield, *Peasant Society and Culture: An Anthropological Approach to Civilization*, Chicago: The University of Chicago Press, 1956, pp. 70–71.

② 叶舒宪：《探寻中国文化的大传统：四重证据法与人文创新》，载《社会科学家》2011 年第 11 期，第 9 页。

包括爱琴海中相互联系的岛屿。由于东地中海地壳构造方面的巨大活动，才使得希腊中心地带的地形地貌以山脉纵横为标志"[①]。在这种地理地貌下，古希腊灾难型异象主要表现为地震、海风、海浪、海啸，而大陆性平原地区普遍发生的旱灾与水灾，在荷马史诗表述的灾难型异象中几乎不存在。

　　灾难型异象也称灾异，是神明对人类的一种严惩。在多数情况下，荷马史诗中的灾异之所以发生，是因为人类犯下了大错，做了对神明极其不敬的事情，神明因此重罚人类。在《伊利亚特》中，迈锡尼国王阿伽门农霸占了特洛伊人的女子，也就是阿波罗的大祭司克律塞斯的女儿，阿波罗为此发起瘟疫，希腊联军里的人与牲畜死亡无数。[②] 由神明发起的灾异是无法抗拒的，地震、海啸、瘟疫，均是如此。因此我们在荷马史诗中并没有看到英雄救世的神话，仅仅看到因为某一个人的过错而导致众多无辜者遭受灾异的现象。在这种语境下，人类消除灾难的唯一途径便是悔过认罪。我们因而看到，在《伊利亚特》中，希腊人归还了特洛伊人的女子，并举行盛大的赎罪仪式，以此来消除瘟疫。[③] 这种罪与罚的灾异叙事与中国神话中的灾异叙事有着本质的不同，因为神话本身无意制造救世英雄，而是旨在提醒人类，要永远直面自己的行为并反思。中国神话中的灾异叙事强调英雄救世的思想，比如大禹治水这类神话，其叙事主旨并不在灾异的发生，而是在于如何救灾。当然，历代史书中也不乏众多灾异神话，但这些灾异神话是谶纬神话与天命神话，并不是真正意义上的灾异神话。荷马史诗中的灾异是一种灾难，但不是普通的灾难，而是神明发起惩罚人类的大灾难。在这种灾难面前，人类是无法抵御的。它之所以是灾难型异象，是因为神明借此要警告人类，他们犯了错，要悔过赎罪。说到底，此种灾异不具预言性，而是具有惩戒性，与神谕型异象有着本质的差异。

　　神谕型异象指的是以神谕形式出现的异象，其中涉及鸟迹、异音，以及幻象、流星、闪电这类异象。这类神谕型异象在世界各地文学作品中出现的频率较高，希伯来人的《圣经》中频繁出现各类异象，都是上帝对人类的种种启示与暗示。中国历代史书中频繁出现的灾异、祥瑞等异象，皆为上天对人们的暗示与信号。神谕型异象因而是一种普遍的认知系统，是来自另外一个世界的暗示性或隐喻性的符号。较之于希伯来与古代中国，荷马史诗中的天象与鸟迹异象居多，这

[①] [英] 保罗·卡特里奇主编：《剑桥插图古希腊史》，郭小凌、张俊、叶梅斌等译，山东画报出版社，2005年，第26—27页。

[②] Homer, *Iliad*, 1.10–68.

[③] Homer, *Iliad*, 1.310–485.

要归结于古希腊的独特位置与信仰机制。古希腊位于地中海北部,地中海地区在史前时期就已经是一个极为活跃的贸易地带,在公元前 2500 年左右就已经实现了信仰的大一统,此时的克里特地区与地中海周围的埃及、巴比伦共享一种近似共同体的文明体,拥有相同的宗教与神话信仰。① 这种文明体系涉及天文学,对于海上民族的希腊人而言,天文学知识极其重要,因为天象知识是海上贸易与航行唯一可以依靠的有效路径。在这种背景下,克里特文明很大程度上引进了埃及与巴比伦的天文学知识。"巴比伦人对天体感兴趣是因为他们认为这些天体预示着人间的君王个人及其王国的未来。他们对为何月食会在特定的时间发生不感兴趣,只是对这一现象感兴趣。他们不去争论天空必然产生这种现象的原因,而是研究天象所隐含的神灵对人类的指令。"② 在引进巴比伦人的天象知识时,古希腊人沿袭了这种认知观,乃至于到荷马时代,依据天象来获知神意的做法依然存在。我们因此在荷马史诗中看到,大量的天文异象被视为神谕,人们借此可以获知神意。

在荷马史诗的异象中,鸟迹类异象最多,《伊利亚特》与《奥德修斯》中出现的次数多达 12 处,其中《伊利亚特》8 次③,《奥德赛》4 次④。上述鸟迹异象涉及的鸟类有鹰、鹞鹰、苍鹭,这些鸟类基本都是猛禽类飞鸟。这些鸟迹异象中较为典型的有两处:一是希腊联军观看鹰抓小鹿的异象⑤,另一处是特洛伊老国王普里阿摩斯看到鹰从人右方飞过的异象⑥。在这两处飞鸟异象中,鹰是至高神宙斯派到人间传递神意的使者,鹰抓小鹿以及鹰右飞的异象成为宙斯向人类传递神意的神谕。其他 10 处鸟迹异象,都是神明派遣飞鸟向人类传递神意的预兆,只不过有的异象需要大祭司解读,有的异象所有人一看就明白,比如,希腊联军看到的鹰抓小鹿的异象要请大祭司来解读,而鹰右飞的异象任何人都能够明白其中蕴含的意义。

这里存在的一个疑问就是,为何希腊人将鹰、鹞鹰等猛禽类飞鸟作为异象传递的使者?若细究起来,原因有多种,其中两个主要的原因是:其一,希腊

---

① [法]费尔南·布罗代尔:《地中海考古:史前史和古代史》,蒋明炜、吕华、曹青林等译,社会科学文献出版社,2005 年,第 83—116 页。

② [英]保罗·卡特里奇主编:《剑桥插图古希腊史》,郭小凌、张俊、叶梅斌等译,山东画报出版社,2005 年,第 274 页。

③ Homer, *Iliad*, 2.308-330, 8.245-250, 10. 274-276, 12.195-207, 12.219-222, 13.821-822, 24.291-294, 24.315-320.

④ Homer, *Odyssey*, 15.160-175, 1.525-534, 19.538-545, 20.242-245.

⑤ Homer, *Iliad*, 8.245-250.

⑥ Homer, *Iliad*, 24.315-320.

多数地区为山地与半岛，鹰与鹞鹰等猛禽适宜在这里生存。换言之，鹰类猛禽在希腊的数量较多。关于这一点，我们不必多说，只要看看荷马之前的大量出土文物与图像上描述的大量的鸟形象就可以明白，荷马之后的历史文献与文学作品中涉及的诸多关于鸟的描述，同样能够表明这一点。从另一个视角来看，希腊如果没有数量众多的鸟，占卜与神谕这类事情不可能进行。我们甚至在阿里斯托分的喜剧《鸟》中看到希腊民众凡事都要依靠鸟类占卜的情景："你们不管干什么都得先找鸟问上一卦，不管是做买卖，置家具，还是吃喜酒。你们问卦要找鸟，求签也找鸟，打喷嚏也叫鸟，开会也叫鸟，说一句话是鸟，佣人是鸟，驴子也是鸟，所以我们就是你们的阿波罗神，这是很清楚的。"[1] 其二，荷马史诗以及荷马之前的时代，飞鸟为神使的信仰普遍存在于古希腊，甚至世界各地普遍存在这种理念。原因非常简单，鸟类飞翔于天地之间，是在上天与大地之间传递信息的通道与桥梁，也是把死者亡灵带到天堂的使者。[2] 当然，这并不是荷马史诗独有的现象，克里特出土的米诺时代的许多黄金戒指上同样描绘了鸟右飞的异象，尤其是塞勒派勒出土的黄金戒指，它所描绘的飞鸟异象与特洛伊国王普里阿摩斯看到的鹰飞右方的异象完全一致。[3] 这就说明，鸟迹异象在荷马时代之前就普遍存在于希腊世界。甚至学者马丁·P.尼尔森认为鸟在异象中是神明的化身。[4] 我们也可以这样理解，鸟迹异象是希腊神谕的一种形式，也是神显的一种方式，表明了神明的神圣旨意。

第三节 异象的叙事模式

荷马史诗中的异象叙事模式受制于异象的形态，即灾难型异象与神谕型异象各有不同的叙事模式。对于灾难型异象而言，其叙事结构为惩罚型叙事模式；而对于神谕型异象而言，其叙事模式并不是惩罚式，而是神谕型叙事模式。两种叙事模式相互结合，建构了荷马史诗的异象叙事，使得史诗的叙事具有神秘而悲壮的意味。因两种叙事模式的结构与机制并不完全相同，笔者在下文分别阐释。

荷马史诗中的灾异叙事具有明显的惩罚意味，即因人类的罪恶导致神明降

---

[1] Aristophanes, *Birds*, Nan Dunbar ed., Oxford: Oxford University Press, 2018, Lines 715−722.
[2] ［美］米尔恰·伊利亚德：《萨满教》，段满福译，社会科学文献出版社，2018年，第156−158页。
[3] Mervyn R. Popham, E. A. Catling, and H. W. Catling, "Sellopoulo Tombs 3 and 4, Two Late Minoan Graves Near Knossos", *The Annual of the British School at Athens*, 1974, 69(1): 195−257.
[4] Martin P. Nilsson, *The Minoan-Mycenaean and Its Survival in Greek Religion*, Lund: Humanistiska Vetenskapssamfundet, 1959, pp. 330−340, Plate 37 a-b.

下灾异以示惩罚。这种叙事模式基本属于因果式叙事，但其中却蕴含着替罪羊机制，充满了暴力意味。这样说来有些抽象，笔者举例简单加以说明。凡是读过《伊利亚特》的人都知道，史诗开篇描述了希腊联军遭受的大瘟疫，将士与随军的骡子、狗群死亡惨重。灾异是阿波罗神发起的，因为希腊联军的首领阿伽门农霸占了特洛伊人的女子，也就是阿波罗的大祭司的女儿。希腊人明白瘟疫爆发的真实原因后，随即送还了异邦的女子，并举行了盛大的赎罪仪式，延续十日的瘟疫才得以消失。这种因果式的叙事模式将瘟疫归结于一个人，即迈锡尼的国王阿伽门农，让他成为瘟疫发生的罪人。现实社会中很多瘟疫实际上并不是某个人的过失造成的，中外历史上发生过无数的瘟疫，希腊社会同样发生过无数次的瘟疫，但瘟疫并不是人类的罪恶造成的。据修昔底德（Thucydides）的《伯罗奔尼撒战争史》记载，公元前430年夏季与公元前427年冬季，即伯罗奔尼撒战争的第二年与第五年，雅典城发生过两次大瘟疫，仅死亡的士兵就达4700多名，相当于雅典公民现役人数的三分之一。[①]雅典城这场瘟疫的爆发并未有明确的原因，尽管死亡人数极大。但在荷马史诗中，所有的灾异都是因为人类触犯了神明，除了阿伽门农造成了瘟疫，还有奥德修斯因触怒了海神波塞冬而招致了海啸、地震等。这种因果叙事模式实际上表述的主题是罪与罚，《圣经·旧约》中比比皆是，以色列人经历的每一次灾异都是自身的罪恶导致上帝震怒而降下灾难：洪水、瘟疫、地震、疾病等。较为严重的一次是在摩西带领以色列人出埃及后，百姓向耶和华发恶言，结果耶和华降下极大的瘟疫，导致14700名以色列人死亡。[②]就这个层面而言，罪与罚的灾异叙事并不是荷马史诗独有的，很难说荷马史诗是否借鉴了《圣经》的叙事模式，但二者的表述模式类似，这一点不可否认。

仔细分析之后便会发现，荷马史诗的这种因果式灾异叙事模式隐含着替罪羊模式，即让一个人或一类人承担灾异发生的罪名，最后牺牲这个人或这类人，以此求得神明的宽恕，从而消除灾异。这实际上是集体对个人或部分的暴力叙事，即牺牲个体或少数人的利益来消除灾难。关于这一点，我们还是要分析《伊利亚特》表述的瘟疫，以此显示替罪羊机制的叙事模式。特洛伊战争期间发生在希腊军队中的瘟疫，我们无从考证究竟是哪一种疾病导致的，但从史诗表述的内容来看，希腊联军死亡的人数应该非常庞大，因为这场瘟疫持续了整整十天。

[①]［古希腊］修昔底德：《伯罗奔尼撒战争史》，谢德风译，商务印书馆，1985年，第137—141、241—242页。

[②] *Holy Bible*, New York: Penguin Group, 1974, 16: 44-50.

现实中的瘟疫多数找不到源头,即不是因果关系式的瘟疫。但荷马在《伊利亚特》中却将这一场瘟疫归结于阿伽门农的贪心:霸占异族女儿并拒绝对方父亲重金赎回。从叙事的角度来看,这是在为瘟疫寻找替罪羊,找出一个合适的理由让他承担灾异的罪名,最后牺牲其利益而保全集体利益。至于为何荷马会选择阿伽门农作为这场灾异的替罪羊,这大概要归结于替罪羊机制中关于替罪羊选择的标准,即少数"他者"会被选择为替罪羊。[①]阿伽门农因其地位太高,是迈锡尼的国王,又是希腊联军的统帅,拥有至高的权力,与其他人格格不入,因此成为希腊联军的"他者"。荷马因此使他成为特洛伊战争期间消除瘟疫的替罪羊,最后让他交出了异族的女子并向阿波罗献上隆重的祭礼。阿伽门农认错赎罪后,希腊联军很快恢复了因瘟疫而濒临崩溃的秩序。这种叙事结构对希腊瘟疫叙事的影响极大,尤其是希腊悲剧。索福克勒斯的《俄狄浦斯王》表述的忒拜城瘟疫,其替罪羊叙事模式非常典型。悲剧将忒拜城的瘟疫归结于俄狄浦斯的乱伦行为,最终以俄狄浦斯刺瞎双眼和自我流放为赎罪的手段,忒拜城的瘟疫才得以止息。[②]

对于神谕型异象而言,其叙事模式是神谕式的。所谓神谕式叙事模式,指的是神明发起异象给人类以示神意的叙事模式。这种叙事模式中的异象等同于神谕,是神明向人类发送其旨意的标志性手段。多数情况下,异象的发布是因为人类的需要,即人类祈求神明发布异象表明神意。比如,在《伊利亚特》中,特洛伊国王普里阿摩斯要到阿喀琉斯的军帐中赎回赫克托尔的尸首,但众人反对,普里阿摩斯就向宙斯祈祷:"父亲宙斯,请派遣一只显示预兆的鸟儿,快速的信使,你心爱的飞禽,强大无比,让它在右边飞过,我亲眼看见,好让我有信心到骑快马的达那奥斯人的船宅去。"[③]宙斯最后满足了普里阿摩斯的祈求,特洛伊王宫内的人们目睹了老鹰在众人右方飞过的异象。神谕式叙事模式的另外一种情况是,神明主动向人类发送异象。这类叙事模式表明神明对人类社会的主动介入,以便人类获知神意后采取行动。这类叙事模式在荷马史诗中有很多表现,包括梦幻、异音、异形、幻象等,其中较为典型的是梦幻,这里举一个例子加以说明。特洛伊战争期间,宙斯偏向特洛伊一方,决定以梦幻形式发送假神谕,让阿伽门农发起战争。梦神最后在梦中以涅斯托尔(Nestor)的样子对阿伽门农说话,煽动他对特洛伊人出战:"驯马的阿特柔斯的儿子啊,

---

① [法]勒内·吉拉尔:《替罪羊》,冯寿农译,东方出版社,2002年,第15—27页。
② [古希腊]索福克勒斯:《索福克勒斯悲剧二种》,罗念生译,人民文学出版社,1979年,第67—122页。
③ Homer, *Iliad*, 24.308-312.

你是在睡觉，一个为将士所信赖、事事关心的出谋人，不应该整夜睡眠。你赶快听我的话，我是从大师宙斯那里前来的信使，他虽然在天上，却很关心你，怜悯你，他叫你立刻把长头发的阿开奥斯人武装。"①在这个案例中，以梦幻形式出现的异象，是宙斯介入特洛伊战争、帮助特洛伊人的强烈意愿的体现。这种叙事模式将异象作为一种神意，也是神明与人类关系和谐的一种标志。一旦人神关系出现裂痕，神明便会以灾异形式的异象惩罚人类，直到人类认罪悔过。这种异象叙事模式不同于中国谶纬神话中的祥瑞异象叙事模式，因为祥瑞异象叙事模式基本表述的都是好的结果，而荷马史诗中的神谕叙事模式除了预言好的结果外，还有不如人意的结果。譬如，特洛伊战争中，特洛伊王子赫克托尔率领队伍攻击希腊军队时，神明派出老鹰飞在队伍的左侧，以示行军不利的预告。②

异象的因果式与神谕式叙事模式隐含着一个共同的异象叙事过程，那就是神明发送异象，人类接受异象，获知神意。在这个过程中，异象的发送者是神明，异象的接受者是人类，是自上而下的不可逆的单向过程。值得注意的现象是，几乎任何神明都可以发送异象，宙斯、阿波罗、雅典娜、波塞冬等，但不是每一个人都能够看见异象，尤其是神谕型异象。那么，看见异象的是什么人呢？国王或英雄。换言之，能够直面异象的都是社会地位比较高的人，譬如阿伽门农、奥德修斯、普里阿摩斯、特勒马科斯等。这就意味着，荷马史诗中的异象是给特定的人类显示的神谕，并不是每一个人都有资格看见异象。这是为什么呢？简单说来，这并不是荷马的独创，而是源自仪式，其源头可上溯至青铜时代（约公元前3300—前1100年）的爱琴海与黎凡特地区，甚至有可能是安纳托利亚地区，下文分别加以说明。

第四节　异象的大传统源头

青铜时代的古希腊是神权时代，此时的地中海沿岸共同拥有一位至高无上的太阳女神，国王是太阳女神的儿子。这位太阳女神拥有各种象征性的符号：双面斧、星星、花朵、鸟、蜻蜓、斯芬克斯等。③在神权时代的地中海世界，国王除了利用一些声威符号来显示其地位与权力之外，诸如金器、精致的建筑物，

---

① Homer, *Iliad*, 2.23-29.
② Homer, *Iliad*, 12.200-207.
③ Nanno Marinatos, *The Minoan Kingship and the Solar Goddess: A Near Eastern Koine*, Chicago: University of Illinois Press, 2010, pp. 151-166.

打猎这类奢侈性消费符号，还要借助于宗教与信仰符号。在神权时代，占有沟通天地的能力就是最大的权力。"只有控制着沟通手段的人，才握有统治的知识，即能力。"①在这种语境下，只有两类人有资格主持祭祀仪式并直面神明的神显，那就是王族（国王或王后）与大祭司。《圣经》中直面耶和华的人只有一个，即摩西，因为他既是以色列人的王，也是大祭司。在西奈山上，摩西见到了以异象出现的神显，却无法直面上帝。因为上帝告诉他："你要站在磐石上，我的荣耀经过的时候，我必将你放在磐石穴中，用我的手遮掩你，等我过去；然后我将手收回，你就得见我的背，却不得见我的面。"②米诺时期的哈格亚·特里亚达出土的石棺上，就出现了王后主持神明献祭仪式的场景（图2-3-1）。在

图2-3-1　哈格亚·特里亚达石棺上的王后献祭图
（图片来源：赫拉克利翁博物馆，https://smarthistory.org/hagia-triada-sarcophagus/）

---

① 张光直：《美术、神话与祭祀》，郭净译，生活·读书·新知三联书店，2013年，第37页。
② *Holy Bible*, Exodus, 33:21-23.

这个献祭仪式中，只有王后在主持献祭仪式。王后头戴羽冠，身着长裙，带领众人在向前方由石头和树组成的野外神殿进献礼物，树上站立的鸟与双面斧表明了神殿的神圣性。

在米诺时期的克里特出土的众多金戒指上，出现了大量的神谕性异象。这些场景表述的基本都是通灵者在祈求神明以异象的形式告知神意。用宗教学家伊利亚德的话语来说，这类异象实际上是神显场景。[①] 在这个时期的金戒指上，出现较多的图像是以鸟类，天体（彗星、太阳、星星），昆虫（蜻蜓、蝴蝶），以及双面斧为主的图像与符号。在不少金戒指所描绘的异象场景中，有的与荷马史诗表述的神谕性异象情境如出一辙。笔者在此举出一个案例来论述。

前文已经论及，宙斯曾经放出一只老鹰飞在众人右上方，以预示特洛伊老国王普利阿摩斯可以去希腊人军营赎回赫克托尔的尸首。[②] 除此之外,《伊利亚特》还描述了奥德修斯与狄奥墨得斯（Diomedes）探视特洛伊军营时，雅典娜女神在他们右方放出苍鹭以预兆顺利的异象。[③] 这种鸟右飞的异象在科诺索斯北部的塞勒派勒地区出土的金戒指上有真实的体现（图 2-3-2）。在解读金戒指图像之前，这里简单说明一下希腊人金戒指的用途。米诺时期克里特的金戒指并不是用来佩戴的，它是用来象征国王权威的符号，其用途类似于中国的玉玺，很多时候加盖在文件或相关的物品上，以示王宫发出的命令。而金戒指上描绘的图像，基本是与神明相关的场景，以示国王的神圣性。关于这种戒指的用途，希腊人并无文字记载，但是我们可以在《圣经》中看到类似的用途。在《出埃及记》中，埃及国王曾经把打印的金戒指送给约瑟以示器重。[④] 在《以斯帖》中，以色列人用哈曼王的金戒指盖印在谕旨上，"末底改奉亚哈随鲁王的名写谕旨，用王的戒指盖印，交给骑御马圈快马当富饶驿卒，传到各处"。[⑤] 因为戒指要当作印章使用，戒指上雕刻的图像与其印出来的水平方向图像是相反的，即戒指上的图像与印出来的图像左右是相反的。我们在塞勒派勒的金戒指上见到的图像与印

[①] "神显"一词是宗教学者米尔恰·伊利亚德创建的一个范畴，用来表明神圣显示其自身存在的方式。神显的形式多种多样，既可以是自然物，诸如石头、树木、河流，乃至于宇宙，也可以是基督教倡导的道成肉身。在伊利亚德的神显范畴中，任何事物与符号都可以成为神显，成为神圣存在的象征符号。具体参见［美］米尔恰·伊利亚德：《神圣的存在：比较宗教的范畴》，晏可佳、姚蓓琴译，广西师范大学出版社，2008 年，第 1—28 页；米尔恰·伊利亚德：《神圣与世俗》，王建光译，华夏出版社，2003 年，第 4—6 页。

[②] Homer, *Iliad*, 24.308-312.

[③] Homer, *Iliad*, 10.274-276.

[④] *Holy Bible*, Genesis, 41:42.

[⑤] *Holy Bible*, Esther, 8:10.

（a）金戒指拓本图

（b）金戒指图像

图 2-3-2　塞勒派勒出土金戒指图像

（图片来源：(a) 图出自 Nanno Marinatos, *The Minoan Kingship and the Solar Goddess: A Near Eastern Koine*, Chicago: University of Illinois Press, 2010, p. 89, Fig. 7-2a；(b) 图出自 Mervyn R. Popham, E. A. Catling, H. W. Catling, "Sellopoulo Tombs 3 and 4, Two Late Minoan Graves near Knossos", *The Annual of the British School at Athens*, 1974, 69 (1): 195-257, Plate 37a）

第二编　希腊神话中的异象与灾难理念 | 149

出来的图像的水平方向也是相反的。在塞勒派勒出土戒指的拓本图中，我们看到，一位通灵者潜伏在石头边，祈求神明让他看见异象。在他的右方，有彗星和飞鸟飞过。彗星与飞鸟的所在方向表明，通灵者看到的异象是吉兆，这与《伊利亚特》表述的鸟右飞的异象是一致的。这就表明，荷马史诗中鸟右飞的异象，其源头可上溯到继承青铜时代的仪式，也是希腊口头传统被传承的产物。

梦兆是荷马史诗中比较常见的一种异象，神明通常借助于梦境发布神谕，以此预言事物的结果。这种异象其实也不是荷马的独创，而是荷马继承青铜时代仪式的结果。尼尔森指出："希腊的悲剧诗人们一般很少创造新神话，但通常采用一种比较彻底的形式来改造神话，颂歌抒情诗人同样如此。何以如此？因为在那个时代，诗人的荣誉与声望并不像现代诗人那样取决于对某些事物的原创与发明，而取决于以一种新颖而独特的形式来表达传统素材所蕴含的思想。"① 这种推测是有道理的，因为地中海沿岸其他地区的文献中有很多神明通过梦幻发布神谕的案例。《圣经》中描述，雅各在伯特利做梦，上帝通过梦幻向他发预言："梦见一个梯子立在地上，梯子的头顶着天，有神的使者在梯子上，上去下来。耶和华站在梯子以上，说，我是耶和华，你祖先亚伯拉罕的神，也是以撒的神。我要将你现在所躺卧之地赐给你和你的后裔。你的后裔必像地上的尘沙那样多，向东西南北展开。地上万族必因你和你的后裔得福。我也与你同在。你无论往哪里去，我必保佑你，领你归回这地，总不离弃你，直到我成全了向你所应许的。"② 《圣经》与荷马表述的这种通过梦幻异象获得神谕的现象，在青铜时代的地中海沿岸非常普遍。在青铜时代的马里国王济姆里利姆王宫的王室档案中，有不少关于神明通过梦幻发布神谕的记载，其中一条表述如下："在梦中，我遇到了一个和我一样的人，他也打算去云游……在到达马里之前，我进入了特卡（Terqa）城。进城后，我走入达甘神庙，匍匐在达甘神像前。就在我跪拜神像（膜拜的神像）时，大神达甘开口这样对我说话。"③ 青铜时代的地中海地区，普遍盛行通过梦幻占卜或获知神意的仪式，这种仪式在米诺时期的金戒指上同样得到了表现。

在科诺索斯出土的一枚金戒指上，我们看到了荷马史诗描绘的占梦异象

---

① Martin P. Nilsson, *The Mycenaean Origins of Greek Mythology*, Berkeley: University of California press, 1972, p. 1.

② *Holy Bible*, Genesis, 28:12-15.

③ Martti Nissinen ed., *Prophets and Prophecy in the Ancient Near East*, Writings from the Ancient World, Vol. 12, Society of Biblical Literature, Atlanta: Brill, 2003, p. 63, Note 38.

(见图2-2-5)。画面中的女性赤身裸体,蹲伏在一块硕大的石头边,这位女性的身后与周围都是石头,她似乎在倾听什么。从女性所处的环境与姿势来看,她应该是一位通灵者,试图通过梦幻异象获得神谕。这应该是克里特米诺时期一种特殊的梦幻异象,很大程度上是通灵者在通过梦幻异象而占卜。克里特米诺时期金戒指描绘的其他异象场景中,通灵者都穿着特殊的衣服,只有梦幻异象中的通灵者是裸体状态,这大概是想以最为纯粹的自然方式接近神明,从而获得神谕。这种占梦的异象传统,被荷马史诗继承,甚至到了希罗多德时代,我们还能看到不少希腊人通过梦幻获取神意的案例。譬如,希罗多德时期的一个希腊人,在底比斯的安菲阿拉俄斯(Amphibianiaraus)神殿中,待了一个晚上,试图通过做梦获知神意。[①] 当然,这种口传时期的异象传统在地中海沿岸的其他地区也得到了传承,甚至与索伦生活在同一时期的吕底亚国王克诺伊索斯(Cnoethus)也在睡梦中被神告知,将要面临失去儿子的惩罚。[②] 可见,口传时期异象的大传统影响了荷马史诗的异象表述,并对荷马之后的希腊历史表述产生了影响。我们甚至可以说,这是希腊人与地中海沿岸地区人们信仰与宗教的描述,并不是荷马虚构的异象叙事。

结　　语

可以看出,异象不是荷马史诗的虚构性内容,而是荷马史诗及荷马时代之前的青铜时代希腊人宗教与信仰生活的一个部分,它折射了希腊人试图通过日常生活的种种迹象获知神意的心愿。荷马史诗中的异象本质上是人神之间关系疏远或亲近的晴雨表:灾异是人神关系疏远的结果,神谕性异象是人神关系和谐的标志。相较于中国正史中的异象叙事,荷马史诗中的异象叙事具有明显的叙事化与因果化特征,即将异象表述为具有连贯性因果关系的叙事与故事,显示了荷马史诗的叙事化特征。进一步说,荷马史诗中的异象并不是荷马的独创,而是具有极其深远的口传源头。荷马史诗中的异象,不仅仅是小传统创造的结果,还是希腊本土口传时期大历史传统的产物,甚至在一定程度是米诺时期地中海文明与信仰共同体、后来的书写文化相结合的产物。从异象依据的中介来看,荷马史诗中的异象都是自然异象,即借助于天象与自然环境中的景象显示神谕的异象,具有明显的海洋文明特征。换言之,不论是天象还是自然异象,诸如

---

① [古希腊]希罗多德:《历史》,王以铸译,商务印书馆,2019年,第722页。
② [古希腊]希罗多德:《历史》,王以铸译,商务印书馆,2019年,第19页。

借助于星星与飞鸟,借助于海啸与地震,这些异象都与海洋文明的属性密切相关。这也是地中海文明共同体的产物,反映了地中海文明在宗教与信仰层面的共同特征。能够断言,荷马史诗中的异象,是多重文化、信仰与文明交互作用的产物,也是人类大历史、多区域、多重合力共同催生的多元现象。

第四章　希腊神话中的灾难伦理

作为希腊文化的遗产，古希腊神话已经深烙在希腊人记忆之中，成为集体认知中不可或缺的部分。古希腊灾难神话表述的内容繁复多样，涉及灾难的发生、起源、治理，应对灾难的手段，以及灾后社会秩序的恢复、调整与重构。甚至不少灾难神话具有普遍性，诸如洪水神话、瘟疫神话，相关叙事还包括世界的毁灭与再生，人类自身的繁衍，以及人类与世界关系的重建。在这个层面上，古希腊灾难神话是人类神话时代灾难记忆与感知的特殊叙事形式，也是后世相关灾难知识的源头和典范。在瘟疫、地震、雾霾、洪水、干旱频发的现代社会，探讨古希腊神话中的灾难叙事，能够帮助我们直面灾难并积极寻找应对灾难的策略。

较为遗憾的是，中国学术界迄今尚未整体探讨古希腊灾难神话的研究成果。本章从跨学科视角出发探讨古希腊灾难神话的类型与成因、叙事模式、灾难的治疗、社会秩序的调整、恢复与重构，并深入探讨古希腊灾难神话蕴含的替罪羊机制，人类在灾难面前的自我反思，以及希腊人善待自然与环境的敬畏精神，以此展现海洋民族应对灾难的神话救助路径。

第一节　灾难的种类与起源

从表述类型来看，古希腊神话中的灾难主要有以下几种：瘟疫、战争、地震、海啸、飓风、洪水等。这些灾难叙事有不少普遍存在于世界各地的神话中，比如瘟疫、战争、洪水等。其中比较典型的是洪水神话，世界各地的神话中都有这类叙事，在斯蒂·汤普森（Stith Thompson）界定的世界99种普遍存在的灾难编码中，其编号为A1010。[1] 较之于中国神话，古希腊神话很少有关于干旱的神话，

---

[1] ［美］斯蒂·汤普森：《世界民间故事分类学》，郑海、郑凡、刘薇林等译，上海文艺出版社，1991年，第576页。

而中国则有不少抗旱神话,诸如后羿射日①与商汤祈雨②之类神话。这是一种看上去比较奇怪的现象,若结合古希腊的地理、文化与经济情况,则会发现其中的原因。古希腊的中心地带是伯罗奔尼撒半岛,属地中海气候,降水量总体不足,经济上以海洋贸易、渔业与农业为主。希腊人通常种植的农作物都比较耐旱,"古代地中海的主要食品通常被称为'地中海'三元组:橄榄、谷物与葡萄"③。海洋贸易、渔业受到干旱的影响不大,多数农作物又比较耐旱,在这种情况下,干旱对古希腊不能造成破坏性影响,因此关于干旱的灾难性神话并不多见。

在古希腊神话中,尽管灾难的种类很多,但其来源只有一个:神明。换言之,灾难的制造者是神明。只不过,发起灾难的神明并不是一位神明,而是多位神明。古希腊神话中的神明众多,共计有3673位④,这些神明各司其职,统管世界。制造灾难的神明主要是奥林匹斯众神,尤其是宙斯、阿波罗、波塞冬、雅典娜等。神明之所以发起灾难,是因为人类得罪了神明,神明为了惩罚人类而制造了灾难。所谓人类得罪神明,乃是指人类做了神明不喜欢的事,并不一定是人类有错。在希腊神话中,不死的神明高高在上,必死的人类地位极为卑微,人类的一切都受神明的掌控:婚嫁、命运、死亡等。就像荷马所说的那样,人类生命的轮回就像树叶的更替,一代代发芽,一代代凋零。⑤无论人类如何努力奋斗,总是逃不脱命运女神编织的命运之网与死亡之网。赫西俄德曾说道:"所有死的凡人能不能出名,能不能得到荣誉,全依伟大神祇宙斯的意愿。因为他既能轻易地使人成为强有力者,也能轻易地压抑强有力者。他能轻易地压低高傲者,

---

① 后羿射日神话异文见于以下各处:《山海经》之《海外南经》《海内西经》《大荒南经》《海内经》,《楚辞》之《天问》《离骚》,《淮南子》之《本经训》《览冥训》《汜论训》《诠言训》《说山训》,《论语》之《宪问篇》,《荀子》之《君道》《勿躬》《议兵》《解蔽》《王霸》《儒效》《正论》,《左传》之"襄公四年""昭公二十年",《墨子》之《非儒》,《扬子云集》之《太仆箴》《上林苑箴》,《后汉书》之《崔骃传》,《庄子》之《德允符》《山木》《庚桑楚》《徐无鬼》,《尚书》之《夏书》,《韩非子》之《守道》《用人》《外储说左·上》《说林·下》《难三》,《管子》之《形势》《小称》《形势解》,《吕氏春秋》之《勿躬》,《说文解字》之"羽"部、"六"部、"邑"部,等等。

② 商汤祈雨神话异文见于以下各处:《尸子》之卷上,《荀子》之《大略篇》,《吕氏春秋》之《顺民》,《吕氏春秋》之《商书·汤诰》,《国语》之《周语·上》,《墨子》之《兼爱·下》,《淮南子》之卷十九《修务训》,《文选注》之《思玄赋注》,《帝王世纪》之《感虚篇》,《说苑》之《君道》,等等。

③ [英]保罗·卡特里奇主编:《剑桥插图古希腊史》,郭小凌、张俊、叶梅斌等译,山东画报出版社,2005年,第36页。

④ Harold Newman, John O. Newman, *A Genealogical Chart of Greek Mythology*, Chapel Hill: The University of North Carolina Press, 2003.

⑤ Homer, *Iliad*, 6.145-149, 21.465-466.

抬高微贱者，也能轻易地变曲为直，打倒高傲者。"①在这种语境下，神明发起灾难，是为了惩罚与告诫人类，神明的神圣地位不可亵渎。至于人类触犯神明的具体原因，则各有不同，主要有以下几类。

第一类是人类道德的败坏与堕落。希腊神话中表述这类原因的叙事比较多，这也是灾难发生的主要原因之一。按照希腊神话的思维模式，人类的道德出了问题，神明就要惩罚人类，因此消除这部分败坏的人类。甚至在某种极端的情况下，某个人在不知情的情况下触犯了道德底线，神明就要发起灾难，以此让这个人悔过与赎罪。这里存在一种极端的做法，即神明会因某个人的罪过而发起灾难，而不是直接惩罚道德败坏的这个人。比如，阿尔狄亚（Arcadia）的国王吕卡翁（Lycaon）因为用其儿子的肉来款待伪装成客旅的宙斯，宙斯震怒之下将吕卡翁变成狼，后来又发起了一场大洪水来消灭所有人类。②在吕卡翁的案例中，吕卡翁被惩罚的原因是他残忍杀地死了自己的儿子。在神明看来，这是极为不道德的问题，一定要狠狠加以惩罚。除了将其变成狼，神明还要发起洪水灭绝所有道德败坏的人类。吕卡翁知晓宙斯来访，所以杀死自己的儿子来款待宙斯，这是有意识的一种行为。在俄狄浦斯的神话中，俄狄浦斯在不知情的情境下弑父娶母，最后导致整个忒拜城都被阿波罗惩罚，人和动物都染上了瘟疫。③明显能够看出，灾难是神明制造的，但实际上是人类自身行为导致的，如果人类不做坏事，神明就不会借灾难来惩罚人类。关于这一点，俄狄浦斯的话语是典型的明证："哎呀！哎呀！一切都应验了！天光呀，我现在向你看最后一眼！我成了不应当生我的父母的儿子，娶了不应当娶的母亲，杀了不应当杀的父亲。"④神明降灾惩罚人类的罪行，与《圣经》神话的表述有些类似，同时是一种世界性的神话母题，中国"绝地天通"的神话便是这类神话。

第二类是人类触犯了神明。这类神话强调人类对神明不够尊重与虔敬导致灾难发生。在希腊神话中，神明神圣不可侵犯，人神之间的差别不允许人类做出触犯神明的事情，一旦触犯底线，人类就会受到神明严厉的惩罚。通常的结果就是，某个人触犯神明，与其相关的族群要为此遭受灾难。在特洛伊战争中，迈锡尼国王阿伽门农霸占了阿波罗的大祭司克律塞斯的女儿，阿波罗为此发起

---

① Hesiod, *Theogony*, Lines 5-7.
②［德］古斯塔夫·施瓦布：《希腊古典神话》，曹乃云译，译林出版社，1999年，第12—16页。
③［古希腊］索福克勒斯：《索福克勒斯悲剧二种》，罗念生译，人民文学出版社，1979年，第67—122页。
④［古希腊］索福克勒斯：《索福克勒斯悲剧二种》，罗念生译，人民文学出版社，1979年，第103页。

瘟疫。阿伽门农并未直接对阿波罗表示不敬，但是却在战争中掠走了阿波罗大祭司的女儿，为此招来了瘟疫。① 与第一种原因类似的是，希腊的神明比较严厉，往往会因为一个人的过错而发起灾难来惩罚众人。奥德修斯杀死了海神波塞冬的儿子独目巨人，为此波塞冬屡次发起海啸与地震。荷马曾经借着宙斯之口说明原因："凡人总是归咎于我们天神，说什么灾难由我们遣送，其实是他们自己丧失理智，超越了命限遭不幸。"② 这里存在的一个逻辑就是，人类有自己做事的阈限，不可逾越界限。一旦逾越，灾难就会来临。这就是德尔斐阿波罗神庙中神谕的蕴含：认识你自己。

第三类是神明之间的不和。在这种情况下，灾难的发生看上去与人类毫无关系，但仔细分析后发现，实际上灾难的发生还是和人类有着密切的关系。希腊神话中的特洛伊战争表面上是希腊和特洛伊之间的战争，但实际上是赫拉、雅典娜、阿佛洛狄忒三位女神争夺金苹果的不和事件导致的。而特洛伊战争之所以能够爆发，是因为阿佛洛狄忒答应将世上最美丽的女人海伦送给帕里斯为妻。倘若当初帕里斯不选阿佛洛狄忒是最美的女神，他就不会拐走海伦，特洛伊战争自然不会发生。从这个意义上讲，希腊与特洛伊之间耗时十年的战争，实际上还是由帕里斯的选择而造成的。还有一种情况就是，神明之间的不和导致了灾难的发生，但人类却是导致神明不和的原因。普罗米修斯为了人类从天庭盗火，导致宙斯等诸神创造潘多拉盒子将灾难散布人间的神话能够很好地体现这一点。③ 因此，从根本上说，由神明不和导致的灾难与人类直接相关。

第二节 禳灾与秩序重构路径

灾难是一种突发性的社会事件与社会危机，当灾难来临时，人类原有的社会等级与秩序就要发生改变。特定的灾难面前，所有的人只有一个明确的身份：难民或受难者。灾难带来的最大危机就是，原有的社会秩序被打乱，社会不安动荡，正常的生活与工作状态被打乱，个体与集体陷入失序状态。尽快消除灾难，恢复正常的社会秩序，是灾难发生后所有社会都会采取的措施。就像现实社会一样，希腊神话中的灾难叙事同样将禳灾与秩序重构作为表述的重点。但希腊人所处的地理环境以及其海洋文明的特点，使得希腊神话中救灾社会秩序的重构具有鲜明的独特性，与中国灾难神话中表述的救灾方式完全不同。中国灾难

---

① Homer, *Iliad*, 1.10-68.
② Homer, *The Odyssey*, 1.32-34.
③ Hesiod, *Works and Days*, Lines 50-105. Hesiod, *Theogony*, Lines 562-585.

神话强调人类战胜灾难的灾难伦理观，由此出现大禹治水、后羿射日、女娲补天这类强调"人定胜天"的灾难神话。"因此，中国灾害神话内蕴的观念和行为模式是：主动依靠自己的力量，通过坚忍不拔的努力以克服灾害，而不是被动地向神意或命运低头。"① 但希腊神话突出的却是人类在灾难面前无能为力的灾难伦理，以及人类在灾难之后的负罪感。希腊神话中基本没有治水、补天、射日这类抗灾神话，甚至不少灾难神话中的灾难不可救治，比如人类在地震、火山爆发、洪水这类灾难面前无能为力，只能等死。希腊神话中唯一可以救治的灾难只有瘟疫。希腊神话中禳灾的方式非常独特，那就是赎罪与悔改。

通常情况下，在希腊神话中，人类要举行盛大的赎罪仪式，向神明献上丰盛的祭物，并表明人类已经意识到其所犯下的错误，祈求神明的谅解并祈求灾难终止。这种禳灾神话的典型，当属《伊利亚特》中的赎罪仪式。当希腊人得知连续十天的瘟疫是因阿伽门农霸占了阿波罗大祭司克律塞斯的女儿后，希腊人当即举行了盛大的赎罪仪式，以此来消除瘟疫。他们派出了20名桨手，由奥德修斯带队，归还克律塞斯的女儿，并举行了隆重的清洁仪式，向阿波罗献上丰盛的百牲祭礼，并赞颂阿波罗的美德。② 希腊神话中有众多的英雄，却没有任何一位英雄能够救灾。恰恰相反，希腊联军的统帅阿伽门农反倒是特洛伊战争时期希腊瘟疫发生的罪魁祸首，因为他扣留了阿波罗大祭司克律塞斯的女儿，阿波罗盛怒之下连降十天的瘟疫。从希腊神话的表述来看，瘟疫消除的前提是人类向神明赎罪，承认自己得罪了神明。这是一种去英雄化的自省式救灾模式，与中国神话中英雄救世的叙事截然不同。从叙事的模式来看，这种从人类自身出发反思灾难根源并赎罪的叙事范式，并不是希腊神话所独有，它在《圣经》神话中比比皆是。比如，埃及法老拒绝摩西带领以色列人回归请求后发生的十灾③，以色列人出埃及后回迦南路上所遭受的极为严重的瘟疫④，都是上帝的惩罚。这些灾难是不可消除的，除非人类赎罪。

在希腊神话中，消除灾难的另一种方式就是悔过，其中伴有自我惩罚。人类在道德与伦理上犯了禁忌，因此导致灾难发生。要消除灾难，人类就要悔过。这种悔过的方式并不是口头上的，通常是人类采用自我惩罚的方式来表明其知错的诚意。比较典型的是俄狄浦斯神话，下面简单加以阐释。根据希腊神话的

---

① 杨利慧：《世界的毁灭与重生：中国神话中的自然灾害》，载《民俗研究》2018年第6期，第65页。
② Homer, *Iliad*, 1.310-485.
③ *Holy Bible*, Exodus, 7:12.
④ *Holy Bible*, Numbers, 11: 1-33.

叙事，俄狄浦斯得知其在无意间犯了人伦的大罪，当他看到忒拜城因为自己的罪过而被神明用瘟疫惩罚后，当即刺瞎自己的双眼，自我流放到忒拜城之外。[①]俄狄浦斯是希腊神话中的英雄，他能够破解斯芬克斯的谜语，将忒拜从斯芬克斯的威胁中解救出来。但是他却无法面对忒拜城的瘟疫。希腊神话的这种彻底的去英雄化叙事，使得希腊神话的灾难表述成为典型的自省式灾难叙事。这种叙事模式带有明显的宗教色彩，即对神明的绝对服从，以及人类对自身行为的不断反思。灾难发生不是神明擅自制造的，而是人类自身行为招致的。希腊灾难神话用一种非常生动的方式表明了天灾其实为人祸的这种思想。

　　灾难之后，社会秩序的恢复与重构是人们必须要面对的现实问题。希腊神话中鲜有灾难之后重构社会的表述，神话似乎仅仅满足于人类的悔过与赎罪。我们因此看到，特洛伊战争期间，希腊人向阿波罗赎罪之后，希腊军队的瘟疫立即就消失了。同样，俄狄浦斯自我放逐后，忒拜城很快就恢复了平静，尽管忒拜人失去了国王，新的国王尚未即位。值得注意的是，希腊洪水神话中表述了灾难之后秩序的重构问题，但却将社会秩序的重构转换为人类的再造。在洪水之后，人类只剩下普罗米修斯的儿子丢卡利翁与其妻子皮拉（Pyrrha）。此时世界上只有他们夫妻二人，社会秩序的重构实际上已经无法进行。他们面对的最为迫切的问题就是如何让人口快速增长。在神明的启发下，二人向身后扔石头，新的人类被创造出来。这种被创造的新一代人类没有先前人类的堕落与败坏，是虔敬与勤劳的新人类。这则洪水神话实际上强调的是新人类的创造，以及新一代人类区别于老一代人类的好品质。这就相当于人类的悔过与赎罪。因为悔过与赎罪之后，人类会痛改前非，回到神明造人的最初的样态：勤劳与虔诚。

　　概而言之，希腊神话中的禳灾与秩序重构，强调的是人类的悔过与赎罪，以及人类道德与伦理的再造。在这种情况下，任何英雄都没有能力来拯救世界，拯救世界的前提就是人类自身的悔过自新行为。这是一种道德与伦理上的永恒回归，即回到人类被造的最初的状态，对神明完全虔敬，对自然完全尊重，对自身品性完全回归。因此，禳灾本质上是人类自身伦理的回归与救治，也是人类认知自身局限，将人类放到宇宙与自然中，并重新回归万物和谐的状态。较之于中国灾难神话的灾难伦理，希腊神话表述的这种反思性伦理更具哲学意味，尽管它采用了一种极为生动的表述途径。

---

　　① [古希腊] 索福克勒斯：《索福克勒斯悲剧二种》，罗念生译，人民文学出版社，1979年，第105—106页。

第三节　灾难的替罪羊叙事模式

在表述灾难时，希腊神话采用了因果式叙事模式：某个人因其罪过而得罪了神明，神明震怒之下降下灾难，人类得知原因后赎罪悔过，神明于是消除灾难，人类社会秩序恢复正常。这是一种因果式的灾难叙事模式，将灾难的根源归结于人类自身的罪恶，某种程度上与《圣经》的灾难叙事模式是一致的。在这个模式中，灾难是神明对人类的一种惩罚，也是神明对人类的警告。因此可以断言，希腊神话中的灾难是人类道德与伦理的指示灯，更是人神关系的信号，灾难叙事模式背后，是希腊人关于自身伦理的反思。就这一点而言，希腊灾难神话与中国灾难神话有着本质的不同。因为中国灾难神话表述的重点不是灾难的根源，而是救灾的结果。"神话是用它的方式来讲述人类所面对的生存困境。中国神话的特点就是以人为神话的主体和各种灾害抗争，而且抗争的结果，有时候看起来像是失败的，实际上要超越失败。比如夸父逐日失败，但夸父弃其杖化为邓林。"[1] 形成这种差异的主要原因，可能是中国古代典籍对灾难神话做了伦理性的剔选，有意识地强调其中的教化与伦理意味。[2] 这样看来，希腊的灾难神话很大程度上较完整地保留了神话原有的意蕴，尽管被历代作家与文人不断地重述。

罪与罚这一主题是希腊神话表述的核心内容，而该因果式表述内容的最大特征是替罪羊叙事模式。如果仔细分析俄狄浦斯王的神话，就会理解替罪羊叙事模式的叙事结构。忒拜城的瘟疫无人可以救治，而神谕将俄狄浦斯作为导致这一灾难的替罪羊，因其弑父娶母的罪行导致神明的惩罚。了解真相后的俄狄浦斯为了救助忒拜城，刺瞎双眼，自我流放到异地，瘟疫得以止息。尽管神话采用了因果式叙事方式，但却明显可以看到，灾难因俄狄浦斯而起，又因其悔过而消除。忒拜瘟疫的破坏性就在于它从根本上摧毁了所有形式的社会差异，模糊了所有的身份差异性，使得所有的社会界限都趋于一致，最终瘟疫使得忒拜城出现了前所未有的社会危机。这个时候，人们就要追究灾难的来源：到底是谁带来了如此大的瘟疫？异族人俄狄浦斯因此成为忒拜瘟疫的替罪羊。作为替罪羊的俄狄浦斯先是被神话罪恶化，后来又被神话神圣化，成为拯救忒拜城的英雄。忒拜城的乞援人曾对俄狄浦斯说："我们是把你当作天灾和人生祸患的

---

[1] 叶舒宪：《文学中的灾难与救世》，载《文化学刊》2008年第4期，第15页。
[2] ［美］D.博德：《中国古代神话》，见［美］塞·诺·克雷默编：《世界古代神话》，魏庆征译，华夏出版社，1989年，第377页。

救星。……现在，俄狄浦斯，全能的主上，我们全体乞援人求你，或是靠天神的指点，或是靠凡人的力量，为我们找出一条生路。在我看来，凡是富有经验的人，他们的主见一定是很有用处的。"① 可以看出，忒拜人对俄狄浦斯的感情是双重的，也是矛盾的，但完全符合俄狄浦斯的替罪羊身份。

俄狄浦斯担当了替罪羊的功能，先是担当破坏社会秩序与等级的罪名，再通过自身的牺牲而换取群体生存与秩序的再组合。作为替罪羊的俄狄浦斯具有双面性："他本身具有人性，但又介于神明与野兽之间，具有兽性。"② 他是善与恶的矛盾结合，既是忒拜人的敌对者，又是其保护者；既是瘟疫的根源，又是瘟疫的终结者。他具有罪恶性与神圣性，又是敌对者与保护者，惩罚者与保护者。在俄狄浦斯这个人物身上，人性与兽性、神圣与罪恶、中心与边缘、灾难与和平，这些因素之间的界限是模糊的。神话选择了作为外乡人的俄狄浦斯，将其作为忒拜城瘟疫的根源，以他一个人的牺牲拯救了忒拜城。从这个意义上讲，这种替罪羊叙事模式其实是一种暴力叙事，讲述了忒拜人在瘟疫爆发时，将俄狄浦斯列为罪人，然后将其驱逐的故事。更令人肯定的是，驱逐这个受难者是在迫害最严重的情况下发生的。③ 其叙事目的是借助于集体暴力，牺牲一个无辜的受害者。神话将替罪羊视为社会危机和灾难的制造者，除掉了这个替罪羊，就恢复了濒临崩溃的社会秩序，整体利益从而得以保障。从这个角度上看，希腊灾难神话实为暴力文本，通过灾难叙事，将集体对个体的迫害合法化。

灾难神话的这种替罪羊叙事模式并不是希腊神话所独有的，《圣经·旧约》叙事中充斥着这类灾难叙事。翻开《圣经》就会发现，几乎所有的灾难都是人类的无知与罪过而导致的，上帝以无数次的灾难来惩罚并告诫人类，要认识到自身的罪过，要敬畏上帝，不然就会灾难临头。中国古代的灾难神话也存在这种替罪羊叙事模式，只不过它采用了另外一种比较隐蔽的叙事方式存在，即将帝王的失德作为灾难的源头，商汤祈雨的神话是这一类神话的典型，而商汤祈雨的祷辞更能够表明这一点："……并告无辜于上下神祇……肆台小子，将天命明威，不敢赦。敢用玄牡，敢昭告于上天神后，请罪有夏。……兹朕未知获戾于上下，栗栗危惧，若将陨于深渊。……尔有善，朕弗敢蔽；罪当朕躬，弗敢自赦，惟简在上帝之心。其尔万方有罪，在予一人。予一人有罪，无以尔万方。"④

---

① [古希腊]索福克勒斯：《索福克勒斯悲剧二种》，罗念生译，人民文学出版社，1979年，第68页。
② Eagleton Terry, *Sweet Violence: The Idea of Tragedy*, Oxford: Blackwell, 2003, p. 281.
③ [法]勒内·吉拉尔：《替罪羊》，冯寿农译，东方出版社，2002年，第32页。
④ 《尚书正义·商书·汤诰》，《十三经注疏》本，中华书局，1980年，第162页。

商汤的祈雨祷辞与俄狄浦斯的自责本质上是相同的,即将灾难的原因归结于一个人的罪过。一人有罪,整个族群都要承受神明的惩罚。这种将灾难归结于一人的替罪羊叙事模式,实际上就是关于灾难的暴力叙事。这种叙事之所以不被觉察,是因为神话采用了一种非常隐蔽的因果叙事来强调罪与罚的主题。

希腊灾难神话为何要采用替罪羊叙事来表述灾难的起源与救治?这要归结于文学与神话的治疗功能。希腊是岛国,古代希腊灾难频发,地震、火山爆发、瘟疫这类灾难对于希腊人来说是常事。20世纪60年代考古工作者在圣托里尼岛发掘的考古遗物已经充分表明,这里在公元前1500年左右有过一场异常惨烈的火山爆发。这些自然灾害成为希腊灾难神话的原型,也是灾难神话的主题。在表述灾难时,人们对于已经发生的灾难有一种恐慌感,对于将来无法控制的灾难更有一种恐惧感。此时,神话为了缓解人类的这类情绪,就虚构了一个替罪羊,认为是某一个人或神得罪了众神,只要他们悔过并赎罪,灾难就可以消除。也就是说,灾难其实并不可怕,人们只要不做失德的事情,神明就不会发起灾难,人类社会就会充满希望。因此,替罪羊叙事模式是为了缓解人类对于灾难的恐慌感而设计的。"人作为有机生命物中最复杂精微的一种,如果文学活动对于他的生命——精神的生存生态来说是不可或缺的,那么承担起包括治病和救灾在内的文化整合与治疗功能,也就是文学活动最初的特质所在。"[①] 作为早期的文学形式,神话承担了文学的这种救治功能。

结　　语

希腊神话中的灾难叙事内容主要是人类的罪恶与神明之间的惩罚,这种因果式叙事折射的是罪与罚二者之间的对立。进一步说,古希腊神话的核心是灾难发生的原因,而不是灾难救治的结果,这一点典型地反映在俄狄浦斯神话中。换言之,古希腊神话的灾难叙事很大程度上强调人类对神明的顺从与敬畏,以及人类面对灾难的无助。在面对灾难时,没有任何一位英雄能够救世,所有的人类都是灾民,这种去英雄化的叙事使得古希腊神话中的灾难叙事具有一种悲剧意味。由此可见,古希腊灾难神话所反映的灾难理念与伦理是:正视人类自身的罪过,主动向神明与命运低头,放弃依靠通过人类努力与奋斗而禳灾的想法,求得神明的宽恕以消除灾难。较之于中国灾难神话中英雄救世的灾难伦理,古

[①] 叶舒宪:《文学治疗的民族志——文学功能的现代遮蔽与后现代苏醒》,载《百色学院学报》2008年第5期,第34页。

希腊灾难神话显得有些消极。但仔细分析便会发现，这种消极放弃救灾转而求得神明消灾的叙事背后，是一种反思与悔过型的灾难伦理观。也就是说，人类究竟做错了什么导致灾难的发生？这种反思型的灾难叙事使得古希腊神话成为灾难哲学，也使它成为救治灾难的叙事工具，一定程度上能够减免灾难的发生。毕竟，如何避免灾难再度发生是人类需要持续思考的问题。在这方面，古希腊灾难神话提供了一种反思的路径。

第三编

希腊神话中的空间理念

第一章　古希腊彩绘棺画中的彼世理念

彩绘棺画指描绘于彩绘棺椁之上的图像。由于古希腊青铜时代晚期的彩绘棺画出土于墓室，因而被视为一种特殊形式的墓室壁画。古希腊青铜时代晚期的彩绘棺画分为彩绘石棺画与彩绘陶棺画，主要分布在克里特与希腊本土。这些彩绘棺画的生成时间在公元前1400到前1200年，是米诺文明晚期的产物。古希腊青铜时代晚期的彩绘棺画是地中海世界文化交流与融合的产物，在地中海宗教共同体中具有极其重要的地位。

国际学术界关于古希腊青铜时代晚期彩绘棺画的研究始于20世纪初叶，其探讨可分为图像要素研究与图像关系研究。关注图像要素的研究者倾向于探讨彩绘棺画的图像与符号，其中包括图像的类型[1]、图像的象征意义[2]，以及图像的特征[3]等。早期学者的研究主要集中于克里特的哈格亚·特里亚达石棺画整体性象征意义，但关于石棺图像的意义并未取得共识。[4] 从事图像关系研究的学者主要探析古希腊青铜时代晚期彩绘棺画与其他艺术形式之间的关系，包括克里

---

[1] 详见 Lyvia Morgan, "A Minoan Larnax from Knossos", *Annual of the British School at Athens*, 1987, 82: pp. 171-200; Anastasia Dakouri-Hild, "The Most Discouraged Mycenaeans: Performing Emotion and Death in Late Bronze Age Tanagra, Greece", *Journal of Field Archaeology*, 2021, 46(6): 349-381。

[2] 详见 Jane Ellen Harrison, *Themis: A Study of the Social Origins of Greek Religion*, Cambridge: The Cambridge University Press,1912, pp. 158-178; Martin P. Nilson, *The Minoan-Mycenaean Religion and Its Survival in Greek Religion*, Lund: C. W. K. Gleerup, 1927, pp. 353-381; Jean Porter Nauert, "The Hagia Triada Sarcophagus: An Iconographical Study", Antike Kunst, 1965, 8(2): 91-98; E. D. T. Vermeulen, "Painted Mycenaean Larnakes", *The Journal of Hellenic Studies*, 1965, 85: 123-148。

[3] 多罗·利维指出，特里亚达彩绘石棺具有浓郁的克里特本土艺术特征，是克里特人的独创。详见 Doro Levi, "The Sarcophagus of Hagia Triada Restored", *Archaeology*, 1956, 9(3): 192-199。

[4] 如简·艾伦·哈里森（Jane Ellen Harrison）认为，特里亚达彩绘石棺描绘的画面是季节交替仪式的再现，而马丁·P.尼尔森则认为，特里亚达彩绘石棺表述的核心是对死者祭奠的仪式。详见 Jane Ellen Harrison, *Themis: A Study of the Social Origins of Greek Religion,* Cambridge: The Cambridge University Press, 1912, p. 178; Martin P. Nilson, *The Minoan-Mycenaean Religion and Its Survival in Greek Religion,* Lund: C. W. K. Gleerup, 1927, p. 378。

特彩绘棺画的源头[①]、克里特彩绘棺画与地中海宗教之间的关系[②]等。可知国际学术界关于古希腊青铜时代晚期彩绘棺画的探讨尚处于图像局部研究阶段，对彩绘棺画图像体系的关注较为少见。国内学界关于古希腊彩绘陶棺画的研究尚处于起步阶段，仅有笔者一篇关于克里特彩绘棺图像体系与信仰研究的论文。[③]综上可知，国内外学术界尚未出现关于古希腊青铜时代晚期彩绘棺画图像体系的综合性研究成果。有鉴于此，本章拟对青铜时代晚期克里特与希腊本土彩绘棺画的生成情境、图像结构、彼世场景进行系统分析，进而探究彩绘棺画在地中海宗教共同体中的价值。

第一节　古希腊彩绘棺画的生成情境

考古学意义上的情境，指文物所在的所有相关环境的总和。[④]青铜时代晚期的古希腊彩绘棺画的生成情境主要涉及两个方面：一是彩绘棺画所在的遗址，二是彩绘棺画所在棺椁的形制。从遗存分布区域来看，古希腊青铜时代晚期的彩绘石棺与陶棺主要分布在克里特半岛与希腊本土。因迄今只有一具古希腊青铜时代晚期彩绘石棺出土，因此这里先介绍彩绘石棺画的生成情境。青铜时代晚期克里特唯一的一具彩绘石棺是哈格亚·特里亚达彩绘石棺，1903 年 6 月 23 日被意大利考古学者 R. 帕里贝尼（R. Paribeni）发掘。哈格亚·特里亚达彩绘石棺的生成时间在公元前 1370 到前 1320 年（LM IIIA2 时期），该石棺因发现于哈格亚·特里亚达遗址北部山顶上的墓中而命名。哈格亚·特里亚达遗址位于克里特中南部的美萨拉（Mesara）平原，此地距离费斯托斯（Phaistos）宫殿很近。此棺长 1.37 米、宽 0.895 米、高 0.45 米，质地为石灰岩，[⑤]形制为箱式，四个挡面上皆有彩绘图像。

克里特遗址极其丰富，约 140 个墓葬中有彩绘陶棺。[⑥]克里特地区出土的约

[①] L.Vance Watrous, "The Origin and Iconography of the Late Minoan Painted Larnax", *Hesperia*, 1991, 60(3): 285−307.

[②] Nanno Marinatos, *Minoan Kingship and the Solar Goddess: A Near Eastern Koine*, Chicago: University of Illinois Press, 2010, pp. 140−150.

[③] 王倩：《克里特彩绘陶棺图像体系与信仰》，载《中国社会科学报》2019 年 1 月 7 日。

[④] Ian Hodder, *Reading the Past: Current Approaches to Interpretation in Archaeology*, Cambridge: Cambridge University Press, 1986, p. 139.

[⑤] Jean Porter Nauert, "The Hagia Triada Sarcophagus: An Iconographical Study", *Antike Kunst*, 1965, 8(2): 91−98. Doro Levi, "The Sarcophagus of Hagia Triada Restored", *Archaeology*, 1956, 9(3): 192−199.

[⑥] Bogdan Rutkowski, "The Origin of the Minoan Coffin", *The Annual of the British School at Athens*, 1968, 63: 223.

700具陶棺中，彩绘陶棺过半。① 这些彩绘陶棺分布在克里特岛中部、西部和东部地区，尤其是中部与西部的中心地带。② 在上述区域中，较重要的考古遗址主要有：东部的帕莱卡斯特罗（Palaikaistro）、帕凯亚摩斯（Pachyammos）、维萨里卡·阿诺盖亚（Vassilike Anogeia），西部的阿美尼（Armeni），以及中部的高斐拉科亚（Giofyrakia）、凯弗洛克里（Kavrochori）。因有60具陶棺的数据尚未公布，至今难以统计上述各地出土彩绘陶棺的具体数字。不过可以肯定，克里特中部出土的箱式彩绘陶棺最多，而西部边缘出土的浴缸状彩绘陶棺最多。在众多地域中，阿美尼出土的箱状彩绘陶棺最多，占据西部出土彩绘陶棺的88%以上，同时占据克里特出土彩绘陶棺的29%。③ 上述地区彩绘陶棺的生成时间为米诺文明晚期，即公元前1400年到前1300年。在公元前14世纪，克里特地区尤其盛行箱状彩绘陶棺。④ 克里特出土的彩绘陶棺用高黏度黏土烧制而成，其颜色与陶瓶类似，底色是黄褐色，主色是红色或黑色。

克里特彩绘陶棺主要有箱状与浴缸状两种形式，前者数量较多，后者极其有限。考古工作者迄今在克里特岛西部仅发现5具浴缸状彩绘陶棺。⑤ 箱状彩绘陶棺类似木制棺椁，结构基本相同，由棺盖、侧挡及支架构成。浴缸状的彩绘陶棺外形大同小异，与现实生活中的浴缸无本质区别。两种陶棺偶尔会有把手，但把手上未绘有图案。箱装彩绘陶棺的把手基本在盖子及棺椁的左、右侧挡上；而浴缸状彩绘陶棺的把手通常在棺椁的四周（图3-1-1）。尽管箱状与浴缸状彩绘陶棺形状各异，但二者尺寸大小类似，一般"长度在90—150厘米，宽度在35—60厘米，高度在50—85厘米"。⑥

青铜时代晚期的希腊本土出土陶棺90具⑦，其中彩绘陶棺约50具。彼俄

---

① 其中箱式陶棺476具，浴缸式陶棺58具，尚未公布数据的陶棺60具。详见 Laura Preston, "Contextualising the Larnax: Tradition, Innovation and Regionalism in Coffin Use on Later Minoan II-IIB Crete", *Oxford Journal of Archaeology*, 2004, 23(2): 178, 189。
② Bogdan Rutkowski, "The Origin of the Minoan Coffin", *The Annual of the British School at Athens*, 1968, 63: 223.
③ Laura Preston, "Contextualising the Larnax: Tradition, Innovation and Regionalism in Coffin Use on Later Minoan II-IIB Crete", *Oxford Journal of Archaeology*, 2004, 23(2): 178, 191.
④ L. Vance Watrous, "The Origin and Iconography of the Late Minoan Painted Larnax", *Hesperia*, 1991, 60(3): 285.
⑤ Katerina Baxevani, "A Minoan Larnax from Pigi Rethymnou with Religious and Funerary Iconography", *Bulletin of the Institute of Classical Studies*, Supplement, 1995, 63: 16, Note 3.
⑥ Laura Preston, "Contextualising the Larnax: Tradition, Innovation and Regionalism in Coffin Use on Later Minoan II-IIB Crete", Oxford Journal of Archaeology, 2004, 23(2): 183.
⑦ Margaretha Kramer-Hajos, "Mourning on the Larnakes at Tanagra: Gender and Agency in Late Bronze Age Greece", *Hesperia*, 2015, 84(4): 629.

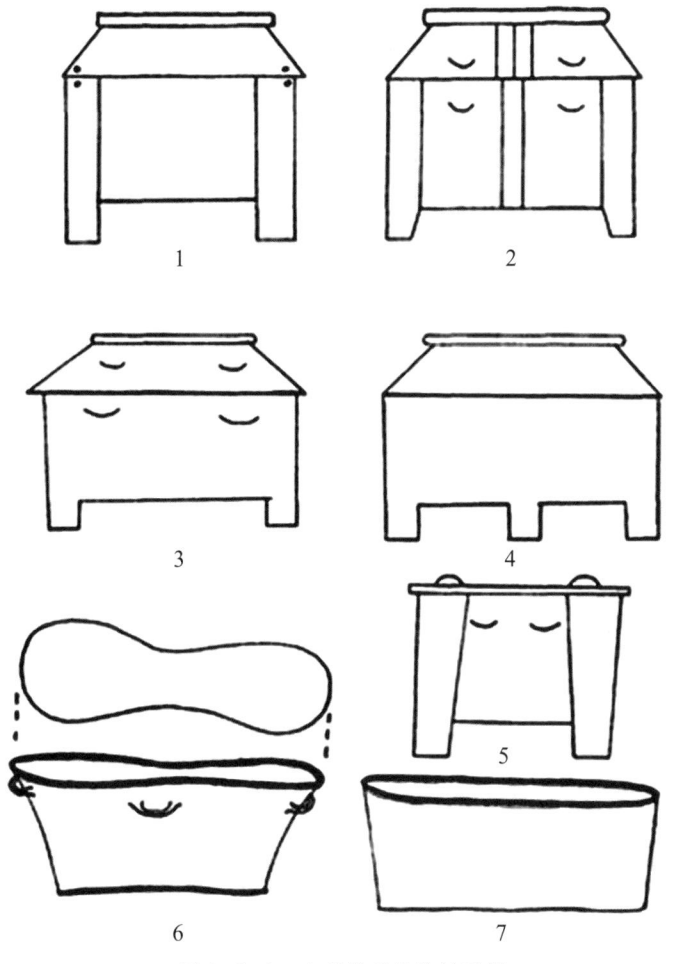

图 3-1-1　古希腊彩绘陶棺形制

（图片来源：Bogdan Rutkowski, "The Origin of the Minoan Coffin", *The Annual of the British School at Athens*, 1968, 63, Fig. 2）

提亚（Boeotia）的塔那格拉（Tanagra）是希腊本土出土彩绘陶棺的集中地，共出土彩绘陶棺 48 具。[1] 希腊本土出土彩绘陶棺的体积略小于克里特地区的彩绘陶棺，"其长度在 0.43—1.13 米，宽度在 0.20—0.38 米，高度在 0.32—0.78 米。这些彩绘陶棺的尺寸变化很小，其变动尺寸在 0.15 米之内"[2]。多数情况下，希腊本土彩绘陶棺所在的遗址是家族墓地，且大部分是石窟墓（rock-carved

---

[1] Anastasia Dakouri-Hild, "The Most Discouraged Mycenaeans: Performing Emotion and Death in Late Bronze Age Tanagra, Greece", *Journal of Field Archaeology*, 2021, 46(6): 353.

[2] Anastasia Dakouri-Hild, "The Most Discouraged Mycenaeans: Performing Emotion and Death in Late Bronze Age Tanagra, Greece", *Journal of Field Archaeology*, 2021, 46(6): 354.

chamber tomb），墓室地上与彩绘陶棺中堆满人骨，偶有陶瓶出现。希腊本土的彩绘陶棺亦以箱式为主，鲜有浴缸式。这些彩绘陶棺多数没有盖子与把手，因而与克里特的彩绘陶棺在结构上存在明显差异。因缺乏相关的考古资料，很难确定希腊本土彩绘陶棺的主人，仅知有婴幼儿和成人的尸骨。因石窟墓是富人的墓葬，彩绘陶棺很可能是当时流行于富人之间的一种比较普遍的葬具。

塔那格拉出土的彩绘陶棺分布在丹卓（Dendro）与盖斐塔（Gephyta）两地[①]，并以箱式为主，偶尔有浴缸式。丹卓与盖斐塔两地彩绘陶棺的生成时间在公元前1300年到前1200年（LHIIIB时期）。丹卓彩绘陶棺的生成时间比盖斐塔彩绘陶棺的要早，分别在LHIIIB时期的早、晚期。这些彩绘陶棺用来盛放成年人或婴幼儿的尸骨，通常被置于石窟墓室中，随葬品数量不多且质地粗糙，可墓主人的地位不高，仅是一般的富人。该地彩绘陶棺的外形与克里特中西部的彩绘陶棺极为相似，但质地较为粗糙。

青铜时代晚期希腊本土的彩绘陶棺制作工艺独特，先分段造制，然后拼接，最后烧制。"彩绘陶棺的黏土较为粗糙低劣，其中夹带了各种填充物，诸如砂砾、云母、植物纤维等。……多数彩绘陶棺的棺体上凿有不少孔洞，这些孔洞成排从棺底开始，穿过棺椁支架上端"[②]。这种设计既利于在烧制彩绘陶棺过程中散热，又便于空气进入彩绘陶棺以快速排掉尸水。[③]在棺体上凿孔的做法并不限于希腊本土，克里特地区也较普遍。希腊本土彩绘陶棺的颜色与克里特地区也极为类似，即底色为黄褐色，主色是红色或黑色。克里特地区的彩绘陶棺鲜有人物图像，只有哈格亚·特里亚达与拉赛蒙（Rethymnon）附近的皮格（Pigi）两地的彩绘棺画上出现了人物形象。

第二节 古希腊彩绘棺画的图像结构

从结构主义图像学视角来看，图像由图像要素建构而成，其意义也隐藏在图像要素与结构之中。因此在探讨古希腊青铜时代晚期彩绘棺画的图像结构之前，需要考察其图像要素（表9）。按照本章表述顺序，我们还是从克里特彩绘陶棺画开始。

[①] 彩绘陶棺的具体情况如下：丹卓25具，盖斐塔18具，未能确定出土信息的彩绘陶棺5具。详见 Anastasia Dakouri-Hild, "The Most Discouraged Mycenaeans: Performing Emotion and Death in Late Bronze Age Tanagra, Greece", *Journal of Field Archaeology*, 2021, 46(6): 353, Table 1。

[②] E. D. T. Vermeule, "Painted Mycenaean Larnakes", *The Journal of Hellenic Studies*, 1965, 85: 126.

[③] Lyvia Morgan, "A Minoan Larnax from Knossos", *Annual of the British School at Athens*, 1987, 82: 173-174.

表9 青铜时代晚期克里特与希腊本土彩绘棺画符号

区域	符号					
	人物	植物	动物	出行工具	几何符号	神话符号
克里特	女性、男性、死者	棕榈树、纸莎草、百合花、海藻	公牛、山羊、马、鹿、水鸟、章鱼、海豚	马车、船	圆形、圆形花瓣、山形符号、波浪线、螺旋纹、方格纹	双面斧、太阳、太阳盘、格里芬、生命树、神鸟
希腊本土	女性、男性、死者	棕榈树、纸莎草、百合花、常春藤	公牛、山羊、马、水鸟、章鱼、软体动物	马车、船	圆形、半圆、菱形、方格纹、波浪线、水平线、十字形	格里芬、斯芬克斯

〔数据来源：Nanno Marinatos, *Minoan Kingship and the Solar Goddess: A Near Eastern Koine*, Chicago: University of Illinois Press, 2010, pp. 140-150; Anastasia Dakouri-Hild, "The Most Discouraged Mycenaeans: Performing Emotion and Death in Late Bronze Age Tanagra, Greece", *Journal of field archaeology*, 2021, 46(6): 358〕

克里特彩绘棺画图像主要有人物、植物、动物、出行工具、几何符号及神话图像。其中罕见的是人物形象，只有哈格亚·特里亚达彩绘石棺与皮格彩绘陶棺上出现了，包括女性、男性、死者。植物图像主要有棕榈、百合花、海藻。棕榈与百合是陆地植物，海藻则是水生。动物图像有公牛、山羊、马、鹿、水鸟、章鱼、海豚、海洋软体动物，其中陆地动物以公牛、山羊、马、鹿为主，海洋动物则以水鸟、章鱼、海洋软体动物为主。出行工具主要有马车和船，尽管这两类图像出现频率不高，但多数被描绘于彩绘棺画中央。在克里特东部出土的一具浴缸状的彩绘陶棺上，一艘船被描绘在较长的侧挡中央，船体两端呈现对称状，船上有桅杆与随风飘扬的帆（图3-1-2）。几何图像有圆形、圆形花瓣、山形、波浪线、方格纹、螺旋纹。山形符号主要出现在棺椁盖上，圆形与波浪线符号主要出现在棺椁侧挡边界。在克里特彩绘陶棺图像体系中，海鸟、海藻、鱼类、软体生物、纸莎草、海豚、章鱼这类海洋生物出现频率较高，而公牛、山羊、马、鹿等陆地生物出现频率较低。这就意味着，克里特彩绘陶棺画的建构因素以海洋生物为主。换言之，克里特彩绘棺画图像体系具有明显的海洋文化特征。这也是克里特岛屿的地理位置所决定的。克里特岛位于爱琴海与利比亚海之间，岛民依靠大海而生活，海洋生物自然是彩绘棺画的核心因素。

图 3-1-2　克里特彩绘陶棺上的船
(现藏于克里特伊拉克利翁博物馆，王倩摄)

值得注意的是，克里特彩绘棺画有众多的神话图像，其中尤以双面斧、牛角、格里芬、生命树、神鸟居多。这些神话图像与符号应具有非常特殊的意味，而非随意描绘。以下，我们以双面斧为例阐释之。双面斧是米诺文明最重要的宗教符号[①]，几乎出现在任何一种米诺艺术类型中，如壁画、瓶画、雕塑、印章等。亚瑟·伊文思认为，双面斧图像体现了两面性，一方面它是米诺女神的象征，另一方面它又象征着女神的配偶或儿子。[②] 南诺·马瑞纳托斯认为，双面斧符号不仅有两种象征意味，还是太阳的象征符号。[③] 米诺时期的彩绘棺画中，双面斧通常与山形符号、生命树、牛角、百合花等构成组合型图案。在米诺艺术

[①] Martin P. Nilsson, *The Minoan-Mycenaean Religion and Its Survival in Greek Religion,* Lund: C. W. K. Gleerup, 1927, p. 162.

[②] Arthur Evans, *The Palace of Minos: A Comparative Account of the Successive Stages of the Early Cretan Civilization as Illustrated by the Discoveries at Knossos*, Vol. 1, London: Macmillan and Co. Limited, 1921, p. 447.

[③] Nanno Marinato, *Minoan Kingship and the Solar Goddess: A Near Eastern Koine*, Chicago: University of Illinois Press, 2010, pp. 114-130.

中，生命树、牛角、百合花符号象征生命的再生，双面斧与这些符号的组合图像，很可能是象征生命的再生与不死。为方便理解，我们以牛角与双面斧的组合图像为例加以阐释。牛角作为米诺宗教中象征不死和隐喻宇宙山的符号，频繁出现在米诺艺术中，大致有两个方面的原因：其一，牛角与子宫外形接近，而后者是生命的源头，牛角因此成为不死的象征；其二，牛角外形也近似山脉，于是便成为山脉的象征符号。当双面斧与牛角符号组合在一起，就产生了新的象征意义：太阳从宇宙山升起。双面斧成为地平线上初升的太阳，象征着新生的生命，整个图像因而象征生命的再生。

较之克里特地区，希腊本土彩绘陶棺的图像场景相对简单，以哀悼的情境为主。因为青铜时代晚期希腊本土的彩绘棺画主要分布在塔那格拉的丹卓与盖斐塔，这里主要探讨这两地的图像因素。塔那格拉地区彩绘棺画的图像场景因素可分为以下几类：人物、植物、动物、几何符号、出行工具以及神话图像。女性形象是塔那格拉彩绘陶棺画表现的核心图像，出现在27处遗址中的36具彩绘陶棺上，其中丹卓14处（含不能确定的3处）、盖斐塔13处。哀悼的女性形象是该地彩绘棺画的核心要素，有33具彩绘陶棺刻画了这一形象。男性形象较少，盖斐塔只有4处考古遗址中的7具彩绘陶棺上描绘了男性形象。[1]青铜时代晚期希腊本土彩绘陶棺画描绘的植物图像种类较少，主要有棕榈、百合花、纸莎草、常春藤，其中棕榈居多。塔那格拉有7处墓葬出现了棕榈图像。塔那格拉彩绘陶棺上的动物图像多是陆地动物，如公牛、山羊、马以及鸟；海洋动物主要以乌贼与鱼类为主。该地彩绘陶棺画的几何类图像种类较多，有半圆、圆形、菱形、方格纹、波浪线、水平线、十字形等符号，尤以半圆和圆形较多。彩绘陶棺描绘的出行工具依然只有马车和船。彩绘陶棺上的神话图像以斯芬克斯和格里芬为主，未见双面斧与太阳盘。较为特殊的是，塔那格拉的彩绘陶棺上出现了儿童尸体。丹卓3号墓1具彩绘陶棺上绘有1具被置于马车上的儿童尸体，四位悲伤的成人围绕在马车两边，其中一位成人在抚摸孩子的头部，试图做最后的告别（图3-1-3）。

从图像的结构性特征来看，青铜时代晚期克里特与希腊本土两地的彩绘陶棺画具有二元并立特征。这种二元并立首先体现为陆地场景与海洋场景的并存。

---

[1] 关于具体的考古遗址信息，详见 Anastasia Dakouri-Hild, "The Most Discouraged Mycenaeans: Performing Emotion and Death in Late Bronze Age Tanagra, Greece", *Journal of Field Archaeology*, 2021, 46(6): 358, Table 6；关于绘有人物形象的彩绘陶棺的具体信息，详见 Margaretha Kramer-Hajos, "Mourning on the Larnakes at Tanagra: Gender and Agency in Late Bronze Age Greece", *Hesperia*, 2015, 84(4): 634, Fig. 1, Fig. 2.

图 3-1-3　丹卓 3 号墓彩绘陶棺画哀悼场景（摹本）

［图片来源：Margaretha Kramer-Hajos, "Mourning on the Larnakes at Tanagra: Gender and Agency in Late Bronze Age Greece", *Hesperia*, 2015, 84(4): 645, Fig. 9 ］

克里特彩绘陶棺图像尤其明显。彩绘陶棺画描绘的图像以海洋世界为主，罕有陆地世界，多数情况是海洋包围陆地。笔者推测，这是在表达一种完全不同于现实世界的彼世图景：彼世位于大洋深处的海底，是充满光明与生机的乐园。为方便理解，以下举例释之。克里特东部凯弗洛克里彩绘陶棺（图 3-1-4）侧挡中央画面是一驾奔驰的双轮马车，马车左边是一株高大的棕榈树，树上站立一只神鸟，棕榈树左边是高大的海藻；马车右边是一只章鱼和软体动物，以及很长的波浪线。陶棺盖上刻画的同样是棕榈、神鸟与海洋生物共存的场景。棕榈是陆地植物，鸟也多生活在陆地上，而章鱼、软体生物及海藻等都生活在海洋中。可以判断，这具彩绘陶棺描绘的图像是陆地与海洋场景的并置。凯弗洛克里彩绘陶棺的侧挡与盖上描绘的陆地同样被海洋场景围绕，共同表明了一种图像结构上的特征，即陆地与海洋并立，且海洋包围陆地。这种二元并立的图像结构性特征，应是古希腊人的宗教信仰的表达，试图在传达一种彼世的理念。

克里特人这种彼世的宗教理念并不仅仅限于陆地与海洋场景的二元并立，还表现为乐园场景与海洋场景的二元并立。从克里特彩绘陶棺画描绘的场景来看，乐园是亡灵的归宿地，是一个充满光明与温暖的地方，亡灵在此可享有永

图 3-1-4　凯弗洛克里彩绘陶棺画上的大海与陆地（摹本）

（图片来源：Nanno Marinatos, *Minoan Religion: Ritual, Image, and Symbol,* Columbia: University of South Carolina Press, 1993, p. 233, Fig. 238）

恒的生命。多数情况下，克里特彩绘陶棺画描绘的乐园尽管占据整个画面的中心，却被大洋包围，形成了乐园在海洋深处的图像景观。克里特彩绘陶棺画的乐园景观主要由格里芬、双面斧、公牛角、太阳、百合花、纸莎草构成。在克里特神话中，格里芬、双面斧、公牛角、太阳是乐园的象征符号[①]；百合花类似于埃及神话的荷花，是一种象征再生的符号，因为埃及神话中的荷花是太阳之母。[②] 考古学者亚瑟·伊文思指出，很多情况下，克里特彩绘棺画的百合花与纸莎草图案会合二为一，即百合花与纸草的上半部被组合在一起，成为一种复合型图像，以突出其宗教象征意味。该图像类似于埃及的瓦兹（waz），后者是埃及人用来象征德尔塔女神（Delta Goddess）的符号。[③] 伊文思并未指出这种宗教的象征意

[①] Nanno Marinatos, *Minoan Kingship and the Solar Goddess: A Near Eastern Koine,* Chicago: University of Illinois Press, 2010, pp. 114-130.

[②] Raymond O. Faulkner, *The Ancient Egyptian Book of the Dead,* London: British Museum Publications, 1985, p. 79, Spell 81A.

[③] Arthur Evans, *The Palace of Minos: A Comparative Account of the Successive Stages of the Early Cretan Civilization as Illustrated by the Discoveries at Knossos,* Vol. 2, Part 2, London: Macmillan and Co. Limited, 1928, pp. 473, 483.

味，但我们可以顺着其思维方式做出一个大胆的推论，即百合花与纸莎草组合在一起，一是强调再生象征意味，二是突出乐园与水相关。克里特的百合花等于埃及的荷花，荷花生活在水中，而纸莎草也是水生植物，二者组合在一起，被青铜时代晚期的米诺人与迈锡尼人置于彩绘棺画上，很有可能是强调乐园在水中这种理念。

克里特东部帕莱卡斯特罗出土的彩绘陶棺（图3-1-5）棺椁的一个侧挡上同时出现了格里芬、百合花、双面斧、公牛角、太阳、河流以及纸莎草的图像，这些符号被陶棺支架上象征大海的螺旋线围绕。陶棺盖上主要有太阳、山脉及纸莎草的图像，这些与侧挡上的图像形成呼应。克里特彩绘陶棺画将乐园与海洋图像并置，形成一个完全不同于现实世界的新世界图景。同样，大都会博物馆藏的一具克里特彩绘陶棺（图3-1-6）侧挡也刻有双面斧、太阳与公牛角的图像，支架上也画满了波浪线与螺旋纹，显然也表现了乐园与海洋并存的图像场景。这些彩绘陶棺分布于克里特各区域，时间大致在公元前13世纪，都是以一种特殊的方式表现克里特地区的宗教信仰。希腊本土的彩绘陶棺画同样具有这种特征，只不过其图像特征没有克里特地区的彩绘陶棺明显，此处不赘言。

综上可知，古希腊青铜时代晚期彩绘棺画图像结构是二元并立的，分别体现为陆地场景与海洋场景、乐园场景与海洋场景的并立。这意味着古希腊彩绘陶棺图像的结构具有多样的二元并立性，即陆地与海洋、乐园与海洋、上与下、光明与黑暗的并置。但这个二元世界并非完全对立，相反，二者可融为一体，即陆地世界与乐园皆被包围在海洋世界之中，这个全新的世界位于大洋深处的海底，不同于现实世界。这种奇特的二元并立性使古希腊彩绘陶棺图像成为一种表达宗教理念的图像载体。到底是何种宗教理念呢？

第三节　古希腊彩绘棺画的彼世场景

古希腊青铜时代晚期的彩绘石棺与陶棺皆为葬具，从这个角度来看，绘于其上的图像与符号是为死者服务的。对于古希腊人而言，死亡并不是生命的终止，而是另一种生命形式的开始。"死亡是确保生命能够再生的一个必经阶段"，因此，"海上民族通过大海来为死者做最后的送别"，[1] 希望死者的亡灵借助船只横跨大洋，抵达彼世。于是，我们便可以理解，为何克里特伊拉克利翁博物馆收藏的彩绘陶棺上绘有一只帆船，它显然是为死者亡灵穿越海洋而备的。同样，

---

[1] Bernard C. Dietrich, "Death and Afterlife in Minoan Religion", *Kernos*, 1997, 10: 19, 26.

图 3-1-5　帕莱卡斯特罗彩绘陶棺画上的乐园与海洋

（图片来源：Nanno Marinatos, *Minoan Kingship and the Solar Goddess: A Near Eastern Koine,* Chicago: University of Illinois Press, 2010, p. 143, Fig. 11.1）

图 3-1-6　克里特彩绘陶棺上的乐园与海洋

［大都会博物馆收藏（编号：1996.521a, b），图片来源：大都会博物馆网页，https://www.metmuseum.org/art/collection/search/256844］

第三编　希腊神话中的空间理念 | 175

图 3-1-7　克里特哈格亚·特里亚达彩绘石棺画
(此为较长一端,现藏于克里特伊拉克利翁博物馆,王倩摄)

克里特哈格亚·特里亚达彩绘石棺画右方最前面的男子,正在向死者献祭一只船模型(图 3-1-7),也应是希望死者的亡灵能乘船渡过大洋。从这个意义上说,古希腊青铜时代晚期彩绘石棺与陶棺的形状便非常容易理解了。古希腊人将彩绘石棺与陶棺做成箱状或浴缸状,很有可能是因为二者易于在水中漂浮,将死者的亡灵顺利送到目的地。古希腊神话中达那厄与其子珀耳修斯被放在箱子或浴缸中在大海上漂流的故事①,或许是克里特人关于亡灵借助于箱子或浴缸抵达彼世的遥远记忆。

这样看来,古希腊青铜时代晚期彩绘棺画上的图像与场景极有可能是彼世图景。仔细观察便会发现,几乎所有克里特与希腊本土的彩绘陶棺与石棺的四个支架上都绘满了波浪线,并且波浪线包围了整个画面。这是一种具有深刻象征意味的图像模式:一是象征海洋包围陆地,彼世位于一个被大洋围绕的岛屿上;二是象征彼世位于大洋深处,距离大陆非常遥远。笔者认为,第二种可能性较大,

---

① Timothy Gantz, *Early Greek Myth: A Guide to Literary and Artistic Sources*, Baltimore: Johns Hopkins University Press, 1993, p. 300.

因为彩绘棺画为此提供了图像场景支持。如上文所述，克里特与希腊本土彩绘棺画描绘的很多场景并不是单一的陆地或海洋场景，而是陆地场景与海洋场景、陆地生物与海洋生物并存。这就意味着彼世并不是岛屿，因为岛屿上不可能海洋与陆地生物并存。一种可能的情境是，彼世位于海底，因为海底世界才有海洋生物，那里有平原，也可以有陆地动物。还有，彩绘棺画描绘的场景多为海洋世界，这很大程度上象征着死者亡灵要去的地方是海洋世界，而不是岛屿。关于这一点，我们可以在前文提到的克里特凯弗洛克里的彩绘陶棺画上看到较为典型的场景。该陶棺的侧挡上，一辆双轮马车载着死者向右前行，而马车的左边是神鸟、章鱼、海藻，右边则是神鸟与棕榈树。从画面场景看，马车是行驶在海底而不是陆地。换言之，马车载着死者向着海底的彼世前行。在克里特皮格出土的彩绘陶棺棺盖（图3-1-8）上，死者与周围送别者皆被描绘在棺盖的底部，而整个棺盖上绘满了波浪线，这很可能象征着死者要去的地方是海底世界而不是被大洋环绕的岛屿。考古学者南诺·马瑞纳托斯认为，青铜时代克里

图 3-1-8　克里特皮格彩绘陶棺盖子图像（摹本）
［图片来源：Katerina Baxevania, "A Minoan Larnax from Pigi Rethymnou with Religious and Funerary Iconography", *Hesperia*, 2015, 84(4): 18, Fig. 11］

人的彼世是位于大洋深处的第二个世界，并且海底充满了再生因素。[1] 笔者也认为，此时克里特与希腊本土享有相同的宇宙论，克里特人的彼世位于深不可测的海底。

这种彼世位于大洋深处海底的理念，在荷马史诗《奥德赛》中也有表述。珀涅罗珀意欲寻死，其亡灵要到大洋深处的彼世："请把我的灵魂带走，或者让风暴带走我，带我经过幽暗昏冥的条条道路，将我抛进环流的大洋奥克阿诺斯的河口。"这种死者亡灵穿过大洋的理念在《奥德赛》的另一段诗文中再次出现，即当珀涅罗珀的求婚者被杀死之后，他们的亡灵要穿过奥克阿诺斯河时。[2] 显然，荷马的彼世与古希腊彩绘陶棺上描绘的彼世是一致的：它位于大洋深处，要历经艰难方可抵达。从彩绘陶棺描绘的场景来看，彼世的地形非常复杂，有高山、河流、湖泊。[3]《奥德赛》的表述也如是。珀涅罗珀的求婚者的亡灵在抵达死亡世界之前，要经过白色的岩洞（rock leucas），穿过太阳之门（gates of the sun）和梦幻之地（land of dreams），最后抵达阿福得洛斯草地（mead of asphodel）。[4] 南诺·马瑞纳托斯认为，太阳之门是通向彼世的边界与大门，位于马什山（Mountain Mashu）中间，在埃及与克里特艺术中被描绘为双峰。[5]《奥德赛》中的死者要经过岩洞、大山、平原、草地等艰险，才能抵达彼世。借助《奥德赛》，我们便很容易理解古希腊青铜时代晚期彩绘石棺与陶棺上描绘的图像场景：他们是死者亡灵通往彼世的必经之地，也是亡灵的旅行路线。因此，彩绘陶棺上的棕榈、鲜花、章鱼或太阳，应是亡灵在通往彼世途中见到的景观，这也是对死者亡灵的导引。从这个意义上可以断言，古希腊青铜时代晚期彩绘棺画的场景很有可能是亡灵导引图，它是亡灵通往彼岸世界的叙事性地图。

从古希腊青铜时代晚期彩绘棺画的场景来看，这个具有神秘意味的彼世是光明之地，更是乐园。克里特彩绘陶棺刻画有众多乐园图景，东部帕莱卡斯特罗的彩绘陶棺尤其典型。陶棺一侧挡上刻画有格里芬、百合花、双面斧、公牛角、

---

[1] Nanno Marinatos, *Minoan Kingship and the Solar Goddess: A Near Eastern Koine*, Chicago: University of Illinois Press, 2010, p. 147.

[2] Homer, *Odyssey*, 20.60-66, 24.11.

[3] 在米诺时期的古希腊艺术中，牛角符号象征山脉，波浪线象征河流，圆形的螺旋线象征湖泊，这些符号已经形成了一种固定的图像叙事模式。相关表述参见 Nanno Marinatos, *Minoan Kingship and the Solar Goddess: A Near Eastern Koine*, Chicago: University of Illinois Press, 2010, pp. 107-110。

[4] Homer, *Odyssey*, 24.1-14.

[5] Nanno Marinatos, *Minoan Kingship and the Solar Goddess: A Near Eastern Koine*, Chicago: University of Illinois Press, 2010, p. 142.

太阳、河流及纸莎草等众多图像。而上述图像与符号是太阳女神的象征符号，因此，它们象征光明与美好，而这意味着克里特彩绘陶棺描绘的世界是一个美好的光明乐园。从这个视角来看，彩绘棺画上那些生机勃勃的棕榈树、牛、山羊、章鱼、贝类及海藻，就是在光明的海底不断地生长。这种彼世是光明乐园的理念，同样在塔那格拉的一具彩绘陶棺图像上有所体现。两位男性在开放鲜花的原野漫步，身后跟着一只硕大的神鸟，神鸟背后是两株开花的纸莎草，棺椁的支架刻画的是象征宇宙山的 ⊔ 形符号（图3-1-9）。画面左方是两株纸莎草，右方是波浪线，二者的象征意味非常明显。纸莎草是水生植物，波浪线象征大海，二者均指向海洋世界。这幅彩绘陶棺画生动形象地表明，亡灵要去的彼世是一个类似于天堂的光明之地，这里鲜花盛开，四季温暖，生命不死。但这个乐园并不是天堂，而是在大海深处，它是亡灵寄居的特殊空间。米诺时期的希腊人关于彼世乐园的记忆还保留在《奥德赛》中，老海神普罗透斯（Proteus）对墨涅拉俄斯说道："你已注定不是死在牧马的阿尔戈斯，被命运赶上，不朽的神明将把你送往埃琉西昂原野，大地的边缘，金发的拉达曼提斯（Rhadamanthys）

图3-1-9 塔那格拉5号墓彩绘陶棺画上的乐园图景（赵亚君绘）

（图片摹自：E. D. T. Vermeulen, "Painted Mycenaean Larnakes", *The Journal of Hellenic Studies*, 1965, 85: Plate XXVIII ）

第三编 希腊神话中的空间理念 | 179

的住所,居住在那里的人们过着悠闲的生活,那里没有暴风雨,没有严冬和淫雨,时时吹拂着柔和的西风,轻声哨叫,奥克阿诺斯遣它给人们带来清爽。"①《奥德赛》中的埃琉西昂原野虽不是死后乐园,是少数英雄居住的地方,但可以从中管窥米诺时期克里特人死后乐园的记忆表现。

从古希腊彩绘棺画图像场景来看,亡灵要去的地方是大海深处的永生乐园,它位于大地的西方。尽管彩绘棺画本身并没有标明死后乐园在西方,但可通过彩绘棺画描绘的场景获悉。请看哈格亚·特里亚达彩绘石棺画,画面右端是祭奠死者的场景,左端是敬拜太阳女神的场景。太阳女神是光明的象征,太阳从东方升起,因此画面左端应该是东方,而画面右边应是西方。在克里特皮格出土的彩绘陶棺的盖子上,描绘了死者被置于尸架上的场景,死者头部朝向画面的右方,画面背景是大海深处。上述两地棺画死者头部都指向了画面右方,说明亡灵的归宿地是西方,即太阳栖息的地方。结合《奥德赛》中古希腊人的死后乐园常年吹拂着柔和西风的情境②,可以肯定,这种死者头部朝向画面右方的做法,象征着死者亡灵向西方前行而抵达乐园的情境。古希腊彩绘棺画上这种死者头部向右方的图像场景,在几何时期的希腊瓶画上也经常出现。雅典附近的凯拉美克斯(Kerameikos)出土的双耳细颈椭圆陶棺上,也绘有死者被置于尸架上,头部朝向画面右方(图3-1-10)的场景。古德伦·阿尔伯格(Gudrun Ahlberg)指出,希腊几何时期的瓶画上,死者的头部总是被置于画面右方,这种方位在葬礼上具有特殊的意味。③笔者认为,克里特彩绘陶棺上死者面向右方的图景,是在表述西方是亡灵乐园的理念。

综上可知,青铜时代希腊人的彼世是一个非常特殊的空间,位于远离大地的西方海底。它是一个光明的世界,常年温暖湿润,鲜花盛开,树木长青,几乎可以与天堂媲美。但它不是天堂,而是亡灵寄居的海底世界。这里地形复杂,有高山、岩洞、平原、河流、湖泊,乃至于草地,亡灵要历尽千辛万苦方可抵达。

米诺文明时期克里特与希腊本土彩绘棺画描绘的彼世理念极为奇特,可将其理解成此时克里特与希腊本土埋葬习俗的产物。米诺时期克里特人与希腊本土居民盛行二次入葬的习俗,第二次入葬基本是在人死后2到5年内举行,与

---

① Homer, *Odyssey*, 4.561-568.
② Homer, *Odyssey*, 4.561-568.
③ Gudrun Ahlberg, *Prothesis and Ekphora in Greek Geometric Art*, Göteborg: Paul Åströms Förlag, 1971, p. 43.

图 3-1-10　凯拉美克斯双耳细颈椭圆陶棺画面局部
[现藏于雅典国家博物馆（编号：804），王倩摄]

第一次入葬相隔一段时间。① "第二次入葬时，不必入葬整具遗骨，只选择头颅骨和股骨安葬，其余皆可抛弃"。② 考古学者马瑞纳托斯指出，新宫殿时期克里特地区盛行海葬，很有可能克里特人在第二次埋葬祖先时，将大部分遗骨放入船中，然后让船沉入大海。③ 一种可能的情况是，第二次入葬的遗骨就被盛放在彩绘陶棺或石棺中。这种习俗可帮助我们理解为何彩绘陶棺或石棺中遗骨较少，同时为彩绘陶棺与石棺的尺寸比真人小很多提供了一种理解的线索。大海收纳了死者，死者最后沉入海底，海底自然就成为死者的栖息地，也是亡灵最后的乐园。

如果将眼光放到地中海世界，我们就会发现古希腊彩绘石棺与陶棺图像体现的彼世在西方的理念，与古埃及以及美索不达米亚地区的古籍所表述的彼世理念是一致的。在古埃及的《亡灵书》中，死者的亡灵要不断追寻太阳的脚步，历经艰难才能到达西方永生乐园，而其主要的出行工具就是船。《亡灵书》第91篇的咒语即为帮助亡灵摆脱西方之门的禁锢："谁要是知道了这条经文，他就会成为彼世一个具有再生资格的灵魂，不会被任何一扇通向彼世的西方之门禁锢。"④ 这段经文明显表明，亡灵要去西方才能获得不死的生命，亡灵要经历

---

① Nanno Marinatos, *Minoan Religion: Ritual, Image, and Symbol*, Columbia: University of South Carolina Press 1993, pp. 26-27.
② 王以欣：《寻找迷宫：神话、考古与米诺文明》，山东画报出版社，2010 年，第 270 页。
③ Nanno Marinatos, *Minoan Religion: Ritual, Image, and Symbol*, Columbia: University of South Carolina Press 1993, p. 231.
④ Raymond O. Faulkner, *The Ancient Egyptian Book of the Dead*, London: British Museum Publications, 1985, p. 84, Spell 91.

第三编　希腊神话中的空间理念 | 181

各种磨难方可抵达西方不死乐园。这种理念与古希腊彩绘棺画描述的彼世理念完全一致。《亡灵书》的生成时间在新王国时期，略早于古希腊的彩绘棺画。克里特地区彩绘陶棺的形制源自古埃及的木制棺椁[①]，很可能古希腊彩绘陶棺表达的彼世理念一定程度上也受埃及《亡灵书》影响。

米诺时期克里特彩绘棺画描绘的光明乐园理念，同样在巴比伦史诗《吉尔伽美什》中有所体现。英雄吉尔伽美什为寻找不死草，要穿越位于马什山的太阳之门[②]，然后下到大河深处的乐园。他要不断地追寻太阳的脚步，穿越由蝎人把守的山门，才能够到达光明的乐园。有学者指出，很可能吉尔伽美什的历险路线，与《亡灵书》和古希腊彩绘陶棺画表述的亡灵旅行路线类似。"换言之，吉尔伽美什历险路线模仿的是死者亡灵之旅"[③]。这就意味着，《吉尔伽美什》中英雄的历险之旅与《亡灵书》，以及青铜时代后期克里特与希腊本土彩绘棺画描述的死者亡灵之旅之间具有某种理念关联，即亡灵要不断旅行才能够抵达光明而温暖的不死乐园，才可以在此获得永生。可见，古希腊彩绘棺画表达的彼世信仰，并不是古希腊人的独创，而是此时整个地中海世界共享的一种信仰叙事模式。古希腊彩绘棺画描绘的彼世图景，是古希腊人借鉴地中海世界宗教理念的结果，也是地中海世界宗教共同体的一个组成部分。

结　　语

至此，我们能够得出两点推论。

其一，古希腊彩绘棺画已经形成一个极其复杂的图像体系。它以图像叙事的方式表述了亡灵抵达彼世不死乐园的历险路线，生动地标明了亡灵西行所经过的大海、大山、河流、平原、湖泊等各类地方。古希腊彩绘棺画图像体系描述的核心内容是亡灵如何抵达海底的不死乐园，因此这些图像并不是出于审美目的而被描绘，而是为服务死者亡灵。换言之，古希腊彩绘棺画的图像体系实际上是亡灵导引图，其作用类似于埃及的《亡灵书》，用来指导亡灵抵达死后光明乐园。

[①] L.Vance Watrous, "The Origin and Iconography of the Late Minoan Painted Larnax", *Hesperia*, 1991, 6(3): 285-307.

[②] 马什山是宇宙山，也是连接天堂与冥界的通道：其山顶上通天堂，山麓下抵冥界。马什山由两名蝎人把守，凡人不能随意通过。详见《吉尔伽美什：巴比伦史诗与神话》，赵乐甡译，译林出版社，1999年，第63—64页，第9块泥板（二 A）。

[③] Nanno Marinatos, *Minoan Kingship and the Solar Goddess: A Near Eastern Koine*, Chichago: University of Illinois Press, 2010, p. 142.

其二，古希腊彩绘棺画的图像体系具有明显的海洋文化特征，是地中海宗教共同体的产物。古希腊彩绘棺画描述的彼世位于大洋深处的海底，亡灵要越过大海才能够抵达。这种向西与向下寻找不死乐园的彼世认知显然是海洋文化的产物，也是地中海宗教共同体的产物。因古希腊彩绘棺画在公元前1400年到前1200年的克里特与希腊本土流行，并且部分发现于家族石窟墓，这就表明古希腊彩绘棺画描述的彼世理念并不属于王族，而是属于王族之外的富人或其他阶层。这种亡灵的归宿地是光明乐园的理念，在埃及《亡灵书》与巴比伦史诗《吉尔加美什》中亦有体现，并且同样出现在几何时期的古希腊瓶画。如果没有业已成型并被系统化的神话叙事，那么这种关于彼世的认知模式很难在地中海世界传播。因此可以肯定，在宫殿时期的克里特与地中海东岸世界，这种关于彼世的信仰就已经被具体化，继而成为一种图像叙事的模式。

第二章　荷马史诗的方位理念

空间属宇宙论范畴，空间观研究因而成为宇宙论研究的一个方面。因现存的荷马文本由《伊利亚特》和《奥德赛》构成，本章将其中关于空间的表述视为荷马空间理念的主要载体而加以探讨。具体说来，荷马史的空间意识包括宇宙结构模式、地球水平方位、尚东的方位意识等几个方面，下文分别阐释。

第一节　荷马史诗的宇宙结构

从《伊利亚特》与《奥德赛》的表述来看，荷马的宇宙空间由四个部分组成：天空、大地、冥界、塔耳塔罗斯。这显然是垂直空间的结构模式，最上面的天空居住着奥林匹斯诸神和各种星体，大地的表层是人类的居所，大地下面的冥界是死者灵魂的归宿地[①]，位于大地最深处的塔耳塔罗斯是妖怪与提坦诸神的世界[②]。值得注意的是，大地、冥界与塔耳塔罗斯分布在地球上，而天空则位于地球上面，处于四个世界的最上端。在划分宇宙结构层方面，荷马与赫西俄德稍有出入，荷马的宇宙结构是四分式的，而赫西俄德的宇宙结构是三分式的，由天空、大地与塔耳塔罗斯组成，塔耳塔罗斯则由冥界和妖怪世界两个部分组成。尽管如此，荷马与赫西俄德均将神明、人类、死者、妖怪视为宇宙的四种存在形式，并分别安排了相应的垂直居住空间。在这四个世界中，奥林匹斯诸神居住的世界一直是明亮的，地球一半时间由阳光照射，一半时间由黑暗笼罩，而冥界和塔耳塔罗斯则昏暗无光。不难看出，这是一种人类中心主义的宇宙结构，以地球为中心划分宇宙：地表以上为诸神居住的天空，地表以下是死者妖怪居住的空间。

在荷马笔下，天空到大地的垂直距离等于大地到塔耳塔罗斯的垂直距离。

---

① Homer, *Odyssey*, 10.512-540, 11. 23-325, 24.1-203.
② Homer, *Iliad*, 8.13-15, 8.279.

这一点可以从宙斯对诸神发布的演说中体现："那地方远得很，是地下的深坑，大门是铁的，门槛是铜的，它与冥土的距离之远，有如天在大地之上。"① 我们从荷马史诗中无法知道这四个世界之间的距离到底有多远，只从《奥德赛》的表述知道，奥德修斯乘船一直向西航行，一天即可到达死者居住的塔耳塔罗斯。②这一点看上去比较奇怪，因为荷马的四个世界是垂直的，而不是水平的。一般的理解是："在希腊早期的宇宙论中，水平距离与垂直距离有时被认为是等同的。"③ 那么，就可以理解成天空到大地的垂直距离等于冥界到塔耳塔罗斯的垂直距离，大约是船行一天的路程。但荷马史诗并未描述大地到冥界或塔耳塔罗斯的垂直距离，不过我们可以从赫西俄德的《神谱》中获取相关信息："塔耳塔罗斯与大地相距很远，从大地到下面的塔耳塔罗斯和从大地到天空有相等的距离。一个铜砧从天宇掉下，也要经过九天九夜，于第十天才能够到达大地；它从大地再往下掉，也要经过九天九夜，于第十天才能够到达塔耳塔罗斯。"④

荷马关于宇宙四个世界形状的表述极为模糊，我们无法判断天空、大地、冥府与塔耳塔罗斯的具体外形，不过倒是能够从相关的诗文中看到天空和大地的大致样子。荷马笔下的宇宙像一所巨大的房屋，地球是地面，天空是天花板或屋顶，天空由青铜或黑铁所造，非常明亮并且极为坚固。⑤ 何以如此？因为在荷马时代，作为金属的青铜与黑铁既是财富与身份的象征，又具有坚固与明亮的特征，以此描述天空，较能体现早期希腊人眼中天空的神圣性。较之于中国古代"天圆地方"的几何式宇宙空间模式⑥，荷马关于天地形状的表述是感性的，也是神话式的。因此我们在《奥德赛》中看到了阿塔拉斯背负的巨柱支撑天空和大地⑦，就像柱子支撑房屋一样。至于巨柱的具体位置，荷马史诗并未提供更

---

① Homer, *Iliad*, 8.14–16, "τῆλε μάλ᾽,ἧχι βάθιστον ὑπὸ χθονός ἐστι βέρεθρον, ἔνθα σιδήρειαί τε πύλαι καὶ χάλκεος οὐδός, τόσσον ἔνερθ᾽ Ἀΐδεω ὅσον οὐρανός ἐστ᾽ ἀπὸ γαίης."

② Homer, *Odyssey*, 12.10–22.

③ William Hansen, *Handbook of Classical Mythology*, Santa Barbara, CA: ABC-CLIO, 2004, p. 52, Note 23.

④ Hesiod, *Theogony*, Lines 719–725, "χερσὶν νικήσαντες ὑπερθύμους περ ἐόντας, τόσσον ἔνερθ᾽ ὑπὸ γῆς, ὅσον οὐρανός ἐστ᾽ ἀπὸ γαίης. τόσσον γάρ τ᾽ ἀπὸ γῆς ἐς Τάρταρον ἠερόεντα. ἐννέα γὰρ νύκτας τε καὶ ἤματα χάλκεος ἄκμων οὐρανόθεν κατιὼν δεκάτῃ κ᾽ ἐς γαῖαν ἵκοιτο. ἐννέα δ᾽ αὖ νύκτας τε καὶ ἤματα χάλκεος ἄκμων ἐκ γαίης κατιὼν δεκάτῃ κ᾽ ἐς Τάρταρον ἵκοι."

⑤ 关于天空由青铜所造的表述，具体参见 Homer, *Iliad*, 17.425；天空由黑铁所造的表述，具体参见 Homer, *Odyssey*, 15.329, 17.565。

⑥ 《淮南子·天文训》曰："天道曰圆，地道曰方。"《淮南子·精神训》曰："头之圆也象天，足之方也象地。"类似的说法见于《吕览·圜道》《大戴礼记·曾子天圆》《周髀算经》等。

⑦ Homer, *Odyssey*, 15.329, 1.52–55.

多的描述，不过赫西俄德《神谱》补充了相关细节。"阿塔拉斯站在大地的边缘，站在嗓音清晰的赫斯珀里得斯姊妹面前，用不倦的头颅和双臂无可奈何地支撑着广大的天宇。"① 从上述表述可知，在荷马的表述中，天地似房屋，天地之间由巨柱支撑，巨柱位于大地边缘而不是中央。除此之外，天地之间还有云气，这些云气不像巨大柱位于大地边缘，而是弥漫于天地之间。②

我们无法从荷马史诗中获知大地的具体形状，但却能够通过史诗的描述了解荷马眼中的大地样态即地貌。在荷马笔下，地球表面由一层叫作奥克阿诺斯的长河环绕，奥克阿诺斯是昏暗的大水，它的边上住着部分埃塞俄比亚人③，以及基默里奥伊人④。太阳沿着天空运行，每天从东方的奥克阿诺斯大水中升起照耀大地与天空，然后又沉没于西方的奥克阿诺斯大水中。太阳每天从奥克阿诺斯大水中升起⑤，但从来不照耀冥府与塔耳塔罗斯。奥克阿诺斯不同于一般的河流，"他是各条河流和所有大海、一切泉流和深井的源泉"⑥，它的河口通向了冥界。这就意味着，奥克阿诺斯的河口是通向死者世界的过道，死者的灵魂经由这里达到哈得斯的国度。⑦ 任何凡人均无法通过奥克阿诺斯，只有奥德修斯在神明的帮助下率领部下通过奥克阿诺斯河口到了冥界，为获得预言去寻找先知特瑞西阿斯的灵魂。⑧ 需要特别指出的是，在荷马笔下，人类居住的地表与死者灵魂居住的冥界，其空间结构是垂直式的，而奥克阿诺斯河口却与冥界相接，这就表明人间与冥界水平系统和垂直系统在奥克阿诺斯河口上是相通的。换言之，奥克阿诺斯河口是荷马史诗空间系统中垂直结构与水平结构的交汇点，也是人间与冥界的连接点。

作为死者灵魂的归宿地，荷马笔下的冥界是哈得斯的世界，它并没有明确的形状，只有无边的黑暗，以及为数众多的死者的灵魂。冥界有一座叫作阿克戎的深渊，火河和哀河在这里汇合，二者之间是一座巨岩。⑨ 死者的"灵魂经过

---

① Hesiod, *Theogony*, Lines 517–519, "Ἄτλας δ᾽ οὐρανὸν εὐρὺν ἔχει κρατερῆς ὑπ᾽ ἀνάγκης πείρασιν ἐν γαίης, πρόπαρ Ἑσπερίδων λιγυφώνων, ἑστηὼς κεφαλῇ τε καὶ ἀκαμάτῃσι χέρεσσιν."

② 关于云气的表述，参见 Homer, *Iliad*, 14.288, 15.19。

③ 参见 Homer, *Iliad*, 1.423。荷马史诗中的埃塞俄比亚人居于大地的东西两隅，一部分居于日落处，一部分居于日出之地。参见 Homer, *Iliad*, 1. 21-24。

④ Homer, *Iliad*, 11.11-19. 上述诗文描述的基默里奥伊人的世界一片黑暗，阳光从未照耀他们的国度。

⑤ Homer, *Odyssey*, 19.434, 22.197, 23. 347.

⑥ Homer, *Iliad*, 14.288, 21.196-197, ἐξ οὗ περ πάντες ποτ, αμοὶ καὶ πᾶσα θάλασσα καὶ πᾶσαι κρῆναι καὶ φρείατα μακρὰ νάουσιν.

⑦ Homer, *Odyssey*, 20. 65, 24.11.

⑧ Homer, *Odyssey*, 11.10-22.

⑨ Homer, *Odyssey*, 10.513-515.

奥克阿诺斯的流水和白岩，再经过赫利奥斯之门和魔幻之境"[1]，最后汇集到那阿斯福得洛斯草地。从中可知，冥界并不是一个孤立的世界，而是荷马史诗宇宙的组成部分，它有多样的土地与复杂的地理形态——高山、河流、深渊、草地。死者的亡灵要经过艰苦的旅行才能够到达哈得斯统治的世界，冥界是它们最后的归宿。就灵魂的归宿而言，荷马史诗陈述的内容与米诺石棺描绘的情境并不一致。公元前13世纪的米诺石棺描绘的神话场景表明，"对于米诺人而言，亡灵旅行的最终目的为抵达太阳之地，这一点在双面斧中得以体现"[2]。可见，米诺时代亡灵的归宿是光明的天堂，而不是荷马史诗描绘的黑暗的哈得斯的世界。究其原因，主要在于米诺时代的彼世理念更多地与地中海沿岸的埃及、美索不达米亚等的宗教理念较为接近，它们同为地中海宗教共同体的组成部分，而荷马时代的希腊已经进入"东方化革命时代"，希腊文明开始进入反思与重构阶段。[3]生成于"东方化革命时代"末期的荷马史诗自然受到了这种影响，开始重塑希腊的宇宙论，重构的彼岸世界自然与米诺时期的乐园截然不同。

位于大地最深处的塔耳塔罗斯是提坦诸神的居住地，那里常年不见阳光，只有寒冷与黑暗。[4]提坦诸神的体型巨大，被以宙斯为首的奥林匹斯诸神打败后就被关押到塔耳塔罗斯，因此可以推测，塔耳塔罗斯巨大，并且非常坚固。从赫西俄德《神谱》的描述来看，"塔耳塔罗斯周围有一道青铜栅栏，夜幕三重如项圈一般包围着它，大地和不产果实的海洋之根就生在其上"[5]。这就表明，塔耳塔罗斯在大地与海洋之根之下，但其空间究竟呈何形状，不得而知。这个地方与冥界、人间均无通道，是封闭独立的一个世界。

上述宇宙结构的特征就在于，它是多层次的垂直宇宙模式，水平层面并无宇宙界面存在。"上层空间完全不同于中层和地层空间。上层是宙斯和众神的空间，中层是人的空间，第三个则是死者和地下神灵的空间。这是个等级世界，

---

[1] Homer, *Odyssey*, 24.11-13, "πὰρ δ᾽ ἴσαν Ὠκεανοῦ τε ῥοὰς καὶ Λευκάδα πέτρην, ἠδὲ παρ᾽ Ἠελίοιο πύλας καὶ δῆμον ὀνείρων ἤϊσαν. αἶψα δ᾽ ἵκοντο κατ᾽ ἀσφοδελὸν λειμῶνα."

[2] ［美］南诺·马瑞纳托斯：《米诺王权与太阳女神：一个近东的共同体》，王倩译，陕西师范大学出版社，2013年，第187页。

[3] Walter Burkert, *Orientalizing Revolution: Near Eastern Influence on Greek Culture in the Early Archaic Age*, Margaret E. Pinder and Walter Burkert trans., Cambridge: Harvard University Press, 1995, pp. 1-8.

[4] Homer, *Odyssey*, 8.13-16.

[5] Hesiod, *Theogony*, Lines 726-728, "τὸν περὶ χάλκεον ἕρκος ἐλήλαται. ἀμφὶ δέ μιν νὺξ τριστοιχεὶ κέχυται περὶ δειρήν. αὐτὰρ ὕπερθεν γῆς ῥίζαιπεφύασι καὶ ἀτρυγέτοιο θαλάσσης."

人不能在不同的等级之间跨越，除非有特殊的条件。"①天空与大地，塔耳塔罗斯与大地、冥界之间均无通道，只有冥界与大地之间有通道（奥克阿诺斯河口）。此种宇宙结构为垂直封闭模式，神明、人类、亡灵、提坦诸神在垂直宇宙层面交往，各个世界有着明确的界限。这种宇宙空间并非为几何的或同质的，而是异质的和神话的，带有明显的想象性。

第二节 荷马史诗的方位模式

就《伊利亚特》和《奥德赛》表述内容而言，荷马关于方位的认知并不是非常强烈，这一点从东西南北四个方位描写中可以看出。纵观《伊利亚特》和《奥德赛》，南与北这两个方位词是缺失的，只有东与西两个方位词。东方是日升之地，西方是日落之地，因此，东方与西方在荷马史诗中便和光明与黑暗、温暖与寒冷联系在一起。在表述东方与西方气候属性方面，雅典娜告诫奥德修斯的话语尤具典型性："此处远非无名之地，它众所周知，无论是居住于黎明和太阳升起的地方，或是居住在遥远的昏暗的西方的人们。"②

需要特别指出的是，荷马一方面将西方等同于寒冷黑暗的世界，另外一方面又将西方视为乐园，部分身份特殊的人在死后被神明送到那里享受生活。海中老神普罗透斯对墨涅拉俄斯说道："你已注定不是死在牧马的阿尔戈斯，被命运赶上，不朽的神明将把你送往埃琉西昂原野，大地的边缘，金发的拉达曼提斯的住所，居住在那里的人们过着悠闲的生活，那里没有暴风雪，没有严冬和淫雨，时时吹拂着柔和的西风，轻声哨叫，奥克阿诺斯遣它给人们带来清爽。"③荷马这种关于西方的认知与前文表述的内容之间存在分歧，这是为什么呢？从源头上说，"西方是人死后前往的乐园"这种思想实际上源自米诺时代，因为米诺时代的宗教信仰属于地中海宗教共同体体系，即整个地中海世界共享一种关于人死后升到太阳之地这一乐园的信仰。④荷马时代处于希腊文化的自省时期，

---

① [法] 让-皮埃尔·维尔南：《希腊人的神话和思想——历史心理研究》，黄艳红译，中国人民大学出版社，2007年，第212页。

② Homer, *Odyssey*, 13.239-241.

③ Homer, *Odyssey*, 4.561-568, "σοὶ δ' οὐ θέσφατόν ἐστι, διοτρεφὲς ὦ Μενέλαε, Ἄργεϊ ἐν ἱπποβότῳ θανέειν καὶ πότμον ἐπισπεῖν, ἀθάνατοι πέμψουσιν, ὅθι ξανθὸς Ῥαδάμανθυς, ἀλλά σ' ἐς Ἠλύσιον πεδίον καὶ πείρατα γαίης τῇ περ ῥηίστη βιοτὴ πέλει ἀνθρώποισιν. οὐ νιφετός, οὔτ' ἄρ χειμὼν πολὺς οὔτε ποτ' ὄμβρος, ἀλλ' αἰεὶ Ζεφύροιο λιγὺ πνείοντος ἀήτας Ὠκεανὸς ἀνίησιν ἀναψύχειν ἀνθρώπους."

④ 关于米诺宗教中人死后回归乐园，以及地中海宗教中彼世信仰系统之间关系的具体阐释，参见[美]南诺·马瑞纳托斯：《米诺王权与太阳女神：一个近东的共同体》，王倩译，陕西师范大学出版总社，2013年，第177—190页。

即"东方化革命时代",希腊人开始系统建构其文化与宗教体系,在这种背景下,重构之后的宗教信仰并不能够完全摆脱原有的宗教信仰,新的彼世信仰系统中同时存在旧有的彼世理念,由此出现西方既是阴暗寒冷之地又是四季如春乐园的情境。

尽管荷马史诗中并未出现南方与北方这样的方位词,但这并不意味着荷马史诗缺乏对南方和北方的认知。实际上,荷马史诗中的南方与北方是借助于南风与北风而表示的——南风诺托斯等于南方[①],北风波瑞阿斯等于北方[②]。何以如此?因为南风是从南面吹来的,而北风则是从北方吹来的。从荷马史诗的叙述来看,南风是温暖的,北风是寒冷的。因此,南方是温暖的,北方是寒冷的。那么我们可以就此推断,荷马史诗的南方与东方所在的地方是温暖的,北方与西方所在的地方是寒冷的。这就意味着,荷马史诗的四个方位实际上指向了两种感觉:温暖与寒冷。换言之,"整个的南方被列入了东方,整个的北方则被列入了远离太阳的西方"[③]。东方和南方所在方位是白昼与温暖之地,西方和北方所在方位是黑暗与寒冷之地,二者是对立的。可以看出,这种方位模式为二元对立式,带有明显的象征意味。

值得注意的是,荷马的四方概念是以荷马时代的希腊为中心划分的,并且关于四方的认知通过居住于该方位的族群而表现。大地的东西两侧居住着埃塞俄比亚人,这个民族非常虔敬,经常为诸神举办规模巨大的盛宴和牛羊百牲祭。居住于西方的还有基墨里奥伊人,一个终年生活在黑暗和寒冷之中的民族。[④]与埃塞俄比亚人近邻的还有腓尼基人和埃及人。腓尼基人善于航海,但极为狡诈[⑤];埃及遍地黄金,埃及人不论男女皆精通医术与巫术[⑥]。不难看出,荷马笔下的东方指向了地中海东部世界的部落与族群,它是一个族群共同体,而不是地理学意义上的东方。换言之,荷马笔下的东方已不是地理学意义上的方位概念,而是具有明显的意识形态意味。因而我们能够断言,"荷马的'东方'并非地中海东岸世界的真实再现,而是将该地区不同于希腊文化的一面重新加以整合

[①] 荷马史诗中关于南风诺托斯的表述,具体参见 Homer, *Odyssey*, 3.295, 5.295, 5.331, 12.289, 12.325, 12.326, 12.427, 13.111。

[②] 荷马史诗中关于北风波瑞阿斯的表述,具体参见 Homer, *Iliad*, 14.395, 19.358, 21.346, 23.208; Homer, *Odyssey*, 5.296, 5.328, 5.331, 5.385, 9.67, 9.81, 10.507, 13.110, 14.253, 14.299, 14.475, 14.533, 19.200。

[③] [苏联]波德纳尔斯基编:《古代的地理学》,梁昭锡译,商务印书馆,2012年,第4页。

[④] Homer, *Iliad*, 1.423, 23.206. Homer, *Odyssey*, 1.22, 1.23, 4.84, 5.282, 5.287.

[⑤] Homer, *Odyssey*, 11.14-19.

[⑥] Homer, *Odyssey*, 14.288, 14.291, 15.415, 15.417, 15.419, 15.473.

而成的新形象。具体说来就是，荷马将地中海东岸世界物产丰富这一事实重新加以调整，根据希腊文化关于他者的片面认知，以及希腊社会迫切需要海外殖民的现实诉求，将其塑造成一个金银遍地、物产丰富的人间天堂。这种形象的再塑造某种程度上反映了荷马时代希腊人内心深处对于'东方'的财富的渴望，以及到'东方'殖民的冲动。"①

对于南方与北方，荷马除了用南风和北风表示之外，他还通过居住于这两个地方的民族表达其认知。从荷马史诗的表述可知，南方有利比亚人、洛托法戈伊人。利比亚人饲养奶羊，"那里新生羊羔带犄角，母羊一年之内能生育三胎羔仔。那里的主人和牧人从不缺乏干酪，也不缺乏各种肉类和甜美的鲜奶，一年到头都备有充足的奶液吮饮"②。至于洛托法戈伊人，荷马的表述更加富有想象性：他们以花为食，外乡人食用此花能够忘记烦忧，不思回归故乡。③

上述关于居住在南方民族的表述表明这样一种观念：南方非常温暖与舒适，动物与植物的生长非常迅速，人类的生活状况极为富足。较之于南方，荷马关于北方民族的叙述非常简略。我们只知道，北方有密西亚人、希佩摩尔戈斯人。密西亚人擅长近战④，希佩摩尔戈斯人则饮食马奶⑤。从上述表述可做如下推断，荷马关于北方的感知没有关于南方的感知明确。也就是说，荷马熟悉的方位世界仅仅限于毗连爱琴海的一些地方，至于距离爱琴海较远的地方，他尚知道一部分，但再向北推进，譬如地中海或黑海的西部，他就完全一片模糊，因而陷入十足的想象。

第三节　荷马史诗的左、右理念

人类学的研究表明，多数社会鼓励习惯使用右手而不是左手，与此相关的一种现象就是，许多社会中的人们习惯用右手吃东西，用右手打招呼，而左手则与不洁的行为相关，因而很多左撇子儿童会得到纠正。这种身体上的习惯性行为被不少社会赋予文化象征意味，使得右手与左手之间存在巨大的价值差异。象征人类学学者罗伯特·赫兹（Robert Hertz）指出："与右手相关的通常是荣

---

① 王倩：《欲望之镜：论荷马史诗中的"东方"形象》，载《中国比较文学》2014年第1期，第142页。
② Homer, *Odyssey*, 4. 85-89, "ἵνα τ' ἄρνες ἄφαρ κεραοὶ τελέθουσι. τρὶς γὰρ τίκτει μῆλα τελεσφόρον εἰς ἐνιαυτόν. ἔνθα μὲν οὔτε ἄναξ ἐπιδευὴς οὔτε τι ποιμὴν τυροῦ καὶ κρειῶν οὐδὲ γλυκεροῖο γάλακτος, ἀλλ' αἰεὶ παρέχουσιν ἐπηετανὸν γάλα θῆσθαι."
③ Homer, *Odyssey*, 9.84-98.
④ Homer, *Iliad*, 13.4-5.
⑤ Homer, *Iliad*, 13.5.

誉、尊贵的头衔及特权：它执行动作，发出指令，接受事物。左手则与此相反，它被厌弃以至于屈居卑微的辅助地位：它无法单独完成任何行为，只能帮助和辅佐右手。右手是所有贵族的象征与表率，左手则代表一切平民。"[①]这是社会赋予身体的文化意味：左手性在各方面均无法与右手性相比，后者在文化象征层面被赋予的价值远远超过了前者。

在荷马史诗中，左手与右手的差异主要体现在神谕的吉凶上，尤以鸟卜的方位为主。从《伊利亚特》和《奥德赛》的表述来看，希腊人与特洛伊人均遵循相同的神谕方位模式：左方是凶兆，右方是吉兆。当发送神谕的飞鸟出现在人类的左上方时，它发布的一定是凶兆。关于这一点，我们能够从《伊利亚特》描绘的情节得知：赫克托尔试图率领部下焚烧希腊人的船只，一只苍鹰高飞在队伍左侧，特洛伊人由此得知宙斯发送的是凶兆，不敢行动。[②]相反，当飞鸟出现在人群右上方时，这一定是吉兆。因此，奥德修斯看到苍鹭在队伍的右方飞过便极为高兴。[③]同样，当特洛伊老国王普里阿摩斯看到宙斯派遣一只鹰飞在人群的右方时，便明白宙斯允许他赎回赫克托尔的尸首。[④]明显可以看出，在飞鸟发布神谕方面，右方比左方具有优越性，左方指向凶兆，右方则意味着吉兆。只不过，左与右的这种差异在荷马史诗中仅仅体现在鸟卜这类神圣空间，并不代表希腊社会生活的所有层面都具有这种认知趋向。

但是有一点我们能够肯定，这种尊右的方位理念绝非荷马独创，它在米诺时代就已存在。许多源自米诺时代金戒指刻画的图像场景表明，神明会借助飞鸟、流星、蜻蜓等表现符号发布神谕，这类符号一般会出现在占卜者的右方。我们举例探讨。在一枚塞勒派勒出土的金戒指上，神明派遣一只飞鸟低旋于通灵者右方发布神谕，通灵者右手高举，回首观望异象（图 3-2-1）。这种场景与《伊利亚特》和《奥德赛》表述的苍鹰右飞在人群上方的场景极为相似。与荷马史诗不同的是，戒指上通神者的右上方还出现了象征神意的彗星符号。这种双重神谕符号出现的情境表明，米诺时代的人们笃信神谕的象征符号一定会出现在右方而不是左方。因此，在获知神意方面，右方要优越于左方。类似的方位理念同样体现在斐斯托斯（Phaistos）附近的卡莱瓦亚（Kalyvia）墓葬出土的金戒

[①] Robert Hertz, "The Pre-eminence of the Right Hand: A Study of Religious Polarity", in *Right and Left: Essays on Dual Symbolic Classification*, edited and translated by R. Needham, Chicago: University of Chicago Press, 1973(first published in 1909), p. 3.

[②] Homer, *Iliad*, 12.202, 12.219.

[③] Homer, *Iliad*, 10.274-280.

[④] Homer, *Iliad*, 24.320.

图 3-2-1　塞勒派勒金戒指上的神谕场景

（图片来源：Mervyn R. Popham, E. A. Catling, and H. W. Catling, "Sellopoulo Tombs 3 and 4, Two Late Minoan Graves near Knossos", *The Annual of the British School at Athens*, 1974, 69: 195−257, Fig. 14D）

图 3-2-2　卡莱瓦亚墓葬出土金戒指上的神谕场景

（图片来源：Nanno Marinatos, *Minoan Kingship and the Solar Goddess: A Near Eastern Koine*, Chicago: University of Illinois Press, 2010）

指上（图3-2-2）。与塞勒派勒出土的金戒指描绘的场景有所不同的是，在卡莱瓦亚出土的金戒指上的图像场景中，携带神意的神谕符号不是飞鸟，而是陨星或流星，但就像荷马史诗的吉兆一样，神谕的象征符号同样出现在通灵者的右上方。这种大量的神谕图像表明，荷马史诗表述的右方优于左方的神圣空间理念自古就有，并非荷马独创。换言之，荷马史诗关于左与右的认知具有久远的本土传统，其源头为米诺时代的神圣方位理念，在二者之间，这种尚右的方位传统并未中断，否则荷马史诗不可能会如此完整地保留这种理念。因此，我们可以引用法国学者让－皮埃尔·韦尔南的话语来概括米诺时代到荷马时代的宗教方位理念："右是吉利的，左代表不祥。"[1]

人类学大量的田野考察资料表明，并非只有希腊宗教存在这种尚右的方位理念，世界各地许多民族都有这种认知心理。在新西兰的毛利人看来，右是神圣的方位，是善和创造性力量的所在；而左则是世俗的方位，似乎除了引起某些烦恼和可疑的力量外，别无长物。右边象征着力量与生命之源，而左边则是虚弱与死亡所在。[2] 澳大利亚的原住民乌万伽人部落举行葬礼时，一般有两根用来抽打的树枝，一根叫作"男性"的枝条被握在右手中，另外一根叫作"女性"的树枝被握在左手中。乌万伽人使用"男性"来抽打"女性"。因此，葬礼中的右手是动作的实施方，与主动、积极相关，而左手则是动作的接收方，与被动、消极相关。[3] 人类赋予身体左右方位的象征意义如此具有约束性，以至非洲尼日尔低地的一些部落，在日常生活中禁止女性使用左手做饭，禁止女性以左手接触其丈夫。[4] 当然，并不是所有的民族都有尚右的方位观，但这种空间观在宗教与日常生活中如此普遍，以至于我们不得不思考：为何身体的左右两极被赋予这种文化象征意味呢？

我们无法一一探讨世界各民族尚右空间理念的源头，因为隐藏在其背后的原因极为复杂，但有一点能够肯定，对古希腊人，尤其是荷马时代的希腊人而言，以右为尊的方位观并不是一种因素导致的。相反，它是多种文化要素相互作用的产物。具体说来，导致荷马史诗尚右方位理念的首要因素是人类惯用右手的生活习惯。普遍的一种事实就是，不论是古代还是现代社会，人们倾向于鼓励

---

[1] ［法］让-皮埃尔·维尔南：《希腊人的神话和思想——历史心理研究》，黄艳红译，中国人民大学出版社，2007年，第212页。
[2] Elsdon Best, "Maori Magic", *Transactions and Proceedings of the New Zealand Institute*, 1902, 34: 25.
[3] ［法］罗伯特·赫尔兹：《死亡与右手》，吴凤玲译，上海人民出版社，2011年，第106页。
[4] Arthur Glyn Leonard, *The Low Niger and Its Tribes*, New York: Kessinger Publishing, 1906, p. 76.

惯用右手而不是左手。古代希腊社会也不例外。在这样一种生活习惯下,人们往往将善与美好的事物赋予右方而不是左方。这种集体无意识潜藏于人类的记忆深处,借助于人类的文化象征体系,便表现为赋予右方一种积极的象征意味,而将消极的一面赋予左方。当然,这种关于身体左右两极的认知并不限于荷马时代的希腊社会,世界各地不少民族均存在这种认识模式。

此外,这种方位意识还与荷马时代宗教仪式的方位相关。在希腊的鸟卜仪式中,占卜者面北而立,这一点从赫克托尔的话语中能够得到确认:"你要我相信那空中翱翔的飞鸟,我对它们既不注意,也不关心,它们是向右飞向朝霞,飞向太阳,还是向左飞向西方,飞向昏冥。"[①]需要指出的是,荷马时代与米诺时代人们的思维尚处于前科学时代,因此他们关于空间的认知依然局限于原始宗教的认识阶段,即空间是非均质的。对他们而言,"空间是赋有性质的东西;不同的空间区域有自己的特殊属性,……空间如其说是被想象到,不如说是被感觉到,而空间中的不同方位和位置也将在质上彼此不同"[②]。荷马时期的思维模式类似于原始宗教的思维模式,根据埃米尔·涂尔干《宗教生活的基本形式》一书的观点,原始宗教看待世界的方式是二元对立的,其关于方位的认知也是二元对立的。占卜者面北而立,以这个方向为基准点,其身体的不同部位因此被指派为不同的方位:东方为右,西方为左。结果,天空中的区域特征反映在人体当中:东方是日出之地,给人温暖之感;西方是日落之地,给人寒冷之感。右方成为吉利的象征,而左方则与不吉相关,尚右的空间方位理念由此生成。

结　　语

由上述阐释可知,荷马的宇宙是垂直四分的世界,其结构以大地为中心分为地上与地下两部分,地上部分指向光明,地下部分指向黑暗。大地的水平方位被划分为东方与西方,以及左方与右方。东与右相关,西与左相关,其方位模式为左东右西。荷马空间的垂直与水平层面皆为二元对立模式,同时为非均质等级空间,带有明显的宗教象征意味。不难看出,荷马的空间呈非几何形状,为半神话式想象世界。此种空间模式的生成基础为人类对外界的感知,即人类通过身体的体验与观察而获得的经验。因此我们能够断言,荷马的空间是非理性的经验世界,其空间意识属体验的宇宙论范畴。

[①] Homer, *Iliad*, 12.237–240, "τύνη δ' οἰωνοῖσι τανυπτερύγεσσι κελεύεις πείθεσθαι, τῶν οὔ τι μετατρέπομ' οὐδ' ἀλεγίζω, πείθεσθαι, εἴτ' ἐπὶ δεξί' ἴωσι πρὸς ἠῶ τ' ἠέλιόν τε, εἴτ' ἐπ' ἀριστερὰ τοί γε ποτὶ ζόφον ἠερόεντα."

[②] [法]列维-布留尔:《原始宗教》,丁由译,商务印书馆,1997年,第409页。

第三章　空间之桥：希腊神话中的石头与树

第一节　橡树与石头：希腊神话文本的未解之谜

这是一则源自荷马史诗的谚语：伊萨克国王奥德修斯历经艰辛，终获众神允许，在雅典娜女神的帮助下回到阔别二十年的故园，他乔装成乞丐，打算射杀众求婚人，与妻儿共享天伦之乐。机智的珀涅罗珀向伪装的丈夫问道："请你告诉我你的氏族，来自何方，因为你定然不会出生于岩石或古老的橡树。"[①] 言外之意就是，你不是出自橡树或石头，即你一定有着人类的血统。赫克托尔在特洛伊城门前等待希腊英雄阿喀琉斯时自言自语："现在我和他不可能像一对青年男女幽会时那样，从橡树和石头絮絮谈起，青年男女才那样不断喁喁情语。"[②] 上述两段诗文中皆出现了橡树与石头，令人不解的是，二者皆与史诗内容毫无关联，看上去似乎为谚语或程式化套语，在文中并不起任何具体的作用。那么，橡树与石头究竟意味着什么？二者背后究竟有怎样的故事或关联？我们在荷马史诗中根本找不到任何线索，似乎这是荷马留给后人的一个不解之谜。

荷马史诗中关于橡树与石头的谜语并非出自诗人荷马的臆想，因为可以从赫西俄德的《神谱》中发现类似的表述。诗人赫西俄德宣称，缪斯女神曾经将一种神圣的声音吹进他的心扉，让其歌唱过去和将来之事。"但是，为何要述说这一切关于橡树和石头的话语呢？"[③] 赫西俄德这样反问。就像荷马史诗一样，这句诗文同样涉及橡树与石头，但赫西俄德在文中同样未做任何阐释，也未在诗中其他地方做任何表述。部分学者指出，"橡树和石头的话语"乃希腊谚语，意思是"离题的言语"。但这里尚存的一个疑问是，为何橡树和石头的话语会

[①] Homer, *Odyssey*, 19.162–163.
[②] Homer, *Iliad*, 22.126–128.
[③] Hesiod, *Theogony*, Line 3.

被理解为离题的话语？它究竟反映了希腊文化的何种内涵？

在上述神话文本中，橡树与石头出现的语境不一，有的是询问陌生人氏族的铺垫，有的是青年男女幽会时谈论的话题，有的则指向缪斯女神规定的过去与将来之事。尽管表述的情境迥然有别，但话题共同指向了橡树与石头。不难看出，荷马史诗与赫西俄德诗文中涉及的橡树和石头为组合性语词，二者同时出现在文本中，共同建构了一个充满诗意的意象。换言之，二者成对出现在希腊神话文本中，与某种古老的谚语或原始文化相关。这就意味着，在荷马与赫西俄德的时代，橡树与石头已经成为希腊人所熟知的话语，其象征意义与内涵已无须多做阐释——它是希腊民众文化生活的一部分。可以断言，这种橡树与石头的话语肯定非同寻常并且具有深远的影响力，否则它不可能同时出现在荷马史诗与赫西俄德的文本中。

同样，公元前13世纪乌迦特文本中的《巴力史诗故事群》（*Epic of the Baal Cycle*）中有着类似的表述："我有句话要对你说，我要对你复述一句话：大树的话语与石头的呢喃，天空对大地的低语，以及对星星的叹息，我知道响雷，天空并不知道，人类无法理解的话语，大地上居住的人群并不理解。来吧，我将揭开谜底，在我的神山萨芬（Saphon）之中，在圣殿之内。"[1] 如同希腊神话文本，作为乌迦特文本的巴力史诗中反复出现了"大树的话语与石头的呢喃"这句话。尽管我们不明白其具体所指，但至少能够明确一点：它显然作为程式化套语而被使用，指向了某种约定俗成的意义体系。尽管乌迦特文本与希腊文本叙述的内容并不相同，但二者均涉及石头与树，并将其作为共生性语词而加以强调。

就时间而言，巴力史诗生成的时间要比荷马史诗和赫西俄德的《神谱》早得多，前者比后者早了500年左右。虽然如此，但二者的表述中均涉及石头与大树这种共生性语词。这就表明，石头与大树绝不是一种简单的意象与语词，它们应该非常重要，并未随时间流逝而消失。石头与树这种语词具有异常强大的生命力，能够穿越时间之河流而存在于神话文本中。就地域而言，希腊与乌迦特皆处于地中海沿岸，二者隔海遥遥相对。一种共生性语词，能够跨越地中海，出现于两岸的神话文本中，这本身就是一种非同寻常的现象。一言以蔽之，作为谜语也罢，作为言语也罢，作为程式化套语也罢，作为共生语词的石头与

---

[1] Nicolas Wyatt, *Religious Texts from Ugarit: The Words of Ilimilku and His Colleagues*, Sheffield: Sheffield Academic Press, 2002, p. 78.

树，它们跨越了时间与空间，频频出现于希腊神话与乌迦特神话中。这是一种罕见的现象，它背后一定隐藏着某种曾经重大但现已丢失的文化信息，那么，它究竟是什么？出于何种原因而被遗忘抑或叙述？希腊神话文本并未对此做表述，为探究其意义，必须突破地域限制与文本束缚，到地中海沿岸的广阔地域，到文本之外去探寻相关的表述。首先可以考虑的是早于神话书写的米诺时期的图像资料，它是口传时代的文化遗产。

第二节　米诺图像中的石头与树

与希腊神话文本截然不同的是，米诺时代图像上刻画石头与树的象征意义非常明确，指向了神的圣殿，具体说来是露天的神明居所。某种程度上说，石头与树代表了神明在人间的圣殿，也是神明向其崇拜者显身的场所。在哈吉亚·特里亚达石棺上，我们可以看到作为圣殿的石头与树的场景。三名祭奠者正在举行某种祭奠仪式，其中最前面的一名女性在向神殿中的一口大型容器中倒酒，中间的女性肩挑两只装满美酒的敞口瓮，她身后的男性在弹奏乐曲。中间那位头戴羽冠、身着长袍的女性应为主持仪式的女祭司，她身边一前一后站立的两位人物应该为其助手。前者上身裸露，下身穿着一件开衩的短裙，将手中所捧器皿的酒倒向面前的一口大瓮中。后者肩扛一把七弦琴，似乎是乐师类的神职人员。从图像表现的场景来看，这里举行的应该是一种祭拜神明的仪式。按照常理，敬神仪式应该在圣殿中举行，但奇怪的是画面中并未出现神殿，祭拜者面对的是两株大树与石头。石头位于大树的底端，每株大树下有一块石头，每株大树上端分别有一把双面斧，每个双面斧上分别站立着一只鸟。鸟儿站立的方向与祭奠者面对的方向保持一致。显然，这里的大树与石头就是神殿，是祭拜者举行仪式的场所。石棺上的大树是与石头成对出现的，二者共同象征着作为神圣空间的神殿。尽管图像并未告诉我们为何是石头与大树，而不是别的东西具有象征神殿的作用，但它至少表明，在荷马史诗之前的米诺时代，石头与大树已经作为一种共生性的神圣符号，共同建构了作为神明居所的圣所，并且二者同时出现，缺一不可。这与米诺时代的戒指上刻画的场景是一致的（图3-3-1）。从米诺图像资料所提供的场景来看，石头与树一般象征夜晚或者露天的神殿，它在概念上等同于神明的居所，也是神明在人间的居住地。

多数情况下，神明会在其居所中现身，向其崇拜者发布神谕，一枚迈锡尼出土的米诺时代的戒指上刻画的图像很好地诠释了这种场景（图3-3-2）。在该戒指中，神明的神殿由三株大树和一扇拱形的石头大门组成，神殿的上部是一

图 3-3-1　瓦菲奥金戒指上描绘的神明居所

（图片来源：Nanno Marinatos, *Minoan Kingship and the Solar Goddess: A Near Eastern Koine*, Chicago: University of Illinois Press, 2010, p. 99, Fig. 7.6b）

图 3-3-2　迈锡尼出土戒指上的神殿

（图片来源：Arthur J. Evans, "Mycenaean Tree and Pillar Cult and Its Mediterranean Relations", *The Journal of Hellenic Studies*, 1901, 21: 83, Fig. 57）

株枝叶扶苏的树,下部是两株直立的树,旁边站立两位身着荷叶裙的女性,她们的双手指向了前额。这种姿态显然是在祈祷。在这里,石头与树既是神明的圣殿,也是人类崇拜与祈祷的场所。石头与大树某种程度上被视为神明的化身,其功能等同于神像。石头与树所象征的神圣空间是神殿,在概念上它是神明的居所。在一些米诺时代的戒指上,神明有时会出现在石头或大神的旁边,从而向其崇拜者现身。现藏于牛津博物馆的一枚米诺时代的戒指向我们展示了这种神圣的场景[①]:由大树和石头组成的神庙外,一名女性右手向着天空高举而祈祷,不远处的天空中,一名身影模糊的神明听到祈祷后便从空中降落,他右手平伸,左手下垂,准备向崇拜者授予神谕。图像中心是一根直立的柱子,向上可以通到天空。这种柱子我们在神话图像中经常见到,它是"世界之轴的宇宙论象征,这一点从史前时代开始便已有所记载"[②]。从图像中可以看出,这位神明准备降落在他的圣殿之中,上方醒目的大树表明,这是一所露天圣殿,以大门和树作为标志性符号,而大树为其中心。[③]

从米诺时代的戒指提供的图像资料来看,大树或石头象征的圣所是举行仪式或祭拜活动的主要场所。一枚迈锡尼出土的戒指上(图3-3-3)刻画了这样的情境:一名男性抓住圣殿上方的大树,将头调转过去;一名女性伏在大树边的神殿上;中间的一名女性则双手叉腰,手舞足蹈。图像两边是象征着圣殿的大树,圣殿之间是众多的石块,祭拜者的双足踏在上面,试图通过摇动大树而得到神谕。不难看出,这是一种入神仪式,即借助于大树进入迷狂状态从而获得神谕。在该仪式中,先知摇动作为神明居所的大树,大树发出声音,神明听到大树的声音后,再通过大树发出声音,先知聆听大树的声音并领会神谕。此种场景在希腊的德尔斐神庙中经常出现:阿波罗的祭司皮提亚要在咀嚼月桂树的树叶之后,才能够进入迷狂状态发布神谕。[④] 直到公元前5世纪,希腊人依然认为,咀嚼月桂树叶能够让他们与阿波罗神近距离地接触,从而得知神意。[⑤] 这种通过大树获

[①] Arthur J. Evans, "Mycenaean Tree and Pillar Cult and Its Mediterranean Relations", *The Journal of Hellenic Studies*, 1901, 21: 78, Fig. 52.

[②] [美] 米尔恰·伊利亚德:《宗教思想史》,晏可佳、吴晓群、姚蓓琴译,上海社会科学院出版社,2004年。

[③] 关于该建筑物为露天神殿的论述与阐释,具体参见 Nanno Marinatos, *Minoan Kingship and the Solar Goddess: A Near Eastern Koine*, Chicago: University of Illinois Press, 2010, p.73; Arthur J. Evans, "Mycenaean Tree and Pillar Cult and Its Mediterranean Relations", *The Journal of Hellenic Studies*, 1901, 21: 170-172.

[④] John Ferguson, *Among the Gods: An Archaeological Exploration of Ancient Greek Religion*, London and New York: Routledge, 1989, p. 72.

[⑤] H. W. Parke, D. E. W. Wormell, *The Delphic Oracle*, Oxford: Basil Blackwell, 1956, p. 26.

图 3-3-3　米诺大树圣殿前的摇树仪式
（图片来源：Nanno Marinatos, *Minoan Kingship and the Solar Goddess: A Near Eastern Koine*, Chicago: University of Illinois Press, 2010, p. 9, fig. 7.5）

得神意的做法可以在《圣经》中得到印证：上帝告知大卫，他要在敌人非利士人的桑林对面去攻打他们，当他听到桑树梢上有脚步的声音之后，他就可以率领军队前去急速攻打非利士人了。[1] 这里的大树实际上具有双重作用：神殿与通神的媒质。后者是在前者的基础上进行的，因为只有作为神明的居所，大树才具有神性，人类才能够通过它得知神明的意愿。

另外一种情况是，占卜者通过石头与树构成的圣所而看到异象，继而获知神意。就米诺时代的戒指提供的图像而言，一些鸟类与流星之类的符号还会出现在这类场景中。在一枚出自希腊塞勒珀勒的金戒指（图3-3-4）上，一名男性伏靠在一块巨大的圆形石头上，他左手攀缘圆石，回首张望，右手问候右方的一只飞鸟。男性的头顶右上方，一颗流星划过天空。男性的左边是一株大树，树下是数块圆石。根据神话学者马丁·P.尼尔森的判断，这只鸟儿是神明的化身。[2] 也就是说，这是神明向人类发布异象的场景。从整个解释描绘的场景来看，此种情境只会发生在神明的圣殿之中。如果回头考察一下荷马史诗，《伊利亚特》

---

[1] *Holy Bible*, 2 Samuel, 24:26.
[2] Martin P. Nilsson, *The Minoan-Mycenaean Religion and Its Survival in Greek Religion*, New York: Biblo & Tannen Booksellers & Publishers, 1950, pp. 330-340.

图 3-3-4　米诺发布神谕的圣殿

（图片来源：Nanno Marinatos, *Minoan Kingship and the Solar Goddess: A Near Eastern Koine*, Chicago: University of Illinois Press, 2010, p. 100, fig. 7.9b）

中的部分诗文或许可以帮助我们理解这种异象。赫克托尔死后，特洛伊老国王普里阿摩斯祈求宙斯派遣神鸟发布神谕，以便让他知道是否能够到希腊阵营赎回儿子的尸首。"父亲宙斯，伊人达山至高的统帅，请让我到阿喀琉斯那里受到接待，获得怜悯，请您派遣一只显示预兆的鸟儿，快捷的信使，您心爱的飞鸟，强大无比，让他在您右边飞过，我亲眼看到，有信心到骑快马的达那奥斯人的船寨去。"[1] 宙斯听到祈祷后，果然按照普里阿摩斯所祈祷的，派遣了一种鸟儿去报送神谕。能够看出，诗文所表述的信息与图像描绘的场景是一致的：鸟儿是发布神谕的信使，它在敬拜者的右方飞过。较之于《伊利亚特》，米诺时代的戒指刻画的神谕场景中还出现了流星。在《伊利亚特》的另外一段诗文中，我们看到雅典娜女神以流星的面目出现在特洛伊人面前。"雅典娜早已按捺不住，她从奥林匹斯山下降，犹如狡诈的克罗诺斯之子放出流星，作为对航海的水手或作战的大军的预兆，发出朵朵炫目的闪光，非常明亮，帕拉斯·雅典娜女神也这样降落到地上。"[2] 这样，就可以理解石头与树为何出现在米诺时代的戒指上：它是神谕与异象出现的场所，即神明向人类发送意愿的神圣空间。本质上说，

[1] Homer, *Iliad*, 24. 308–313.
[2] Homer, *Iliad*, 4. 73–78.

这种空间是神圣的,在概念上是神明的居所,某些时候等同于神殿。

在米诺图像资料中,我们找不到石头与树生人的表述,因为并没有相关的场景刻画人类从大树或石头中诞生的情节。似乎米诺图像与荷马史诗、赫西俄德的表述之间存在巨大的断裂,它们之间并无直接关联。换言之,米诺时期的图像资料并不能解释荷马史诗文本中石头与树生人的谜语,至多只能提供赫西俄德文本中"大树与石头的话语"的图像原型。因此要探寻石头与树话语背后所蕴含的思想,必须跨越米诺文化,向石器时代的地中海文化迈进,从而进一步探索其原初意义。实际上,米诺时代的戒指上刻画的石头与树图案仅仅是口传时代后期的产物,催生它的原型当为新石器时代地中海巨石文化大传统。

第三节 地中海巨石文化大传统

就巨石文化的性质而言,地中海沿岸的巨石文化与西欧、亚洲、美洲、非洲等地的巨石文化并无本质性差异,它们均为史前社会口传时代人类创造的独特文化,表述了人类在其发展早期关于石头的种种认知。巨石文化中的石头不同于现代化学意义上作为硅铝酸盐、硅磷酸盐、硅硼酸盐等化合物的石头,在巨石文化语境中,石头首先是一种神圣的物质,来自大地母亲的身体深处,带有大地女神的神性。一种普遍的共识是,石头因为其自身的质地与存在方式,"它的伟力、它的静止、它的体积以及它奇特的外形与人类绝无共性;它们同时表明存在着某种外形炫目的、可怕的、富有吸引力的以及颇具威胁的事物。它以其崇高、坚硬、外形状和色彩,使人类直面某种与他所属的世俗世界判然有别的实在和力量"[1]。正因为石头的这种属性,它象征了持久、永恒、不休,乃至于神圣。总之,石头因其自身的属性而被人类赋予象征意味,并成为人类膜拜的对象。我们可以通过印度尼西亚的一则神话理解石头的这种象征意味。太初之时,天距地很近,一日,神将石头系在绳子上送给人类的第一对夫妇。但这对夫妇非常恼怒,断然拒绝。后来神送给他们一只香蕉,于是这对夫妇欣然接受。随后,他们听到了神的声音:"既然你们选择了香蕉,你们的生命便如水果一般。倘若你们当初选择了石头,你们的生命就会像石头一样永恒不朽。"[2] 人类用石头建造神明的神殿,或者将石头看作神明的居所,它折射了人类将石头视

---

[1] [美]米尔恰·伊利亚德:《神圣的存在:比较宗教的范型》,晏可佳、姚蓓琴译,广西师范大学出版社,2008年,第206页。

[2] James George Frazer, *The Belief in Immortality and the Worship of the Dead*, Vol. 1, London: MacMillan, 1913, pp. 74–75.

为神明的这种认知心理——石头的质地极为坚韧，它能够长久地存在于世界上，这种特性非常符合神明不死的特性，二者因此是等同的。某种程度上，石头就是神明的化身，巨石建造的神庙就等同于神像，人类见到了神庙就见到了神明。事实上，被希腊人奉为神使的赫尔墨斯，最初的形象只不过是路边的一块石头，而阿波罗最初的样子也是由一根柱子来表示的。因为巨石神庙象征了神明不死的本性，它也是神明在人间的居所，人类在这里举行各种仪式敬拜神明，希望得到神明的佑护。并且，人类希望通过在巨石神庙举行的仪式与神明进行沟通，进而准确无误地理解神意。这样，我们便可以理解马耳他巨石神庙的意义了：人们在这些神庙中定期举行一些仪式与庆典活动并献上祭品，以此获得神意，得到神明的庇护。石头的这种仪式性功用与米诺时代的戒指上描绘的图像基本吻合，但米诺时代的戒指鲜有人类向神明敬献祭品的场景，它仅仅作为一种仪式性的场所而存在。很有可能，米诺时代制造戒指的工匠们继承了巨石文化中以石为神明居所与神殿的思想，而扬弃了敬献祭品的理念。希腊与地中海各地遗留的史前巨石神庙与圣殿很好地阐释了这种以石为神明居所的理念。即便到了历史时期，巨石依然是人类崇拜的对象。譬如，赫梯人称被膏抹的石头为圣石胡瓦斯，并将其置于神殿或露天圣殿内，人们在其前面献祭。[①]而希腊人将德尔斐阿波罗神庙中的石头称为翁法罗斯石，石头所在的神庙就是希腊人心中的世界中心，即大地的肚脐。事实上，"我们完全可以肯定，翁法罗斯石就是树立在坟墓上的锥形石"[②]。在地中海巨石文化传统中，石头既是神明的圣所，也是人类死后葬身之地，马耳他史前巨石神庙为此提供了有力的实物证据。马耳他岛屿的哈尔·萨弗里耶尼的地下神庙由数个岩石中的墓冢组合而成，"那里长眠着7000多具骨骸，骸骨遍地都是，仿佛是乱扔造成的"[③]。神庙内室的墙壁上均有雕塑或壁画，多半为螺旋形、圆形和曲线形图案。另外，在这个史前墓葬中还出土了所谓"睡着的胖女人"的女神卧像，以及公牛图像。神殿内有圆顶房间，越往里去，房间就越来越窄，越来越暗。墓室呈曲线形，其结构某种程度上接近子宫，置身其中犹如进入女神的身体。"神庙就是以更大的比例

[①] 相关表述参见 Tryggve N. D. Mettinger, *No Graven Image? Israelite Aniconism in Its Ancient Near Eastern Context*, *Coniectanea Biblica*, Old Testament Series 42, Stockholm: Almqvist & Wiksell, 1995, pp. 29-130。

[②] [英] 简·艾伦·赫丽生：《古希腊宗教的社会起源》，谢世坚译，广西师范大学出版社，2004年，第405页。

[③] [法] 费尔南·布罗代尔：《地中海考古：史前史和古代史》，蒋明炜、吕华、曹青林等译，社会科学文献出版社，2005年，第77页。

复制的子宫。活人走进去仿佛进入了女神的身体。"①死者置身其中,便象征性地进入了女神的身体,然后可以通过女神的子宫获得重生。这就表明,马耳他的巨石神庙也是死者的葬身之地,它是人类死后获得再生的神圣之地。其中很有可能潜藏着这样一种观念:石头出自大地女神的身体内部即大地深处,它是大地的孩子,人类作为女神的创造物,死后葬在巨石墓室中,就能够进入大地母亲的子宫获得重生。这种认知转换为宗教信仰就是,人类从作为女神子宫与身体的巨石中诞生,石头与女神皆为人类母亲。这样我们便能够理解,为何地中海沿岸乃至于世界各地的巨石文化中,出现了那么多被称为石棚的巨石建筑。索多的石棚长达21米,一面山墙状的花岗石高达3.4米,宽约3.1米,厚达0.7米,重量达21吨。严格意义上说,巨石文化中的石棚是安葬死者的地方,但它无疑表明人们对石头的崇拜心理:他们将巨石建造的墓冢视为一种神圣的重生场所,死者置身其中便可获得新生命。

如此,我们便也很容易理解地中海沿岸地区的巨石墓葬具有的作用,诸如萨丁岛上奥芝里(Ozieri)文化遗址中的巨石墓室,马耳他岛屿上的巨石墓葬,乃至于史前时期世界各地巨石文化遗址中的巨石墓,等等。在史前时期,这些墓葬实际上是死者获得重生的神圣场所,也是人们举行重生仪式的庆典中心。人们希望通过巨石圣殿旁边举行的仪式与神明进行沟通,也渴望自己已死去的祖先能够再生,新的生命继而从巨石墓葬中诞生。这种巨石认知理念的另外一种变体就是"人们将祖先等同于或联想成石头,从而理解了生死之间的延续性和永久性"②。祖先是石头,那么人类就是石头的后代了。进一步延伸就是,石头出自大地女神的身体,人类出自石头,大地女神就是人类的母亲,石头就是人类的诞生地。荷马史诗中"你定然不会出生于岩石或古老的橡树"这样的谜语,以及赫西俄德文本中"石头和橡树"的话语也就有了答案,原来它们指的不单是关于大树和石头创造人类的故事,还包含了人类从石头与大树而生的神话信仰。

就像石头一样,在地中海巨石文化传统中,树作为神庙或圣所的象征性符号而出现在人类的认知体系中,它与石头一起共同建构了作为神圣空间的圣地。至于为何树能够作为不死与再生的象征,主要是由树自身的生物学特征所决定

---

① Günther Zuntz, *Persephone: Three Essays on Religion and Thought in Magna Graecia*, Oxford: Clarendon Press, 1971, p. 8.
② [美]米尔恰·伊利亚德:《宗教思想史》,晏可佳、吴晓群、姚蓓琴译,上海社会科学院出版社,2004年,第108页。

的：大树每年都要长出很多树叶，这些树叶可以周期性地长出，然后凋落，大树因此获得了周期性的新生。关于这一点，此处不打算赘言，笔者另有专文阐释。

"实际上，在原始世界的其他地方也可以发现树和石头成对的出现。在莫亨佐-达罗的前印度文明，有一处圣地就是围绕着一棵树而建造起来的。这样的圣地，在吠陀传法的时代遍布整个印度。巴利文作品经常提到放置在树边的石头或祭坛，它构成了民间对丰产（夜叉）的崇拜。"[①]这样，石头与树便成为一种共生性的符号，共同建构了作为神明身体或居所的圣地，人类在此举行仪式。通过这些仪式，死者能够获得重生，伤者能够得到治疗，新生命与新生活方式亦在此诞生。从这个层面而言，石头与树是人类的祖先与父母，它们赋予了人类新的生命，正是它们使得人类一代代繁衍，生生不息。

总之，在新石器时期地中海巨石文化大传统下，石头与树用来指涉神圣的象征符号，二者共同建构的空间是人类举行仪式的圣地，也是人获得新生的场所。这样看来，新石器时代地中海巨石文化传统下的石头与树，其象征意义比米诺图像资料所刻画的内涵更为复杂，比荷马史诗与赫西俄德文本表述的更为丰富。看上去就是，就石头与树的象征意义而言，口传时代的神话信仰远比文字书写时代的神话文本繁复。但另外一方面，文字书写时代的神话文本能够对原有的神话信仰进行编码，不断创造新的内容，从而丰富石头与树的象征意味。稍晚于荷马史诗与赫西俄德文本的后世文学文本极为有力地证明了这一点，我们不妨一一观之。

第四节　后世文学叙事中的石头与树

荷马之后文学中关于石头与树的表述有多种，这里仅仅选取三种文本，那就是《圣经·旧约》、奥维德的《变形记》，以及维吉尔的《埃涅阿斯纪》。这三部文本能够代表从公元前5世纪到公元1世纪左右地中海世界文学中关于石头与树的叙述，它们分别从不同地域与时间反映文学创作对于史前巨石文化大传统的再编码，以及对于荷马史诗和赫西俄德文本的再创造。

《圣经·旧约》表述石头与树共生的地方并不多见，只有少数地方讲到了石头与树的共存，一处是《约书亚记》，另一处是《耶里米书》，不妨分别视之。"约书亚将这些话都写在神的律法书上，又将一块大石头立在橡树下耶和华的圣所

[①] [美] 米尔恰·伊利亚德：《神圣的存在：比较宗教的范型》，晏可佳、姚蓓琴译，广西师范大学出版社，2008年，第259页。

旁边。"① 这里的石头与橡树均为耶和华圣殿的象征符号，不过另一处的石头与树就截然不同了。"他们向木头（英文为 tree）说：'你是我的父'。向石头说，'你是生我的'。"② 可以看出，《圣经》时代的希伯来人曾经有过将石头与树当作生命起源的信仰。《圣经》中的另一处经文同样透露了石头生人的信仰："你轻忽生你的磐石，忘记产你的神。"③ 这种关于石头与神一体，继而生出人类的概念并不是《圣经》时代希伯来人独创的，它是史前巨石文化传统的遗留物，也是对巨石文化中石头生人信仰的再编码。

多数情况下，《圣经》中的橡树与石头是独立存在的，并且关于橡树的叙述要比石头多。橡树主要有示剑（Shechem）的摩利（Moreh）橡树，希伯伦（Hebron）的幔利（Mamre）橡树。在这两处橡树下，耶和华向亚伯兰（Abram）显身："亚伯兰经过那地，到了示剑地方摩利橡树那里。那时，迦南人住在那地。耶和华向亚伯兰显现，说，'我要把这地赐给你的后裔。'"④ 后来，耶和华又在幔利的橡树下显身："耶和华在幔利橡树那里，向亚伯兰显现出来。"⑤ 橡树在概念上等同圣所，是神明的显身之地。就这一点而言，《圣经》与米诺图像、史前巨石文化传统是一致的，这与希腊神话中橡树作为宙斯的圣树也是吻合的。另外一方面，《圣经》中的大树在理念上等同于神像。这一点在耶和华对摩西的告诫中体现得非常明确："你为耶和华你的神筑坛，不可在坛旁栽什么树木作为木偶，也不可为自己设立柱像，这是耶和华你神所恨恶的。"⑥ 不难看出，这里的树木实际为木偶即神像，它作为崇拜的对象而存在。甚至犹大国王亚哈斯（Ahaz）做王期间推行异教，他塑造巴力的神像，并"在邱坛上、山岗上、各个青松树下献祭烧香"⑦。烧香就意味着举行祭拜仪式，这种行为只有在圣殿中进行，树木自然等同于神殿。

《圣经》中的石头具有两种功用：作为神殿的石头与作为见证的石头。前者中较为典型的当属雅各曾经通过石头而面见上帝："雅各出了别是巴，向哈兰走去。到了一个地方，因为太阳落了，就在那里住宿，便拾起那地方的一块石头，枕在头下，在那里躺卧睡了。梦见一个梯子立在地上，梯子的头顶着天，

---

① *Holy Bible*, Joshua, 24:26.
② *Holy Bible*, Jeremiah, 2:27.
③ *Holy Bible*, Deuteronomy, 32:18.
④ *Holy Bible*, Genesis, 12:6−7.
⑤ *Holy Bible*, Genesis, 18:1.
⑥ *Holy Bible*, Deuteronomy, 16:21−22.
⑦ *Holy Bible*, 1 Chronicles, 28:4.

有神的使者在梯子上,上去下来。耶和华站在梯子以上,说,……雅各睡醒了,说,'耶和华真在这里! 我竟不知道'。就惧怕说,'这地方何等可畏! 这不是别的,乃是神的殿,也是天的门'。雅各清早起来,把所枕的石头立作柱子,浇油在上面,他就给那地方起名叫作伯特利(就是神殿的意思)。……雅各许愿说,……我所立为柱子的石头,也必作神的殿;凡你所赐给我的,我必将十分之一献给你。"[1] 在上述经文中,"石头是神明的居所,雅各能够因其而邂逅耶和华,石头也是一个纪念神显曾经发生的崇拜场所"[2]。约书亚带领以色列民众渡过约旦河后,吩咐他们说:"你们下约旦河中,过到耶和华你们神的约柜前头,按着以色列十二支派的数目,每人取一块石头扛在肩上。这些石头在你们中间可以作为证据。日后你们的子孙问你们说,'这些石头是什么意思? '你们就对他们说,'这是因为约旦河的水在耶和华的约柜前断绝;约柜过约旦河的时候,约旦河的水就断绝了。这些石头要做以色列人永远的纪念。'"[3] 作为纪念物的石头实际上具有见证作用,就像亚瑟·伊文思眼中的米诺石头一样。[4] "这石头可以向我们作见证,因为是听见了耶和华所吩咐我们的一切话,倘若你们背弃你们的神,这石头就可以向你们作见证。"[5] 能够看出,作为文字书写时代的叙述,《圣经》对口传文化中关于石头与树的编码较为全面并富有创造性,它一方面保留了史前文化中石头与树生人的信仰,另一方面将史前女神改造为希伯来人的至高神耶和华。

这样的创造性叙述同样体现在后世作家奥维德的《变形记》与维吉尔的《埃涅阿斯纪》中。就像《圣经》一样,《变形记》中关于橡树与石头成对出现的地方不多,只有一处讲到了橡树与石头的共生,那就是人类的起源。丢卡利翁与妻子皮拉听取了阿尔忒弥斯(Artemis)女神的神谕之后,开始向身后扔石头,"丢卡利翁投掷的石头变成男人,他妻子投掷的石头变成了女人"。[6] 看上去就是,奥维德关于石头的叙述更为接近荷马史诗,也是对口传时代石头生人信仰的再创造。耐人寻味的是,奥维德在《变形记》中讲述了树生人的神话。密耳拉(Myrrha)

---

[1] *Holy Bible*, Genesis, 28:10-19.

[2] Nanno Marinatos, *Minoan Kingship and the Solar Goddess: A Near Eastern Koine*, Chicago, Springfield: University of Illinois Press, 2010, p. 91.

[3] *Holy Bible*, Joshua, 4:5-7.

[4] Arthur J. Evans, "Mycenaean Tree and Pillar Cult and Its Mediterranean Relations", *The Journal of Hellenic Studies*, 1901, 21: 112-113.

[5] *Holy Bible*, Joshua, 24:27.

[6] Ovid, *The Metamorphoses*, Book 1, A Complete New Version by Horace Gregory, with Decoration by Zhenya Gay, New York: The Viking Press Inc., 1958, p. 15.

是由少女变成的一株没药树,后来与自己的父亲乱伦生出了阿多尼斯(Adonis)。[1]在这个神话中,少女密耳拉之所以会变成一株没药树,是因为在希腊文中,"没药"的发音与"密耳拉"非常接近,二者在语源上具有关联。这样看来,奥维德将口传时代树神生人的信仰直接改造为神话故事。它与荷马史诗之间具有某种关系,因为它涉及了树生人的情节,解释了为何人类由树而来。

罗马诗人维吉尔的《埃涅阿斯纪》中同样有关于石头与树的叙述,但文本对二者的编码并不相同,而是各有侧重。纵观全文,《埃涅阿斯纪》中的石头与树共生的地方只有一处,那就是二者作为阿波罗的神庙而出现。[2]石头主要作为海仙与妖怪的居所[3],而大树则具有多种用途,它既是生长在神庙旁的圣树[4],也是人们占卜、献祭的场所[5]。就石头与树指涉的范畴而言,这些编码并未超越《圣经》经文。但特别需要指出的是,《埃涅阿斯纪》中对大树的编码有一处非常特殊,那就是关于冥府金枝的叙述。"在一棵枝叶繁茂的树里,藏着一条黄金的树枝,它的叶子和树杈也是黄金的,据说她是冥后普洛塞皮娜的圣物。整片森林护卫着它,幽谷的阴影遮蔽着它。谁要下到地府的深处,必须先把这黄金发一般的枝条从树上采撷下来。美丽的普洛塞皮娜规定这金枝摘下来之后应当先给她。这金枝摘下来之后,第二枝金枝又会长出来,枝上长出新的树叶也是黄金的。"[6]这里的金枝实际上为树的变体,它自我生长的能力隐喻着生命的再生,这是口传时代大树生人神话的另外一种编码方式,它采用金枝再生枝叶的方式叙述圣树创造生命的神话信仰。至于为何将圣树置换为金枝,这主要由其颜色与质地决定。因此,"黄金这种随着文明的到来而得到大规模开发的稀有金属,就承前启后地担当起象征神性与不死性的符号象征功能"[7]。由圣树生人到金枝再生的叙述实则为神话信仰的不同编码,二者在表述不死与

---

[1] Ovid, *The Metamorphoses*, Book 1, A Completely New Version by Horace Gregory, with Decoration by Zhenya Gay, New York: The Viking Press Inc., 1958, pp. 279-286.

[2] Virgil, *The Aeneid*, translated by John Dryden with Introduction and Notes, New York: P. F. Collier and Son, 1909, Book 3, Lines 90-93.

[3] Virgil, *The Aeneid*, translated by John Dryden with Introduction and Notes, New York: P. F. Collier and Son, 1909, Book 3, Lines 166-167.

[4] 关于大树作为神庙旁伴生圣树的叙述,具体参见 Virgil, *The Aeneid*, translated by John Dryden with Introduction and Notes, New York: P. F. Collier and Son, 1909, Book 1, Lines 441-452; Book 2, Lines 721-722。

[5] 关于大树作为祭祀、占卜场所的叙述,具体参见 Virgil, *The Aeneid*, translated by John Dryden with Introduction and Notes, New York: P. F. Collier and Son, 1909, Book 7, Lines 65-79; Book 9, Lines 87-92。

[6] [古罗马]维吉尔:《埃涅阿斯纪》,杨周翰译,人民文学出版社,1984年,第143页。

[7] 叶舒宪:《金枝玉叶:比较神话学的中国视角》,复旦大学出版社,2012年,第11页。

再生思想上具有同等功效。

结　　语

　　作为口传时代神话信仰的石头与树的象征意义丰富多样，历经不同时代之后，它以编码的形式保存在各种叙述中。该神话信仰是后世叙述的原型，与这个意象相关的所有表述皆可视为对该原型的一种编码。因口传时代与文字书写时代的诸种差异，石头与树的编码意义不断发生变化。以时间为尺度，各种表述的层次与秩序可做如下理解：米诺时代的戒指为口传时代的图像资料，其生成时间比后来文字时代的书写资料要古老得多，为第一级编码；荷马史诗与赫西俄德文本为第二级编码；后世文学文本《圣经》、奥维德的《变形记》、维吉尔的《埃涅阿斯纪》为第三级编码。在该编码框架中，米诺时代的戒指描绘了大树与石头作为圣地的场景，但遗漏了大树与石头生人的神话信仰。在荷马与赫西俄德的文本叙述中，石头与树被改造成石头与橡树，关于橡树与石头的话语成为一则晦涩难懂的谚语。后来的《圣经·旧约》以故事的方式叙述了石头与树作为圣所的象征性意义，同时以告诫的方式将石头与耶和华等同起来，但削弱了石头与树生人的叙述性情境。奥维德的《变形记》则将这种神话信仰转换成石头与大树生人的故事，维吉尔的《埃涅阿斯纪》创造性地将不死与再生理念改造为金枝再生枝叶的叙事。这样看来，距离口传时代愈远，关于石头与树的叙述愈具有创造性，其对原型的编码愈加繁复，甚至部分叙事脱离了原型的本原意义。

　　如果将这种原型编码关系简化，就得到一种类似于金字塔的编码图（图3-3-5）。在该框架中，作为石头与树的原型，其编码级别与其本原意义之间存在一种时间秩序。也即是说，编码所处的级别越高，其意义与原型本原意义之间的差距越大。这就意味着，作为原型的石头与树具有建构性功能，它通过各种不同的编码，创造了一系列关于石头与树的意义群。这些意义群之间相互关联，彼此互动，反过来又对石头与树的象征性意义进行建构，从而不断丰富了其原初内涵。作为原型的巨石文化传统中的石头与树，经历不同时代之后，总是被既定时代的文化赋予一种全新的意义，并被再次编码。每一次编码都是对原始意象的再创造，原型的意义因而不断被遮蔽、扭曲，甚至被颠覆。

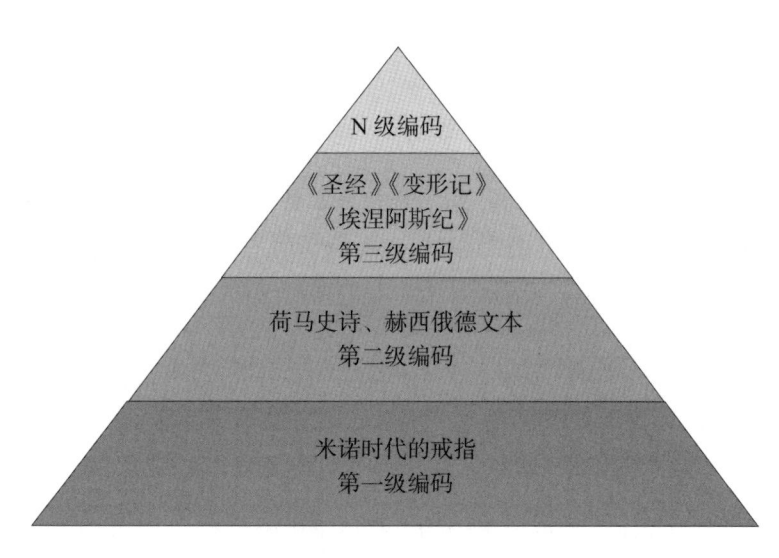

图 3-3-5 石头与树的编码层次

第四编

希腊神话中的妖怪理念

第一章　青铜时代晚期克里特印章中的米诺精怪形象

第一节　引论

米诺精怪（Minoan Genius）指的是青铜时代爱琴地区艺术，尤其是印章上流行的一种神话形象。米诺精怪形象是一个复合型神话图像，它由多种动物符号构成：河马的头，狮子的四肢，人类的乳房与巨大的腹部，类似鳄鱼的多毛的后背（图 4-1-1）。米诺精怪通常手持一个米诺样式的单耳罐，以站立的姿态出现在青铜时代的克里特印章中。因考古学者亚瑟·伊文思于 1935 年首次使用了"米诺精怪"这个词语[1]，学术界便以此来命名米诺艺术中的这类神话图像。据笔者统计，在青铜时代的克里特与希腊本土，共计有 55 枚印章上刻画了米诺精怪的形象[2]。这些刻有米诺精怪的印章的生成时间从米诺文明早期（EM III）持

图 4-1-1　瓦斐奥玛瑙印章上的米诺精怪

[图片来源：F. Matz, H. Biesantz, and I. Pini ed., *Corpus der minoischen und mykenischen Siegel*, Vol. 1 Maina, Berlin: Akademie der Literatur and Wissienschaften, 1964, p.265, No.232。*Corpus der minoischen und mykenischen Siege*（以下简写为 CMS），并仅标明册数与编号]

---

[1] Arthur Evans, *The Palace of Minos: A Comparative Account of the Successive Stages of the Early Cretan Civilization as Illustrated by the Discoveries at Knossos*, Vol. 4.2, London: Macmillan and Co. Limited, 1935, p. 430.

[2] 这些米诺精怪的具体出处，以及印章的形制、材质与生成时间，后文会在表格中详细标明，此处不赘述。

续到米诺文明晚期（LM IIIC），即从公元前2133年持续到公元前1190年，跨越1000年左右。这就表明米诺精怪在青铜时代的克里特与希腊本土具有非常重要的地位，并且从克里特岛传到了希腊本土。因此，关于青铜时代晚期克里特与希腊本土印章中米诺精怪的研究就具有非常重要的价值与意义，关于米诺精怪的研究自然也就源远流长。

尽管"米诺精怪"这一名称源自亚瑟·伊文思，但开启米诺精怪研究的并不是伊文思，而是A. B. 库克（A. B. Cook）。早在1894年，库克就发表了一篇名为《迈锡尼时代的动物崇拜》的论文。在这篇论文中，库克考察了青铜时代克里特与希腊本土印章中的13个米诺精怪形象。但受限于当时的学术认知，他并未辨别出这些形象是米诺精怪，而是认为这些精怪形象都是动物形象，它们与其他动物形象共同建构了迈锡尼时代希腊本土的动物崇拜。[1] 直到1935年，考古学者伊文思在其论著《米诺王宫》中正式将这个形象命名为"米诺精怪"之后，学术界才开始普遍使用这一称呼。伊文思关于米诺精怪的研究不仅仅是对其命名，他还对米诺精怪的功能和起源做了考察。伊文思最初认为米诺精怪是植物与丰产的精怪[2]，但后来又认为它的形象源自埃及的塔乌特（Ta-urt）女神，只不过进入克里特之后就成为米诺男神的助手，其功能也随之发生变化。[3] 继伊文思之后，关于米诺精怪的探讨主要围绕其源头以及身份与功能展开，分别形成了不同的观点，下文做大致梳理。伊文思之后的部分学者倾向于将埃及的塔乌特女神视为米诺精怪形象的图像源头，持有这种观点的学者主要有弗里茨·布莱克莫尔（Fritz Blakomer）与朱迪思·温加滕（Judith Weingarten）。[4] 这方面的探讨基本已达成共识，但关于米诺精怪是如何从埃及传入克里特半岛并为何改变其功能的研究尚未展开。关于米诺精怪身份与功能的研究是学界多数学者关注的问题，主要有单一功能说与多功能说两种观点。持单一功能说的学者很大程度上受到伊文思的影响，譬如马丁·P. 尼尔森就认为米诺精怪是自然神，

---

[1] A. B. Cook, "Animal Worship in the Mycenaean Age", *The Journal of Hellenic Studies*, 1894, 14: 81–169.

[2] Arthur Evans, "Mycenaean Tree and Pillar Cult and It's Mediterranean Relations", *The Journal of Hellenic Studies*, 1901, 21: 101.

[3] Arthur Evans, *The Palace of Minos: A Comparative Account of the Successive Stages of the Early Cretan Civilization as Illustrated by the Discoveries at Knossos*, Vol. 4.2, London: Macmillan and Co. Limited, 1935, pp. 430–467.

[4] Fritz Blakolmer, "Was the 'Minoan Genius' a God: An Essay on Near Eastern Deities and Demons in Aegean Bronze Age Iconography", *Journal of Ancient Egyptian Interconnections*, 2015, 7(3): 29–40. Judith Weingarten, *The Transformation of Egyptian Taweret into the Minoan Genius: A Study in Cultural Transmission in the Middle Bronze Age*, Partille: P. Åströms, 1991.

除此之外它还偶尔兼管狩猎。[1]戴维·桑索内（David Sansone）认为米诺精怪是女性和皇族的保护者，其职责是保护这些人。[2]而南诺·马瑞纳托斯认为米诺精怪是太阳神的侍者，具有沟通天地的职能。[3]持多功能说的学者主要有 M. A. V. 吉尔（M. A. V. Gill），她指出，米诺精怪具有多重身份和职能，其中重要的一个身份是植物神。[4]从以上探讨可知，关于米诺精怪的探讨主要集中在其源头、身份与功能，而关于米诺精怪形象的嬗变，它与印章中其他神话形象的关联，以及米诺精怪与近东神话图像之间的关联，这些问题尚未形成深度化的探讨。

本章要解决的问题是，对于青铜时代晚期的克里特人而言，印章上雕刻的米诺精怪形象究竟是什么？这一问题的探讨主要包括如下三个方面：米诺精怪的生成情境、米诺精怪图像体系的建构要素、米诺精怪的身份与职能功能。本章通过以上三个层面的探讨，考察克里特印章上的米诺精怪与其他神话形象的关系，并通过米诺精怪形象的嬗变，管窥青铜时代晚期的克里特与地中海东部世界之间的文化交往和融合。

第二节　米诺精怪的生成情境

从时间上看，克里特的第一枚刻有米诺精怪的印章出现在早期米诺文明的第一阶段（EM Ⅲ），出土地是克里特的普拉塔诺斯（Plantos）。这枚印章为圣甲虫形印章，质地为白色皂石，显然系埃及进口而来，时间应该是在埃及第11—12王朝（公元前2133年—公元前1991年）制成（图4-1-2）。这枚印章上的米诺精怪有着巨大的腹部，伊文思将其称为埃及的"河马女神"。[5]除此之外，米诺文明中期还出土了4枚刻有米诺精怪形象的印章，分别来自费斯托斯、科诺索斯以及卡莱维亚。费斯托斯米诺精怪的形象并不是出现在戒指上，而是出现在残留的戒指印纹块上。费斯托斯有2块黏土印纹块上刻画了米诺精怪的

---

[1] Martin P. Nilsson, *The Minoan-Mycenaean Religion and Its Survival in Greek Religion*, Lund: C. W. K. Gleerup, 1927, pp. 325-328.

[2] David Sansone, "The Survival of the Bronze-Age Demon", *Illinois Classical Studies*, 1987, 13(1): 1-17.

[3] Nanno Marinatos, "The Minoan Genii, The Palm Tree and Solar Cult", in Robert Laffineur, Thomas G. Palaima eds., *Zoia: Animal-Human Interactions in the Aegean Middle and Late Bronze Age*, Leuven: Peeters, 2021, pp. 213-222.

[4] M. A. V. Gill, *The Minoan Genius: An Iconographical Study of the Minoan Genius with Reference to Other Mythical Beings of the Minoan and Mycenaean Religions Represented in Glyptic Art*, Ph. D. Thesis, Birmingham University, 1961. p. 123.

[5] Arthur Evans, *The Palace of Minos: A Comparative Account of the Successive Stages of the Early Cretan Civilization as Illustrated by the Discoveries at Knossos*, Vol. 1, London: Macmillan and Co. Limited, 1921, p. 200.

形象（图4-1-3），尽管这两个米诺精怪的形象有细微差别，但二者均手持一个米诺风格的水罐。科诺索斯的米诺精怪印章（图4-1-4）的生成时间为中期米诺文明的第二阶段到第三阶段（MM Ⅱ - Ⅲ），时间大致在公元前1750年—1700年。除此之外，卡莱维亚也出土了刻有米诺精怪的印章（图4-1-5），印章生成时间在中期米诺文明的第三阶段（MM Ⅲ）。米诺精怪形象出现在普拉塔诺斯、费斯托斯、科诺索斯与卡莱维亚，也是非常容易理解的，毕竟中期米诺文明时期这些地方的经济都比较繁荣。"除了文字之外，印章是经济控制机制中最重要的部分。"[①] 这5枚印章或印纹块中，出自普拉塔诺斯的印章是皂石印章，出自费斯托斯的2枚印纹块的质地是黏土，出自科诺索斯的1枚印章的质地是软石料，而出自卡莱维亚的1枚印章的质地是硬石料。从印章刻画的米诺精怪形象来看，这5个米诺精怪均有巨大的腹部，并且多数手中持有一个米诺风格的单耳水罐。学者朱迪思·温加滕将这个时期的米诺精怪形象称为前精怪形象（proto-Genius），认为这些形象具有明显的埃及风格。[②] 我们认为，这个时期的米诺精怪形象虽然受到了外来因素的影响，但具有米诺风格的水罐却表明，米诺精怪显然是克里特人精心加工的神话形象，因此克里特人关于精怪的形象的认知是基本一致的。

从分布时间和空间看，青铜时代晚期克里特与希腊本土印章上的米诺精怪形象均具有一定的规律性。这个时期的米诺精怪主要分布在克里特北部的科诺索斯、卡托·扎克罗、哈格亚·特里亚达三个地方，其中尤以科诺索斯最多。晚期米诺文明时期的科诺索斯出土了11枚刻有米诺精怪的印章，其数量占据克里特与希腊本土印章之首。这也很容易理解，因为晚期米诺文明时期的科诺索斯一直是克里特地区的经济中心。据伊文思统计，该地居住着82000个居民。"科诺索斯的地位是无可比拟的，即便是地中海东部地区，也无法与之匹比。"[③] 在这种情况下，刻有大量米诺精怪形象的印章出现在科诺索斯也就非常自然了。米诺精怪在希腊本土的分布地主要是迈锡尼、瓦斐奥、梯林斯（Tiryns）、皮洛斯（Pylos）、卡考那陶斯（Kakovatos）以及其他一些地方。这些地方中，卡考

[①] Thomas G. Palaima, "Mycenaean Seals and Sealings in Their Economic and Administrative Contexts", in *Tractata Mycenaea: Proceedings of the Eighth International Colloquium on Mycenaean Studies*, Petar Hr. Ilievski, Ljiljana Crepajac ed., Skopje: Macedonian Academy of Sciences and Arts, 1987, p. 251.

[②] Judith Weingarten, *The Transformation of Egyptian Taweret into the Minona Genius: A Study in Cultural Transmission in the Middle Bronze Age*, Partille: Paul Åströms, 1991, p. 8.

[③] Arthur Evans, *The Palace of Minos: A Comparative Account of the Successive Stages of the Early Cretan Civilization as Illustrated by the Discoveries at Knossos*, Vol. 2.2, London: Macmillan and Co. Limited, 1928, p. 564.

图 4-1-2 克里特普拉塔诺斯出土的米诺精怪
（图片来源：CMS II, No. 283）

图 4-1-3 费斯托斯印章上的米诺精怪
（图片来源：CMS II 5, Nos. 321-322）

图 4-1-4　科诺索斯印章上的米诺精怪　　　图 4-1-5　卡莱维亚印章上的米诺精怪
（图片来源：CMS II 8.1, No. 195）　　　　　（图片来源：CMS II 3, No. 105a）

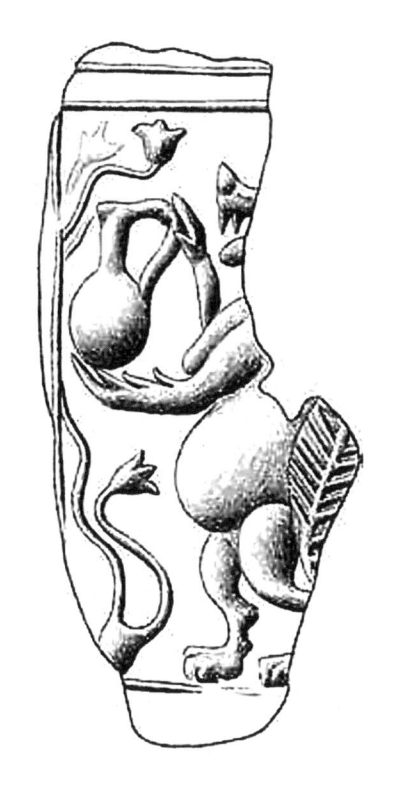

那陶斯是一个较独特的地方。据尼尔森考证，卡考那陶斯位于海岸之上，是当时迈锡尼人的殖民地，也是当时皮洛斯人的首都，其经济较为发达。[①] 这就表明，上面论及希腊本土的这些地方都是青铜时代晚期伯罗奔尼撒半岛较为发达的地区，因此米诺精怪形象在这里出现是非常自然的事情。通过上述探讨可以发现，青铜时代晚期克里特地区与希腊本土刻有米诺精怪的印章都是在经济发达地区出土的，这就表明米诺精怪形象在一定程度上与经济的发展具有某种内在关联。

整体来说，青铜时代晚期克里特与希腊本土米诺精怪所在印章的材质较为丰富，且形态非常固定。现有的 55 枚刻有米诺精怪的印章中，皂石印章 1 枚，黏土印章 2 枚，金属印章 3 枚，软石料印章 16 枚，硬石料印章 33 枚。从时间上看，中期米诺文明时期的克里特印章共计有 4 枚刻有米诺精怪形象中，黏土印章 2 枚、软石料印章 1 枚、硬石料印章 1 枚。此时的制印技术尚不发达，因此黏土印章

[①] ［瑞典］马丁·佩尔森·尼尔森：《希腊神话的迈锡尼源头》，王倩译，陕西师范大学出版总社，2016 年，第 55—57 页。

较多。但同时出现了硬石料和软石料，这表明米诺精怪的形象已经非常流行。因为印章的材质与印章使用者的社会地位相关，金属、石头与黏土这3种材质的印章同时出现，这就表明此时克里特地区关于米诺精怪的认知在不同社会地位与阶层的人中普遍流行。刻有米诺精怪的软石料印章多数出土于克里特地区，而刻有米诺精怪的硬石料印章多数出土于希腊本土，且时间多数在后宫殿时期。这种情况很大程度上与当时印章的制造技术相关。一种事实就是，旧宫殿时期的克里特人开始使用卧式弓形车床（horizontal bow lathe）这种新的工具来制造印章[1]，这种新的工具使克里特工匠能够切割青金石、肉红玉髓、玛瑙、水晶这类硬石料。在中期米诺文明的第二阶段，因为引入了卧式弓形车床，克里特开始使用硬石料。很有可能，克里特人从埃及人那里引进了卧式弓形车床，他们用改进后的卧式弓形车床的钻头来切割硬石料并钻孔，同时还用其雕刻印章的阴纹。[2]另一种可能性是，希腊本土从克里特引进卧式弓形车床，同时将米诺精怪形象引入希腊本土。

在众多刻有米诺精怪的印章中，金属印章是非常特殊的种类。从表10可以看出，青铜时代晚期的克里特与希腊本土共计有3枚金属印章上刻画了米诺精怪形象，这3枚金属印章均为戒指形印章。其中1枚金属戒指印章来自克里特的哈格亚·特里亚达，另外2枚戒指印章分别出土自希腊本土的梯林斯与皮洛斯。刻有米诺精怪形象的梯林斯金戒指印章（图4-1-6）尤其值得注意，它是3枚金属印章中最为著名的一枚，被称为"梯林斯珠宝"（Tiryns Treasure），生成时间大约在晚期青铜时代的第二阶段（LB Ⅱ）。这枚金戒指印章于1915年被发掘出来，当时被置于一个青铜容器中，容器内还有其他文物。[3]梯林斯金戒指印章的斜面长度达到5.8厘米，比迈锡尼著名的金戒指印章的斜面长度长2倍，同时比科诺索斯的金戒指印章的斜面要长许多。该戒指印章上有4个米诺精怪形象，每个精怪手持一个单把的米诺水罐，成排依次前后站立，面向前面的女神献上水罐。一种事实就是，这枚金戒指印章是可以戴在手上的，金戒指及其上面的米诺精怪形象是其主人身份与社会地位的象征符号。梯林斯这枚金戒指的主人

---

[1] J. L. Caskey, "Did the Early Bronze Age End?" in *The End of the Early Bronze Age in the Aegean*, Gerald Cadogan ed., Leiden: E. J. Brill, 1986, p. 18.

[2] John Boardman, *Greek Gems and Finger Rings: Early Bronze Age to Late Classical*, London: Thames & Hudson, 2001, p. 31.

[3] Arthur Evans, *The Palace of Minos: A Comparative Account of the Successive Stages of the Early Cretan Civilization as Illustrated by the Discoveries at Knossos*, Vol. 4.2, London: Macmillan and Co. Limited, 1935, p. 460.

图 4-1-6 梯林斯金戒指印章上的米诺精怪
（图片来源：CMS Ⅰ, No.179）

是迈锡尼的统治者，米诺精怪应该是被视为非常重要的形象而雕刻的。"在青铜时代晚期的希腊本土，多数权力中心都出现了米诺精怪形象（迈锡尼、皮洛斯、梯林斯、底比斯），这就意味着它在宫殿时代的意识形态中占有重要的地位。"[①]这些米诺精怪形象并不限于印章，而是出现在壁画、护身符以及象牙雕刻上。"在青铜时代晚期的希腊本土，几乎所有的艺术品都由主要的权力中心掌控。"[②] 由此可知，金戒指印章上刻画的米诺精怪形象应该是流行于当时社会上层的神话图像，并且米诺精怪形象在当时的社会认知中占有非常重要的地位。

除了金戒指印章之外，米诺精怪还出现在非常珍贵的青金石印章上。青铜时代晚期的克里特与希腊本土共计有 5 枚青金石印章上刻画了米诺精怪的形象，其中 3 枚分别来自克里特东部的凯法利（Kephali）、克里特西北部的帕塔雷斯温·温德尼（Patras Voundeni），希腊本土的塞萨洛尼基（Thessaloniki），另外 2 枚出土地不详。这 5 枚青金石印章都是透镜形，可能是当时较为流行的印章形

---

① Paul Rehak, "The 'Genius' in Later Bronze Age Glyptic: The Later Evolution of an Aegean Cult Figure", in *Sceaux minoens et mycéniens. IVe symposium international, 10–12 septembre 1992, Clermont-Ferrand*, I. Pini, J. C. Poursat ed., Heidelberg: Propylaeum, 2018 (CMS Beiheft 5), p. 229.

② Paul Rehak, "The 'Genius' in Later Bronze Age Glyptic: The Later Evolution of an Aegean Cult Figure", CMS Beiheft 5, p. 216.

第四编　希腊神话中的妖怪理念 | 219

式。最早的一枚刻有米诺精怪的青金石印章来自克里特，具体出土地不详（CMS Ⅳ. 2, No. 305），时间在青铜时代晚期的第一到第二阶段（LB Ⅰ-Ⅱ）。其余刻有米诺精怪的青金石印章的生成时间均在青铜时代晚期的第二到第三阶段（LB/LM Ⅱ-Ⅲ）。据学者戴安娜·沃尔夫（Diana Wolf）统计，青铜时代晚期的克里特出土了16枚青金石印章，多数都在克里特的沿海地带，其中刻有米诺精怪的两枚青金石印章也一样出自沿海地带。这些出土青金石印章的地方是科诺索斯通向马里亚（Malia）与西西斯（Sissi）等地的沿海居民地的要道，也是当时经济和商业较为发达的地方。① 青金石的摩氏硬度在5到6之间，属于硬石料。在青铜时代的爱琴海，青金石都是稀有资源。考古工作者在科诺索斯王宫的珠宝作坊间发现了进口的1.6吨青金石原石，时间在晚期米诺文明第三阶段（LM Ⅲ A2）。② 这就说明青金石资源掌握在科诺索斯王宫，而青金石印章的制造也是王宫授意的。从这个意义上说，这5枚刻有米诺精怪印章的主人应该是当时的社会精英，米诺精怪的形象应该在社会上层阶级较为流行。因此，我们可以断言，青铜时代古希腊本土刻有米诺精怪形象的金属与青金石印章为当时社会上层人士使用的工具，而米诺精怪形象则是在上层社会流行的神话形象。

第三节　米诺精怪图像的叙事要素

青铜时代克里特与希腊本土印章上的米诺精怪并非孤立存在，而是与印章上的其他图像或形象共同建构了印章的图像体系。总体而言，绘有米诺精怪的印章上的图像与符号主要有人造物、动物、植物、人物以及神话形象。明显可以看出，上述这四类印章图像要素皆为表现米诺精怪形象而设计，它们的存在就是为米诺精怪服务的。这就意味着，这四类图像要素与米诺精怪的关系非常密切，它们中的任何一种要素都不是随意出现在印章中的。米诺精怪与这四类图像要素共同表述了印章的叙事内容，它们都是印章图像体系的叙事要素。为方便起见，下文一一加以阐释。

从印章表现的内容来看，人造物在印章中出现的频率最高。这里的人造物主要有如下三种：罐子、高脚阔口杯、棍子。罐子出现的次数最多，它是米诺精怪持有的一种特殊容器，也是建构米诺精怪形象的标志性符号。这种罐子有

---

① Diana Wolf. "The Sissi Genius Lentoid: A Lapis Lacedaemonius Seal from Final Palatial Crete", *Heperia*, 2022, 91(3): 373-374.

② P. Warren, "Lapis Lacedaemonius", in *Φιλολάκων: Laconian Studies in Honour of Hector Catling*, Jan Motyka Sanders ed., London: British School at Athens, 1992, pp. 290-292.

长长的斜口，还有呈 S 形单把把手，把手的上端与罐口相连。从图像描绘的场景来看，米诺精怪有时候手持罐子在浇灌植物，有时候将罐子里面的液体献给女神或男神。因此我们可以断言，这种罐子对于米诺精怪而言应非常重要，它与米诺精怪的身份与职能密切相关。伊文思认为，米诺精怪持有的这种单耳斜口罐的把手呈 S 形，它在米诺印章中出现的最早时间是中期米诺文明第三阶段，出现在克里特东部的坎迪亚（Candia）岛屿。在坎迪亚出土的这枚三面棱柱印章上，除了罐子之外，还刻有鸽子或者飞鸟，以及植物的形象。[1] 青铜时代克里特三面棱柱的印章基本没有盖戳功能，它主要用来辟邪，其上雕刻的罐子符号应该与某种巫术或辟邪仪式相关。青铜时代晚期克里特的很多印章都刻有这种单把的斜口罐，有的罐子还与祭坛、山峰或者牛角、月亮符号刻画在一起。[2] 在米诺文化中，以上各类符号都是与神明，尤其是女神相关的神圣符号。由此可见，米诺精怪手中持有的这个单把斜口的罐子并不是普通的罐子，而是与神明或献祭相关的神圣器物。那么这个罐子里面装的是什么呢？伊文思认为这个罐子里面盛放的是神圣树的果汁，是女神专门饮用的一种饮料。[3] 我们认为，没有确切的证据表明这种饮料来自圣树，也不能断定这种液体是专门献给女神的，因为不少情景下米诺精怪面对的不是女神，而是高大的棕榈树（图 4-1-7）。因此这个罐子里面装的应该是一种非常神圣的液体，是献给神明或者是与神明相关的一些对象的液体，可能是与永生和不死相关的一种神圣液体。

与米诺精怪相关的另外一种容器是高脚阔口杯，是女神用来盛放米诺精怪进献

图 4-1-7 克里特印章上的米诺精怪
（图片来源：CMS Ⅶ, No. 310）

---

[1] Arthur Evans, *The Palace of Minos: A Comparative Account of the Successive Stages of the Early Cretan Civilization as Illustrated by the Discoveries at Knossos*, Vol. 4.2, London: Macmillan and Co. Limited, 1935, p. 449.

[2] 详见 CMS Ⅲ 2, No. 244-260。

[3] Arthur Evans, *The Palace of Minos: A Comparative Account of the Successive Stages of the Early Cretan Civilization as Illustrated by the Discoveries at Knossos*, Vol. 4.2, London: Macmillan and Co. Limited, 1935, p. 392.

的神圣液体的容器（图4-1-8）。这种杯子的特征是高脚阔口，杯口很高很大，容量也很大，类似于今天的高脚酒杯。克里特印章图案上，女神的右手刚好能够握住杯子的底部，杯子看上去比米诺精怪持有的罐子还要大一些。这种杯子上半部形状有些类似于后期的角杯，但底部不同于角杯。女神手中的高脚阔口杯有些类似于迈锡尼第五竖井墓中出土的高脚杯（图4-1-9），但杯身似乎比后者的杯身更大一些。从形状上看。女神持有的高脚阔口杯与迈锡尼第四竖井墓中出土的金杯很相近，后者通常被称为荷马史诗中的"涅斯托尔之杯"（图4-1-10）。"涅斯托尔之杯"与米诺女神手握的杯子外形很是相近，只不过后者多了两个把手，并且每个把手上多站立着一只鸽子。伊文思指

图4-1-8 克里特印章上女神的高脚阔口杯

（图片来源：Arthur Evans, *The Palace of Minos: A Comparative Account of the Successive Stages of the Early Cretan Civilization as Illustrated by the Discoveries at Knossos*, Vol. 4.2, London: Macmillan and Co., Limited, 1935, p. 393, Fig. 329）

出，这两个把手很有可能是为了加强杯子的平衡性而设计的，而鸽子则与女神相关。[1] 这样看来，米诺女神手中的这个高脚阔口杯与"涅斯托尔之杯"可能是同一类容器，应该是奠酒仪式上一种专门用来盛放献祭饮料的杯子，它可能也是金质的。这就表明，图中米诺精怪的身份是非常神圣的，它直接为女神服务，即为女神献上非常神圣的饮品。

在一些印章中，米诺精怪手中还拿着棍子。从印章图像的表述来看，米诺精怪将棍子放在肩膀上，用来挑动物。在一枚出于皮洛斯的透镜形印章上，米诺精怪用一根棍子将两只狮子挑在肩膀上（图4-1-11）。米诺精怪用棍子肩挑野生动物的图像并不限于印章，它还出现在壁画上。在青铜时代晚期迈锡尼的

---

[1] Arthur Evans, *The Palace of Minos: A Comparative Account of the Successive Stages of the Early Cretan Civilization as Illustrated by the Discoveries at Knossos*, Vol. 4.2, London: Macmillan and Co. Limited, 1935, p. 391.

图 4-1-9 迈锡尼出土的角杯
（现藏于雅典国家博物馆，王倩摄）

图 4-1-10 迈锡尼出土的"涅斯托尔之杯"
（现藏于雅典国家博物馆，王倩摄）

第四编 希腊神话中的妖怪理念 | 223

图 4-1-11 皮洛斯印章上持棍的米诺精怪
（图片来源：CMS XI, No. 37）

图 4-1-12 迈锡尼壁画中持棍的米诺精怪
（图片来源：Arthur Evans, *The Palace of Minos: A Comparative Account of the Successive Stages of the Early Cretan Civilization as Illustrated by the Discoveries at Knossos*, Vol. 4.2, London: Macmillan and Co. Limited, 1935, p. 442, Fig. 366）

一座私人房屋的壁画残片上，三个米诺精怪肩膀上挑着一根长长的棍子（图 4-1-12），棍子上还刻有条纹。很难解释为何米诺精怪会在肩上放着一根棍子，不过可以肯定的是，这根棍子应该是它用来运送动物的工具。这也就表明，持有棍子的米诺精怪的身份和功能与前面持有水罐的米诺精怪有所不同，前者与某种神圣的献祭仪式相关，而后者与野生动物相关。

在青铜时代晚期刻有米诺精怪的克里特与希腊本土印章中，动物是频繁出现的形象之一。这里的动物主要是野生动物，主要包括公牛、狮子、山羊、长角山羊、鹿、狗以及其他难以辨别的动物。这几种野生动物与米诺精怪在图像中的位置大致有以下几种：一，两头动物站立在米诺精怪的

224 | 希腊神话宇宙论研究

两边，呈对称状；二，两头动物站立在女神的两边，米诺精怪站立在动物的旁边；三，动物被米诺精怪抓捕在手，或者扛在肩膀上；四，动物与米诺精怪并排站立，共同敬拜神明；五，动物被米诺精怪驱赶或驯服，站立在米诺精怪的身边；六，动物被人类抓捕，米诺精怪站立在人类身边。因这类印章图像较多，这里仅举一例加以阐释。在一枚出土地不详的印章中，一头公牛站立在米诺精怪身边（图4-1-13）。从图像可以明显看出，这是米诺精怪在带领公牛或驯服公牛的场景。在米诺艺术中，飞鸟是神明的使者或神明的化身，这就意味着米诺精怪在带领公牛走向神明。以上几种图像类型表现的核心是米诺精怪驯服了野生动物。那么，为何印章上刻画的是公牛、狮子、山羊和长角山羊与鹿呢？一种可能性的情况是，这几类动物的力气都比较大，尤其是公牛与狮子，它们象征着暴力或者危险的自然力量，而米诺精怪能够驯服或捕获这些野生动物。可见米诺精怪的力气很大，能力很强，身份也非常重要。至于狗，可能是作为米诺精怪的助手而出现的，帮助米诺精怪捕获野生动物。

与米诺精怪共存的植物主要有棕榈树、百合以及一些难以辨明的植物。棕榈树与米诺精怪的关系最为密切，很多印章图像都刻画了米诺精怪手持罐子浇灌棕榈树的情景（图4-1-14）。也有的印章描绘的是米诺精怪站立在棕榈树与祭坛的旁边，向女神敬献饮品的情景。这些棕榈树有的有叶子和枝条，有的没有叶子和枝条，只有树干，但树干很高。棕榈树在米诺印章当中出现的频率很高，而且它往往是和石头一起出现的。除此之外，棕榈树也出现在青铜时代克里特和希腊本土的彩绘棺画上。尽管如此，并没有相关的证据表明棕榈树在米诺印章与棺画中确切的蕴含。要揭开棕榈树神秘的面纱，我们就要转向地中海东部世界。根据学者马瑞纳托斯的观点，青铜时代的克里特和地中海东部的埃及、叙利亚地区，他们共享一种本质上相同的宗教共同体和神话共同体。[①] 这样，我们就可以利用地中海东部艺术中棕榈树图像及其寓意，解释青铜时代克里特和希腊本土艺术中棕榈树图像的象征意义。

我们先看看埃及艺术中的棕榈树图像。在埃及艺术当中，棕榈树是生命之源，也是饥渴的死者最后的归宿。棕榈树是埃及母亲女神哈索尔（Hathor）的树，而女神也是太阳女神，她用牛角托起的是太阳盘。[②]《古埃及亡灵书》第82篇有一

[①] ［美］南诺·马瑞纳托斯：《米诺王权与太阳女神：一个近东的共同体》，王倩译，陕西师范大学出版社总社，2013年。

[②] George Hart ed., *The Routledge Dictionary of Egyptian Gods and Goddesses*, second edition, London: Routledge, 2005, pp. 61-62.

图 4-1-13　驱赶公牛的米诺精怪
（图片来源：CMS Ⅵ, No. 304）

图 4-1-14　古代叙利亚印章上的棕榈树
（图片来源：Nanno Marinatos, "The Minoan Genii, The Palm Tree and Solar Cult", in Robert Laffineur, Thomas G. Palaima ed., *Zoia: Animal-Human Interactions in the Aegean Middle and Late Bronze Age*, Leuven: Peeters, 2021, pp. 213-222, XLVII-d）

段经文是这样写的:"我在属于我的女神哈索尔的棕榈树枝叶下面,吃属于我的面包。"① 因为棕榈树是不死之树,所以在死者棕榈树底下吃面包就等于到了永生的天堂。也是因为这样,《亡灵书》中的死者说他的住所就在棕榈树底下:"我的住所处于哈索尔女神树下的繁枝绿叶之下。"② 从《古埃及亡灵书》的表述来看,棕榈树在天堂,是生命之树和太阳树,也是象征永生和不死之树。这就表明,埃及的棕榈树与死亡和再生相关。

我们不再探讨埃及的棕榈树,而是看一下叙利亚印章当中的棕榈树图像。学者海伦·丹汀(Hélène Danthine)指出,叙利亚棕榈树图像是叙利亚人的生命树与丰产之树。③ 只不过,古代叙利亚印章的棕榈树图像具有高度程式化风格,即棕榈树只保留主干,上方顶着一个带翅膀的太阳盘,两边有两位神使站立。在一枚生成时间为公元前1700—1350年的叙利亚圆筒印章(图4-1-14)中,画面上刻画了两株生命树,这两株生命树分别由两位神明和两位怪物守护着,而且每个生命树上面都有一轮太阳。右边画面的太阳带着翅膀,看守的两个怪物手中各自持有一个埃及神话中的生命符,显然这幅印章图像具有非常明显的埃及化风格。这幅印章右面两个怪物守卫一个带有太阳盘棕榈树的情景,与克里特印章中米诺精怪守护棕榈树的图像情境非常相近。只不过叙利亚印章右边两个妖怪手中提的是埃及神话的生命符号,他们的一只手臂提着生命符,另一只手臂向上守护着棕榈树。

克里特印章当中的两个米诺精怪手提的是罐子,但是它们向上提罐子的手臂姿势与叙利亚印章中的两个妖怪守护这个棕榈树的姿态是完全一样的。因此从这个意义上来说,克里特印章当中的米诺精怪守卫的这株棕榈树及其上面的符号,很有可能就是生命树和太阳盘。这样看来,米诺精怪手中所持有的罐子,很有可能就是浇灌生命树的一种非常神圣的液体。我们同时不排除另外一种可能性,就是米诺精怪手中持有的罐子里面的神圣液体,它来自作为生命树的棕榈树。从这个意义上来说,青铜时代晚期克里特印章中的米诺精怪面对的棕榈树,并不是随意出现在印章中的。恰恰相反,棕榈树在印章图像中具有非常重要的宇宙论意义。

---

① Carol Andrews ed., *The Ancient Egyptian Book of the Dead*, Raymond O. Faulkner trans., London : Published for the Trustees of the British Museum by British Museum Publications, 1985, Spell 82, p. 80.

② Carol Andrews ed., *The Ancient Egyptian Book of the Dead*, Raymond O. Faulkner trans., London : Published for the Trustees of the British Museum by British Museum Publications, 1985, Spell 68, p. 70.

③ Hélène Danthine, *Le palmier-dattier et les arbres sacrés dans l'iconographie de l'Asie occidentale ancienne*, Paris: Geuthner, 1937, pp. 325-344.

与米诺精怪同时出现的另一种植物就是百合花，但又不是严格意义上的百合花。这种植物的特征就是有着细长的茎干，花朵没有百合花大。伊文思将其视为百合和纸草的合体，也就是纸草的上半部分和百合的上半部分合起来构成的复合型图像。该植物符号类似于埃及的瓦兹符号，也就是埃及女神德尔塔的象征符号。[①] 这种百合花的图像在埃及的墓室壁画和彩绘棺画上时常出现，甚至出现在埃及法老的雕像基座上。在埃及神话中，百合花类似于荷花，是太阳之母，因此百合花是不死和再生的象征符号。百合花和植草结合在一起，有可能一方面突出了这种植物的不死和象征的特性，另一方面则强调这种植物和水相关。因为纸草和百合都生活在水中，这两种植物符号的结合，可能强调这种植物与水有非常密切的关系。这种复合型符号也时常出现在青铜时代晚期克里特与迈锡尼的彩绘棺画上，并且与太阳、双面斧，以及水鸟这些符号同时出现。在青铜时代的克里特，只有科诺索斯的印章上面刻画了百合花与精怪同时出现的场景。

与米诺精怪同时出现的人物形象主要是成年男性，并无其他人物形象。这些男性与米诺精怪的关系可以分为三种：一，米诺精怪为男性人物形象服务。表现这类关系的印章图像基本都呈对称性结构，男性人物形象位于画面的中心，米诺精怪位于男性人物两边。在这种情况下，米诺精怪有时手持罐子，有时空手伺立。比如，在克里特斐里盖亚（Phigalia）出土的一个印章上，两个米诺精怪空手站立在画面中央的男性人物旁边[②]；而在另一枚出土地不详的印章上[③]，两个米诺精怪手持罐子面对画面中心的男性人物形象（图4-1-15）。二，米诺精怪在接受年轻男性人物的敬拜。这类印章图像具有明显的程式化风格，图像结构呈对称性，画面中心是米诺精怪，而男性人物位于米诺精怪的两边。在一枚出土地不详的印章（图4-1-16）上[④]，两名年轻男性人物站立在米诺精怪两边。从画面表现的情境来看，位于画面中央的米诺精怪身材高大，超过了两边的男性人物形象。米诺精怪的头部高昂，手臂也在上扬，它面对左边的男性人物；而男性人物形象头部低垂，双臂举起，米诺精怪身后站立的男性人物形象的姿态与神情与此类似。三，米诺精怪是年轻男性人物形象的帮助者。这一类图像

[①] Arthur Evans, *The Palace of Minos: A Comparative Account of the Successive Stages of the Early Cretan Civilization as Illustrated by the Discoveries at Knossos*, Vol. 2.2, London: Macmillan and Co. Limited, 1928, pp. 473, 483.

[②] 参见 CMS XI, No. 36。

[③] 参见 CMS XI, No. 290。

[④] 参见 CMS VII, No. 95。

表现的米诺精怪在帮助男性，有的时候在帮助男性人物打猎，有的时候在为男性人物疗伤。在卡考那陶思斯出土的一枚青铜时代晚期的印章上，一个男性在斩杀一头野兽，而米诺精怪就站在男性的身后，准备时刻去帮助他（图4-1-17）。在克里特帕塔雷斯温·温德尼出土的一枚印章上（图4-1-18），米诺精怪肩扛一个男性，这个男性的体型非常高大，头向下垂，一只手向下，双脚立地。目前关于这幅图像当中男性的形象尚存争议，我们在这里稍微展开论述。

保罗·里卡（Paul Rehak）认为，这个男性人物形象是一位即将要被献祭的人牲，他左手放在胸口上，右手向下伸展，似乎在求救，而米诺精怪是将这位人牲扛着去献祭。[①] 但是在现有的证据当中，我们并没有发现青铜时代的克里特印章中有人牲献祭的仪式性行为。并且在整个青铜时代晚期，我们并没有发现印章当中有人牲形象。从图像的表现来看，米诺精怪肩上扛着的这一个男性的身材十分高大，身上系有腰带，脖子上戴着项链，穿短裙，腰身很细，肌肉非常发达，肩膀和大腿上的肌肉尤其发达。这个男性人物形象与同一时期克里特印章中刻画的狩猎的男性形象非常相近，因此他应该是一位年轻的猎人，而不是人牲。学者弗里茨·布莱克莫尔认为，米诺精怪肩膀上扛着的是一个死去的男性人物，这个男性人物因为某种原因而在猎杀动物或者是战争中受伤死去。[②] 从姿态来看，这个男性的身体并不是像死去的人那样僵直，他的手是向下伸的，脚也是直立的，因此我们认为这个男性人物并不是一个死去的人物。戴安娜·沃尔夫认为这个男性人物是一个胸部受伤的年轻人，他在狩猎的过程当中受伤了，而且伤得比较严重，因此米诺精怪就赶过来帮助他。[③] 我们认为这种观点比较富有说服力，因此赞同这种观点，即米诺精怪肩膀上扛着的这个男性是一个在打猎中受伤的年轻猎人，米诺精怪是在保护和帮助他。从这个意义上说，米诺精怪与青年男性关系非常密切，它是人类的保护者。

与米诺精怪相关的印章图像符号主要有女神、太阳、月亮、星星、祭坛、御座、圆形花饰。这些图像与符号都具有神话象征意味，它们建构的图像系统在一定程度上表明了米诺精怪的身份与职能。在米诺艺术中，太阳、月亮、星星、御座、圆形花饰这些符号都是女神的象征符号，它们的出现也就意味着女神的在场。

[①] Paul Rehak, "The 'Genius' in Later Bronze Age Glyptic: The Later Evolution of an Aegean Cult Figure", CMS Beiheft 5, pp. 220-221.

[②] Fritz Blakolmer, "Was the 'Minoan Genius' a God: An Essay on Near Eastern Deities and Demons in Aegean Bronze Age Iconography", *Journal of Ancient Egyptian Interconnections*, 2015, 7(3): 32.

[③] Diana Wolf, *Monsters and the Mind: Composite Creatures and Social Cognition in Aegean Bronze Age Glyptic*, Heidelberg: Propylaeum, 2019, p. 73.

图 4-1-15　米诺精怪与男性
（图片来源：CMS XI, No. 290）

图 4-1-16　接受男性人物敬拜的米诺精怪
（图片来源：CMS VII, No. 95）

图 4-1-17 帮助猎手的米诺精怪
（图片来源：CMS XI, No. 208）

图 4-1-18 肩扛男性人物的米诺精怪
［图片来源：Fritz Blakolmer, "Was the 'Minoan Genius' a God: An Essay on Near Eastern Deities and Demons in Aegean Bronze Age Iconography", *Journal of Ancient Egyptian Interconnections*, 2015, 7(3): 31, Fig. 6］

在梯林斯出土的金戒指印章上，4名米诺精怪站成一排，分别向坐在椅子上的女神进献神圣的液体。米诺精怪的上方是太阳，下方是圆形花饰。戒指画面上的女神是以人类女性形象出现的，但其神圣的身份却一眼就能够看出。在这个时期的希腊本土，女神还以带角的女性形象出现。在皮洛斯出土的戒指上，米诺精怪站立在一名头戴角状物的女性形象旁边，女性双臂高举，站立在画面中央。虽然戒指的画面是残缺的，但我们却能够看出，女神身边站立着两只长角鹿（图4-1-19）。从图像表现的画面来看，米诺精怪手中似乎还拿着一个类似棍子一样的东西，在驱赶画面左边的鹿。从梯林斯与皮洛斯这2枚印章刻画的情景来看，米诺精怪与女神之间的关系非常密切，是为女神服务的神圣形象。比较奇怪的是，这类女神形象只出现在青铜时代晚期的希腊本土，克里特地区出土的印章上并没有出现米诺精怪为女神服务的画面。或者可以这样说，只有希腊本土的印章上出现了女神与米诺精怪的图像，克里特印章上并没有女神与米诺精怪在一起的情景。从以上分析可以看出，青铜时代克里特与希腊本土印章中的米诺精怪形象并不是一个孤立的符号，恰恰相反，它与印章中的其他图像与符号共同建构了一个非常复杂的图像体系。在这个图像体系中，米诺精怪有时候是图像表现的核心，有时候为其他形象服务。在这个图像体系中，米诺精怪与其他形象之间的关系也不完全固定，而是处于不断变化的状态。这就意味着米诺精怪这个形象所具有的功能也一直处在变化中，因为图像与图像之间的关系决定了图像的功能。

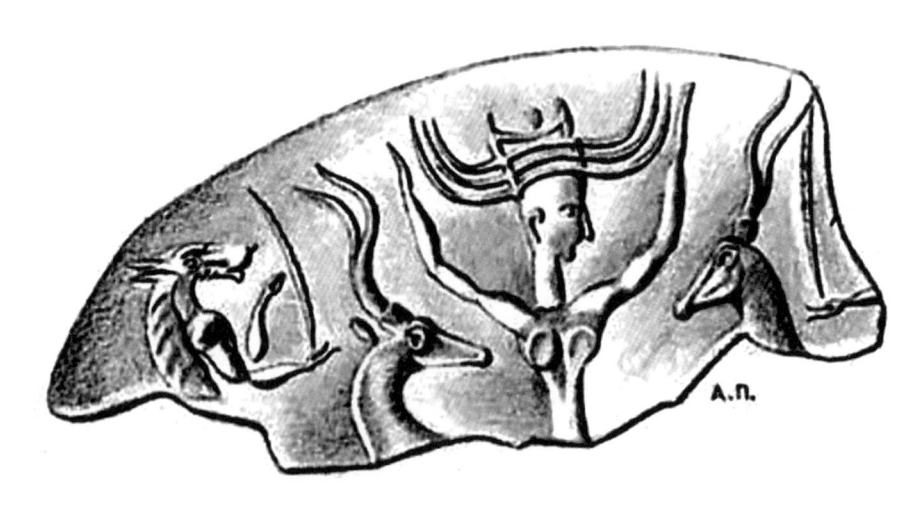

图 4-1-19　皮洛斯印章上的米诺精怪
（图片来源：CMS Ⅰ, No. 379）

第四节　米诺精怪的身份与功能

从源头上来说，米诺精怪的原型是埃及的塔乌特女神。持有这种观点的学者主要有伊文思[1]、弗里茨·布莱克莫尔与朱迪思·温加滕（Judith Weingarten）。[2] 上述研究者并没有关注米诺精怪与埃及塔乌特女神在外形上的差异，以及二者在功能上的差异。既然米诺精怪是从埃及传入古代克里特的，那么米诺精怪的身份与功能在一定程度上与埃及塔乌特女神相关。因此，在阐释米诺精怪的身份与功能之前，有必要对埃及塔乌特女神的身份与职能做深入考察。

塔乌特女神是埃及人的生育女神，其象形文字名字是（T3wert），意思是伟大者。[3] 塔乌特女神最常见的称号是"天空女士"。塔乌特女神的外形与埃及其他女神的外形完全不同，她既不美丽，也不苗条。塔乌特女神是一位复合型女性，有着河马的头和身体、鳄鱼的尾巴，类似于人类巨大的乳房，以及滚圆的大肚子。塔乌特女神是生育女神，即保护妇女与儿童的女神，所以她以怀孕的姿态出现，其巨大的乳房与肚子都表明了这一点。在很多情况下，塔乌特女神手中还拿着一把小刀，用来驱赶邪恶的力量。塔乌特女神的第二个称号是"运水者"，可能暗喻着女性生产的过程。她还有第三个称呼，那就是"纯净之水"，这个称呼可能与尼罗河相关。古埃及塔乌特女神的崇拜始于第18王朝的阿玛尔纳时代（Amarna），在泰尔-阿玛尔纳遗址中发现了塔乌特女神的图像。在多数情况下，埃及人将塔乌特女神视为怀孕女性的保护神，有时候埃及人还将塔乌特女神与哈索尔（Hathor）和伊西丝（Isis）女神相关联，因此塔乌特女神头上有时候也会佩戴哈索尔女神的王冠。譬如，在大英博物馆收藏的一幅埃及纸草书中，塔乌特女神头戴牛角王冠，左手持生命符号，右手高举，面向画面左方，站立在纸草与棕榈树之间的祭坛上（图4-1-20）。

塔乌特女神的形象基本出现在室内，床、工具与头饰这类物品上都会出现塔乌特女神的形象，具有巫术性质的魔杖上偶尔也绘有塔乌特女神的形象。在古埃及人的日常生活中，所有孕妇们会佩戴塔乌特形状的琉璃吊坠。这种情况

---

[1] Arthur Evans, "Mycenaean Tree and Pillar Cult and It's Mediterranean Relations", *The Journal of Hellenic Studies*, 1901, 21: 101.

[2] Fritz Blakolmer, "Was the 'Minoan Genius' a God: An Essay on Near Eastern Deities and Demons in Aegean Bronze Age Iconography", *Journal of Ancient Egyptian Interconnections*, 2015, 7(3): 29-40. Judith Weingarten, *The Transformation of Egyptian Taweret into the Minoan Genius: A Study in Cultural Transmission in the Middle Bronze Age*, Partille: P. Åströms, 1991.

[3] George Hart ed., *The Routledge Dictionary of Egyptian Gods and Goddesses*, second edition, London: Routledge, 2005, p. 154.

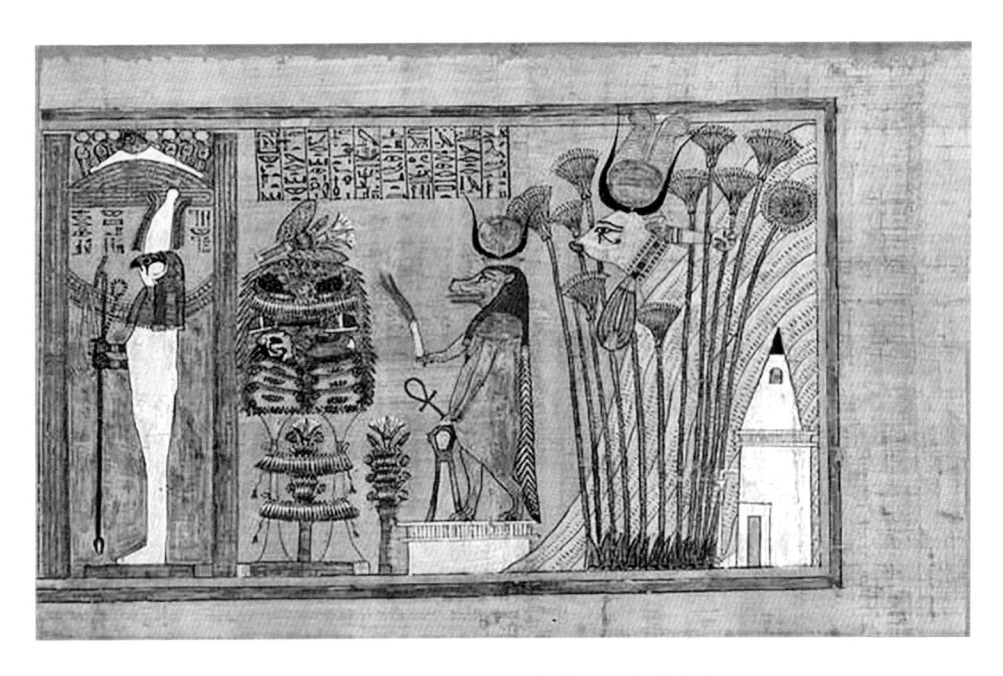

图 4-1-20　古埃及纸草书中的塔乌特女神

（图片来源：大英博物馆，文物编号 EA10470，37；网址：https://www.britishmuseum.org/collection/object/Y_EA10470-37，2023 年 8 月 27 日 19：00 登录）

下的塔乌特女神的主要特征是滚圆的大肚子，以此强调其具有保护女性生产的功能。值得注意的是，古代埃及有好几位女神都是以河马的样子出现的，其中包括埃裴特（Ipet）女神（保育女神）、拉露特（Reret）女神（雪女神）以及赫基特（Hedjet）女神（白色女神）。"上述所有这些女神都与怀孕和保护相关，因此很难将塔乌特女神与其他三位女神区分开来。"[1] 从这个意义上看，古埃及塔乌特女神是妇女与儿童的保护者，其外形与功能之间具有密切关联。

　　古埃及塔乌特女神形象并不是一成不变的，相反，她的形象一直在不断变化。根据学者朱迪思·温加滕的研究[2]，从公元前 2000 年到公元前 1650 年，埃及的塔乌特女神有四种形象。最早的形象出现在中王国时期（公元前 2000 年左右），其体型较为苗条。时值公元前 1950 年左右，塔乌特女神开始有了大肚子，后面继而也出现了吊垂的乳房。这两种要素的增加，表明塔乌特女神具有保护孕妇的作用。早期塔乌特女神的形象特征是头部以下有狮子的后背。到了公元

---

[1] Donald B. Redford, *The Oxford Encyclopedia of Ancient Egypt*, Vol. 3, New York: Oxford University Press, 2001, p. 351.

[2] Judith Weingarten, *The Transformation of Egyptian Taweret into the Minoan Genius: A Study in Cultural Transmission in the Middle Bronze Age*, Partille: P. Åströms, 1991, p. 5.

图 4-1-21　古埃及塔乌特女神形象的演变

（图片来源：Judith Weingarten, *The Transformation of Egyptian Taweret into the Minoan Genius: A Study in Cultural Transmission in the Middle Bronze Age*, Partille: P. Åströms, 1991, p. 23, Fig. 4）

前 1800 年左右，这种特征就消失了。从公元前 1750 年到公元前 1650 年，塔乌特女神的形象与狮怪的形象很是接近。塔乌特女神形象的变化主要表现在其不断变化的外形及后背上的附属物，有时候她还拿着一把刀子，有时候手中拿着生命符（图 4-1-21）。

可以肯定的是，青铜时代的克里特人从埃及引入了塔乌特女神的形象，甚至他们直接从埃及进口了刻有塔乌特女神形象的印章，像克里特普拉塔诺斯出土的刻有米诺精怪的印章就是埃及进口的。这枚皂石印章中的塔乌特女神的肚子非常大，身后还站立着一只奇怪的动物。从这枚印章中还能够看出来，塔乌特女神保护孕妇的功能依然存在，她滚圆的大肚子就可以表明这一点。因此我们能够断定，米诺精怪的第一个重要功能就是保护孕妇，她是克里特孕妇的保护神。关于这一点，从米诺精怪的大肚子以及其独特的复合型图像造型就可以看出。这样我们可以大致明白，为何克里特印章上的米诺精怪很多情况下都是手中持有一个罐子，身边还总绘有纸草或者棕榈树这类植物。埃及的塔乌特是孕妇的保护神，她又是以水生物的形象出现的，其称号是"运水者"与"纯净之水"，因此塔乌特女神就与水有了直接关联。克里特人在保留塔乌特女神形象的同时，在其手中添加了一个水罐，以此突出米诺精怪与水的关系。当时埃及还有一种叫作塔乌特罐子的容器，专门用来盛放女性的乳汁。[①]在这一基础上，克里特人就将塔乌特女神想象为一位孕妇与儿童的保护神，她拥有神圣生命之水，并且随身携带罐子，用来哺育万物。所以，在克里特的印章中我们看到了如下场景：米诺精怪手持罐子在浇灌纸草与百合花，或者手持罐子浇灌棕榈树（图4-1-22），或者将罐子中的圣水献给米诺女神。纸草与百合花都是水生植物，也是非常重要的神话形象，它们与米诺精怪同时出现在戒指印章的画面中，同样在强调米诺精怪的浇灌与哺育作用。棕榈树是埃及与克里特艺术中的神圣之树，米诺精怪手持水罐在浇灌棕榈树，可见米诺精怪手持的罐子里面的液体具有神圣性，这也就进一步表明了米诺精怪的哺育职能。上述这些场景表现的是米诺精怪对于孕妇的保护身份与职能，但同时强调了她随身携带的神圣之水的重要性，甚至地位最高的米诺女神都要饮用这种神圣之水。

从这个层面来看。克里特印章中的米诺精怪其实不是怪物，相反，她的第一个身份是保护孕妇与儿童的女神。作为孕妇与儿童的保护神，米诺精怪拥有神圣的生命之水，能够哺育人类、植物与动物；她同时是米诺太阳女神的伺者，向米诺太阳女神敬献生命之水。因此，我们也就看到了梯林斯金戒指中米诺精怪向米诺女神献上神圣之水的场

图4-1-22 瓦斐奥出土的浇灌棕榈树的米诺精怪
（图片来源：CMS I, No. 231）

[①] Donald B. Redford, *The Oxford Encyclopedia of Ancient Egypt*, Vol. 3, New York: Oxford University Press, 2001, p. 350.

景。在这个基础上，我们也就理解了为何有很多戒指描绘了米诺精怪手持罐子面对棕榈树或其他植物的场景。原来她在用神圣的纯净之水浇灌棕榈树与其他植物，这样它们就会长得越来越茁壮。

这里还需要单独讨论一组图像类型，即米诺精怪面对棕榈树的图像场景。克里特印章中有两幅画面表现了米诺精怪面对棕榈树的场景（图4-1-23、图4-1-24），遗憾的是这2枚戒指的出土地均不详。从图像中可以看出，这两幅戒指画面呈对称型，两个米诺精怪分别一左一右站立，面对画面中央的棕榈树。图4-1-24中的棕榈树上方还站立着一只鸟，但这两幅戒指画面中的米诺精怪手中都没有罐子。南诺·马瑞纳托斯认为，画面中的米诺精怪是棕榈树的守卫者，而棕榈树是宇宙中心，也是沟通天地的桥梁。[①] 笔者赞同这种观点，但需要指出的是，这两幅画面中的米诺精怪并不是单纯在守护棕榈树（当然守护是一种重要的职能），更为重要的是，米诺精怪其实在浇灌棕榈树。从神话学范畴来看，棕榈树是不死和永生的象征符，但另一个层面上，棕榈树与水相关。在古代埃及葬礼的纸草书上，死者安尼（Ani）和他的妻子正在饮用棕榈树下池塘里面的水，以此希望获得永生。[②] 在埃及神话与艺术中，塔乌特女神是水生物，她的称号是"纯净之水"与"运水者"。很有可能克里特人将塔乌特女神的这些特征都赋予了米诺精怪，将其与纯洁之水直接关联起来，由此出现了米诺精怪手持罐子浇灌棕榈树，甚至是在没有手持罐子情况下也能浇灌棕榈树的情景。因为塔乌特女神本身是纯净之水，因此她的在场就意味着纯净之水。因此我们断言，上述两幅画面中米诺精怪面对棕榈树的场景即可解读为米诺精怪手持罐子在浇灌棕榈树的简化版。这两幅画面描绘的情景与瓦斐奥出土的米诺精怪浇灌棕榈树的情景其实都是一样的，都在强调米诺精怪用纯净之水在浇灌棕榈树。由此可见，克里特地区的戒指中米诺精怪很多情况下与棕榈树同时出现并不是偶然，其背后有着非常复杂的神话认知因素。

米诺精怪的第二个身份是保护年轻男性的女神，是青年人的保护神。这个身份是在保护孕妇的基础上生成的，因为保护了孕妇就保护了孩子，继而就保护了青年人。在克里特帕塔雷斯温·温德尼出土的一枚印章上，米诺精

[①] Nanno Marinatos, "The Minoan Genii, The Palm Tree and Solar Cult," in Robert Laffineur, Thomas G. Palaima ed., *Zoia: Animal-Human Interactions in the Aegean Middle and Late Bronze Age*, Leuven: Peeters, 2021, p. 221.

[②] Carol Andrews ed., *The Ancient Egyptian Book of the Dead*, Raymond O. Faulkner trans., London: Published for the Trustees of the British Museum by British Museum Publications, 1985, p. 67.

图 4-1-23　米诺精怪与无鸟棕榈树
（图片来源：CMS Ⅷ, No. 65）

图 4-1-24　米诺精怪与有鸟棕榈树
（图片来源：CMS Ⅻ, No. 302）

怪肩扛一个受伤的体型高大青年男性。画面表现的场景看上去比较奇怪，但是若从作为青年男性的保护者这个身份来看，这种场景就非常容易理解了：作为青年人的保护神，米诺精怪在拯救、保护这个受伤的青年人。从体型来看，这个青年人的体型超过了米诺精怪，但是米诺精怪却能够非常轻松地扛起这个体型高大的年轻人，可见米诺精怪的力气很大，超出了正常人的力气范畴。这也从另外一个侧面表明，米诺精怪对于青年人的保护是实实在在的，其能力也非同一般。继而我们也就看懂了克里特地区的戒指上米诺精怪与青年在一起，或给青年人举行净化仪式，或接受青年人的崇拜，或指导青年人打猎的场景。上述戒指画面表明，米诺精怪对于青年人的保护是多方面的，能够在很多层面帮助青年人。

　　米诺精怪的第三个身份是动物之主，其职能是驯化动物。在青铜时代的克里特印章中，有不少图像场景表现的是米诺精怪在驯化野生动物。有的场景描绘的是米诺精怪在捕获或驯服公牛、山羊、狮子与鹿，有的场景表现的是米诺精怪肩挑野生动物，这些情景的表现核心是米诺精怪对野生动物的威慑力。公牛、山羊、狮子与鹿这些野生动物都是力量较大的动物，也是克里特常见的大型野生动物。克里特凯法利的西西斯就出土过一枚青金石印章，印章上刻画的是米诺精怪在驱赶两头长角山羊的情景（图4-1-25）。这枚印章上的米诺精怪双手还捧着一个单把罐子，看来还是保留了青铜时代中期米诺精怪手持罐子的图像传统。这些印章图像表现的核心显然是米诺精怪作为动物之主随时可以驯服这些野生动物的能力，即重点表现米诺精怪动物之主的身份。就数量而言，描绘米诺精怪驯服公牛的场景最多，其次是山羊、狮子和鹿。这也不难理解，因为在米诺艺术中，公牛是出现频率最高的动物，也是克里特人心中的动物之王。能够驯服公牛的米诺精怪，其地位是可想而知的了。这里尚需解决的一个问题是，从孕妇的保护者到动物之主，米诺精怪的这种身份是如何转换的？一种认知上的可能性是，公牛、长角山羊这些动物力气很多，对于人类的威胁最大。作为动物之主的米诺精怪驯服了这些动物就可以避免它们伤害人类，这其实也是一种保护功能。换言之，米诺精怪的职能从保护孕妇与儿童扩展到了保护人类，这是其功能的扩展，也是认知领域内对米诺精怪职能的延展。在部分印章图像上，米诺精怪手中拿着棍子，比如皮洛斯出土的两枚印章上，都出现了米诺精怪肩扛棍子的情景。这里的棍子应该是克里特人对埃及塔乌特女神手持刀子图像的置换。埃及塔乌特女神手中的刀子是用来驱邪的，而米诺精怪手中的棍子是用来置放野生动物的。刀子与棍子看上去根本不同，不过二者的功

图 4-1-25 克里特西西斯的米诺精怪

（图片来源：Diana Wolf, "The Sissi Genius Lentoid: A Lapis Lacedaemonius Seal from Final Palatial Crete", *Heperria*, 2022, 91(3): 354, Fig. 2.c）

能却是相同的，那就是保护人类。这是认知功能的延续，也是对埃及塔乌特女神功能的继承与改编。

由上可知，青铜时代克里特印章上的米诺精怪具有三重面孔，即孕妇与儿童的保护神、青年人的保护神、动物之主。上述这些身份叠加在一起，使得米诺精怪具有了多重职能，即保护孕妇与儿童、保护青年、驯化动物。值得注意的是，作为保护孕妇与儿童的神，米诺精怪除了保护职能外，还是具有哺育与浇灌作用的女神，也就是伊文思所说的丰产女神。她手持水罐浇灌纸草与百合花，同时还浇灌棕榈树。从中可以看出，从米诺文明早期到晚期近 1000 年的历史中，从埃及的塔乌特女神到米诺精怪，克里特印章图像上的米诺精怪走过了一条漫长的衍变之路。

值得注意的是，米诺精怪身份与职能的多样化也导致了其形象的改变。从米诺文明早期到晚期，克里特印章中的米诺精怪形象发生了很大变化，从最初的大腹便便，变成了一位有着狮子身形的复合型神话形象。米诺精怪形象的演变主要分为三个时期：一是大肚型时期，主要特征是圆肚巨乳，手持单把水罐；

二是站立型时期，主要特征是直立，大肚消失，身形似人，头部和四肢与狮子极为相似，乳房消失；三是昆虫怪时期，主要特征是头部外形与昆虫极为相近，身形直立。从米诺文明早期第三阶段（EM Ⅲ）到米诺文明晚期第一阶段（LM Ⅰ），米诺精怪可被称为大肚型精怪，其主要特征是圆肚巨乳，有河马的头，手持单把的米诺风格水罐。从米诺文明晚期第一阶段开始（LM Ⅰ，约公元前1680—前1500年），米诺精怪的外形逐渐改变，以站立型形象出现，同时出现昆虫怪形象。到了米诺文明晚期第三阶段，米诺精怪的外形已与早期的米诺精怪外形之间存在明显差异，女性特征完全消失，演变成一个具有观念性的神明符号（图4-1-26）。弗里茨·布莱克莫尔将米诺精怪外形的衍变过程称为"米诺化"（Minoanized）

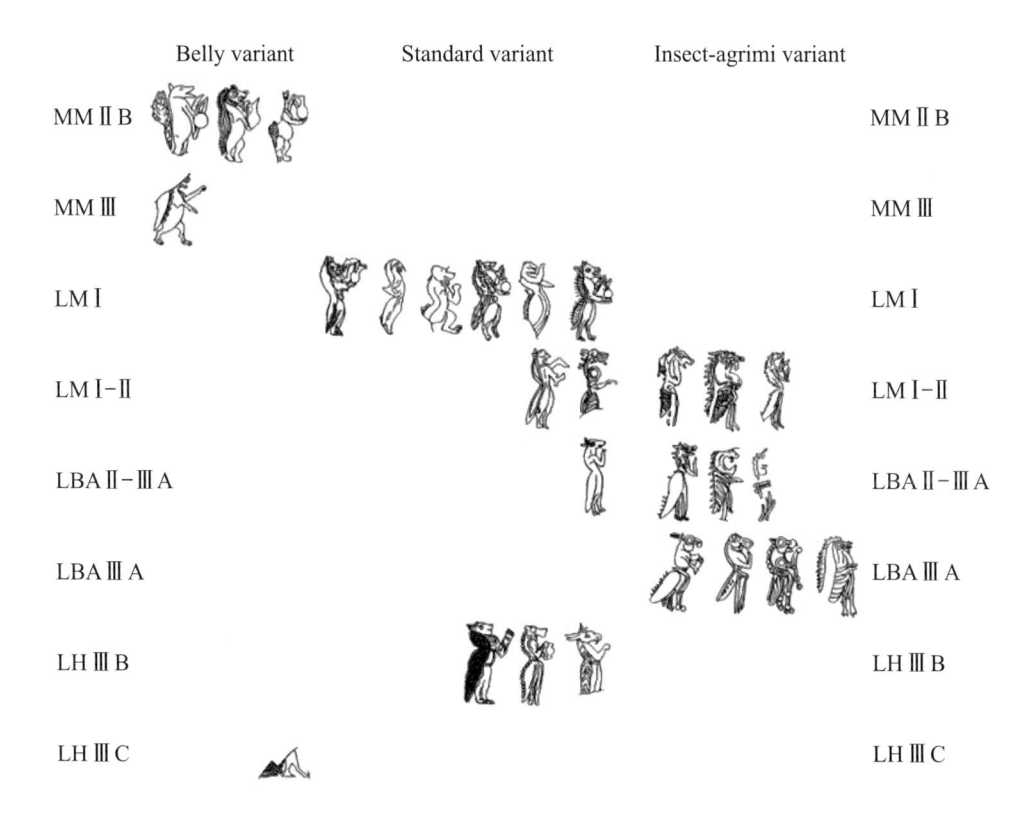

图 4-1-26　米诺精怪形象的嬗变

［图片来源：Fritz Blakolmer, "Was the 'Minoan Genius' a God: An Essay on Near Eastern Deities and Demons in Aegean Bronze Age Iconography", *Journal of Ancient Egyptian Interconnections*, 2015, 7(3): 30, Fig.］

过程[①]，但这个过程实际上是与米诺精怪的身份与职能的改变密切相关。米诺精怪早期的大肚型形象其实更多的与其作为孕妇和儿童的保护神身份相关，站立型形象主要是作为青年人保护神与动物之主的身份，而后期的昆虫怪形象主要对应的是米诺精怪浇灌棕榈树的职能。由此可见，米诺精怪身份与职能的演变导致了其外形变化，同时带来了印章图像要素的变化。

结　　语

　　由上论述，我们能够断言：第一，青铜时代克里特印章上的米诺精怪形象并不是一成不变的，相反，它的外形处于不断变化之中。在近1000年的历史发展中，米诺精怪其实不是一个形象，而是由众多米诺精怪构成的米诺精怪形象共同体。这也就表明，如果没有一个观念性的米诺精怪形象，米诺精怪的形象不可能在1000年的历史中留存。这种观念性的米诺精怪形象可能保留在克里特人的口传记忆中，然后再被以图像的形式表现。第二，米诺精怪并不是精怪，而是青铜时代克里特人的女神。米诺精怪是一个具有多重面孔的女神，是孕妇与儿童、青年人的保护神，也是动物之主与哺育女神，具有保护孕妇、儿童以及青年人的职能，又具有浇灌植物与哺育植物的作用。在这些职能中，保护孕妇与儿童的职能最为主要，其他职能都是由其衍化而来的。因为米诺精怪的源头是埃及的塔乌特女神，米诺精怪的其他身份与职能都由塔乌特女神演变而来。第三，米诺精怪的外形是地中海东部文化与地中海西部文化共同塑造的产物。在长达1000年的形象衍变过程中，米诺精怪的形象先后经历了埃及化与米诺化这两个过程，最终成为克里特独特文化的表现符号之一。米诺文明早期大肚型米诺精怪的形象受到了埃及塔乌特女神形象的影响，但米诺文明晚期之后出现的直立型与昆虫怪型米诺精怪形象显然是克里特文化塑造的结果。可见，米诺精怪先是受到了地中海东岸埃及神话的影响，后来又被米诺文化塑造，最终形成了具有米诺色彩的神话形象。这也就说明，米诺精怪形象的演变并不是一种文化塑造的，而是青铜时代地中海东部与西部两种文化共同作用的结果。（表10）

[①] Fritz Blakolmer, "Was the 'Minoan Genius' a God: An Essay on Near Eastern Deities and Demons in Aegean Bronze Age Iconography", *Journal of Ancient Egyptian Interconnections*, 2015, 7(3): 29.

表 10　米诺精怪形制表

序号	出处	印章形状	印章材质	印章生成时间	印章出土遗址
1	CMS Ⅱ 1 No. 283	圣甲虫	白色皂石	第 11—12 王朝 （MM Ⅰ）	帕拉塔诺斯
2	CMS Ⅱ 5 No. 322	椭圆形	印纹块 （黏土）	MM Ⅱ	费斯托斯
3	CMS Ⅱ 5 No. 321	椭圆形	印纹块 （黏土）	MM Ⅱ B	费斯托斯
4	CMS Ⅱ 8.1 No. 195	椭圆形	印纹块 （软石料）	MM Ⅱ - Ⅲ	科诺索斯
5	CMS Ⅱ 3 No. 105a	方形	硬石料 （光玉髓）	MM Ⅲ	卡莱维亚
6	CMS Ⅱ 7 No. 31	透镜形	印纹块 （硬石料）	LM Ⅰ	扎克罗斯
7	CMS Ⅻ No. 212	杏仁形	硬石料 （赤铁矿）	LM Ⅰ	不详
8	CMS Ⅱ 6 No. 98	印章戒指	印纹块 （金属）	LM Ⅰ	哈格亚·特里亚达
9	CMS Ⅱ 8.1 No. 196	透镜形	印纹块 （软石料）	LM Ⅰ - Ⅱ	科诺索斯
10	CMS Ⅱ 8.1 No. 198	透镜形	印纹块 （软石料）	LM Ⅰ - Ⅱ	科诺索斯
11	CMS Ⅴ Suppl.1A No. 128	杏仁形	硬石料	LM Ⅰ B	卡斯泰拉
12	CMS Ⅱ 8.1 No. 199	透镜形	印纹块 （软石料）	LM Ⅰ - Ⅱ？	科诺索斯
13	CMS Ⅵ 2 No. 309	透镜形	软石料	LM Ⅰ - Ⅱ	科诺索斯？
14	HESPERIA 91[①]	透镜形	青金石	LM Ⅱ - Ⅲ	凯法利
15	CMS Ⅱ 8.2 No. 542	椭圆形	印纹块 （软石料）	LM Ⅱ - Ⅲ A1	科诺索斯
16	CMS Ⅵ 2 No. 311	透镜形	软石料	LM Ⅱ - Ⅲ A1	迪科特
17	CMS Ⅱ 8.2 No. 545	透镜形？	软石料	LM Ⅱ - Ⅲ A1	科诺索斯
18	CMS Ⅱ 8.2 No. 546	杏仁形？	印纹块 （软石料）	LM Ⅱ - Ⅲ A1	科诺索斯

① Diana Wolf, "The Sissi Genius Lentoid: A Lapis Lacedaemonius Seal from Final Palatial Crete", *Heperia*, 2022, 91(3): 354, Fig. 2.

续表

序号	出处	印章形状	印章材质	印章生成时间	印章出土遗址
19	CMS Ⅱ 3 No. 282	圆筒形	软石料	LM Ⅱ-Ⅲ A1	帕莱卡斯特罗
20	CMS Ⅰ 8.2 No. 547	椭圆形	印纹块（软石料）	LM Ⅱ-Ⅲ A1	科诺索斯
21	CMS Ⅲ.2 No. 369	透镜形	硬石料	LM Ⅱ-Ⅲ A1	科诺索斯
22	CMS Ⅰ SuppI. No. 137	透镜形	软石料	LM Ⅱ-Ⅲ A1-2	不详
23	CMS Ⅴ.1 No. 209	透镜形	软石料	LM Ⅱ-Ⅲ A1	阿尔卡德斯
24	CMS Ⅴ. SuppI. 1A No. 122	透镜形	软石料	LM Ⅲ A1	卡斯泰拉
25	CMS Ⅻ No. 302	透镜形	软石料	LM Ⅲ A1	不详
26	CMS Ⅱ 8.1 No. 200	透镜形	印纹块（软石料）	LM Ⅲ A1	科诺索斯
27	CMS Ⅰ No. 231	透镜形	硬石料	LB Ⅰ-Ⅱ	瓦斐奥
28	CMS Ⅵ.2 No. 310	杏仁形	硬石料	LB Ⅰ-Ⅱ	中部克里特
29	CMS Ⅰ No. 172	透镜形	硬石料	LB Ⅰ-Ⅱ	迈锡尼
30	CMS Ⅵ.2 No. 306	透镜形	硬石料	LB Ⅰ-Ⅱ	米洛斯
31	CMS Ⅰ No. 232	杏仁形	硬石料	LB Ⅰ-Ⅱ	瓦斐奥
32	CMS Ⅰ No. 179	印章戒指	金属	LB Ⅱ	梯林斯
33	CMS Ⅵ.2 No. 304	透镜形	硬石料	LB Ⅰ-Ⅱ	不详
34	CMS Ⅺ No. 208	桶形	硬石料	LB Ⅰ-Ⅱ	卡考那陶斯
35	CMS Ⅵ.2 No. 305	透镜形	青金石	LB Ⅰ-Ⅱ	不详
36	CMS Ⅺ No. 35	杏仁形	硬石料	LB Ⅰ-Ⅱ	不详
37	CMS Ⅰ No. 379	印章戒指	印纹块（金属）	LB Ⅱ-Ⅲ A1	皮洛斯
38	CMS Ⅴ. SuppI. 1B No. 153	透镜形	青金石	LB Ⅱ-Ⅲ A1	帕塔雷斯温·温德尼

续表

序号	出处	印章形状	印章材质	印章生成时间	印章出土遗址
39	CMS Ⅶ No. 95	透镜形	硬石料	LB Ⅱ - Ⅲ A1	不详
40	CMS Ⅸ No. 129	透镜形	硬石料	LB Ⅱ - Ⅲ A1	不详
41	CMS V.2 No. 440	杏仁形	硬石料	LB Ⅱ - Ⅲ A1	卡拉珀菲拉
42	CMS Ⅷ No. 65	透镜形	硬石料	LB Ⅱ - Ⅲ A1	不详
43	CMS Ⅵ.2 No. 290	圆筒形	硬石料	LB Ⅱ - Ⅲ A1?	不详
44	CMS Ⅰ No. 161	透镜形	印纹块（硬石料）	LB Ⅲ A1-2	迈锡尼
45	CMS Ⅱ 3 No. 112b	三面棱柱形	硬石料	LB Ⅲ A1-2	卡莱维亚
46	CMS Ⅵ.2 No. 307	透镜形	硬石料	LB Ⅱ - Ⅲ A1	科诺索斯
47	CMS Ⅶ No. 117	透镜形	硬石料	LB Ⅱ - Ⅲ A1	不详
48	CMS V Suppl. 1B No. 167	透镜形	硬石料	LB Ⅱ - Ⅲ A1	卡利赛
49	CMS Ⅺ No. 36	透镜形	硬石料	LB Ⅱ - Ⅲ A1	斐里盖亚
50	CMS Ⅺ No. 295	杏仁形	硬石料	LB Ⅱ - Ⅲ A1	不详
51	CMS Ⅺ No. 290	透镜形	硬石料	LH Ⅱ - Ⅲ A1	不详
52	CMS Ⅵ No. 201	透镜形	硬石料	LH Ⅱ - Ⅲ A1?	皮里格斯/皮斯龙路
53	CMS Ⅺ No. 37	透镜形	硬石料	LH Ⅱ - Ⅲ A1	不详
54	CMS Ⅺ No. 38	透镜形	青金石	LH Ⅱ - Ⅲ A1	不详
55	CMS Ⅺ No. 39	透镜形	青金石	LH Ⅱ - Ⅲ A1	塞萨洛尼基

第二章　青铜时代晚期克里特印章上的格里芬形象

第一节　引论

格里芬是青铜时代晚期爱琴地区艺术中出现频率最高的神话形象，也是该时期的克里特与希腊本土地区印章中出现频率最高的神话形象。从神话图像学视角来看，格里芬是复合型神话形象，通常情况下它有猛禽的头和翅膀，同时还有狮子的身体。作为复合型的神兽，格里芬在青铜时代晚期的爱琴地区频繁出现，尤其出现在克里特与希腊本土的艺术中，如印章、象牙与骨制品，金属与玻璃制品，以及费昂斯（Faience）制品、彩陶、壁画、彩绘棺画，等等。据本课题组统计，在青铜时期的克里特与希腊本土，共计有209枚印章刻画了格里芬的形象。克里特最早表现格里芬形象的印章的生成时间为米诺文明中期第二阶段（MM Ⅱ），而希腊本土最早表现格里芬形象的印章的生成时间为米诺文明晚期第三阶段（LM Ⅲ A1-2），出土遗址地为克里特的科诺索斯王宫。这就表明，格里芬形象与当时的上层社会阶层之间具有密切的关系。

因格里芬在爱琴文化中出现的频率较高，引起了学者的关注。较早关注格里芬形象的是考古学者亚瑟·伊文思，他于1921年在其巨著《米诺王宫》中探讨了格里芬形象的源头，认为克里特艺术中的格里芬形象源自古埃及，迈锡尼的格里芬形象源自克里特。[①]伊文思的观点受到了不少学者的挑战，学者H.法兰克福（H. Frankfort）、伯纳德·戈德曼（Bernard Goldman）与琼·阿鲁兹（Joan Aruz）等人认为，克里特的格里芬形象不是源自埃及，而是源自叙利亚，

[①] Arthur Evans, *The Palace of Minos: A Comparative Account of the Successive Stages of the Early Cretan Civilization as Illustrated by the Discoveries at Knossos*, Vol. 1, London: Macmillan and Co. Limited, 1921, pp. 701-720.

具体时间是公元前第18世纪。①除却源头之外，部分学者探讨了格里芬形象的演变。譬如，学者埃文哥尼亚·朱朱拉（Evgenia Zouzoula）讨论了青铜时代克里特艺术中格里芬形象的演变。②另外还有部分研究者探讨了克里特印章中格里芬形象的类型问题，像学者戴安娜·沃尔夫关于青铜时代克里特印章上的格里芬形象类型的探讨就是这类研究。可以看出，在现有的研究中，研究者较为关注格里芬形象的源头问题，其次是格里芬形象的演变与类型。而关于青铜时代克里特与希腊本土刻有格里芬形象的印章的分布时空、印章的形制，以及格里芬形象的作用，这些问题尚未形成系统性的探讨，这就给本章的写作留下了足够的空间。

本章要解决的问题：究竟什么是格里芬？该问题的探讨包括如下几个部分：第一，刻有格里芬形象的印章的生成情境。本部分要讨论的关键问题是，刻有格里芬形象的印章分布在克里特与希腊本土的哪些区域？印章的形制如何？其使用者是哪些阶层？第二，印章中格里芬形象的类型与演变。本部分主要探讨前王宫时期、旧王宫时期、新王宫时期以及后王宫时期，克里特印章上格里芬形象的类型与演变，试图从中发现格里芬形象发展的内在原因。第三，格里芬形象的功能。本部分内容的探讨主要包括地中海东部地区格里芬形象的作用、它进入克里特与希腊本土的深层原因，以及其形象具有的具体作用。

第二节　格里芬印章的生成情境

在克里特地区，最早刻有格里芬形象的印章出现在米诺文明中期第二阶段（MM Ⅱ），共计4枚。③在这4枚印章中，1枚出自马里亚王宫（图4-2-1），有3枚出自费斯托斯王宫（图4-2-2）。从图像来看，这4枚印章中的格里芬形象姿态不一，费斯托斯王宫出土的格里芬有躺卧、站立、疾走三种姿态，而马里亚王宫出土的格里芬是站立姿态。学者N. A. 莱赖（N. A. Rhyne）注意到，这4枚戒指中的格里芬一律面向画面左方，画风明显具有多样性。④我们也注意到，

---

① H. Frankfort, "Notes on the Cretan Griffin", *The Annual of the British School at Athens*, 1936/1937, 37: 116. Bernard Goldman, "The Development of the Lion-Griffin", *American Journal of Archaeology*, 1960, 64(4): 321. Joan Aruz, *Marks of Distinction: Seals and Cultural Exchange Between the Aegean and the Orient (ca. 2600−1360 BC)*, CMS Beiheft 7, Mainz am Rhein: Philipp von Zabern, 2008, p. 108.

② Evgenia Zouzoula, *The Fantastic Creatures of Bronze Age Crete*, Ph. D. Thesis, University of Nottingham, 2007, pp. 97−99, 150−155, 267−276.

③ 具体出处为 CMS Ⅱ 6, No. 215, CMS Ⅱ 5, Nos. 317−319。

④ N. A. Rhyne, *The Aegean Animal Style: A Study of the Lion, Griffin and Sphinx*, Ph. D. Thesis, University of North Carolina at Chapel Hill, 1970, p. 71.

图 4-2-1　马里亚王宫的格里芬
（图片来源：CMS II 6, No. 215）

尽管这 4 枚戒指中的格里芬姿态各异，但其共同特征是都有翅膀，并且头上都有角，还有上翘的尾巴。从画面表现的图像特征来看，这 4 枚戒指中的格里芬形象并不都是鸟首狮身，还有山羊身体（图 4-2-2a）。

除此之外，这些格里芬形象都是单独出现的，并没有与其他神话形象一起出现。我们知道，克里特的格里芬形象是从叙利亚传入的，那么这 4 枚最早的印章中的格里芬形象应该源自叙利亚。从地图上看，费斯托斯位于克里特的墨萨拉（Messara）平原上，距离叙利亚较近。而马里亚临近克里特北部的海港，距离叙利亚较远。由此可以推断，叙利亚的格里芬形象是通过费斯托斯王宫传入克里特半岛，然后通过内部陆上交通，传到了马里亚王宫，并通过马里亚王宫传入爱琴地区。值得注意的是，这 4 枚前王宫时期印章上的格里芬形象，其表现手法非常成熟，尤其是马里亚王宫的格里芬，其形象奠定了克里特格里芬形象的基础。从整个图像表现来看，最早的这 4 幅格里芬形象已经具有了非常明显的克里特特征，即带翅膀的狮身鸟首，并且具有明显的程式化风格。程式化是批量生产的结果，这就表明，前王宫时期的克里特，尤其是费斯托斯与马里亚王宫，大量的格里芬形象已经出现了。

(a)　　　　　　　　　　　　(b)

(c)

图 4-2-2　费斯托斯王宫的格里芬
（图片来源：CMS II 5, Nos. 317-319）

　　就印章的出土遗址而言，爱琴地区刻有格里芬形象的印章多半出土于王宫与经济发达地区。克里特半岛刻有格里芬形象的印章主要分布在科诺索斯王宫、费斯托斯王宫、马里亚王宫、哈格亚·特里亚达王宫，其他一些地方也会出现格里芬的形象，像墨萨拉、阿卡罗提利（Akrotiri）、卡托·扎克罗等地。不难看出，上述这些地方以王宫居多，其他遗址多半是当时经济较为繁荣的地方。与此类似的是希腊本土的格里芬印章。迈锡尼、底比斯、皮洛斯、梯林斯等地都是希腊出土格里芬的地方。根据学者朱迪思·温加滕（Judith Weingarten）的

第四编　希腊神话中的妖怪理念 | 249

分析可知，费斯托斯、马里亚、科诺索斯这三地王宫中刻有格里芬的印章，其使用者主要是上层精英。这些印章主要用于行政管理，而不是用来封印私人物品。费斯托斯王宫中的格里芬印章的使用者全部是上层精英，印章主要用来标志个人的身份。[①]饶有趣味的是，在费斯托斯王宫出土的印章中，刻有格里芬的形象的印章最多，其中有1枚印章因为频繁使用而破损[②]。也就是说，绘有格里芬形象的印章是上层精英人物使用最为频繁的管理性印章，用来表明个人的身份与社会地位。克里特与希腊本土出现如此众多的格里芬印章，很有可能是在被许可之后，一个印章的主人有好几枚格里芬印章，这些印章在不同场合被使用。

在刻有格里芬形象的印章中，其材质有软石料、硬石料、金属与玻璃。在209枚印章中，软石料印章与硬石料印章的比例几乎相等的。石料以玛瑙和红玉髓为主，蛇纹石和滑石也较为常见。可以发现，米诺文明中期，出现了大量刻有格里芬形象的硬石料印章。这种大规模使用硬石料的原因主要归结于卧式弓形车床，它可以轻易地切割硬石料。克里特在旧王宫时期即已从埃及引入了卧式弓形车床来切割硬石料[③]，诸如青金石、肉红玉髓、玛瑙、水晶这类，同时还将其用于雕刻印章的阴纹[④]。刻有格里芬形象的软石料印章的大量出现，可能与格里芬形象的平民化相关。硬石料印章的成本较高，且硬石料资源被行政体系支配。但软石料并不受行政系统的掌控，其制造与流通不受政府支配。[⑤]很有可能，精英阶层以格里芬形象来标识个人社会身份的做法引起了下层社会成员的羡慕，由此出现下层阶级模仿精英使用格里芬印章的现象。在这种情况下，不受行政系统掌控的软石料因而成为下层人员制印的首选料子。学者约翰·G.杨格指出，软石料印章虽然不受政府掌控，但必须由王宫制造，事实上所有其他的印章都是由王宫里的官僚们和他们的随从们制作的。[⑥]这也就说明，大量刻有格里芬形象的软石料印章的出现，其实是经过宫廷允许的。

[①] Judith Weingarten, "The Sealing Structures of Minoan Crete MM II Phaistos to the Destruction of the Palace of Knossos", *Oxford Journal of Archaeology*, 1988, 7(1): 1-17. Judith Weingarten, "Seal—use at LM IB Ayia Triada: A Minoan Elite in Action II", *Kadmos*, 1988, 27(2): 89-114.

[②] CMS II. 5, No. 319. 见图 4-2-2c。

[③] J. L. Caskey, "Did the Early Bronze Age End?" in Gerald Cadogan ed., *The End of the Early Bronze Age in the Aegean*, Leiden: E. J. Brill, 1986, p. 18.

[④] John Boardman, *Greek Gems and Finger Rings: Early Bronze Age to Late Classical*, London: Thames & Hudson, 2001, p. 31.

[⑤] Evgenia Zouzoula, *The Fantastic Creatures of Bronze Age Crete*, Ph. D. thesis, University of Nottingham, 2007, p. 186.

[⑥] John G. Younger, "Aegean Seals of the Late Bronze Age: Stylistic Groups. VI: Fourteenth-Century Mainland and Later Fourteenth-Century Cretan Workshop", *Kadmos*, 1987, 26(1): 48-49.

值得关注的是，较为罕见的青金石材质也出现了。据学者戴安娜·沃尔夫统计，青铜时代晚期的克里特出土了 16 枚青金石印章，多数都在克里特的沿海地带。这些出土青金石印章的地方是科诺索斯通向马里亚（Malia）与西西斯（Sissi）等地的沿海居民地的要道，也是当时的经济和商业较为发达的地方。①在青铜时代的爱琴海，青金石属于稀有资源。考古工作者在科诺索斯王宫的珠宝作坊间发现了进口的 1.6 吨青金石原石，时间在晚期米诺文明第三阶段（LM Ⅲ A2）。② 这就说明，青金石资源掌握在科诺索斯国王手里，而青金石印章的制造也是王宫授意的。除了青金石之外，金属材质有铅、赤铁、银和黄金，其中黄金印章较多。

除石料印章之外，刻有格里芬形象的金属印章有 30 余枚，其中包括黄金、银子、铅以及金银合金。黄金印章的数量超过了 20 枚。根据戴安娜·沃尔夫的统计，在青铜时代爱琴地区刻有妖怪的印章中，金属格里芬印章的数量占据首位。③ 玻璃印章只有一枚，出自克里特的迪科特。④ 较之于石质印章，金属印章的价值更高，其持有者的社会地位自然比石质印章的持有者高一些。黄金印章是王室颁发给特别信赖的臣子的特殊权力象征符号，刻有格里芬的黄金印章应该是王室的专有印章。这种现象说明，绘有格里芬的金属印章已经在精英阶层普遍使用，并且受到了王室的青睐。

从形状上看，格里芬印章有透镜形、杏仁形、戒指形、圆筒形、圆盘形、四方形、棱柱形、桶形。最为普遍的是透镜形，其次是杏仁形与戒指形。透镜形、四方形、杏仁形、戒指形、圆筒形、圆盘形、桶形类印章都是用来直接盖印的，主要用于封印个人财产与行政管理。青铜时代克里特与希腊本土的印章有很多形状，其中刻有动物形象的三棱柱与四棱柱印章很难用来盖印，主要用于辟邪。⑤刻有格里芬形象的印章中也有三棱柱或四棱柱，这就说明格里芬印章除了用来标识个人身份之外，还具有辟邪作用。这也从侧面表明，格里芬形象除了与权力相关之外，还与信仰具有密切的关联。

---

① Diana Wolf, "The Sissi Genius Lentoid: A Lapis Lacedaemonius Seal from Final Palatial Crete", *Heperia*, 2022, 91(3): 373-374.

② P. Warren, "Lapis Lacedaemonius", in *Φιλολακων: Laconian Studies in Honour of Hector Catling*, Jan Motyka Sanders ed., London: British School at Athens, 1992, pp. 290-292.

③ Diana Wolf, *Monsters and the Mind: Composite Creatures and Social Cognition in Aegean Bronze Age Glyptic*, Heidelberg: Propylaeum, 2019, p. 89.

④ 详见 CMS Ⅵ, No. 387。

⑤ John Boardman, *Greek Gems and Finger Rings: Early Bronze Age to Late Classical*, London: Thames & Hudson, 2001, p. 27.

第三节　格里芬形象的类型

在米诺文明中期末叶，克里特印章中的各类复合性神话形象并没有固定的形式。从米诺文明中期第二阶段末叶到第三阶段期间，印章雕刻师一直在尝试将外来复合型神话形象形式化和风格化，譬如米诺精怪、米诺龙以及格里芬形象。[①] 到米诺文明晚期，一些复合性神话形象开始被赋予外形与风格方面的特征，诸如各类米诺精怪形象，以及爱琴地区带羽翅的格里芬形象。与其他复合型神话形象有所不同的是，在米诺文明晚期，格里芬的形象并没有发生根本性的改变。也就是说，这个时期的格里芬形象不是固定不变的，而是具有多种变体。不过在各类格里芬的形象中，最为基本的一些神话要素是保持不变的，比如鸟首、羽翅、四足或者带狮腿与狮尾的狮身。这方面的图案太多，这里就不一一列举。笔者在这里给出 2 幅印章中的格里芬形象（图 4-2-3、图 4-2-4），以此说明此时格里芬形象的多样化。这两幅图中的格里芬都是雌性，可以从其腹部的乳房明显看出，它们与其他雄性格里芬形象有所不同。图 4-2-3 中的格里芬的翅膀是直线垂直型的，它居然有 7 根翅膀，但只有 2 条腿，而这显然是鸟腿不是狮子的腿。这个格里芬的形象看上去有些笨重，因为它的脖子很粗大，甚至比身体还要大。但就像其他格里芬形象一样，这个格里芬有狮子的尾巴。图 4-2-4 中的格里芬有 3 个类似于树枝的翅膀，它的肩膀和头上有很多小圆点。这个格里芬的腿并不是狮子的腿而是鸟腿，但是它有狮子的身体和尾巴。很有可能，这 2 枚印章的雕刻者将鸟和狮子的图像要素进行了重新组合与排列，由此创造出了 2 个独特的格里芬形象。总的来说，米诺文明晚期的克里特与希腊本土印章中的格里芬形象是多样化的，并没有固定的风格。较之于其他已经固定的神话形象，此时印章中的格里芬形象具有多种变体，因此有必要对其加以归纳与分类。

根据克里特与希腊本土印章中格里芬的风格、形式与材质，我们将格里芬形象分成四类：一是完全侧面站立或躺卧的格里芬；二是半侧面、半正面带翅的格里芬；三是叙事场景里的格里芬；四是衬托中心形象的对称型格里芬。这四类格里芬形象在具体的图像要素与风格上均有不同的表现，下文将一一加以阐释。

完全侧面站立或躺卧的格里芬形象指的是戒指画面中的格里芬以侧面形象出现，且以站立或躺卧的姿态呈现。这类格里芬形象是印章中最为常见的，其

[①] Diana Wolf, *Monsters and the Mind: Composite Creatures and Social Cognition in Aegean Bronze Age Glyptic*, Heidelberg: Propylaeum, 2019, p. 89.

图 4-2-3　哈格亚·特里亚达王宫的格里芬
（图片来源：CMS II 6, No. 99）

图 4-2-4　克里特出土地不详的格里芬
（图片来源：CMS X, No. 220）

第四编　希腊神话中的妖怪理念 | 253

数量占据可分类格里芬形象的46%左右，时间从米诺文明中期第二阶段一直延续到青铜时代晚期的末叶。需要强调的是，尽管侧面的格里芬形象是一种可以辨别的图像类型，但实际上其图像要素存在各种差异。笔者以前文提到的费斯托斯出土的3枚印章上的格里芬形象为例，对此加以说明。费斯托斯王宫出土的3枚印章上的格里芬形象均是侧面格里芬，且一律向着画面的左方。这三个格里芬形象都有相同的图像要素，比如鸟首、羽翅、四足动物的身体和腿，还有长尾巴。从图像层面来看，费斯托斯王宫出土的3枚印章上的格里芬形象看上去都是侧面像，但实际上具有重大差异。图4-2-2a中的格里芬有4根羽毛状的翅膀，脖子上还有一个像口袋一样的东西。这个小口袋非常独特，我们在其他地方出土的格里芬形象上都没有发现类似的符号。这个格里芬形象呈躺卧状，四足折叠在身体下方。图4-2-2b的格里芬呈行走状，它有3个非常类似的羽翅，头部比第一幅图中的格里芬的头部更圆，脑袋上还有一个圆形的东西。这个格里芬形象与传统的叙利亚的格里芬非常类似。图4-2-2c中的格里芬形象与前二者非常不同，它的腿部好像被什么东西拉住了，并且腿很细。值得注意的是，这个格里芬的嘴巴是张开的，不是闭合的。可以看出来，同样是侧面的格里芬形象，费斯托斯王宫中的这3枚印章中的格里芬在形象与姿态方面均存在重大差异。这也再次说明，青铜时代克里特的格里芬形象其实并没有固定的风格与表现形式，其图像要素也不是一成不变的。

　　侧面型的格里芬形象主要有三类姿态：一是站立型，主要特征是四足站立；二是奔跑型，主要特征是四肢伸展或翘起；三是躺卧型，主要特征是后腿隐藏在身体下面或四足折叠在身体下面。根据笔者的研究发现，青铜时代克里特与希腊本土印章中的这三类格里芬的形象数量几乎是均等的，但米诺文明晚期第一阶段的印章中平躺的格里芬形象稍微多了一些。到了米诺文明晚期第一阶段到第二阶段的早期，情况就有所改变，奔跑或行走的格里芬形象有所减少，而蹲坐的格里芬形象有所增加。此时站立型与疾走型侧面格里芬形象的比例是7:6，站立型侧面格里芬形象稍多一些。到了米诺文明晚期的第二到第三阶段（LM Ⅱ-ⅢA1），二者的比例大致相当。从米诺文明晚期第三阶段早期开始，站立的侧面格里芬比疾走的侧面格里芬形象再次多了起来，二者的比例是5:3。

　　较之于完全侧面站立或躺卧的格里芬形象，半侧面、半正面带翅的格里芬形象的主要特征是带有翅膀。完全侧面站立或躺卧的格里芬只有一个单独的翅膀伸展在身体的背部；而半侧面、半正面带翅的格里芬则有两个翅膀，并且长在身体的上方。半侧面、半正面带翅格里芬的胸部有时候也是正面的，但其身体通常是侧面的。一种事实是，在上述四种格里芬的类型中，半侧面、半正面带翅的格里芬形象的数量是最少的，只有10%的格里芬呈现这种样态。虽然数量有限，但刻有半侧面、半正面带翅的格里芬形象的印章的风格、形状与材质并未受到任何限制，似乎当时的印章制造者以一种开放的态度在制作印章。因案例众多，下文仅仅给出三个例子加以说明。在克里特的哈格亚·特里亚达王宫出土的众多印章中，一枚社会上层人员使用的印章上绘有两个格里芬形象，戒指画面中的格里芬弯腰弓身，线条非常流畅。[①]这枚印章的形状是透镜形，质地是硬石料（图4-2-5）。而在克里特的哈格亚·佩拉吉亚（Agia Pelegia）出土的戒指上的格里芬形象（图4-2-6），虽然也是半侧面、半正面带翅膀，但却是一只看上去非常抽象的格里芬，整个格里芬形象几乎是用线条堆砌出来的，显然这种图像风格是使用切割轮的缘故。这枚印章的形状是杏仁形，质地是赤铁。在希腊本土皮洛斯出土印章中的格里芬形象虽然也是半侧面、半正面带翅膀（图4-2-7），但是其形象却明显具有王者气派。这枚印章上的格里芬以卧立的姿态呈现在画面中央，画面下方还有很多象征权力的圆形花瓣。这只狮身鸟首的格里芬有着非常漂亮的鸟冠，还有着微微上翘的狮尾巴。它双翅展开，目视前方，头向后仰，以一种极其优雅而高贵的王者姿态面向画面的左方。总之，"这种威严的神话形象象征着一种精英身份，甚至可以说是'王者'身份"[②]。这枚印章为四方形印章，质地是黄金。埃文哥尼亚·朱朱拉认为，这个格里芬形象就是王者身份的象征符号，甚至它脖子底下悬挂的装饰物也价值不菲，是当时希腊本土极为奢侈和珍贵的器物，即象牙制成的专门的祭具。[③]这样的例子很多，限于篇幅，此处就不一一赘述。总之，半侧面、半正面带翅的格里芬形象各异，其所属的印章也是形状不一，印章风格与材质不受约束，体现了此时克里特与希腊本土居民对其持有的开放态度。

叙事场景里的格里芬是青铜时代爱琴地区印章中第二大类型，有58枚印章上绘有这类格里芬形象。[④]从米诺文明晚期第一阶段开始，这类格里芬形象在爱

[①] Judith Weingarten, "Seal—use at LM IB Ayia Triada: A Minoan Elite in Action II. Aesthetic Considerations", *Kadmos*, 1988, 27(2): 107.

[②] Diana Wolf, *Monsters and the Mind: Composite Creatures and Social Cognition in Aegean Bronze Age Glyptic*, Heidelberg: Propylaeum, 2019, p. 94.

[③] Evgenia Zouzoula, *The Fantastic Creatures of Bronze Age Crete*, Ph.D. Thesis, Vol. 2, University of Nottingham, 2007, p. 135.

[④] Diana Wolf, *Monsters and the Mind: Composite Creatures and Social Cognition in Aegean Bronze Age Glyptic*, Heidelberg: Propylaeum, 2019, p. 95.

图 4-2-5 哈格亚·特里亚达王宫的格里芬
（图片来源：CMS II 6, No. 101）

图 4-2-6 哈格亚·佩拉吉亚的格里芬
（图片来源：CMS VI, No. 268）

图 4-2-7 皮洛斯的格里芬
（图片来源：CMS I, No. 293）

琴地区就已经出现了，一直延续到青铜时代晚期。这种类型虽然表现的是一种动态的叙事场景，但实际上并不是在叙述一个完整的故事，而是通过结构化的叙事场景表现一种象征意图。在印章画面中，格里芬通常作为狩猎者出现，与它一起出现的动物主要有公牛、鹿和野猪。值得注意的是，克里特地区出土了很多具有近东与叙利亚风格的印章，上面雕刻的格里芬形象也是叙事性格里芬形象。[1] 这些印章均为圆筒印章，分别来自克里特的不同地方，诸如科诺索斯、帕莱卡斯特罗等地。在叙事性格里芬形象系列图像中，格里芬除了作为捕食者出现之外，还作为战车的驱动力出现。在 1 枚源自安提亚（Anthia）圆顶墓的印章中，两个格里芬拉着一辆四个辐条的战车（图 4-2-8），车里坐着两位乘客，他们性别不详，但二者均头戴羽帽，看上去身份显赫。乘客与格里芬均面向画面的右方，似乎在去一个很是令人向往的地方。戒指画面上还有棕榈树与阔叶植物，分别位于画面的中央与格里芬的前端。该戒指的生成时间为青铜时代晚期第二到第三阶段早期，而战车从近东传入克里特的时间在青铜时代晚期第一

[1] 详见 CMS II 2, No. 29; CMS, II 2, No. 335; CMS, II 3, No. 199; CMS, I, No. 206。

图 4-2-8　安提亚的格里芬
（图片来源：CMS V Suppl. 1B, No. 137）

阶段。棕榈树与阔叶植物，以及格里芬都是近东神话图像中极为普通的画面，因此很有可能这枚戒指是从近东传入希腊本土的。

在叙事类格里芬形象中，通常都是格里芬捕获其他野生动物，从未有格里芬被其他野生动物捕获的场景。这也从侧面表明格里芬的地位比野生动物要高很多，并且它是野生动物的天敌。捕获野生动物需要极大的力气，这也说明格里芬是当时人们认知中力气很大的神话形象，对人类有保护作用。不过印章中也出现了格里芬被捕获的场景，这就需要解释一下。在哈格亚·佩拉吉亚出土的一枚戒指印章上，格里芬被一名男性人物扛在肩膀上（图4-2-9）。格里芬的翅膀还在扇动，但是尾巴下垂，应该是受伤了。从画面表现的情境来看，这枚印章表现的应该是狩猎的场景，因为在森林之中，画面右方有带翅膀的神兽，还有一名穿裙子的女性形象骑在一个身体很长、正在奔跑的神兽上。这名女性人物形象应该是神明，而不是人类。同样，肩扛格里芬的男性形象也应该是一位男神。这幅看上去很奇怪的画面表明，格里芬虽然力气很大，但地位比神明地位要低很多，神明可以轻易地抓住格里芬。至于格里芬到底是何种身份，我们在这幅画面中很难判定，只能大致猜测它可能是一种神兽，也是神明的坐骑。

衬托中心形象的对称型格里芬指的是戒指画面以表现对称型的格里芬形象为主。这类形象有的有中心形象，有的没有中心形象，但画面中至少有 2 个格里芬对称站立。这种类型的格里芬形象始于米诺文明晚期第一阶段（LMⅠ），

图 4-2-9　哈格亚·佩拉吉亚的格里芬
（图片来源：CMS Ⅵ, No. 321）

一直延续到米诺文明晚期第三阶段早期（LM Ⅲ A1）。对称型格里芬戒指画面的中央基本有三类图像与符号：女性形象、男性形象、柱子。在米诺文明晚期第一到第二阶段（LM Ⅰ-Ⅱ），对称型的格里芬形象画面中心通常有一位穿着荷叶边裙装的女性形象，她的形象比格里芬高大许多，她要么手臂上扬（图4-2-10、图 4-2-11），要么双手交叉在胸前（图 4-2-12）。这类女性应该是女神的大祭司之类的形象，在带领格里芬举行一种非常神圣的仪式。这种对称型的格里芬图像与伊文思所说的"山母"类型的图像结构很类似，只不过女性形象身边不是动物而是格里芬。有的时候女性形象甚至站立在柱子或祭坛上（图4-2-12）。男性形象站立在画面中心的场景同样会在米诺文明晚期第一到第二阶段的戒指上被加以表现，但数量相对要少一些。譬如，在科诺索斯出土的印章（图 4-2-13），画面中的男性形象站立在中央，其身材很高大，双手似乎抓住了格里芬。很多情境下，柱子同样会出现在对称型格里芬图像的画面中央。这些所谓的柱子有时是纸草的茎秆（图 4-2-14），但更多时候是棕榈树的树干（图 4-2-15）。琼·阿鲁兹指出，这类柱子位于中央的图像在近东有着非常悠久的历史，并且经常出现在叙利亚的印章中，画面中央的柱子其实是圣树，动物们伸出爪子在保护圣树。① 这类图像结构与对称的米诺精怪戒指图

---

① Joan Aruz, *Marks of Distinction: Seals and Cultural Exchange Between the Aegean and the Orient (ca. 2600–1360 BC)*, CMS Beiheft 7, Mainz am Rhein: Philipp von Zabern, 2008, p. 174.

图 4-2-10 格里芬与女性
（图片来源：CMS, II 3, No. 276）

图 4-2-11 格里芬与女性
（图片来源：CMS, VI, No. 317）

图 4-2-12 格里芬与女性
（图片来源：CMS, Ⅵ, No. 314）

图 4-2-13 格里芬与男性
（图片来源：CMS Ⅱ 3, No. 167）

第四编 希腊神话中的妖怪理念 | 261

图 4-2-14 格里芬与纸草
(图片来源:CMS II 6, No. 102)

图 4-2-15 格里芬与棕榈树
(图片来源:CMS I, No. 218)

像结构很接近，二者之间似乎具有某种内在的关联。在以上三种画面中心有形象或符号的戒指中，格里芬并不是画面表现的核心，而是衬托画面中心形象的次要角色。也就是说，位于画面中心的形象与符号才是整个画面要表现的重点。

在米诺文明晚期第二到第三阶段早期，希腊本土的戒指画面中出现了没有中心形象对称的格里芬。这就意味着格里芬形象已经不是衬托中心形象的次要角色，而是核心角色。这类对称型的格里芬形象一般都是侧面站立在地上，翅膀张开，回头张望。在具体的图像结构上，格里芬对称的方式有两种，一种是臀部与腿部对称，另一种是胸部与头部对称。在迈锡尼出土的一枚戒指上，画面中的两只格里芬就是臀部与腿部对称（图4-2-16）。而在皮洛斯与登德拉出土的戒指画面中，格里芬是头部与胸部对称（图4-2-17、图4-2-18）。很难说究竟是何种原因使得希腊本土的印章制造者舍弃了画面中央的核心形象转而直接表现格里芬，但是有一点可以肯定，米诺文明晚期的希腊本土居民，对于格里芬的认知有了新理念，正是神话认知的变化导致了格里芬形象的变化。

第四节　格里芬形象的身份与作用

从源头上看，目前较为一致的看法是，克里特印章上的格里芬并不是克里特人的首创，而是源自叙利亚。[①]学者戴安娜·沃尔夫指出，地中海东岸最早的格里芬形象并不是出自叙利亚，而是源自西亚的埃拉姆（Elam）王朝早期，后来其图像在埃及的前王朝时代传入埃及，并获得进一步发展。在公元前2000年初期，埃及的格里芬传入叙利亚，此时叙利亚典型的格里芬形象拥有卷曲的后颈。[②]古典时期叙利亚的格里芬形象各异，诸如狮-蛇型，或者是带翅膀的狮身鸟首形象。到公元前第20世纪的后半叶，叙利亚的格里芬已经从早期的狮-鸟合成物转变成可以辨认的格里芬。在古代埃及第十八王朝时期，也就是希克索斯统治时期，叙利亚的格里芬形象传入克里特半岛。此时的格里芬形象同时出现在克里特的王宫小型壁画与印章中。具体说来就是，在米诺文明中期第二阶段（MMⅡ）科诺索斯王宫的小型壁画上出现了格里芬形象（图4-2-19），同

[①] H. Frankfort, "Notes on the Cretan Griffin", *The Annual of the British School at Athens*, 1936/1937, 37: 116. Bernard Goldman, "The Development of the Lion-Griffin", *American Journal of Archaeology*, 1960, 64(4): 321. Joan Aruz, *Marks of Distinction: Seals and Cultural Exchange Between the Aegean and the Orient (ca. 2600–1360 BC)*, CMS Beiheft 7, Mainz am Rhein: Philipp von Zabern, 2008, p. 108.

[②] Diana Wolf, *Monsters and the Mind: Composite Creatures and Social Cognition in Aegean Bronze Age Glyptic*, Heidelberg: Propylaeum, 2019, p. 88.

图 4-2-16 对称的格里芬
（图片来源：CMS I, No. 102）

图 4-2-17 对称的格里芬
（图片来源：CMS I, No. 304）

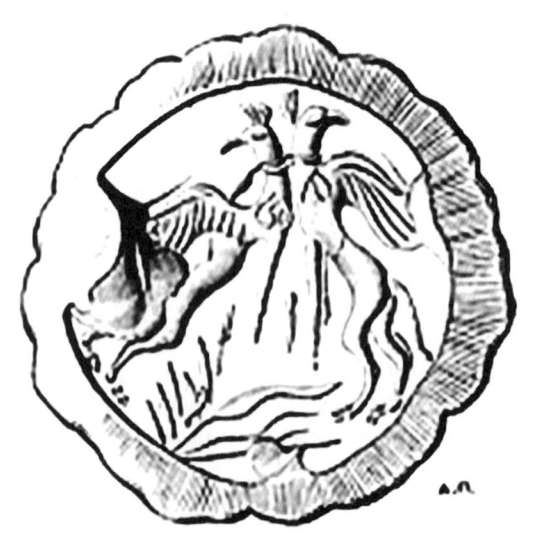

图 4-2-18 对称的格里芬
（图片来源：CMS I, No. 196）

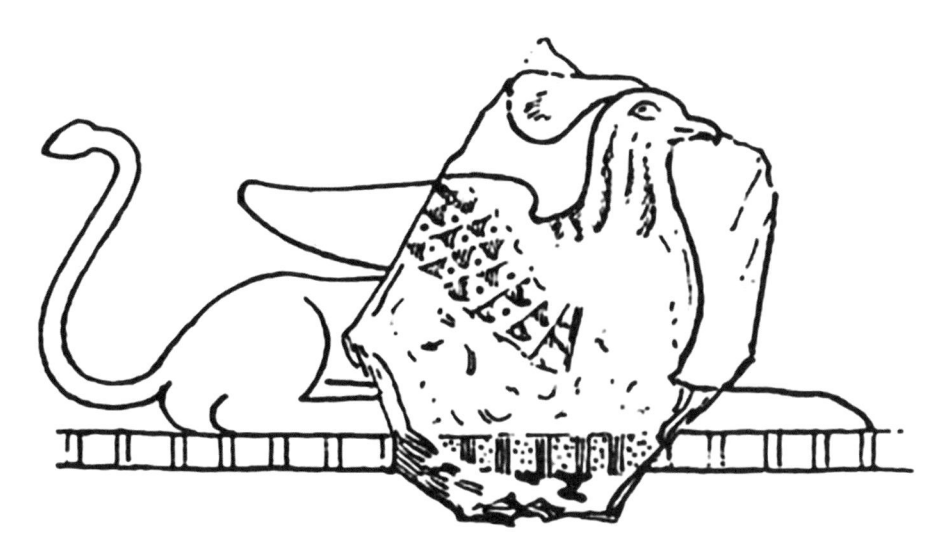

图 4-2-19　科诺索斯王宫壁画中的格里芬

（图片来源：Arthur Evans, *The Palace of Minossos: A Comparative Account of the Successive Stages of the Early Cretan Civilization as Illustrated by the Discoveries at Knossos*, Vol. 1, London: Macmillan and Co. Limited, 1921, p. 549, Fig. 400）

时在马里亚王宫与费斯托斯王宫出土的 4 枚印章中出现了格里芬形象。[①] 科诺索斯王宫壁画与其他王宫印章中的格里芬形象通常以带翅膀的狮身鸟首形象出现，学者琼·阿鲁兹认为，这种带翅膀的狮身鸟首格里芬源自叙利亚晚期与古典时期。[②] 从这个意义上讲，克里特的格里芬形象，尤其是印章上的格里芬形象，就与叙利亚、古埃及以及近东的格里芬形象具有密切的关系。换言之，在缺乏文字证据的情境下，我们在探讨克里特印章上的格里芬形象的身份功能时，某种程度上可以参考上述地中海东部三个地区的格里芬形象的身份与功能。

埃及的格里芬在前王朝时期就已经出现，其形象是狮身鸟首，且格里芬的性别有雄性也有雌性，通常作为贵族的镇墓兽而存在。[③] 但到了埃及第十五王朝时期，格里芬开始具有了特殊的功能，即它是国王敌人的毁灭者。[④] 这类格里芬基本以捕猎者的形象出现，其形象是狮身鸟首，还有翅膀。西亚的格里芬形象

[①] 具体出处为：CMS II 6, No. 215; CMS II 5, No. 317-319。

[②] Joan Aruz, *Marks of Distinction: Seals and Cultural Exchange Between the Aegean and the Orient (ca. 2600-1360 BC)*, CMS Beiheft 7, Mainz am Rhein: Philipp von Zabern, 2008, p. 108.

[③] Arthur Evans, *The Palace of Minos: A Comparative Account of the Successive Stages of the Early Cretan Civilization as Illustrated by the Discoveries at Knossos*, Vol. 1, London: Macmillan and Co. Limited, 1921, p. 709.

[④] H. Frankfort, "Notes on the Cretan Griffin", *The Annual of the British School at Athens*, 1936/1937, p. 110.

具有多重功能，早期的格里芬形象与圣树相关，后期的格里芬与仪式之间具有密切关联。西亚的格里芬与国王和动物战斗，甚至与神明征战，它同时是女神和男神战车的驱动力，即拉着战车前行。格里芬很多时候是宇宙树的守护者，站立在宇宙树的两侧。不过西亚的格里芬偶尔也被全副武装的神明追杀，这一点与克里特印章中的格里芬有些类似。伊文思指出，埃及格里芬的形象由鹰和狮子构成，而埃及的鹰是太阳的化身，很有可能格里芬的身份和职能与鹰相关。[1] 我们比较认同伊文思的推断，在接纳其观点的基础上，结合叙利亚与西亚格里芬的身份与职能，综合考察青铜时代晚期克里特与希腊印章中的格里芬的身份与职能。

从图像结构来看，单独的一幅图片不具备结构性意义，只有将图像与其他图像放在一起，才能够解读图像的意义。在这个意义上，我们探讨印章中格里芬与其他图像之间的关系。青铜时代克里特与希腊本土出土的不少印章中，刻画了格里芬捕获野生动物的场景，尤其是格里芬捕获狮子（图4-2-20）、公牛（图4-2-21）、野猪（图4-2-22）、山羊的场景。这些印章有的出土于克里特，有的出土于希腊本土。在这些格里芬捕获野生动物的场景中，格里芬盘旋在半空中，以一种异常凶猛的状态出现在画面中，而野生动物则被刻画成一种极度惊恐的状态。甚至我们能够从画面中看出，格里芬尖锐的喙深入公牛和野猪的背部。从印章画面表现的情境来看，格里芬是一种异常凶猛的神兽，它直接能够捕获力量很大的狮子、公牛与野猪。整体而言，克里特印章中刻画格里芬捕获野生动物的场景比希腊本土要多一些。[2] 这些印章的生成时间多半在米诺文明晚期第一阶段，其中一半来自扎克罗。表现格里芬捕获野生动物的场景不单单出现在印章上，克里特锡拉岛（Thera）的壁画上也刻画了格里芬捕获野生动物的场景（图4-2-23）。只不过这里的野生动物是一头看上去很矫健的公鹿，但它的体型要比格里芬弱小许多。青铜时代晚期希腊阿古拉（Agora）的象牙瓶雕上也有格里芬捕获野兽的场景，但格里芬捕获的是公牛（图4-2-24）。学者莱维亚·摩根（Lyvia Morgan）指出，这种格里芬捕获野兽的场景在同时期的埃及和叙利亚艺术中很常见，已经成为一种普遍的神话主题。这些场景中的格里芬是狩猎者，

---

[1] Arthur Evans, *The Palace of Minos: A Comparative Account of the Successive Stages of the Early Cretan Civilization as Illustrated by the Discoveries at Knossos*, Vol. 1, London: Macmillan and Co. Limited, 1921, p. 710.

[2] 克里特的印章参见：CMS II 7, No. 93, 94, 95, 96 ,98; CMS II 3, No. 25; CMS II 8, No. 192; CMS II 4, No. 50; CMS II 6, No. 265; CMS VS. 1A, No. 202; CMS VS. IB, No. 197；希腊本土印章参见：CMS V, No. 596; CMS V, No. 642, CMS V, No. 216; CMS V, No. 675。

图 4-2-20 抓捕狮子的格里芬
（图片来源：CMS XI, No. 244）

图 4-2-21 抓捕公牛的格里芬
（图片来源：CMS XII, No. 228）

图 4-2-22 抓捕野猪的格里芬
（图片来源：CMS II 3, No. 25b）

第四编 希腊神话中的妖怪理念 | 267

图 4-2-23 锡拉岛壁画中捕获公鹿的格里芬

[图片来源：Lyvia Morgan, "An Aegean Griffin in Egypt: The Hunt Frieze at Tell el-Dab'a", *Ägypten und Levante*（*Egypt and the Levant*），2010, 20: 313, Fig. 13]

也是保护者。① 结合以上图像信息我们可以推断，青铜时代克里特与希腊本土印章中的格里芬形象可能是神话世界里能力非常强大的神兽，其作用是攻击那些对人类具有威胁的野兽，是人类的保护者。

但这只是格里芬的一种身份与职能，除此之外，格里芬还作为神明的坐骑而在印章上加以表现。在这类印章图像中，通常都是格里芬拉动神明坐的车子飞奔。这样的印章不少，其中格里芬拉车的场景以安提亚出土的印章较为典型。除此之外，科诺索斯王宫出土的印章也表现了格里芬拉着车子飞奔的场景（图 4-2-25）。格里芬拉车的场景并不仅仅出现在印章中，还出现在彩绘棺画中。亚哈格亚·特里亚达出土彩绘棺椁的前后挡板上均描绘了格里芬拉车前行的情境（图 4-2-26）。在印章画面中，格里芬拉着车子有的向着画面的右方前行，有的向着画面的左方前行，有的同时向着画面的左方和右

---

①Lyvia Morgan, "An Aegean Griffin in Egypt: The Hunt Frieze at Tell el-Dab'a", *Ägypten und Levante*（*Egypt and the Levant*），2010, 20: 316-321.

图 4-2-24　阿古拉象牙瓶上的格里芬
[Lyvia Morgan, "An Aegean Griffin in Egypt: The Hunt Frieze at Tell el-Dab'a", *Ägypten und Levante(Egypt and the Levant)*, 2010, p. 315, Fig. 14]

图 4-2-25　科诺索斯王宫印章上的格里芬
（图片来源：CMS II 8, No.193）

方前行（图4-2-27）。亚哈格亚·特里亚达彩绘棺画中格里芬拉动的车子向着画面的左方前行。印章中的格里芬是神明的坐骑，它拉动的车子在天上行走，而彩绘棺画中的格里芬是死亡使者[①]，它拉动的车子是魂车，要去的地方是位于大洋深处的海底乐园。人类亡灵的居住地与神明居住的天堂是两个截然不同的地方，表现在图像的方位上，就是两个截然不同的方向。绘有格里芬拉车图像的印章的生成时间在青铜时代晚期，质地为硬石料与金属，可见印章的价值较高。这也就从另外一个维度表明了格里芬的神圣身份：它是专门为神明拉车的神兽，即神明的侍从。

与作为神明坐骑相关的另一种身份是，格里芬是女神的侍从，这一点从前文关于格里芬与女性形象相关的印章画面的探讨可以明显看出。这里要补充的是，作为女神的侍者，格里芬在女神面前是极为顺服的。在迈锡尼出土的一枚戒指（图4-2-28）中，格里芬站立在一位身穿裙装的女性形象面前，面向女性，尾巴向上卷曲，昂头抬抓，眼睛望着女性，表现出非常温顺的样子。画面中的女性形象坐在椅子上，手中拿着一根麦穗一样的东西在展示给格里芬看。画面中的女性形象面向画面的左方，而格里芬面向画面的右方，二者面对面，一个站立着，一个坐着，之间的关系一目了然。这幅印章画面中的格里芬是雌性的，与同类画面有所不同。明显可以看出来，画面中坐着的是女神，她身后的椅子是只有女神才可以拥有的御座。这幅画面与著名的梯林斯金戒指中米诺精怪与女神的画面非常相似（图4-2-29），大概二者表现的都是神兽为女神服务的场景。作为神明侍者的格里芬并不单单出现在印章中，它还频繁出现在克里特王宫壁画中。在锡拉岛王宫壁画中，格里芬站立在女神身后，时刻准备为女神服务（图4-2-30）。因此可以断言，作为神明的侍者，尤其是女神的侍者，格里芬的地位很高。

作为一种重要的神话形象，格里芬还是宇宙树的看守者，负责宇宙的安全。关于这一点，我们可以从前文关于格里芬与柱子的相关印章图像中看出来。学者南诺·马瑞纳托斯指出，纸草与棕榈是埃及与克里特神话中的宇宙树，二者是上天与人间来往的通道。埃及与叙利亚印章绘有大量的神兽守护宇宙树的场

[①] H. Frankfort, "Notes on the Cretan Griffin", *The Annual of the British School at Athens*, 1936/1937, 37: 121.

图 4-2-26 哈格亚·特里亚达彩绘棺画上的格里芬

[图片来源：Jean Porter Nauert, "The Hagia Triada Sarcophagus in Iconographical Study", *Antike Kunst*, 1965, 8(2): 25, Fig. 1and 2]

图 4-2-27 拉车的格里芬
（图片来源：CMS II 3, No. 199）

第四编　希腊神话中的妖怪理念 | 271

图 4-2-28　迈锡尼出土印章上的格里芬
（图片来源：CMS I, No. 128）

图 4-2-29　梯林斯印章上的米诺精怪
（图片来源：CMS I, No. 179）

图 4-2-30　锡拉岛壁画中的格里芬

（图片来源：Joan Aruz, "Syrian Seals and the Evidence for Cultural Interaction Between the Levant and Crete", CMS Beiheft 5. p. 15, Fig. 12a）

景，反映了二者关于太阳的崇拜。[1]从这个角度来看，青铜时代晚期克里特与希腊本土印章中那些对称型站立在柱子两边的格里芬应该是守护宇宙树的神兽，它们专门看守神圣的宇宙树。这里要补充的是，迈锡尼出土的一枚印章中关于格里芬守护宇宙树的职责的表现极为夸张，需要加以单独讨论。在这枚印章（图4-2-31）中，两个格里芬呈现对称型，一左一右分别站立在宇宙柱的两边，宇宙柱的底下也就是格里芬的脚下，躺着一位男性形象。这位男性形象体型健壮，细腰宽臀，与克里特其他印章中描绘的青年猎手的着装类似。它躺在地上，似乎在游泳，两个手臂一前一后张开。很难说这幅印章图像究竟在表达何种意义，不过从图像的结构来看，这幅印章画面要表述的应该是格里芬看守宇宙树的神圣职能。这位男性可能试图破坏宇宙树而被格里芬制服了。从叙利亚印章表现的场景来看，格里芬是守护太阳与宇宙树的神兽，也是天气之神的侍者。在公元前1720年至前1650年的一枚叙利亚印章（图4-2-32）上，两个格里芬站立在太阳树下，把守着这株神圣的宇宙树。两名天气神明分别站立在格里芬的旁边，他们的身边也分别有两株神树。这样看来，克里特印章中守护宇宙树的格里芬

[1] Nanno Marinatos, "The Minoan Genii, The Palm Tree and Solar Cult", in Robert Laffineur, Thomas G. Palaima ed., *Zoia: Animal-Human Interactions in the Aegean Middle and Late Bronze Age*, Leuven: Peeters, 2021, pp. 213-222.

图 4-2-31 迈锡尼印章上的格里芬

（图片来源：CMS I, No. 171）

图 4-2-32 叙利亚印章上的格里芬

（图片来源：大都会艺术博物馆；网址：https://www.metmuseum.org/art/collection/search/327435，2024 年 2 月 13 日登陆）

274 | 希腊神话宇宙论研究

与叙利亚印章中守护太阳树的格里芬是同一类神话形象,即都是守护宇宙树的神兽,使它不受伤害。

结　　语

由此我们可以得出如下结论:第一,青铜时代克里特与希腊本土印章中绘有格里芬形象的印章并没有固定的形制,其材质、形状与风格并没有统一的规定,这就反映了此时格里芬的形象是被普遍接受的,而不是限于某些固定的人群。但刻有格里芬形象的印章基本都出土于社会精英阶层活动的场所,这就表明格里芬形象及其印章为上层社会成员所拥有,下层民众无法拥有。这种特殊的现象表明,格里芬形象是一种仅仅流行于当时上层社会阶层的神话形象,而绘有格里芬形象的印章是社会精英标榜其身份与社会地位的声威符号。第二,格里芬形象具有多重身份与作用。作为从近东传入的神话形象,青铜时代克里特与希腊本土的格里芬形象并不只有一种固定的身份与作用,相反,它是克里特人众多神话形象中最具多重身份与作用的神话形象,也是最富象征意义的神话形象。它可以是权力与身份的象征,也可以是女神的侍者与坐骑,同时是看护宇宙树的卫士,是人类的保护者,也是宇宙和宇宙秩序的保护者。克里特人从地中海东岸引入了格里芬形象,但并没有拘泥于东方神话中格里芬的形象与身份,而是充分利用其想象力与整合力,将格里芬形象建构成一种富有爱琴特色的神话形象。克里特人使得格里芬形象从单面走向了多面,从而在一定程度上推进了格里芬形象的发展。

第三章　米诺文明时期克里特印章中的复合型妖怪形象

除了前面讲到的神话形象之外，米诺文明时期克里特与希腊本土印章中还出现了其他神话形象，比如斯芬克斯（Sphinx）、米诺龙（Minoan Dragon）、戈尔贡的脑袋（Gorgon heads）、米诺陶（Minotaur）、鸟女士、扎克罗的怪兽以及各类怪物等。上述各类神话形象中，数量较多的主要是斯芬克斯、米诺龙、鸟女士以及扎克罗的怪兽。这些原本属于米诺时期的神话形象在晚起的奥林匹斯神话系统中均占有一定的地位，下文就较为重要的神话形象做简单阐释。

第一节　斯芬克斯

米诺文明时期克里特印章中的斯芬克斯是复合型神话形象，通常以狮身人首的形象出现，同时有翅膀。斯芬克斯与格里芬的关系比较密切，在传入克里特之前，它在埃及图像中通常与王室成员的关系较为密切。[1]埃及的格里芬是一种蹲坐型的神话形象，其在向西亚传播的过程中有所改变，在叙利亚逐渐失去了胡子，并且以蹲卧或疾走的姿势出现在叙利亚印章中。叙利亚的斯芬克斯形象有两种，一种是带翅膀的斯芬克斯，一种是没有翅膀的斯芬克斯。[2]在米诺文明的前宫殿时代，斯芬克斯首次出现在米诺艺术中。在吉雅马拉凯斯（Giamalakis）这个地方，一枚象牙印章的外形就是斯芬克斯的样子。这枚印章中的斯芬克斯显然具有明显的埃及风格，可能是从埃及进口的，因而不被一些学者关注。[3]在前宫殿时期的晚期，斯芬克斯出现在克里特印章与其他艺术中，比如陶瓶与容器；

---

[1] Joan Aruz, *Marks of Distinction: Seals and Cultural Exchange Between the Aegean and the Orient (ca. 2600–1360 BC)*, CMS Beiheft 7, Mainz am Rhein: Philipp von Zabern, 2008, pp. 38-59.

[2] Joan Aruz, *Marks of Distinction: Seals and Cultural Exchange Between the Aegean and the Orient (ca. 2600–1360 BC)*, CMS Beiheft 7, Mainz am Rhein: Philipp von Zabern, 2008, pp. 106-107.

[3] Evgenia Zouzoula, *The Fantastic Creatures of Bronze Age Crete*, Ph. D. Thesis, University of Nottingham, 2007, p. 74.

图 4-3-1 蹲坐的斯芬克斯
（图片来源：CMS Ⅵ, No. 128）

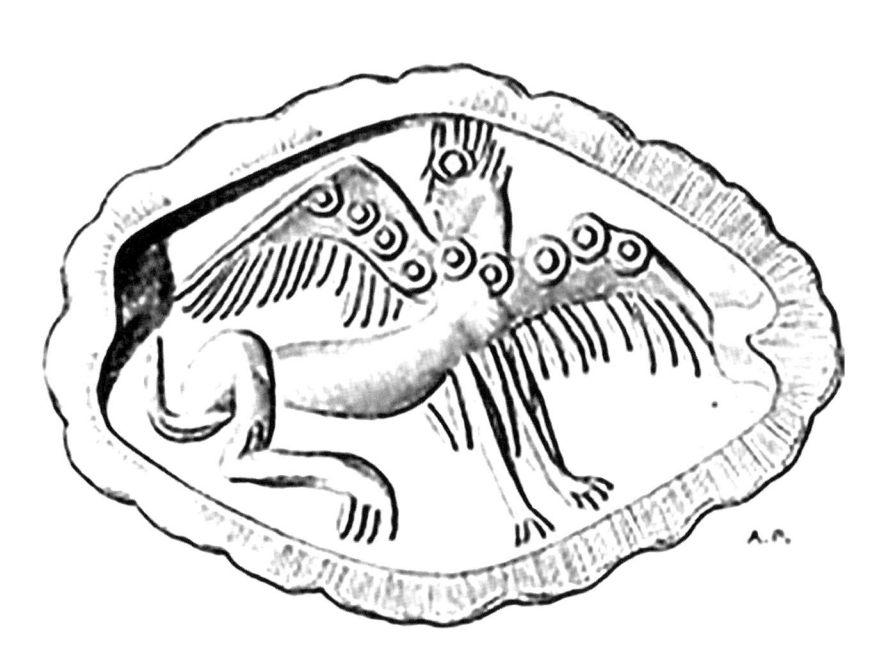

图 4-3-2 带翅膀的斯芬克斯
（图片来源：CMS Ⅰ, No. 85）

到了后宫殿时期，斯芬克斯逐渐从印章中消退，成为墓葬艺术的主题。[①]

早期米诺印章中的斯芬克斯具有明显的埃及与叙利亚风格，通常有胡子。比如出土于阿尔卡内斯（图4-3-1）印章中的斯芬克斯，其图像风格显然具有埃及与叙利亚风格，以蹲坐的姿态出现在印章画面中，却没有翅膀。这枚印章中斯芬克斯的脑袋比身体还要大，脑袋上的毛发还是卷曲的，有胡子。这个斯芬克斯的头部高昂，嘴巴大张，尾巴上翘，眼睛巨大，具有很强的震慑力。奇怪的是这个斯芬克斯的鼻子是圆形的，有些像人类的鼻子。但其身体却是狮子的身体，没有爪子，只有比较平的前足。从这个斯芬克斯的形象来看，早期克里特印章中的斯芬克斯显然受到了埃及与叙利亚的影响。这种卷毛的人首狮身类型的斯芬克斯一直延续到米诺文明晚期，有的斯芬克斯还被加了翅膀，但人首狮身的造型一直被保持着。在出自迈锡尼的一枚印章中，斯芬克斯依然是人首狮身，但却被加上了翅膀，狮子的爪子也刻画得非常生动（图4-3-2）。

到了米诺文明晚期，斯芬克斯的形象开始有所变化，卷毛的脑袋开始消失，被替换成人类的脑袋。在佩特斯（Petras）出土的印章上，斯芬克斯有了人类的头部（图4-3-3），并且翅膀上还被加了"S"形的符号。很难说究竟是何种原因导致这种特殊类型的翅膀出现。可以猜测的是，这种风格可能与印章的用途相关。这枚印章是四面棱柱形印章，主要用来辟邪，而不是用来封印。可能印章的制造者觉得这种"S"形的翅膀与符号具有一种神秘的感觉，并且可以增加印章的动感，于是就将翅膀刻画成了"S"形。

克里特与希腊本土的斯芬克斯基本都带有翅膀，不带翅膀的斯芬克斯很少见。较之于格里芬的形象，斯芬克斯的脖子基本都比较短，以此突出其人类和狮子身体的合体特征，但也有少数印章中的斯芬克斯有很长的脖子，具有动物的脸而不是人脸。墨克勒斯出土的一枚印章（图4-3-4）上，斯芬克斯的脖子很长，好像一只鸟的脖子。它的脑袋有些像中国龙的脑袋，耷拉着，头部还有凸起物，翅膀很粗大，似乎随时可以飞翔。这只斯芬克斯的前半身很是瘦小，类似于鸟的胸部，上半身有羽毛，但后半身却是典型的狮子身体，尾巴上翘，后半部身体的肌肉很发达。

从姿态来看，斯芬克斯主要有侧面型、躺卧型、站立型以及对称型。与格里芬形象有所不同的是，米诺文明时期克里特与希腊本土印章中的斯芬克斯从

[①] Diana Wolf, *Monsters and the Mind: Composite Creatures and Social Cognition in Aegean Bronze Age Glyptic*, Heidelberg: Propylaeum, 2019, p. 89.

图 4-3-3 扎克罗的斯芬克斯
（图片来源：CMS II 7, No. 88）

图 4-3-4 龙首斯芬克斯
（图片来源：CMS V Suppl. 3, No. 352）

来就没有攻击过任何人类和动物，它似乎是一种没有威胁性的神话形象。我们在印章画面中也没有发现斯芬克斯与人类在一起的画面，但偶尔发现了它与其他动物在一起的场景。更为重要的是，米诺文明时期爱琴地区印章中的斯芬克斯形象基本都是单独出现的，很少与其他形象一起出现，更缺少叙事性场景。这就意味着，它可能仅仅是一种单纯的神话形象，与人类的现实世界并无直接关联。这或许是米诺文明时期爱琴艺术中很少有斯芬克斯形象的主要原因吧。毕竟神话形象一旦脱离现实社会，就很难被接受与传播。

第二节　米诺龙

米诺龙是一个非常特殊的神话形象，它与西方叙事神话中那种吐火的龙的形象非常不同。米诺文明时期克里特与希腊本土印章中的龙实际上是一种站立或行走的复合型神话形象，它有着长长的身体，类似于猎狗或鸟的脑袋，像狮子一样的身体，还有狮子一样的四肢。初看来，米诺龙给人的印象是一种生活在陆地上的四足生物：它的脑袋比较小，脖子比较长，身体像一根管子，但是腿却很短，爪子很大。通常情况下，印章画面中的米诺龙出现在自然环境中，会与植物一起出现。学者琼·阿鲁兹指出，米诺龙的名字源自巴比伦龙，后者是美索不达米亚神话中神明的坐骑，这种神话形象有些像陆地的动物[1]，不像中国龙那样在云中飞翔。

令人惊奇的是，米诺龙在印章中出现的时间较早，从米诺文明中期就开始出现了，一直持续到米诺文明晚期。它出现的时间与米诺精怪和格里芬出现的时间一样早。最早刻有米诺龙形象的印章是一枚出土地不详的克里特印章（图4-3-5），其生成时间是米诺文明中期第二阶段（MM Ⅱ）。这枚印章中的米诺龙形象是侧面的，头部向后转，嘴巴大张着，长长的身体有些像狗和狮子的合体，分叉的尾巴上翘。这只龙是一只奔跑的龙，四肢向前伸出，头上还有角，眼睛突出，位于额头的上方，龙背上方还有一个类似月亮的符号。学者 M. 阿纳斯塔西娅多（M. Anastasiadou）指出，该米诺龙的眼睛同样是米诺文明后期米诺龙眼睛的主要特征。[2] 实际上，在米诺文明时期的印章中，狮子与狗的合体动物是一种出现频率较高的图像类型，后来发展成一种独立的图像类型。米诺龙的头部一般会

---

[1] Joan Aruz, *Marks of Distinction: Seals and Cultural Exchange Between the Aegean and the Orient (ca. 2600 - 1360 BC)*, CMS Beiheft 7, Mainz am Rhein: Philipp von Zabern, 2008, p. 172.
[2] M. Anastasiadou, *The Middle Minoan Three-Sided Soft Stone Prism: A Study of Style and Iconography*, CMS Beiheft 9, Darmstadt/Mainz: Philipp von Zabern, 2011, p. 180.

图 4-3-5　克里特的米诺龙
（图片来源：CMS Ⅹ, No. 245a）

向后看，就像回头看一样，但是其脑袋却高高昂起，尾巴上翘，看上去似乎处于一种非常愉悦的状态。

从印章的表现类型来看，米诺龙其实并没有固定的样态，它的外貌一直在变化。有的米诺龙的嘴巴是鸟嘴，而有的米诺龙的嘴巴像是狗的嘴巴。有的米诺龙是鸟头、狗嘴、狮身，而有的米诺龙则是鸟头狮身，还有狮的四肢。有的米诺龙的尾巴很细，而有的米诺龙的尾巴则又大又粗，还有分叉。值得注意的是，米诺龙是有性别的，有雌性也有雄性。通常情况下雄性的龙出现的频率较高，而雌龙较少出现。在出土于斯卡纳威坎波斯的一枚印章（图 4-3-6）上，一头雌龙出现在画面中，它的头上没有刻画眼睛，但是脖子后面有很长的鳞片，身上也有鳞片。这头雌龙有很多乳头，身体很长，身后还有类似棕榈树的植物，它的四肢下面还有波浪线，似乎在水中游泳。这就说明，米诺人对龙的认知是非常清晰的，它是一种生活在水中的神兽，还有明显的性别。从这个角度来看，其他印章画面中出现了太阳、月亮以及星星这类天体符号，可能在暗示米诺龙是同样生活在天空的神兽，它可以在多种环境中生存。

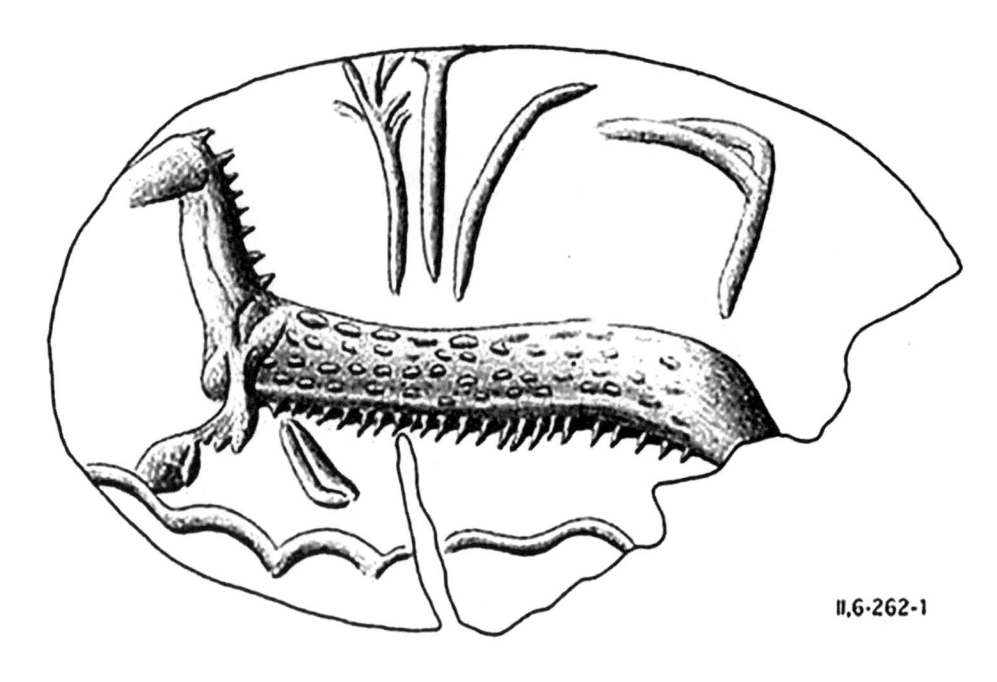

图 4-3-6　雌性的米诺龙
（图片来源：CMS II 6, No. 262）

　　米诺龙的类型有以下几种：一是疾走或奔跑的米诺龙。这类形象的米诺龙基本以疾走或飞奔的姿态出现在印章画面中，以运动的姿态出现。这类米诺龙又可以分为三类，分别是孤立型、护身符型、陆地环境型。孤立型的米诺龙指的是单独出现在画面中的龙，这种龙出现的频率较高。护身符型的米诺龙指的是以保护者的姿态出现的龙，基本呈奔跑的姿态出现在画面中。陆地环境型米诺龙指的是以陆地生物的形式出现在陆地上的米诺龙，它的周围是陆地上的植物，诸如棕榈树这类植物。二是躺卧型的米诺龙。这类米诺龙基本以躺卧的姿态出现。三是神明坐骑型的米诺龙。这类龙基本是女神的坐骑，可以驮着女神飞奔。米诺印章中出现了两头作为神明坐骑的米诺龙（图 4-3-7、图 4-3-8），而这两头龙都是女神的坐骑，而不是男神的坐骑。从性别来看，作为女神坐骑的米诺龙都是雄龙而不是雌龙。从米诺龙出现的环境来看，作为神明的坐骑，米诺龙基本都是在陆地环境中出现的。而女神都是以坐在米诺龙身上而被加以表现，这就从侧面表现了米诺龙对女神的服从。还有一点需要指出的是，有时候米诺龙会与格里芬一起出现在戒指画面中，但米诺龙却是格里芬攻击的对象。在迈锡尼出土的一枚印章中，格里芬在攻击一头米诺龙（图 4-3-9）。画面中的米诺龙显然没有格里芬的力气大，被格里芬逼到了一个角落里。这一点很难让

图 4-3-7 哈格亚·佩拉吉亚的米诺龙
（图片来源：CMS Ⅵ, No. 321）

图 4-3-8 作为女神坐骑的米诺龙
（图片来源：CMS Ⅻ 6, No. 291）

图 4-3-9 被格里芬攻击的米诺龙
（图片来源：CMS Ⅰ 6, No. 167）

人理解，二者之间的关系也难以断定。可能作为一种普遍性的图像表现类型，格里芬攻击其他神话形象是当时的戒指制造者偏爱的话题吧。

很难判断米诺龙的身份和作用，很有可能其身份与职能是多重的。其中最为重要的一个身份即女神的坐骑。哈格亚·佩拉吉亚与迈锡尼的印章中分别出现了女神坐在米诺龙身上，而米诺龙驮着女神飞奔的场景。在这两个场景中，

第四编 希腊神话中的妖怪理念 | 283

女神端坐的姿态是一样的，都是侧面坐在米诺龙的身上，而米诺龙在飞奔。哈格亚·佩拉吉亚印章画面中还出现了男神在捕获格里芬的场景，女神与男神的身后是纸草。纸草是水生植物，这就从侧面表明米诺龙是可以在水中飞奔的。在迈锡尼印章画面中，似乎米诺龙也是飞奔在水面上的，因为女神与米诺龙的脚下好像是象征水面的波浪线。从这里可以看出，米诺龙很有可能是一种可以生活在多种环境中的神话形象，它可以上天，可以在陆地上，也可以下水。这一点与中国古代神话传说中的龙有几分相似，但米诺龙却与权力没有任何关系，它仅仅是女神的坐骑，似乎与现实社会的国王没有任何关联。

第三节　扎克罗印章中的怪兽形象

扎克罗位于克里特东部地区，该地出土黏土印章 144 枚，其中保存完好的有 137 枚。[①] 扎克罗印章图像有表现仪式性场景的建筑类图像，也有表现人物驯服野生动物的搏斗型图像，但数量最多的图像则是带翅膀的复合型神话形象。所谓复合型神话形象，指的是以人与动物或不同动物之间合成的形象，这类形象都带有翅膀。扎克罗印章中带翅膀的复合型神话图像有如下几类：鹰与女性、山羊与女性、山羊与男性、山羊与女性和鸟、牛与男性或女性、狗与山羊、鸟与公牛、蝙蝠与人、章鱼与山羊等等。上述图像中最多的是带翅膀的鹰与女性的组合，其中包括鹰首与女性上半身、鹰身与女性头部首、鹰首与女性上半身加鹰尾、鹰首与女性下半身。这类神话形象被考古学者称为"鹰女士"（Eagle-lady）图像，意在突出鹰与女性的组合型图像特征。"鹰女士"图像主要突出女性的乳房与下部，以蹲坐类图像居多。牛与人类组合的图像被称为"米诺陶"（Minotaur）类型，以此对应后期的米诺陶神话。

在上述复合型神话形象中，印章数量最多的就是"鹰女士"的图像。这类神话形象的主要特征是有着动物的脑袋、鹰的嘴巴、长长的脖子、女性的乳房、鸟类的翅膀和尾巴。从出土情境来看，刻有"鹰女士"图像的印章出土于扎克罗王宫储藏室的第七层，属于新王宫时期的印章。这些印章全部都是软石料，没有一个是硬石料。这是一种较为奇怪的现象，或许是出于某种特殊的考虑，扎克罗王宫的统治者才决定将这类印章全部用软石料制成。这些印章的形状主要以透镜形为主，也有戒指印章。考古工作者认为这些印章全部是出于象征管理需要而被制造的，肯定在用途上具有特殊的意义。

[①] D. G. Hogarth, "The Zakro Sealings", *The Journal of Hellenic Studies*, 1902, 22: 76.

扎克罗的"鹰女士"姿态各不相同,有的是飞奔的,有的是蹲坐或者蹲伏的。较多的一类是正面的"鹰女士"图像,并且是单独出现的神话形象。这类形象基本是鸟首人身,带有巨大的乳房,甚至双腿是张开的,好像在生产(图4-3-10、图4-3-11、图4-3-12)。传统克里特印章图像中并无这类具有色情意味的图像,即便是从埃及传过来的塔乌特女神,虽然有乳房,但是并不具有色情色彩。学者朱迪思·温加滕指出,这类大腿张开的"鹰女士"形象受到了地中海东岸神话形象的影响。在前宫殿时期马里亚王宫的陶器,或者前宫殿时期的棱柱形印章上就已经出现了裸体女神张腿的图像,但是这类图像并不是克里特人的独创,而是源自叙利亚裸体女神,后者经常会被表现成一位大腿张开的女神。[①] 我们比较赞同这种观点,但很难判定这类"鹰女士"形象的身份与作用,只能大致猜测,或许这类形象是出于某种特殊的图像象征意味(比如保护女性)而被制造出来的。

除了单独出现的"鹰女士"之外,扎克罗印章中还出现了牛与人、山羊与人、鹿与人,以及蝙蝠与人(图4-3-13)的复合型神话图像,部分印章中还出现了动物与动物的复合型神话图像,比如狮首鸟身怪兽(图4-3-14)、牛首鸟身怪兽(图4-3-15)、驴首鸟身怪兽等等。在扎克罗复合型神话形象中,除了"鹰女士"之外,牛首人身形象的数量是最多的(图4-3-16、图4-3-17、图4-3-18)。这类形象应该是克里特人独创的一种神话形象,毕竟公牛在克里特艺术中出现的频率很高,公牛与人是克里特人表现其独有的神话想象力的方式。山羊与人的形象也是扎克罗印章较为常见的形象之一(图4-3-19),可能其象征意义与公牛和人复合的形象类似,是力量与智慧的结合。公牛与山羊的力气很大,而人类具有智慧,它们与人类形象的合体象征着当时精英阶层具有智慧与体力的双重特征。并不是只有扎克罗这个地方才有山羊与人合体的神话形象,其他地方的印章也有山羊与人合体的神话形象。一枚克里特出土地不详的印章中同样表现了山羊与人合体的形象(图4-3-20)。

所谓"戈尔贡的脑袋"指的是印章中的人头像,人头周围还有类似头发或光线的线条,这些图像有些像奥林匹斯神话中的戈尔贡,因此被冠以"戈尔贡的脑袋"。扎克罗印章中一共出土了8枚绘有"戈尔贡的脑袋"图像的印章,其中1枚整个画面表现的都是一个严肃的男性人脸(图4-3-21)。这类图像有

[①] Judith Weingarten, *The Zakro Master and His Place in Prehistory*, Goteborg: Paul Åströms Förlag, 1983, pp. 84-85.

图 4-3-10 扎克罗的鹰女士
（图片来源：CMS II 7, No. 145A）

图 4-3-11 扎克罗的鹰女士
（图片来源：CMS II 7, No. 119）

图 4-3-12 扎克罗的鹰女士
（图片来源：CMS II 7, No. 127）

图 4-3-13 人首蝙蝠身形象
（图片来源：CMS II 7, No. 83）

图 4-3-14 狮首鸟身形象
（图片来源：CMS II 7, No. 167）

图 4-3-15 牛首鸟身形象
（图片来源：CMS II 7, No. 150）

第四编 希腊神话中的妖怪理念 | 287

图 4-3-16　牛首人身形象
（图片来源：CMS II 7, No. 109B）

图 4-3-17　牛首人身形象
（图片来源：CMS II 7, No. 111）

图 4-3-18　牛首人身形象
（图片来源：CMS II 7, No. 182）

图 4-3-19 扎克罗印章上的山羊与人合体形象
（图片来源：CMS II 7, No. 140）

图 4-3-20 克里特印章上的山羊与人合体形象
（图片来源：CMS II 3, No. 331）

第四编 希腊神话中的妖怪理念 | 289

图 4-3-21 扎克罗的"戈尔贡的脑袋"
（图片来源：CMS V, No. 431）

图 4-3-22 扎克罗的"戈尔贡的脑袋"
（图片来源：CMS II 3, No. 115）

的单独出现在印章中,有的与公牛或者山羊(图4-3-22)这类野生动物一起出现在画面中。这类图像的主要特征是只有人头而没有身体,给人一种非常恐怖的感觉。图4-3-21中的"戈尔贡"是一位成年男性形象,他神色严肃,似乎在思考,看上去是一位手握权力的社会精英。但图4-3-22中的男性头像似乎是一位猎人,面部表情有些狰狞。目前关于"戈尔贡的脑袋"的探讨核心是它究竟是什么身份,有学者认为是面具,用来占卜,可能是从近东传入克里特的。[①]我们认为,"戈尔贡的脑袋"可能是一种具有巫术形状的辟邪面具,用来抵挡邪恶力量的入侵。但具体如何使用,它究竟是克里特人的独创还是从地中海东部引入,这一点我们并不清楚。

结　语

由上可得出如下结论:一,米诺文明时期克里特与希腊本土印章中的复合型怪兽形象主要以动物与动物的组合为主,人与动物的组合主要以人与公牛、人与山羊、人与鸟为主。这些复合型神话形象多数是从地中海东岸引入克里特与希腊本土的,尤其是斯芬克斯、米诺龙以及"鹰女士"。值得注意的是,复合型怪兽形象在从地中海东部世界向地中海西部世界传播的过程中,在叙利亚先后被改造与加工,然后传向爱琴地区。也就是说,叙利亚这个地方在地中海两岸神话形象的传播中担负了重要的作用,它是复合型怪兽形象改造的中心。二,复合型怪兽形象基本都是作为核心形象出现在印章画面中,很少作为陪衬型形象出现。其所在的印章并没有固定的形制,材质与形状相对要自由一些。这就说明,这些绘有复合型怪兽形象的印章并不是专门属于社会精英,可能其适用的社会阶层更为宽泛,社会各个阶层的人们都在使用这些复合型怪兽形象的印章。这就意味着,复合型怪兽形象的社会接受度更高,它被认知的可能性更大。

[①] Evgenia Zouzoula, *The Fantastic Creatures of Bronze Age Crete*, Ph. D. Thesis, University of Nottingham, 2007, p. 112.

CMS 缩略语

CMS I	Agnes Sakellariou. *Die minoischen und mykenischen Siegel des Nationalmuseums in Athen*. Berlin: Gebrüder Mann, 1964.
CMS I SuppI.	Jannis A. Sakellarakis. *Athen, Nationalmuseum*, CMS I Supplementum. Berlin: Gebrüder Mann, 1982.
CMS II 1	Nikolaos Platon. *lraklion, Archäologisches Museum. Teil 1. Die Siegelder Vorpalastzeit*. Berlin: Gebrüder Mann, 1969.
CMS II 2	Nikolaos Platon, Ingo Pini. *Gisela. Iraklion, Archäologisches Museum. Teil 2. Die Siegel der Altpalastzeit*. Berlin:Gebrüder Mann, 1977
CMS II 3	Nikolaos Platon, Ingo Pini. *Iraklion, Archäologisches Museum.Teil 3. Die Siegel der Neupalastzeit*. Berlin: Gebrüder Mann, 1984.
CMS II 4	Nikolaos Platon, Ingo Pini. *Iraklion, Archäologisches Museum.Teil 4. A. Die Siegel der Nachpalastzeit, B. Undatierbare spätminoische Siegel*. Berlin: Gebriider Mann, 1985.
CMS II 5	Ingo Pini. *Iraklion, Archäologisches Museum. Teil 5. Die Siegelabdriicke von Phäistos*. Berlin: Gebrüder Mann, 1970.
CMS II 6	Walter Müller, Ingo Pini,and Nikolaos Platon et al. *Iraklion, Archäologisches Museum. Teil 6. Die Siegelabdrücke von Aijia Triada und anderenzentral-und ostkretischen Fundorten, unter Einbeziehung von Funden aus anderen Museen*. Berlin: Gebrüder Mann, 1999.
CMS II 7	Walter Müller, Ingo Pini, Nikolaos Platon. *Iraklion, Archäologisches Museumn, Teil 7. Die Siegelabdrücke von Kato Zakros, unter Ein-beziehung von Funden aus anderen Museen*, Berlin: Gebrüder Mann, 1998.
CMS II 8. 1/ II 8. 2	Margaret A. V. Gill, Walter Müller, Ingo Pini, Nikolaos Platon. *Iraklion, Archäoloqisches Museum. Teil 8. Die Siegelabdrücke von Knossos, unter Einbeziehung von Funden aus anderen Museen*. Mainz: Philipp von Zabern, 2002.
CMS III. 1/ III. 2	Walter Müller, Ingo Pini, Agnes Sakellariou. *Iraklion, Archäologisches Museum. Sammlung Giamalakis*. Mainz: Philipp von Zabern, 2007.
CMS IV	Jannis A. Sakellarakis, V. E. G. Kenna. *lraklion. Sammlung Metaxas*. Berin: Gebrüder Mann, 1969.
CMS V. 1/ V .2	Ingo Pini et al. *Kleinere griechische Sammlungen*. Berlin: Gebrüder Mann, 1975.

CMS V Suppl. 1A	Ingo Pini et al. *Kleinere griechische Sammlungen. Supplementum 1A. Agina-Korinth*. Berlin: Gebrüder Mann, 1992.
CMS V Suppl. 1B	Ingo Pini et al. *Kleinere griechische Sammlungen. Supplementum 1B. Lamia-Zakynthos und weitere Länder des Ostmittelmeerraums*. Berlin: Gebrüder Mann,1993.
CMS V Suppl. 2	Phanouria Dakoronia, Sigrid Deger-Jalkotz, Agnes Sakellariou, with the collaboration of Ingo Pini. *Klei-nere Griechische Sammlungen, Supplementum 2. Die Siegel ausder Nekropole von Elatia-Alonaki*. Berlin: Gebrüder Mann, 1996.
CMS V Suppl. 3	Ingo Pini et al. *Kleinere griechische Sammlungen. Supplementum 3. Neufunde aus Griechenland und der westlichen Türkei*. Mainz: Philipp von Zabern, 2004.
CMS VI. 1/ VI. 2	Helen Hughes Brock, John Boardman. *Oxford. The Ash-molean Museum*. Mainz: Philipp von Zabern, 2009.
CMS VII	V. E. G. Kenna. D*ie englischen Museen II. London, British Museum; Cambridge, Fitzwilliam Museum; Manchester, University Museum; Liverpool, City Museum; Birmingham, City Museum*. Berlin: Gebrüder Mann, 1967.
CMS VIII	V. E. G. Kenna. *Die englischen Privatsammlungen*. Berlin:Gebrüder Mann, 1966.
CMS IX	Henri Van Effenterre, Micheline van Effenterre. *Cabinet des Médail-les de la Bibliothèque Nationale Paris*. Berlin: Gebrüder Mann, 1972.
CMS X	John H. Betts. *Die Schweizer Sammlungen*, Berlin: Gebrüder Mann, 1980.
CMS XI	Ingo Pini et al. *Kleinere europäische Sammlungen*, Berlin: Gebrüder Mann, 1988.
CMS XII	V. E. G. Kenna. *Nordamerika I. New York, The Metropolitan Museum of Art*. Berlin: Gebrüder Mann, 1972.
CMS XIII	V. E. G.Kenna, Eberhard Thomas. *Nordamerika II. Kleinere Sammlungen*. Berlin: Gebrüder Mann, 1974.

Supplementary volumes

CMS Beiheft 1	Ingo Pini ed. *Studien zur Minoischen und Helladischen Glyptik. Beiträge zum 2. Marburger Siegel-Symposium 26–30. September 1978*. Berlin: Gebrüder Mann, 1981.
CMS Beiheft 2	Artemis Onassoglou. *Die ›talismanischen‹ Siegel*. Berlin: Gebrüder Mann, 1985.
CMS Beiheft 3	Ingo Pini ed. *Fragen und Probleme der bronzezeitlichen ägäischen Glyptik. Beiträge zum 3. Internationalen Marburger Siegel-Symposium, 5–7. September 1985*. Berlin: Gebrüder Mann, 1989.

CMS Beiheft 4	John G. Younger. *A Bibliography for Aegean Glyptic in the Bronze Age*. Berlin: Gebrüder Mann, 1991.
CMS Beiheft 5	Ingo Pini, Jean-Claude Poursat eds. *Sceaux Minoens et Mycéniens. IVe symposium international, Clermont-Ferrand, 10–12. September 1992*. Berlin: Gebrüder Mann, 1995.
CMS Beiheft 6	Ingo Pini ed. *Minoisch-Mykenische Glyptik. Stil, Ikonographie, Funktion. V. Internationales Siegel-Symposium, Marburg, 23–25. September 1999*. Berlin: Gebrüder Mann, 2000.
CMS Beiheft 7	Joan Aruz. *Marks of Distinction. Seals and Cultural Exchange Between the Aegean and the Orient (ca.2600–1360 B. C.)*. Mainz am Rhein: Philipp von Zabern, 2008.
CMS Beiheft 8	Walter Müller ed. *Die Bedeutung der minoischen und mykenischen Glyptik. VI. Internationales Siegel-Symposium, Marburg, 9–12. Oktober 2008*. Mainz am Rhein: Philipp von Zabern, 2010.
CMS Beiheft 9.1/9.2	Maria Anastasiadou. *The Middle Minoan Three-Sided Soft Stone Prism. A Study of Style and Iconography*. Darmstadt/ Mainz: Philipp von Zabern, 2011.
CMS Beiheft 10	Artemis Karnava. *Seals, Sealings and Seal Impressions from Akrotiri in Thera*. Heidelberg: CMS Heidelberg-Propylaeum Publishing, 2018.

附表　爱琴年表

克里特		希腊本土	
		MH	2090/2050
MM IIA	ca.1850−1780/1750		
MM IIB	ca.1750−1700/1675		
MM IIIA	1700/1675−1650/1640		
MM IIIB/ LM IA 转型期	1650/1640−ca.1600		
LM IA	1600/1580−1520/1510	LH I	1600−1530/1520
LM IB	1520/1510−1440/1430	LH IIA	1530/1520−1470/1460
LM II	1440/1430−1390	LH IIB	1470/1460−1390+
LM IIIA1	1390−1370/1360	LH IIIA1	1390+−1370/1360
LM IIIA2	1370/1360−1340/1330	LH IIIA2	1370/1360−1340/1330
LM IIIB	1340/1330−1190 ±	LH IIIB	1340/1330−1185/1180
LM IIIC	1190 ± −1070 ±	LH IIIC	1185/1180−1065

参考资料

一、中文资料

[1] 陈怀宇.动物与中古政治宗教秩序[M].上海：上海古籍出版社，2012.

[2] 陈珂.戏剧形态发生论[M].北京：中国戏剧出版社，2009.

[3] 陈中梅.柏拉图诗学和艺术思想研究[M].北京：商务印书馆，1999.

[4] 陈中梅.神圣的荷马：荷马诗史研究[M].北京：北京大学出版社，2008.

[5] 陈中梅.言诗[M].北京：北京大学出版社，2008.

[6] 顾准.希腊城邦制度：读希腊史笔记[M].北京：中国社会科学出版社，1982.

[7] 韩志华.《荷马史诗·奥德赛》研究[M].北京：中国国际广播出版社，2017.

[8] 户晓辉.神话与形式[M]//杨义.中国社会科学院文学研究所学刊.北京：中国社会科学出版社，2008.

[9] 中国基督教三自爱国运动会，中国基督教协会.圣经[M].南京：爱德印刷有限公司，2010.

[10] 阮元.十三经注疏：上[M].北京：中华书局，1980.

[11] 孙柏.丑角的复活：西方戏剧文化的价值重估[M].上海：学林出版社，2002.

[12] 王以欣.神话与历史：古希腊英雄故事的历史和文化内涵[M].西安：陕西师范大学出版总社，2018.

[13] 王以欣.寻找迷宫：神话·考古与米诺文明[M].济南：山东画报出版社，2010.

[14] 晏绍祥.荷马社会研究[M].上海：上海三联书店，2006.

[15] 杨利慧.女娲的神话与信仰[M].北京：中国社会科学出版社，1997.

[16] 叶舒宪.金枝玉叶：比较神话学的中国视角［M］.上海：复旦大学出版社，2012.

[17] 张光直.古代中国考古学［M］.印群，译.沈阳：辽宁教育出版社，2002.

[18] 赵毅衡.当说者被说的时候［M］.北京：中国人民大学出版社，1998.

[19] 芬利.希腊的遗产［M］.张强，唐均，赵沛林，等译.上海：上海人民出版社，2004.

[20] 基拖.希腊人［M］.徐卫翔，黄韬，译.上海：上海人民出版社，2006.

[21] 格兰斯，等.荷马与史诗［M］.唐均，译.上海：上海人民出版社，2004.

[22] 布斯.小说修辞学［M］.华明，胡苏晓，周宪，译.北京：北京大学出版社，1987.

[23] 埃斯库罗斯.埃斯库罗斯悲剧：乞援人［M］.王焕生，译.南京：译林出版社，2007.

[24] 古昂.史前宗教［M］.俞灏敏，译.上海：上海文艺出版社，1990.

[25] 柏拉图.法律篇［M］.张智仁，孙增霖，译.上海：上海人民出版社，2001.

[26] 柏拉图.文艺对话集［M］.朱光潜，译.北京：人民文学出版社，1963.

[27] 卡特里奇.剑桥插图古希腊史［M］.郭小凌，张俊，叶梅斌，等译.济南：山东画报出版社，2005.

[28] 伯克.图像证史［M］.杨豫，译.北京：北京大学出版社，2008.

[29] 波德纳尔斯基.古代的地理学［M］.梁昭锡，译.北京：商务印书馆，2012.

[30] 伯纳德特.弓弦与竖琴［M］.程志敏，译.北京：华夏出版社，2003.

[31] 博德.中国古代神话［M］//克雷默.世界古代神话.魏庆征，译.北京：华夏出版社，1989.

[32] 萨克斯.神话动物园：神话、传说与文学中的动物［M］.多雅楠，等译.西安：陕西师范大学出版总社，2017.

[33] 四沃茨.文化与权力［M］.陶东风，译.上海：上海译文出版社，2006.

[34] 但丁.神曲［M］.朱维基，译.上海：上海译文出版社，1984.

[35] 埃里邦.神话与史诗［M］.孟华，译.北京：北京大学出版社，2005.

[36] 卡西尔.人论［M］.甘阳，译.北京：西苑出版社，2003.

[37] 鲍伊.宗教人类学导论[M].金泽,何其敏,译.北京:中国人民大学出版社,2004.

[38] 古朗士.古代城市:希腊罗马宗教、法律及制度研究[M].吴晓群,译.上海:上海人民出版社,2006.

[39] 布罗代尔.地中海考古:史前史和古代史[M].蒋明炜,吕华,曹青林,等译.北京:社会科学文献出版社,2005.

[40] 弗洛伊德.图腾与禁忌[M].文良文化,译.北京:中央编译出版社,2005.

[41] 施瓦布.希腊古典神话[M].曹乃云,译.南京:译林出版社,1999.

[42] 斯特拉德威克.古埃及[M].刘雪婷,谭琪,谭晶晶,等译.上海:上海科学技术文献出版社,2008.

[43] 荷马.奥德赛[M].王焕生,译.北京:人民文学出版社,2012.

[44] 荷马.伊利亚特[M].罗念生,王焕生,译.北京:人民文学出版社,2003.

[45] 赫西俄德.工作与时日 神谱[M].张竹明,蒋平,译.北京:商务印书馆,1991.

[46] 德拉孔波,等.赫西俄德:神话之艺[M].吴雅凌,译.北京:华夏出版社,2005.

[47] 马丁.当代叙事学[M].伍晓明,译.北京:北京大学出版社,2005.

[48] 吉尔伽美什:巴比伦史诗与神话[M].赵乐甡,译,南京:译林出版社,1999.

[49] 赫丽生.古希腊宗教的社会起源[M].谢世坚,译.桂林:广西师范大学出版社,2004.

[50] 帕克.城邦:从古希腊到当代[M].石衡谭,译.济南:山东画报出版社,2007.

[51] 阿德金斯 L,阿德金斯 R A.古代希腊社会生活[M].张强,译.北京:商务印书馆,2016.

[52] 吉拉尔.替罪羊[M].冯寿农,译.北京:东方出版社,2002.

[53] 布留尔.原始思维[M].丁由,译.北京:商务印书馆,1985.

[54] 布留尔.原始宗教[M].丁由,译.北京:商务印书馆,1997.

[55] 列维-斯特劳斯.结构人类学:巫术·宗教·艺术·神话[M].陆晓禾,黄锡光,等译.北京:文化艺术出版社,1989.

[56] 刘小枫.20世纪西方宗教哲学文选[M].杨德友,董友,等译.上海:上海三联书店,1996.

[57] 赫尔兹.死亡与右手[M].吴凤玲,译.上海:上海人民出版社,2011.

[58] 菲德勒.媒介形态变化:认识新媒介[M].明安香,译.北京:华夏出版社,2000.

[59] 圣约翰.利比亚史[M].韩志斌,译,北京:东方出版中心,2011.

[60] 尼尔森.希腊神话的迈锡尼源头[M].王倩,译.西安:陕西师范大学出版总社,2016.

[61] 马可波罗.马可波罗行纪[M].冯承钧,译.上海:上海书店出版社,2001.

[62] 阿特伍德.珀涅罗珀记[M].韦清琦,译.重庆:重庆出版社,2005.

[63] 金芭塔丝.活着的女神[M].叶舒宪,等译.桂林:广西师范大学出版社,2008.

[64] 伊利亚德.萨满教[M].段满福,译.北京:社会科学文献出版社,2018.

[65] 伊利亚德.神圣的存在:比较宗教的范畴[M].晏可佳,姚蓓琴,译.桂林:广西师范大学出版社,2008.

[66] 伊利亚德.神圣与世俗[M].王建光,译.北京:华夏出版社,2002.

[67] 伊利亚德.宗教思想史[M].晏可佳,吴晓群,姚蓓琴,译.上海:上海社会科学院出版社,2004.

[68] 福柯.知识考古学[M].谢强,马月,译.北京:生活·读书·新知三联书店,1998.

[69] 马瑞纳托斯.米诺王权与太阳女神:一个近东的共同体[M].王倩,译.西安:陕西师范大学出版总社,2013.

[70] 西萨,德蒂安.古希腊众神的生活[M].郑元华,译.上海:上海人民出版社,2008.

[71] 维尔南.希腊人的神话和思想:历史心理研究[M].黄艳红,译.北京:中国人民大学出版社,2007.

[72] 韦尔南.神话与政治之间[M].余中先,译.北京:生活·读书·新知三联书店,2001.

[73] 汤普森.世界民间故事分类学[M].郑海,等译.上海:上海文艺出版社,1991.

[74] 伍德福德.古代艺术品中的神话形象[M].贾磊,译.济南：山东画报出版社,2006.

[75] 索福克勒斯.索福克勒斯悲剧两种[M].罗念生,译.北京：人民文学出版社,1979.

[76] 谢尔夫.利比亚地理[M].唐裕生,译.北京：商务印书馆,1982.

[77] 伯克特.神圣的创造：神话的生物学踪迹[M].赵周宽,田园,译.西安：陕西师范大学出版总社,2019.

[78] 威尔逊.新的综合：社会生物学[M].阳河清,编译.成都：四川人民出版社,1985.

[79] 维吉尔.埃涅阿斯纪[M].杨周翰,译.北京：人民文学出版社,1984.

[80] 西格尔.神话理论[M].刘象愚,译.北京：外语教学与研究出版社,2008.

[81] 希罗多德.历史[M].王以铸,译.北京：商务印书馆,2019.

[82] 修昔底德.伯罗奔尼撒战争史[M].谢德风,译.北京：商务印书馆,1985.

[83] 尼科尔森.荷马3000年：被神话的历史和真实的文明[M].吴果锦,译.南京：江苏凤凰文艺出版社,2016.

[84] 亚里士多德.政治篇[M].//苗力田.亚里士多德全集.颜一,秦典化,译.北京：中国人民大学出版社,1994.

[85] 霍德,哈特森.阅读过去[M].徐坚,译.长沙：岳麓书社,2005.

[86] 弗雷泽.永生的信仰和对死者的崇拜[M].李新萍,郭于华,译.北京：中国文联出版社,1992.

[87] 张光直.美术、神话与祭祀[M].郭净,译.北京：生活·读书·新知三联书店,2013.

[88] 陈中梅.投杼也未迟：论秘索思[J].外国文学评论,1998(2).

[89] 冯定雄.古希腊作家笔下的埃塞俄比亚人[J].世界民族,2019(1).

[90] 甘运杰.论荷马史诗比喻的艺术特征[J].郑州大学学报,1983(1).

[91] 郭长刚.论荷马社会的性质[J].史林,1999(2).

[92] 纪盛.荷马史诗中的仪式：以献祭、奠酒和净罪为中心[D].上海：上海社会科学院,2015.

[93] 李玮巍.论《荷马史诗》中的鸟迹[J].成都航空职业技术学院学报,2010(4).

［94］ 刘小菠.荷马史诗的表演性标识［J］.江西科技师范大学学报，2017（4）.

［95］ 刘艳.西方基督教的要主义运动与"大历史"的兴起［J］.史学月刊，2015（9）.

［96］ 刘耀辉.大历史与历史研究［J］.史学理论研究，2011（4）.

［97］ 刘耀辉.大卫·克里斯蒂安的"大历史"观述略［J］.国外理论动态，2011（2）.

［98］ 路瑞娟.《山海经》中的"蛇"现象初探［D］.重庆：重庆大学，2010.

［99］ 罗刚英.古希腊生活的折光："荷马式比喻"［J］.当代修辞学，1986（1）.

［100］ 孙岳."大历史"的旨趣：记第22届国际历史科学大会"大历史"小组会议［J］.史学理论研究，2016（1）.

［101］ 孙岳.超越人类看人类？："大历史"批判［J］.史学理论研究，2012（4）.

［102］ 孙岳.从"大历史"到"中国梦"：全球思想史的遐思［J］.史学理论研究，2015（2）.

［103］ 孙岳.大历史与"超越"［J］.史学集刊，2019（1）.

［104］ 唐卉."牛眼"赫拉神话起源研究［J］.百色学院学报，2011（5）.

［105］ 王芳.本能、荣誉与神话：《伊利亚特》中马的多重内涵［J］.外国文学研究，2016（6）.

［106］ 王倩.克里特彩绘陶棺图像体系与信仰［N］.中国社会科学报，2019-01-07.

［107］ 王倩.神话与科学的和解：西方现代神话研究的科学范式［N］.中国社会科学报，2019-08-05.

［108］ 王倩.欲望之镜：论荷马史诗中的"东方"形象［J］.中国比较文学，2014（1）.

［109］ 王倩.作为图像的神话：兼论神话的范畴［J］.民族文学研究，2011（2）.

［110］ 肖诗白.蟾蜍［J］.森林与人类，2016（4）.

［111］ 晏绍祥.荷马时代的"polis"［J］.历史研究，2004（2）.

［112］ 杨利慧.世界的毁灭与重生：中国神话中的自然灾害［J］.民俗研究，2018（6）.

［113］ 叶舒宪.探寻中国文化的大传统：四重证据法与人文创新［J］.社会科学家，2011（11）.

［114］ 叶舒宪.文学治疗的民族志：文学功能的现代遮蔽与后现代苏醒［J］.百色学院学报，2008（5）.

[115] 叶舒宪.文学中的灾难与救世[J].文化学刊,2008(4).

[116] 张建宏.艾青与荷马式漫长的象喻[J].襄樊学院学报,1999(3).

[117] 张小忠.长时段、历史解释与大历史叙事[J].天津社会科学,2018(6).

[118] 赵炎秋.从语言到思想:再论文学形象的内部构成[J].文艺研究,2004(6).

二、外文资料

[1] A. W. Persson. *The Religion of Greece in Prehistoric Times*. Berkeley: University of California Press, 1942.

[2] Aeschylus. *Prometheus Bound*. Cambridge: Cambridge University Press, 1983.

[3] Alan Dundes. *Sacred Narrative: Reading in the Theory of Myth*. Berkeley: University of California Press, 1984.

[4] Alan J. B. Wace, Frank H. Stubbings eds. *A Companion to Homer*. London: St. Martin's Press, 1962.

[5] Aleksei Fyodorovich Losev. *The Dialectics of Myth*. Vladimir Marchenkov trans. London: Routledge, 2003.

[6] Anna Marinatos. *Minoan Kingship and the Solar Goddess: A Near Eastern Koine*. Chicago: University of Illinois Press, 2010.

[7] Aristophanes. *Birds*. Nan Dunbar ed. Oxford: Oxford University Press, 2018.

[8] Arthur Evans. *The Palace of Minos: A Comparative Account of the Successive Stages of the Early Cretan Civilization as Illustrated by the Discoveries at Knossos*, Vol. 4.2. London: Macmillan and Co. Limited, 1935.

[9] Arthur Glyn Leonard. *The Low Niger and Its Tribes*. New York: Kessinger Publishing, 1906.

[10] Arthur J. Evans. *The Palace of Minos: A Comparative Account of the Successive Stages of the Early Cretan Civilization as Illustrated by the Discoveries at Knossos*. London: Macmillan and Co. Ltd., 1921-35.

[11] Bruce Lincoln. *Theorizing Myth: Narrative, Ideology, and Scholarship*. Chicago & London: The University of Chicago Press, 1999.

[12] C. J. Tully. *The Cultic Life of Trees in the Prehistoric Aegean, Levant, Egypt and Cyprus*. Leuven: Peeters Publishers & Booksellers, 2018.

[13] Carlo Ferdinando Russo eds. *From Myth to Reason? Studies in the Development of Greek Thought*. Oxford: Oxford University Press, 1999.

[14] Carol Andrews ed. *The Ancient Egyptian Book of the Dead*, Raymond O. Faulkner trans. London: Published for the Trustees of the British Museum by British Museum Publications, 1985.

[15] Christiane Sourvinou-Inwood. *Theseus as Son and Stepson: A Tentative Illustration of Greek Mythological Mentality*. London: University of London, Institute of Classical Studies, 1979.

[16] Claude Lévi-Strauss. *The Savage Mind*. New York: University of Chicago Press, 1960.

[17] Colin Renfrew, Paul Bahn. *Archaeology: Theories, Methods and Practice*. London: Thames & Hudson Ltd., 2012.

[18] Currie Mark. *Postmodern Narrative Theory*. New York: St. Martin's Press, 1998.

[19] Cynthia Stokes Brown. *Big History: From the Big Bang to the Present*. New York: New Press, 2007.

[20] D. Washburn ed. *Structure and Cognition in Art*. Cambridge: Cambridge University Press, 1983.

[21] David Christian. *Maps of Time: An Introduction to Big History*. Berkeley: University of California Press, 2011.

[22] David Christian. *Origin Story: A Big History of Everything*. Little: Brown and Company, 2018.

[23] David O'Connor, Stephen Quirke. *Mysterious Land*. London: University College London and Press, 2003.

[24] Diana Wolf. *Monsters and the Mind: Composite Creatures and Social Cognition in Aegean Bronze Age Glyptic*. Heidelberg: Propylaeum, 2019.

[25] Donald B. Redford. *The Oxford Encyclopedia of Ancient Egypt*, Vol.3. New York: Oxford University Press, 2001.

[26] Eagleton, Terry. *Sweet Violence: The Idea of Tragedy*. Oxford: Blackwell, 2003.

[27] Eric Csapo. *Theories of Mythology*. Oxford: Blackwell Publishing Ltd., 2005.

[28] Euripides. *Ion*. edited with introduction and commentary by A. S. Owen.

Oxford: The Clarendon Press, 1939.

[29] Evgenia Zouzoula. *The Fantastic Creatures of Bronze Age Crete*. Ph. D. Thesis. University of Nottingham, 2007.

[30] Frank Snowden. *Blacks in Antiquity: Ethiopians in the Greco-Roman Experience*. Cambridge, Mass.: The Belknap of Harvard University of Press, 1970.

[31] Fred Spier. *Big History and the Future of Humanity*. Malden, Mass.: Wiley-Blackwell, 2010.

[32] Fred Spier. *The Structure of Big History: From the Big Bang until Today*. Amsterdam: Amsterdam University Press, 1996.

[33] Friedrich Matz. *Göttererscheinung und Kultbild im minoischen Kreta*. Abhandlungen der Geistes und Sozialwissenschaftlichen Klass, Akademie der Wissenschaften und der Literatur in Mainz vol 7. Wiesbaden: Akademie der Wissenschaften und der Literatur, 1958.

[34] Gary M. Feinman, Joyce Marcus, and Santa Fe eds. *Archaic States*. New Mexico: School of American Research Press, 1998.

[35] George Hart ed. *The Routledge Dictionary of Egyptian Gods and Goddesses*. second edition, London: Routledge, 2005.

[36] Gudrun Ahlberg. *Prothesis and Ekphora in Greek Geometric Art*. Göteborg: Paul Åströms Förlag, 1971.

[37] Günther Zuntz. *Persephone: Three Essays on Religion and Thought in Magna Graecia*. Oxford: Clarendon Press, 1971.

[38] H. Frankfort, H. A. Frankfort, and J. A. Wison, et al. *Before Philosophy*. Penguin: Harmondsworth, 1949.

[39] Hélène Danthine. *Le palmier-dattier et les arbres sacrés dans l'iconographie de l'Asie occidentale ancienne*. Paris: Geuthner, 1937.

[40] Herodotus. *The History*. David Grene trans. Chicago: University of Chicago Press, 1987.

[41] Hesiod M. L. West ed. *Theogony*. Oxford: Oxford University Press, 1966.

[42] Hesiod M. L. West ed. *Works and Days*. Oxford: Oxford University Press, 1966.

[43] *Holy Bible*. New York: Penguin Group, 1974.

[44] Homer. *Iliad*. With English translated by A. T. Murray, revised by William F. Wyatt. London: Harvard University Press, 1999.

[45] Homer. *Odyssey*. With an English translation by A. T. Murray, revised by George E. Dimock. London: Harvard University Press, 1995.

[46] I. Pini, J. C. Poursat eds. *Sceaux minoens et mycéniens. IVe symposium international, 10–12 septembre 1992, Clermont-Ferrand*. Heidelberg: Propylaeum, 2018.

[47] Ian Hodder. *Reading the Past: Current Approaches to Interpretation in Archaeology*. Cambridge: Cambridge University Press, 1986.

[48] J. G. Younger. *The Iconography of Late Minoan and Mycenaean Sealstones and Finger Rings*. Bedminster, Bristol: Bristol Classical Press, 1988.

[49] J. L. Caskey. *The End of the Early Bronze Age in the Aegean*. Gerald Cadogan ed. Leiden: E. J. Brill, 1986.

[50] James George Frazer. *The Belief in Immortality and the Worship of the Dead*, Vol. 1. London: MacMillan, 1913.

[51] Jane Ellen Harrison. *Epilegomena to the Study of Greek Religion*. London: Cambridge University Press, 1921.

[52] Jane Ellen Harrison. *Mythology*. New York and Burlingame: Harcourt, Brace & World Inc., 1963.

[53] Jane Ellen Harrison. *Themis: A Study of the Social Origins of Greek Religion*. Cambridge: The Cambridge University Press, 1912.

[54] Janet Richards, Mary Van Buren eds. *Order, Legitimacy and Wealth in Ancient States*. Cambridge: Cambridge University Press, 2000.

[55] Jean-Pierre Vernant. *Myth and Society in Ancient Greece*. Cambridge, Mass.: Distributed by the MIT Press, 1988.

[56] Jeremy Black, Anthony Green. *Gods, Demons, and Symbols of Ancient Mesopotamia: An Illustrated Dictionary*. London: The British Museum Press, 1992.

[57] Joan Aruz. *Marks of Distinction: Seals and Cultural Exchange Between the Aegean and the Orient (ca. 2600－1360 BC)*, CMS Beiheft 7. Mainz am Rhein: Philipp von Zabern, 2008.

[58] John Boardman. *Greek Gems and Finger Rings: Early Bronze Age to Late*

Classical. London: Thames & Hudson, 2001.

[59] John F. Nunn. *Ancient Egyptian Medicine*. Norman: University of Oklahoma Press, 1996.

[60] John Ferguson. *Among the Gods: An Archaeological Exploration of Ancient Greek Religion*. London and New York: Routledge, 1989.

[61] Joseph Fontenrose. *Python: A Study of Delphic Myth and Its Origins*. New York: Biblo & Tannen, 1974.

[62] Joseph Fontenrose. *The Ritual Theory of Myth*. Berkeley: University of California Press, 1966.

[63] Judith Weingarten. *The Transformation of Egyptian Taweret into the Minoan Genius: A Study in Cultural Transmission in the Middle Bronze Age*. Partille: P. Åströms, 1991.

[64] Judith Weingarten. *The Zakro Master and His Place in Prehistory*. Goteborg: Paul Åströms Förlag, 1983.

[65] Kathryn A. Morgan. *Myth and Philosophy from the Presocratic to Plato*. Cambridge: Cambridge University Press, 2000.

[66] Ken Dowden. *The Uses of Greek Mythology*. London: Routledge, 1992.

[67] Lowell Edmunds ed. *Approaches to Greek Myth*. Cambridge: Cambridge University Press, 2003.

[68] Luc Brisson. *How Philosophers Saved Myths: Allegorical Interpretation and Classical Mythology*. Catherine Tihanyi trans. Chicago: University of Chicago Press, 2004.

[69] Lucien Lévy-Bruhl. *How Natives Think*. New York: Washington Square Press, 1966.

[70] M. Anastasiadou. *The Middle Minoan Three-Sided Soft Stone Prism: A Study of Style and Iconography*. CMS Beiheft 9. Darmstadt/Mainz am Rhein: Philipp von Zabern, 2011.

[71] M. A. V. Gill. *The Minoan Genius: An Iconographical Study of the Minoan Genius with Reference to Other Mythical Beings of the Minoan and Mycenaean Religions Represented in Glyptic Art*. Ph. D. Thesis. Birmingham University, 1961.

[72] Marc Van Mieroop. *A History of the Ancient Near East: ca.3000-323 BC*.

third edition. Malden, MA: Blackwell Publishing Ltd., 2016.

[73] Marcel Detienne. *The Gardens of Adonis: Spices in Greek Mythology*. Princeton, New Jersey: Princeton University Press, 1994.

[74] Marija Gimbutas. *The Civilization of the Goddess: The World of Old Europe*. San Francisco, Calif.: Harper San Francisco, 1991.

[75] Marija Gimbutas. *The Goddesses and Gods of Old Europe, 6500–3500 BC: Myths and Cult Images*. London: Thames and Hudson, 1982.

[76] Marija Gimbutas. *The Language of the Goddess*. London: Thames and Hudson, 1989.

[77] Marija Gimbutas. *The Living Goddesses*. Berkeley: University of California Press, 1999.

[78] Marija Gimbutas. *The Goddesses and Gods of Old Europe, 6500–3500 BC: Myths and Cult Images*. Berkeley and Los Angeles: University of California, 1974.

[79] Martin P. Nilsson. *The Minoan-Mycenaean and Its Survival in Greek Religion*. Lund: Humanistiska Vetenskapssamfundet, 1959.

[80] Martin P. Nilsson. *The Minoan-Mycenaean Religion and Its Survival in Greek Religion*. Lund: C. W. K. Gleerup, 1927.

[81] Martin P. Nilsson. *The Mycenaean Origin of Greek Mythology*. Berkeley: University of California Press, 1972.

[82] Martti Nissinen ed. *Prophets and Prophecy in the Ancient Near East*. Writings from the Ancient World, Vol. 12. Society of Biblical Literature. Atlanta: Brill, 2003.

[83] N. A. Rhyne. *The Aegean Animal Style: A Study of the Lion, Griffin and Sphinx*. Ph. D. Thesis. University of North Carolina at Chapel Hill, 1970.

[84] Nanno Marinatos. *Minoan Religion: Ritual, Image, and Symbol*. Columbia: University of South Carolina Press, 1993.

[85] Nanno Marinatos. *The Minoan Kingship and the Solar Goddess: A Near Eastern Koine*. Urbana: University of Illinois Press, 2010.

[86] Nanno Marinatos. *Zoia: Animal-Human Interactions in the Aegean Middle and Late Bronze Age*. Robert Laffineur, Thomas G: Palaima eds. Leuven: Peeters, 2021.

[87] Harold Newman, John O. Newman. *A Genealogical Chart of Greek Mythology*. Chapel Hill :The University of North Carolina Press, 2003.

[88] Nicolas Wyatt. *Religious Texts from Ugarit: The Words of Ilimilku and His Colleagues*. Sheffield: Sheffield Academic Press, 2002.

[89] O. G. S. Crawford. *The Eye Goddess*. London: Phoenix House Ltd., 1957.

[90] Otto Rank. *The Myth of the Birth of the Hero: A Psychological Exploration of Myth*. Baltimore: Hohns Hopkin University Press, 2004.

[91] P. J. Ucko, R. Trigham, and G. M. Dinbleby, eds. *Man, Settlement and Urbanism*. Cambridge: Schenkman Publishing Company, 1972.

[92] P. Toohey. *Reading Epic: An Introduction to the Ancient Narratives*. Routledge, 1992.

[93] Peter Warren. *Minoan Religion as Ritual Action*. Göteborg: Paul Åströms, 1986.

[94] Plutarch. *Plutarch's Lives*. Translated by Dryden, edited and revised by Arthur Hugh Clough. New York: Modern Library, 2000.

[95] Raymond O. Faulkner. *The Ancient Egyptian Book of the Dead*. London: British Museum Publications, 1985.

[96] René Girard. *The Scapegoat*. Baltimore: Hohns Hopkins University, 1987.

[97] René Girard. *Violence and the Sacred*. Baltimore: The Johns Hopkins University Press, 1979.

[98] Richard P. Martin. *The Language of Heroes: Speech and Performance in the Iliad*. New York: Cornell University Press, 1989.

[99] Robert Redfield. *Peasant Society and Culture: An Anthropological Approach to Civilization*. Chicago: The University of Chicago Press, 1956.

[100] Robert A. Segal ed. *Myth and Ritual: An Anthology*. Oxford: Black Well Publishers, 1998.

[101] Rodney Needham ed. *Right and Left: Essays on Dual Symbolic Classification*. R. Needham trans. Chicago: University of Chicago Press, 1973.

[102] Stephen Scully. *Homer and the Sacred City*. London: Cornell University Press, 1990.

[103] Synnøve de Bouvrie ed. *Myth and Symbol I: Symbolic Phenomena in Ancient*

Greek Culture. Bergen: Norwegian Institute at Athens, 2002.

[104] Thomas G. Palaima. *Tractata Mycenaea: Proceedings of the Eighth International Colloquium on Mycenaean Studies*. Petar Hr. Ilievski, Ljiljana Crepajac eds. Skopje: Macedonian Academy of Sciences and Arts, 1987.

[105] Thomas H. Carpenter. *Art and Myth in Ancient Greece: A Handbook*. London: Thames and Hudson, 1991.

[106] Timothy Gantz. *Early Greek Myth: A Guide to Literary and Artistic Sources*. Vol. 1. Baltimore: Johns Hopkins University Press, 1993.

[107] Tryggve N. D. Mettinger. *No Graven Image? Israelite Aniconism in Its Ancient Near Eastern Context*. Coniectanea Biblica. Old Testament Series 42. Stockholm: Almqvist & Wiksell, 1995.

[108] Virgil. *The Aeneid*. Translated by John Dryden with Introduction and Notes. New York: P. F. Collier and Son, 1909.

[109] Walter Burkert. *Greek Religion*. John Raffan trans. Cambridge, Mass.: Harvard University, 1985.

[110] Walter Burkert. *Homo Necans: The Anthropology of Ancient Greek Sacrificial Ritual and Myth*. Berkeley: University of California Press, 1983.

[111] Walter Burkert. *Orientalizing Revolution: Near Eastern Influence on Greek Culture in the Early Archaic Age*. Margaret E. Pinder and Walter Burkert trans. Cambridge: Harvard University Press, 1995.

[112] Walter Burkert. *Structure and History in Greek Mythology and Ritual*. Berkeley: University of California Press, 1979.

[113] William Hansen. *Handbook of Classical Mythology*. Santa Barbara: ABC-CLIO Inc., 2004.

[114] A. B. Cook, "Animal Worship in the Mycenaean Age", *The Journal of Hellenic Studies*, 1894, 14: 81–169.

[115] Anastasia Dakouri-Hild, "The Most Discouraged Mycenaeans: Performing Emotion and Death in Late Bronze Age Tanagra, Greece", *Journal of Field Archaeology*, 2021, 46 (6): 349–381.

[116] Arthur J. Evans, "Mycenaean Tree and Pillar Cult and Its Mediterranean Relations", *The Journal of Hellenic Studies*, 1901 21: 99–204.

[117] Bernard C. Dietrich, "Death and Afterlife in Minoan Religion", *Kernos*,

1997, 10: 19-38.

[118] Bernard Goldman, "The Development of the Lion-Griffin", *American Journal of Archaeology*, 1960, 64 (4): 319-328.

[119] Bogdan Rutkowski, "The Origin of the Minoan Coffin", *The Annual of the British School at Athens*, 1968, 63: 219-227.

[120] Bruce Lincoln, "Competing Discourses: Rethinking the Prehistory of Mythos and Logos", *Arethusa*, 1997, 30: 341-367.

[121] C. D. Cain, "Dancing in the Dark: Deconstructing a Narrative of Epiphany on the Isopata Ring", *American Journal of Archaeology*, 2001, 105 (1): 27-49.

[122] Caroline J. Tully, Sam Crooks, "Dropping Ecstasy? Minoan Cult and the Tropes of Shamanism", *Time & Mind*, 2015, 8 (2): 129-158.

[123] Christiane Sourvinou-Inwood, "Myths in Images: Theseus and Medea as a Case Study", in Lowell Edmunds ed., *Approaches to Greek Myth*, Cambridge: Cambridge University Press, 2003, pp. 353-406.

[124] Claude Lévi-Strauss, "The Structural Study of Myth", *The Journal of American Folklore*, 1955, 68 (270): 428-444.

[125] D. G. Hogarth, "Excavations at Zakro, Crete", *Annual of the British School at Athens*, 1901, 7: 121-149.

[126] D. G. Hogarth, "The Zakro Sealings", *The Journal of Hellenic Studies*, 1902, 22: 76-93.

[127] Daniel J Pullen, "A Lead Seal from Tsoungiza, Ancient Nemea, and Early Bronze Age Aegean Sealing Systems", *American Journal of Archaeology*, 1994, 98 (1): 35-52.

[128] David Sansone, "The Survival of the Bronze-Age Demon", *Illinois Classical Studies*, 1987, 13 (1): 1-17.

[129] Diana Wolf, "The Sissi Genius Lentoid: A Lapis Lacedaemonius Seal from Final Palatial Crete", *Heperia*, 2022, 91 (3): 351-384.

[130] Doro Levi, "The Sarcophagus of Hagia Triada Restored", *Archaeology*, 1956, 9 (3): 192-199.

[131] E. D. T. Vermeulen, "Painted Mycenaean Larnakes", *The Journal of Hellenic Studies*, 1965, 85: 123-148.

[132] E. Kyriakidis, "Unidentified Floating Objects on Minoan Seals", *American Journal of Archaeology*, 2005, 109 (2): 137–154.

[133] Edith Porada, "The Cylinder Seals Found at Thebes in Boeotia", *Archiv für Orientforschung*, 1981, 28: 1–70.

[134] Ellen Adams, "Representing, Objectifying, and Framing the Body at Late Bronze Age Knossos", *Bulletin-Institute of Classical Studies*, 2013, 56 (1): 1–25.

[135] Erika Weiberg, Michael Lindblom, "The Early Helladic II–III Transition at Lerna and Tiryns Revisited: Chronological Difference or Synchronous Variability", *Hesperia*, 2014, 83 (3): 383–407.

[136] Fritz Blakolmer, "Was the 'Minoan Genius' a God: An Essay on Near Eastern Deities and Demons in Aegean Bronze Age Iconography", *Journal of Ancient Egyptian Interconnections*, 2015, 7 (3) 29–40.

[137] H. Frankfort, "Notes on the Cretan Griffin", *The Annual of the British School at Athens*, 1936/1937, 37: 106–122.

[138] Hugh Lloyd-Jones, "The Delphic Oracle", *Greece & Rome*, 1976, 23 (1): 60–73.

[139] J. V. Luce, "The Polis in Homer and Hesiod", *Proceedings of the Royal Irish Academy*, 1978, 78: 1–15.

[140] Jack L. Davis, Sharon R. Stocker, "The Lord of the Gold Rings: The Griffin Warrior of Pylos", *Hesperia*, 2016, 85 (4): 627–655.

[141] Jean Porter Nauert, "The Hagia Triada Sarcophagus: An Iconographical Study", *Antike Kunst*, 1965, 8 (2): 91–98.

[142] Jean Porter Nauert, "The Hagia Triada Sarcophagus in Iconographical Study", *Antike Kunst*, 1965, 8: 91–98.

[143] John G. Younger, "Tree Tugging and Omphalos Hugging on Minoan Gold Ring", *Hesperia*, Supplement, 2009, 42: 43–49.

[144] John H. Betts, "The Vapheio Gems: A Note of Clarification", *American Journal of Archaeology*, 1966, 70 (4): 368–369.

[145] John H. Betts, "Trees in the Wind on Cretan Sealings", *American Journal of Archaeology*, 1968, 72 (2): 149–150.

[146] John Younger, "Non-Sphragistic Uses of Minona-Mycenaean Sealstones and

Rings", *Kadmos*, 1977, 16 (2): 141−159.

[147] John G. Younger, "Aegean Seals of the Late Bronze Age: Stylistic Groups", *Kadmos*, 1987, 26 (1): 44−73.

[148] Judith Weingarten, "Seal-use at LM IB Ayia Triada: A Minoan Elite in Action I. Administrative Considerations", *Kadmos*, 1987, 26 (1): 1−43.

[149] Judith Weingarten, "The Sealing Structures of Minoan Crete MM II Phaistos to the Destruction of the Palace of Knossos", *Oxford Journal of Archaeology*, 1988, 7 (1): 1−17.

[150] K. van der Toorn, "Worshipping Stones: On the Deification of Cult Symbols", *Journal of Northwest Semitic Language*, 1997, 23 (1): 1−14.

[151] Katerina Baxevania, "A Minoan Larnax from Pigi Rethymnou with Religious and Funerary Iconography", *Bulletin*, 1995, 40 (S63): 15−33.

[152] L. Vance Watrous, "The Origin and Iconography of the Late Minoan Painted Larnax", *Hesperia*, 1991, 60 (3): 283−307.

[153] Laura Preston, "Contextualising the Larnax: Tradition, Innovation and Regionalism in Coffin Use on Later Minoan II−IIB Crete", *Oxford Journal of Archaeology*, 2004, 23 (2): 177−197.

[154] Leonard Gorelick, A. John Gwinnett, "Minoan versus Mesopotamian Seals: Comparative Methods of Manufacture", *Iraq*, 1992, 54: 57−64.

[155] Lucy Goodison, "'Why All This about Oak or Stone?': Trees and Boulders in Minoan Religion", *Hesperia*, Supplement, 2009, 42: 51−57.

[156] Luís Mendonça de Carvalho, Francisca Maria Fernandes and Hugh Bowden, "Oracle Trees in the Ancient Hellenic World", *Harvard Papers in Botany*, 2011, 16 (2): 425−427.

[157] Lyvia Morgan, "A Minoan Larnax from Knossos", *Annual of the British School at Athens*, 1987, 82: 171−200.

[158] Lyvia Morgan, "An Aegean Griffin in Egypt: The Hunt Frieze at Tell el-Dab'a", *Ägypten und Levante (Egypt and the Levant)*, 2010, 20: 303−323.

[159] Margaretha Kramer-Hajos, "Mourning on the Larnakes at Tanagra: Gender and Agency in Late Bronze Age Greece", *Hesperia*, 2015, 84 (4) 1.

[160] Martha C. Heath, "Early Helladic Clay Sealings from the House of The Titles at Lerna", *Hesperia*, 1958, 27 (2): 81−121.

[161] Mervyn R. Popham, Margaret A. V. Gill, "The Latest Sealings from the Palace and House at Knossos", *British School at Athens Studies*, 1995, 1: 1-113.

[162] Mervyn R. Popham, E. A. Catling, H. W. Catling, "Sellopoulo Tombs 3 and 4, Two Late Minoan Graves near Knossos", *Annual of the British School at Athens*, 1974, 69 (1) 195-257.

[163] Nanno Marinatos, Dimitris Kyrtatas, "Conclusions Epiphany: Concept Ambiguous, Experience Elusive", *Illinois Classical Studies*, 2004, 29: 227-234.

[164] Nanno Marinatos, "The Character of Minoan Epiphanies", *Illinois Classical Studies*, 2004, 29: 25-42.

[165] Nanno Marinatos, "The Minoan Genii, The Palm Tree and Solar Cult", in Robert Laffineur, Thomas G eds., Zoia: *Animal-Human Interactions in the Aegean Middle and Late Bronze Age*, Palaima. Leuven: Peeters, 2021, pp. 213-222.

[166] P. Yule, "Notes on Scarabs and Aegean Chronology", *Annual of the British School at Athens*, 1983, 78: 359-367.

[167] Patrick E. McGovern, Armen Mirzoian, Gretchen R. Hall, et al., "Ancient Egyptian Herbal Wines", *Proceedings of the National Academy of Sciences of the United States of America*, 2009, 106 (18): 7361-7366.

[168] Paul Rehak, "The 'Genius' in Later Bronze Age Glyptic: The Later Evolution of an Aegean Cult Figure", CMS Beiheft 5.

[169] Percy S. Cohen, "Theories of Myth", *Man*, New Series, 1969, 4 (3): 337-353.

[170] Robert Hertz, "The Pre-eminence of the Right Hand: A Study of Religious Polarity", in Rodney Needham ed. *Right and Left: Essays on Dual Symbolic Classification*, R. Needham trans., Chicago: University of Chicago Press, 1973, pp. 335-357.

[171] Sharon R. Stocker, Jack L. Davis, "The Combat Agate from the Grave of the Griffin Warrior at Pylos", *Hesperia: The Journal of the American School of Classical Studies at Athens*, 2017, 86 (4): 583-605.

[172] Thomas G. Palaima, "Mycenaean Seals and Sealings in Their Economic

and Administrative Contexts", in Petar Hr. Ilievski, Ljiljana Crepajac eds., *Tractata Mycenaea: Proceedings of the Eighth International Colloquium on Mycenaean Studies*, Skopje: Macedonian Academy of Sciences and Arts, 1987, pp. 249-266.

[173] V. E. G. Kenna, "Cretan and Mycenaean Seals", *Archaeology*, 1966, 19 (4): 248-250.

[174] W. G. Runciman, "Origins of States: The Case of Archaic Greece", *Comparative Studies in Society and History*, 1982, 24 (3): 351-377.

[175] P. Warren, "Lapis Lacedaemonius", in Jan Motyka Sanders ed., *Φιλολακων: Laconian Studies in Honour of Hector Catling*, London: British School at Athens, 1992, pp. 290-292.